शिवलीलामृत

श्री शिवाजी चरित्र दोहावली

A Musical Poem of the interesting stories of Shrī Shivājī Mahārāj's amazing deeds in Hindī Dohas and Music.

छत्रपति श्री शिवाजी महाराज की अद्‌भुत लीलांओं की

दोहा छंद में संगीत मय कविता

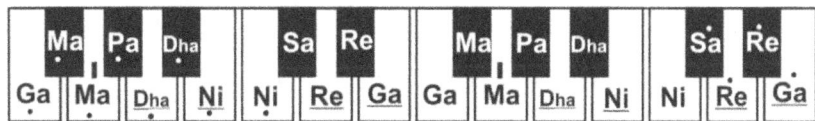

Hindu Ratna Award Recipient

Prof. Ratnakar Narale

SANSKRIT HINDI RESEARCH INSTITUTE

Composition : Dr. Ratnakar Narale, Prof. Hindī, Ryerson University, Toronto.
B. Sc. (Nagpur), M. Sc. (Pune), Ph. D. (IIT, Kharagpur), Ph. D. (Kālīdas Sanskrit Univ. Nagpur);
Editor-in-Chief : Pustak Bharati Research Journal, ISSN 9006788
email : pustak.bharati.canada@gmail.com * web : www.pustak-bharati-canada.com

Book Title : श्री शिवाजी चरित्र दोहावली

This historical poem is composed in short musical stories illustrating the wonderful, amusing and history making inspirational deeds of Shiva avatar Shri Shivaji.

यह ऐतिहास्कि महाकविता छत्रपति श्री शिवाजी महाराज के अद्भुत इतिवृत्त का संगीतमय शिवलीलामृत है. इस के तीन सहस्र से अधिक दोहों में और एक शत से अधिक नूतन एवं राष्ट्रभक्ति हिंदी गीतों में राष्ट्रप्रेम और प्रेरणा का रहस्य ओतप्रोत भरा हुआ है. मराठों का अनुसंधानात्मक पूर्ववृत्त इस महत्कार्य की एक अनूठी विशेषता है.

Hindi Fonts : Designed and Created by Ratnākar Narale.

Published by : PUSTAK BHARATI (Books India),
for Sanskrit Hindi Research Institute, Toronto, Ontario, Canada, M2R 3E4.

ISBN 978-1-897416-30-3

Copyright ©2020
ISBN 978-1-897416-30-3

© All rights reserved. No part of this book may be copied, reproduced or utilised in any manner or by any means, computerised, e-mail, scanning, photocopying or by recording in any information storage and retrieval system, without the permission in writing from the author.

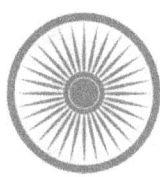

महावीर बाप्पा रावल से आज तक के
सभी स्वतंत्रता सेनानी और भारत के शहीद और प्रस्तुत जवानों के
परम त्याग व बलिदान को ससम्मान समर्पित.

Maratha Struggle for Freedom
1630-1680

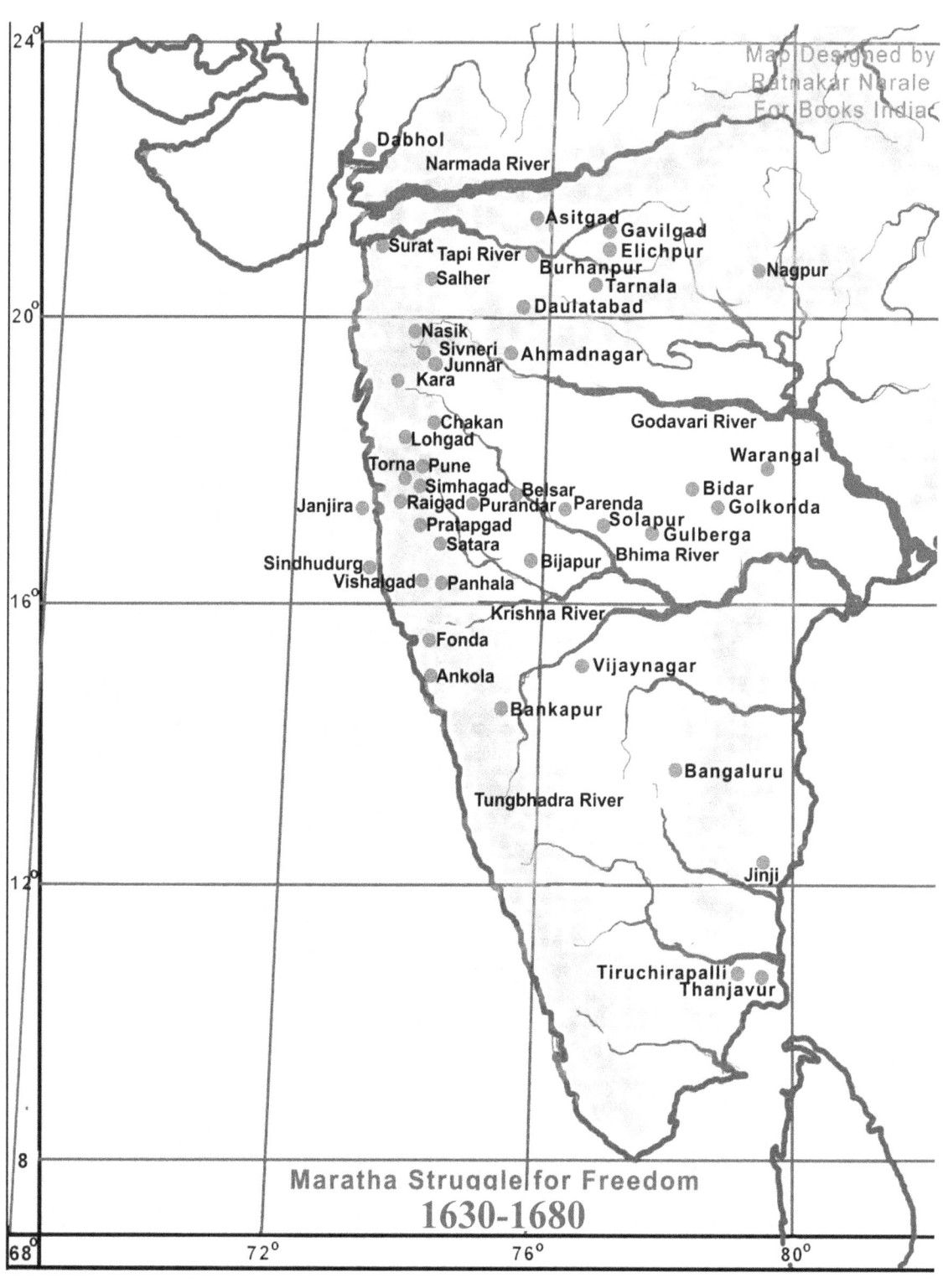

ABOUT THE AUTHOR :

Designer and Creator of the well known Sarasvati Font, Dr. Ratnakar Narale has Ph.D. from IIT, Kharagpur and Ph.D. from Kalidas Sanskrit University, Nagpur, India. He is an author, lyricist and musician. Ratnakar is Prof. of Hindī at Ryerson University, Toronto, Canada. He is living in Toronto since last 50 years.

He has studied **Sanskrit, Hindi, Marathi, Bengali, Punjabi, Urdu** and **Tamil** languages and has written books for learning these languages. He has written excellent and unique books on Gītā, Rāmāyan□ , Shivājī and Music. His books can be viewed at www.books-india.com and they are available at amazon.com and other international book distributors.

His writings have been applauded by such organizations as the World Hindi Secretariat, Mauritius, Sangit natak Akademi, New Delhi; Indian Council for Cultural relations (ICCR), New Delhi; Strings N Steps, New Delhi; ATN News Channel, OMNI News Channel, Hindi Times, The Hitwad, The Tarun Bharat, the Lokmat, The Sakal, Des Pardes, Nav Bharat Times, Sahitya Amrit, The Voice, The Indian Express, ... etc.

He has received citations from some of the most prominent people as, **Hon. Atal Vihari Vajpai,** *Prime Minister of India;* **Hon. Basdeo Panday,** *Prime Minister of Trinidad and Tobaggo;* **Dr. Murli Manohar Joshi,** *Federal HRD Minister of India;* **Ashok Singhal,** *President, VHP, New Delhi;* **Shri Mohan Bhagavat,** *Sarsanghachalak, Rashtriya Swayamsevak Sangh, Nagpur, India,* etc.

His music compositions are endorsed by such great Indian music Maestros as *Bharat Ratna* **Dr. Ustad Bismillah Khan Trust,** New Delhi; *Padma Vibhushan* **Amjad Ali Khan,** New Delhi; *Padmashri* **Ustad Ghulam Sadiq Khan,** New Delhi; *Music Maestro* **Rashid Mustafa Thirakwa,** New Delhi; *Padmabhushan* **Ustad Sabri Khan,** New Delhi; *Padmabhushan* **Pandit Debu Chaudhuri,** New Delhi; *Pun□ d□ i***Birju Mahataj,** New Delhi; etc.

दादरा ताल

□ म-ग म-म- म प-म- ग म-प-, रे-ग म-म- मध- प- मग-म- ।
रे-गमम म- म ध-प- गम-प-, रे-ग-मम म- म ध-प- मग-रे- ।।

गीत शारद ने मंजुल है गाया, साज नारद मुनि ने बजाया ।
रत्नाकर से है मंगल रचाया, शिवलीला को सुंदर सजाया ।।

🕉 श्लोक

श्री रामेण समो वीरो दासो हनुमतः समः ।
श्रीकृष्णेन समो योगी शिवाजियः समो नृपः ।।

काव्यं सुभाषितं तेषां छंदोरागैरलंकृतम् ।
सङ्गीतमीदृशं विश्वे भूतं न च भविष्यति ।।

卐

Dedicated to
My loving Grandchildren
Samay, Sahas, Saanjh, Saaya, Naksh and Nyra
(July 03, 2017)

 **श्री शिवाजी चरित्र दोहावली राग-छंद माला, पुष्प 2**

दादरा ताल, 12 मात्रा

(संगीत श्री शिवाजी चरित्र हिन्दी)

स्थायी

कविता होगी न ऐसी हुई है, राग-छंदों भरी ये नदी है ।
कवियों ने कहानी जो कही है, ओवी-दोहों की वाणी यहीं है ।।

♪ रेरेसा रे-रे- रे ग-रे सारे- ग-, रे-ग म-म- मप- म- गरे- रे- ।
सासारे- रे- रेग- रे- सारे- ग-, रे-ग म-म- म प-म- गरे- रे- ।।

अंतरा-1

इसमें वो है जो कहने सही है, परधर्मों की निंदा नहीं हैं ।
वेद शास्त्रों का आशय यही है, संत-मुनियों ने गाया वही है ।।

♪ सां-सां नि- सां- सां धधनि- धप- म-, सां-सांनि- सां- निध-नि- धप- म- ।
म-ग म-म- म प-मम गम- प-, रे-ग ममम- म प-म- गरे- रे- ।।

अंतरा-2

ज्ञान गंगा जो मंगल बही है, उस शिवाजी की गाथा यही है ।
बात ग्रंथों में आगयी है, मैंने संगीत में वो कही है ।।

अंतरा-3

पुण्य अवतार शिव-शंभुजी का, जिसका इतिहास है सबसे नीका ।
जिसका जीवन सदाचार गीता, उस शिवाजी की गाथा सही है ।।

श्री शिवाजी चरित्र दोहावली अनुक्रम

वंदना प्रकरण

	मंगलाचरण	2
1.	श्री गणेश वंदना	5
2.	श्री सरस्वती वंदना	7
3.	शिव-भवानी	13
4.	भारतभूमि भारत वंदना	16
5.	राष्ट्रभाषा हिन्दी वंदना	18
6.	मराठा संतजन	21
7.	श्री गुरु वंदना	25
8.	भगवा ध्वज वंदना	46
9.	वीर मावला वंदना	48
10.	राजपूत वीर वंदना	49
11.	देवर्षि मुनिवर श्री नारद वंदना	49
12.	मैं रत्नाकर	52

पार्श्वभूमि प्रकरण

13.	पार्श्वभूमि और इतिहास का महत्व	62
14.	महाराष्ट्राची पार्श्वभूमि - Background History of Maharashtra, 325-270 BC	63
15.	महाराष्ट्र की पार्श्वभूमि का संक्षिप्त इतिहास : 270BC-175AD	65
	1. सातवाहन वंश, (270 ई.पूर्व - 175 ई. 445 वर्ष) the Satvahanas	66
16.	महाराष्ट्र की पार्श्वभूमि का संक्षिप्त इतिहास : 250-490AD	67
	2. वाकाटक वंश (250-490, 240 वर्ष) the Vakatakas	67
17.	महाराष्ट्र की पार्श्वभूमि का संक्षिप्त इतिहास : 340-1325AD	68
	3. कदंब वंश (340-1310, 970 वर्ष) the Kadambas	68
	4. चालुक्य वंश, बदामी (543-753, 210 वर्ष) the Chalukyas	69
	5. कल्चुरी वंश, महिस्मती (550-1740, 1190 वर्ष) the Kalchuris	71
	6. राष्ट्रकूट वंश, मालखेड (620-973, 353 वर्ष) the Rashtrakutas	72
	7. काकतीय वंश, वरंगल (1000-1325, 325 वर्ष) the Kakatiyas	73
	8. होयसल वंश, हालेबीड (1022-1346, 324 वर्ष) the Hoysalas	73

	9. यादव वंश, देवगिरि (1069–1318, 249 वर्ष) the Yadavas	74
	10. नायक वंश, विजयनगर (1336–1736, 400 वर्ष) the Nayakas	75
18.	राजपूतों की कहानी :	81
	सिंध प्रांताची कहानी : 631-753 AD	82
19.	सिंध के चाच महाराजा की कथा : 631-671 AD	82
20.	सिंध के दाहीर महाराजा की कथा, 678-712 AD	85
21.	राजस्थान के महाराजा बाप्पा रावल की कहानी, 730-753 AD	87
	महमूद गजनी के सत्रह हमले, 1000-1027 AD	89
22.	गजनी का पहला हमला, 1000 AD	89
23.	गजनी का दूसरा हमला, 1001 AD	91
24.	24. गजनी का तीसरा हमला, 1004 AD	91
25.	गजनी का चौथा हमला, 1005 AD	92
26.	गजनी का पाँचवाँ हमला, 1007 AD	93
27.	गजनी का छठा हमला, 1008 AD	94
28.	गजनी का सातवाँ हमला, 1009 AD	94
29.	गजनी का आठवाँ हमला, 1010 AD	95
30.	गजनी का नौवाँ हमला, 1011 AD	96
31.	गजनी का दसवाँ हमला, 1013 AD	97
32.	गजनी का ग्यारहवाँ हमला, 1015 AD	98
33.	गजनी का बारहवाँ हमला, 1018 AD	99
34.	गजनी का तेरहवाँ हमला, 1021 AD	100
35.	गजनी का चौदहवाँ हमला, 1021 AD	100
36.	गजनी का पंद्रहवाँ हमला, 1022 AD	101
37.	गजनी का सोलहवाँ हमला, 1024-1025 AD	102
38.	गजनी का सत्रहवाँ हमला, 1027 AD	104
39.	महाराणा पृथ्वीराज चौहान, 1163-1192 AD	104
40.	घोरी के ग्यारह वे हमले की कहानी (Year 1192)	108
41.	सुलतानों का दख्खन पर प्रथम आक्रमण, 1294 AD	112
42.	महारानी पद्मिनी की कहानी, 1303 AD	113
43.	दक्षिण में यवनों का प्रसार, 1307 AD	115
44.	दक्षिण में यवनों का विस्तार, 1347 AD	116

45.	दक्षिण में यवनों के व्यवहार, 1490 AD	117
46.	पानीपत की पहली लड़ाई, 1526 AD	119
47.	महावीर महाराणा संग्राम सिंह की कहानी, 1527 AD	120
48.	खानवा की लड़ाई, 1527 AD	123
49.	पानीपत की दूसरी लड़ाई, 1556 AD	125
50.	तालीकोट की लड़ाई, निजयनगर का अंत, 1565 AD	126
51.	महावीर महाराणा प्रताप सिंह की कहानी, 1576 AD	127
52.	हल्दीघाटी की लड़ाई, 1576 AD	128

श्री शिवाजी इतिहास प्रकरण

राजे शिवाजी की पार्श्वभूमि का संक्षिप्त इतिहास — 134

53.	शहाजी राजे भोसले की कहानी, 1629-1630 AD	135
54.	शिवनेरी किले पर शिवाजी के आगमन की पूर्वतयारी	137
55.	छत्रपति राजे शिवाजी का जन्म, 1630 AD	140
56.	महाराष्ट्र पर मुगलों का संकट, 1631 AD	149

बाल शिवाजी प्रकरण

57.	स्वराज्य आंदोलन, 1632 AD	153
58.	निजामशाही का अंत, 1633 AD	157
59.	परिंडा की लड़ाई, 1634 AD	159
60.	स्वातंत्र्य का मंत्र, 1635 AD	162
61.	शहाजी राजे बंगलुरू में, 1636 AD	165
62.	शिवाजी जागीरदार, 1637 AD	168
63.	स्वातंत्र्य प्रेम, 1638 AD	170
64.	करो या मरो, 1639 AD	173
65.	सईबाई भोसले, 1640 AD	175
66.	विजयनगर का पुनरस्मरण, 1641 AD	177
67.	शहाजी का ललित महल, 1642 AD	184
68.	आदिलशहा मुँह के बल, बिजापुर, 1643 AD	188
69.	रामदास स्वामी, 1644 AD	196

किशोर शिवाजी प्रकरण

70.	स्वराज्य की शपथ, 1645 AD	203

तरुण शिवाजी प्रकरण

71.	तोरणा विजय, 1646 AD	209
72.	जावली प्रकरण, 1647 AD	214

वीर शिवाजी प्रकरण

73.	खान की बहू - प्रकरण, 1648 AD	218
74.	अफ़जलखान का आगमन, 1649	230
75.	सोयराबाई भोसले, 1650 AD	234
76.	गोवला की लड़ाई, 1651 AD	236
77.	औरंगज़ेब का आगमन, 1652 AD	237
78.	पुतलाबाई भोसले, 1653 AD	238
79.	शहाजी राजे मुक्त, 1654 AD	239
80.	चंद्रराव मोरे, 1655 AD	241
81.	रायगढ़ विजय, 1656	244
82.	शिवाजी, 40 किले हस्तगत, 1657	247
83.	नौ सेना, 1658 AD	252
84.	अफ़जलखान का वध, 1659 AD	255
85.	पन्हाला से पलायन, 1660 AD	273
86.	कोकण विजय, 1661 AD	295
87.	नेताजी पालकर, 1662 AD	299
88.	शाहिस्तेखान का पराभव, 1663 AD	301
89.	सूरत की पहली लूट, 1664 AD	306
90.	पुरंदर की संधि, 1665 AD	311
91.	आगरा से छुटकारा, 1666 AD	325
92.	स्वराज्य विस्तार, 1667 AD	343
93.	सिद्दी और पुर्तगीज, 1668 AD	349
94.	जूनूनी औरंगज़ेब, 1669 AD	351
95.	गढ़ आया मगर सिंह गया, 1670 AD	357
96.	साल्हेर की लड़ाई, 1671 AD	369

97. साल्हेर विजय, 1672AD 371
98. पन्हालगढ़ विजय, 1673 AD 375
99. छत्रपति श्री शिवाजी का राज्याभिषेक, 1674 AD 380

छत्रपति शिवाजी प्रकरण

100. अभिनंदन, 1675 AD 403
101. ज्ञानी शिवाजी राजा, दक्षिण की मुहीम, 1676 AD 405
102. जिंजी विजय, 1677 AD 408
103. संभाजी राजे प्रकरण, 1678 AD 412
105. घोर आघात, 1679 AD 417
105. छत्रपति श्री शिवाजी महाराज का स्वर्गारोहण, 1680 AD 421
शांति पाठ 425

परिशिष्ट 426
दिल्ली के सुलतानी वंश 427
शिवाजी के मित्र और शत्रु 430
शिवाजी के प्रमुख 303 किले 434

Nirmala Armstrong
Regional Councillor

October 18th, 2017

Dr. Ratnakar Narale
Hindu Institute of Learning
2411 Dundas Street West
Toronto, Ontario
M6P1X3

HINDU-RATNA AWARD

Dear Dr. Narale,

As a Regional Councillor for the City of Markham and a Honourary Co-Chair of the Markham Hindu Heritage Month Committee, it is my pleasure to request your presence at the Markham Hindu Heritage Month Celebrations and to inform you that you have been selected to receive a "Hindu Ratna Award" on the day of this event.

This event has been organized by members of the Hindu Canadian Community who formed the Markham Hindu Heritage Month Committee in partnership with the City of Markham. As such, this event will commemorate the proclamation that was made by the Markham City Council on December 12, 2016. On this day, a motion was passed to proclaim the month of November as Hindu Heritage Month in the City of Markham. This proclamation goes on to recognize the many ways that Hindu Canadians have contributed to Markham's growth and success and reaffirms the city's commitment to celebrating Markham's diversity.

During this event, the 'Hindu Ratna Award' will be graciously presented to you for your service to the Hindu Canadian Community. Please do inform whether you will be able to attend this event to receive your award in person.

Event: Hindu Heritage Month Celebrations - "Come Celebrate with us Hindu Heritage Month"

Date: November 12th, 2017

Time: 5:00 pm – 7:30 pm

Location: Markham Civic Centre, 101 Town Centre Blvd., Markham ON L3R 9W3

Sincerely,

Nirmala Armstrong
Regional Councillor

11वां विश्व हिन्दी सम्मेलन
18-20 अगस्त, 2018
मॉरीशस

विश्व हिन्दी सम्मान

यह सम्मान पत्र डॉ. रत्नाकर नराले को विश्व में हिन्दी भाषा के प्रचार-प्रसार और विकास के प्रति उनके अमूल्य योगदान के लिए प्रदान किया जाता है।

सुषमा स्वराज

सुषमा स्वराज
अध्यक्षा, 11वां विश्व हिन्दी सम्मेलन

20 अगस्त, 2018

अंतरराष्ट्रीय यात्रावृत्तांत प्रतियोगिता 2018
International Travelogue Competition 2018

प्रथम पुरस्कार - 300 अमेरिकी डॉलर
श्री रत्नाकर नराले - टोरंटो, कनाडा

द्वितीय पुरस्कार - 200 अमेरिकी डॉलर
श्रीमती शकुन्तला बहादुर - कुपर्टिनो, यू.एस.ए

तृतीय पुरस्कार - 100 अमेरिकी डॉलर
श्री अशोक ओझा - न्यू जर्सी, यू.एस.ए.

1st Prize - 300 USD
Mr. Ratnakar Narale - Toronto, Canada
2nd Prize - 200 USD
Mrs. Shakuntala Bahadur - Cupertino, USA
3rd Prize - 100 USD
Mr. Ashok Ojha - New Jersey, USA

भौगोलिक क्षेत्र 2 : अमेरिका

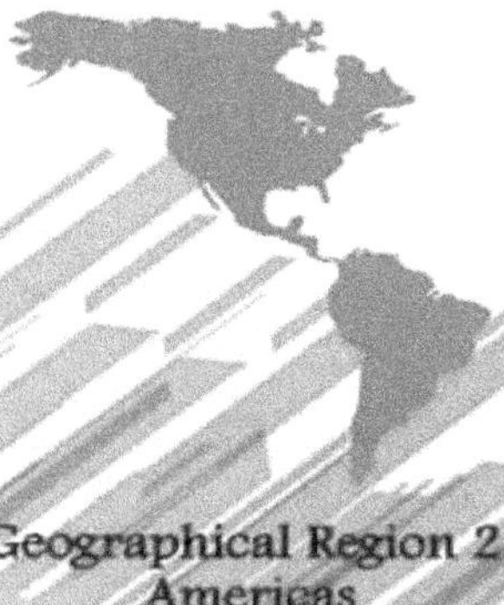

यू.एस.ए - USA / कनाडा - Canada

Geographical Region 2 : Americas

१

वंदना प्रकरण

मंगलाचरण

बुद्धि सिद्धि दाता को नमन
दोहा छंद

दोहा॰ नमन करूँ परमातमा, परम ब्रह्म भगवान ।
गायत्री की वंदना, मस्तक टेक प्रणाम ।। 1
♫ सासासा रेग- रेगम-गम-, पपप म-ग रेगम-म ।
ग-गम- ग- म-गरे-, सा-सासा रे-ग रेसा-सा ।।
पुरुष-प्रकृति को मेरा, साष्टांग नमस्कार ।
भोले शंकर पार्वती! करिए मम उद्धार ।। 2
लक्ष्मी नारायण प्रभो! शेषशायी भगवान ।
पद्मनाभ लक्ष्मीश के, गाऊँ कीर्तन गान ।। 3
शिवनंदन श्री गणपति, गणेश श्री गणनाथ ।
सरस्वती माँ शारदे! जोड़ूँ दोनों हाथ ।। 4
जनक नंदिनी जानकी, दशरथ सुत रघुनाथ ।
मनहर राधा कृष्ण को, नमन हृदय के साथ ।। 5
अर्जुन, भीम प्रवीर को, और युधिष्ठिर भ्रात ।
यशोदा-नंदनंदिनी! प्रणाम तुमको, मात! ।। 6
विश्ववृक्ष अश्वत्थ तू, अद्भुत दैवी रूप ।

विश्वरूप श्रीकृष्ण जी! पूजूँ मैं, सुरभूप! ।। 7
देव–देवता सर्व ही, गुरुजन जितने ज्ञात ।
मात–पिता मम पूज्य के, चरणन में प्रणिपात ।। 8
नमो नमः प्रभु इंद्र को, वरुण देव! सम्मान ।
धन्य कियो पितु मातु को, राम भक्त हनुमान ।। 9
वन्दे पावक–देवता, अंतरिक्ष आकाश ।
धरती जगमाता तथा, नवग्रह दिव्य प्रकाश ।। 10
पँच भूत को धीमहि, तीन गुणों को और ।
सर्व भूतगण भूमि के, वनस्पति सब ओर ।। 11
गिरि सरिता सागर मही, नमामि तन मन जोड़ ।
सूर्य चंद्र तारे सभी, बिना किसी को छोड़ ।। 12

(और)

उपनिषदों को ध्याऊँ मैं, वैदिक ज्ञान प्रमाण ।
देवर्षि नारद मुनि, त्रिभुवन में रममाण ।। 13
तीन–मुखी गुरु दत्त श्री, सुर सेनापति स्कंद ।
सुभक्त ध्रुव प्रह्लाद को, स्मरण करूँ सह छंद ।। 14
गुरु पाणिनि पातंजलि, दीन्हा मुझको ज्ञान ।
यास्क पिंगल से मुझे, मिला छंद अभिधान ।। 15
व्यास बाल्मीक मम गुरो! तुम्हीं सच्चिदानंद ।
काव्य ज्ञान के स्त्रोत हो, तुलसी रामानंद ।। 16
जय भारत संतान वे, शिवा प्रताप महान ।
लक्ष्मी के बलिदान ने, दिया हमें अभिमान ।। 17
आदि शंकराचार्य श्री, नमन वल्लभाचार्य ।
रामानुज माधव तथा, यमुना वरदाचार्य! ।। 18
मीरा ने कीर्तन दिए, कविता ब्रह्मानंद ।

योग विवेकानंद ने, गायन सत्यानंद ।। 19
वंदन राजा चाच को, दाहीर को प्रणाम ।
बाप्पा रावल को नमो, नमः सिंह–संग्राम ।। 20
राणा प्रताप सिंह को, नमन हृदय के साथ ।
मालोजी को वंदना, नमन शहाजी तात! ।। 21
जिजाबाई मातु को, सादर हैं प्रणिपात ।
दूरदृष्टि स्वातंत्र्य की, जिन्हें श्रेष्ठ थी ज्ञात ।। 22
रामदास स्वामी तथा, तुकारामजी संत ।
श्रीयुत दादोजी गुरो! तुमको नमन अनंत ।। 23
शिवराया को वंदना, लख–लख–सौ–सौ बार ।
हिंदुराष्ट्र स्थापित किया, तुम्हें पुष्प के हार ।। 24
तान्हाजी, बाजी तथा, हीरोजी, शेलार ।
धनाजी, येसाजी! तुम्हें साष्टंग नमस्कार ।। 25
वीर मराठा–मावले, परम जिन्हों के नाम ।
अर्पण कीन्हें प्राण भी, मातृभूमि के नाम ।। 26
ऋषि–मुनि योगी संत को, हिरदय अपना वार ।
ज्ञानी ध्यानी सकल कों, वंदन बारंबार ।। 27
कवि लेखक जन सर्व को, सुहृद जन प्रत्येक ।
प्रोत्साहन जिनसे मिला, वंदन घुटने टेक ।। 28

।। हरि ॐ तत् सत् ।।

दोहा॰ श्रीगणेश अब मैं करूँ, भज कर गणेश ईश ।
सरस्वती शिव पार्वती, राघव कृष्ण कपीश ।। 29

1. श्री गणेश वंदना

1. श्री गणेश वंदना

श्री शिवाजी चरित्र दोहावली राग-छंद माला, पुष्प 2

खयाल : राग यमन, तीन ताल 16 मात्रा

(श्री गणेश वंदना)

स्थायी

मंगल वंदन सुमिरण प्यारे, सुखकर गान गणेश तुम्हारे ।

♫ नि–पप रे–सासा गरेम॑धप रे–सा–, नि़नि़रेरे ग–म॑ म॑निधप परे–सा– ।

अंतरा–1

गणपति बाप्पा परम पियारे, गण नायक विघ्नेश दुलारे ।

♫ पगपप सां–सां– निरेंगं रेंनिरेंसां–, सांगं रेंसांसांनि धपगम॑ध परे–सा– ।

अंतरा–2

निहार सुंदर काम तिहारे, भगत सभी हैं दास तुम्हारे ।

दोहा॰ **वन्दे गणपति शारदा! जय गुरु! जय भगवान्! ।**
भक्ति बुद्धि देना मुझे, स्वर किरपा वरदान ।। 30
दया क्षमा मन में रहें, धीरज धरूँ अपार ।
श्रद्धा विद्या विनय हों, सदाचार व्यवहार ।। 31
सदा रहूँ मैं शरण में, स्मरण करूँ दिन–रात ।
मरण मुझे देना, प्रभो! परम शाँति के साथ ।। 32

श्री शिवाजी चरित्र दोहावली राग-छंद माला, पुष्प 3

कीर्तन : राग खमाज, कहरवा ताल 8 मात्रा

(गणपति देवा)

स्थायी

1. श्री गणेश वंदना

गणपति गणपति गणपति देवा! कोई लाए मोदक कोई लाए मेवा ।

♫ मपपम पधधप पधनिनिनि निधध–, मप पम पसांधप पध पम म–म– ।

अंतरा–1

गणपति गणपति गणपति देवा! कोई करे भगति तो कोई करे सेवा ।

♫ धधनिसां सांसांसांसां सांरेंमंगं रेंसांसां–! मप पम पसांध प पध पम म–म– ।

अंतरा–2

भजनन किरतन बहुविध देवा! लंबोदर लंबोदर लंबोदर देवा! ।

अंतरा–3

मुनि जन करियत जप–तप सेवा, गजमुख गजमुख गजमुख देवा! ।

अंतरा–4

अर्पण सब तव चरणन देवा! गौरीसुत गौरीसुत गौरीसुत देवा! ।

श्री शिवाजी चरित्र दोहावली राग–छंद माला, पुष्प 4

भजन : राग मालकंस, कहरवा ताल 8 मात्रा

(गणेश वंदना)

स्थायी

स्वरदा ने मंजुल गाया है, नारद ने साज बजाया है ।
रतनाकर गीत सजाया है ।।

♫ ममगम गसा निसाधनि सा–म– म–, म–गम गसा निसाध नि–सा–म– म–।
निनिनि–निनि नि–नि निधनिसांनि धम ।।

अंतरा–1

तू ही बुद्धिऽ का बल दाता, तू ही ज्ञान का सोता है ।
तू ही ऋद्धिऽ सिद्धिऽ धाता, तूने भाग्य जगाया है ।।

♫ ग– म– ध–नि– सां– सांसां गंनिसां–, नि– नि– नि–नि नि धनिसांनि धम– ।

2. सरस्वती वंदना

<u>ग</u>- म- <u>ध</u>-<u>नि</u>- सां-सां- <u>गंनिसां</u>-, <u>नि</u>-<u>नि</u>- <u>नि</u>-<u>नि</u> <u>नि</u>-<u>नि</u> <u>धधनिसांनि</u> <u>धमग</u>सा ।।

अंतरा–2

तू ही हमरा गुरु अरु माता, तू ही विश्व विधाता है ।
विघ्न विनाशक मंगलकारी, तू गणनायक भाया है ।।

अंतरा–3

तू माथे की रेखा लिखता, तू भगतन को दिखता है ।
आदि देव तू! चिदानंद तू! जग तेरी किरती गाया है ।।

2. सरस्वती वंदना

♪ श्री शिवाजी चरित्र दोहावली राग–छंद माला, पुष्प 5

चित्र छंद

S। S, । S।, S। S, । S।, S। S, S

(शारदा वंदना)

छंददायिनी सरोजपाणि ध्यानगम्य देवी! ।
राग अर्पिणी सुभाषभाषिणी पवित्र आई! ।। 1
ज्ञान देवते कलाप्रसारिणी! सदा तृपा हो ।
श्वेतवस्त्रधारिणी, तुझी सरस्वती! कृपा हो ।। 2

✒ दोहा॰ विद्या राणी शारदा! तेरा जय जयकार ।
मम जीवन पर सर्वथा, तेरा ही अधिकार ।। 33
सविनय सभक्ति ज्ञान से, शारद पूजित होय ।
अविनय निष्फल शान का, रहे मूल्य ना कोय ।। 34
नमन करूँ मैं, शारदे! आकर तेरे द्वार ।
नष्ट करो मम मूढ़ता, मन में दो सुविचार ।। 35
कला मुझे दो, देवता! छंद राग का ज्ञान ।

2. सरस्वती वंदना

नृप शिवबा के चरित के, लिखूँ सुमंगल गान ।। 36

श्री शिवाजी चरित्र दोहावली राग-छंद माला, पुष्प 6

आलाप

♫ सां - रें सां - निध पम प - म ग -

गप निप रे - रे रे - ग प प - म म -

स्थायी

♫ प-निधनि पग-गसा म-प म-, ससा म- पधध रेंसां धनिप ध- ।

पपनिधनि पगग गसाम-प म-, सा- म-पध- रेंसांधनिप ध- ।। सा-॰

देवी सरस्वती ज्ञान दो, हमको परम स्वर गान दो ।

हमरा अमर अभिधान हो, माँ शारदा वरदान दो ।। दे॰

अंतरा-1

♫ सां-सां- सांसां- रेंरें गं-रेंगं-, गंमंरें- गं सांनि धनि गंरेंगंरेंसां-,

सां-रेंनि नि धप पप निधनिपम- ।

पप निध निप ग- गसाम-प म-, सा- म-पध- निसांरें-नि पग ।। सा-

तेरी करें हम आरती, तेरे ही सुत हम भारती,

तेरे ही सुत हम भारती ।

सब विश्व का कल्याण हो, माँ शारदे वरदान दो ।। दे॰

अंतरा-2

तुम ही हो बुद्धि दायिनी, तुम ही महा सुख कारिणी ।

तुम ही गुणों की खान हो, माँ शारदे वरदान दो ।। दे॰

अंतरा-3

तेरी कृपा से काम हो, जग में न हम नाकाम हों ।

हमको न कभी अभिमान हो, माँ शारदे वरदान दो ।। दे॰

2. सरस्वती वंदना

अंतरा–4

तुम हो कला की देवता, देवी हमें दो योग्यता ।
हमको हुनर परिधान हो, माँ शारदे वरदान दो ।।
माँ शारदे वरदान दो, माँ शारदे वरदान दो, माँ शारदे वरदान दो ।। दे॰

श्री शिवाजी चरित्र दोहावली राग–छंद माला, पुष्प 7

आरती : राग खमाज, कहरवा ताल 8 मात्रा

(स्वरदा वंदना)

स्थायी

जै जै स्वरदा माता । देवी स्मरण तेरा भाता ।
दरशन तुमरे सुंदर । सुमिरन तुमरे मंगल ।
चाहे सब ध्याता । ॐ जै सरस्वती माता ।।

♫ म–म– ममम– गमप– । पध नीसांसां सांरेंसां नीधरे– ।
पधपध नीनीनीध पधमम । पधपध नीनीनीध पधमम ।
प–प– धप मगरे– । प– प– पपधप मगम– ।।

अंतरा–1

जो आवे गुण पाने । ध्यान लगाने का ।
देवी ज्ञान बढ़ाने का ।
तेरे दर पर पावे । झोली भर कर जावे ।
ध्येय सफल उसका । ॐ जै सरस्वती माता ।।

♫ पम मगपम मग पमम– । सांरेंसां नीध–पम प– ।
सांसां सांरेंसां नीध–पम प– ।
पधपध नीनी नीध पधम– । पधपध नीनी नीध पधम– ।
प–प पधप मगरे– । रे– प– पपधप मगम– ।।

अंतरा–2

2. सरस्वती वंदना

जो आवे सुर पाने । गान बजाने का ।
देवी तान सजाने का ।
संगित नृत्य सिखाने । नाट्य कला को दिखाने ।
मार्ग सरल उसका । ॐ जै सरस्वती माता ।।

अंतरा-3
जो प्यासा है कला का । चित्राकारी का ।
देवी शिल्पाकारी का ।
चौंसठ सारी कलाएँ । विद्या अष्ट लीलाएँ ।
साध्य सकल उसका । ॐ जै सरस्वती माता ।।

अंतरा-4
जो कवि गायक लेखक । वाङ्मय विरचेता ।
देवी सरगम रचयेता ।
साहित्य साधन पावे । **बुद्धि** का धन आवे ।
हेतु सबल उसका । ॐ जै सरस्वती माता ।।

अंतरा-5
शुभ्र वसन नथ माला । काजल का तिल काला ।
देवी हाथ कमल नीला ।
केयुर कंठी छल्ला । गजरा कुन्दन ड़ाला ।
मुकुट है नग वाला । ॐ जै सरस्वती माता ।।

अंतरा-6
नारद किन्नर शंकर । तुमरे गुण गाते ।
देवी तुमरे ऋण ध्याते ।
भगत जो शरण में आता । भजन ये तुमरे गाता ।
मोक्ष अटल उसका । जै जै सरस्वती माता ।।

2. सरस्वती वंदना

श्री शिवाजी चरित्र दोहावली राग-छंद माला, पुष्प 8

राग : मालकंस, कहरवा ताल 8 मात्रा

(शारदा वंदना)

स्थायी

स्वरदा ने मंजुल गाया है, नारद ने साज बजाया है ।
रतनाकर गीत सजाया है ।।

ममगम गसा निसाधनि सा-म- म-, म-गम गसा निसाध नि-सा-म- म-।
निनिनि-निनि नि-नि निधनिसांनि धम ।।

अंतरा-1

देवी! तूने दिया ये गीत हमें, तू ही दिया संगीत हमें ।
तूने स्वर का ज्ञान दिया है, सुर हमने तुझसे पाया है ।।

गम! ध-ध धनि-नि- सां- सां-गंनिसां-, नि- नि निनि- नि-धनिसां निधम- - - ।
गग म- धध नि- सां-सां सांगंनिसां-, निनि निनिनि- निनिधनि सांनिधम गसा ।।

अंतरा-2

सरस्वती तू बुद्धि दायिनी, विद्या की तू रानी है ।
आरती तेरी मन मंदिर में, यह ज्ञान दीप जलाया है ।।

दोहा॰ सरस्वती को वंदना, सकल सफल हों काम ।
लिखूँ गीत मैं शारदे! पाहि! पाहि! तू माम् ।। 37

श्री शिवाजी चरित्र दोहावली राग-छंद माला, पुष्प 9

भजन : राग यमन कल्याण, कहरवा ताल 8 मात्रा

(शारदा वंदना)

स्थायी

2. सरस्वती वंदना

मंगल सुंदर सुमिरण प्यारे, सुखकर वंदन देवी तुम्हारे ।

♫ -पमंरेरे ग-गग -पमंरेरे ग-ग-, -ऩिऩिरेरे मं-मंमं -मंधनि धप-मंग ।

अंतरा-1

सुन कर वीणा तार सुखारे, भगतन सारे शरण तुम्हारे ।

♫ -पग पप सां-सां- -सांसांनि धधसांनिप, -निगंरेंसां सांनिधप -मंधनि धप-मंग ।

अंतरा-2

सरस्वती माता ज्ञान की दाती, शुभ वर दे दे परम पियारे ।

अंतरा-3

हम बालक हैं गोद में तेरी, ममता से तू हमको निहारे ।

श्री शिवाजी चरित्र दोहावली राग-छंद माला, पुष्प 10

राग : भैरवी, कहरवा ताल 8 मात्रा

(सरस्वती वंदना)

स्थायी

सरस्वती ने गाया है, नारद साज बजाया है ।
रतनाकर से रचाया है, मंगल गीत सजाया है ।।

♫ साम-ममप- मग गमपम प-, प-पध प-म मरे-ग- म- ।
सामम-मप म गगमपम प-, प-पध पमम मरे-ग- म- ।।

अंतरा-1

देवी तू भव माता है, मन तव भजनन गाता है ।
ज्ञानी शरण जो आता है, दान कला का पाया है ।।

♫ सां-सांरें सां- निध ध-निरें सां-, सांसां सांरें सांसांनिध निधनिरें सां- ।
सां-सां- सांरेंसां नि निसांरें- सांरें, ध-म धनि- सां- धपमग म- ।।

अंतरा-2

3. शिव-भवानी वंदना

कर वीणा, गल माला है, नैनन काजल काला है ।
रूप सुमंगल प्यारा है, गान मधुर जग न्यारा है ।।

अंतरा–3

वंदन तुझको स्वर दाते! जय जय तेरी जय माते! ।
तेरी हम पर छाया है, वत्सल तेरी माया है ।।

3. शिव-भवानी वंदना

दोहा॰ माते! तेरा पुत्र ये, मर्द मराठा वीर ।
तोड़ेगा रणधीर ये, पारतंत्र्य जंजीर ।। 38
♫ सा–रे– ग–रे– म–ग म–, प–म रेग–रे– म–म ।
ध–प–म– गगम–प म–, प–मग–रे ग–म–म ।।
वैरी इसके क्रूर हैं, दुष्ट अधम शातीर ।
देगा शिवबा प्राण भी, मातृभूमि खातीर । 39
किया शिवा ने धन्य ये, मुला–मुठा का नीर ।
गाते उसके गीत हैं, काव्यकार साहीर ।। 40

श्री शिवाजी चरित्र दोहावली राग-छंद माला, पुष्प 11

(शिव पार्वती)

स्थायी

आओ संतन, आओ भगतन, शिव शंकर के करिए कीर्तन ।
♫ सा–गम प–पप, प–धनि धपमम, गग ग–मम म– धपम– गगरेरे ।

अंतरा–1

जपा कमल के फूल चढ़ाओ, ज्योत जलाओ, भोग लगाओ ।
प्रसाद पाओ मंगल वाला, भालचंद्र को करके वंदन ।।

3. शिव-भवानी वंदना

♫ रेग- मममम म- ध-प मग-म-, नि-ध पम-प-, ध-प मग-म- ।
सांसां-नि प-ध- सां-निध प-ध-, प-म ग-रे म- धपम- ग-रेरे ।।

अंतरा–2

शंभु पिता हैं, उमा है माता, गौरी–शंकर शुभ वर दाता ।
आओ सत् जन, शिव–अंबा के, पावन आशिष करिए अर्जन ।।

अंतरा–3

नाम शिवा के और उमा के, परम प्रेम से करिए सुमिरण ।
दीन दयाला शिव–दुर्गा के, ध्यान लगा कर करिए चिंतन ।।

अंतरा–4

हाथ जोड़ कर, शीश झुका कर, जय जय बोलो शिव–भोले की ।
निर्मल हिरदय, तन मन अपना, शिव चराणों में करिए अर्पण ।।

श्री शिवाजी चरित्र दोहावली राग–छंद माला, पुष्प 12

भजन : राग दुर्गा, कहरवा ताल 8 मात्रा

(ओ दुर्गा देवी)

स्थायी

ओ दुर्गा देवी! ओ दुर्गा देवी! ओ दुर्गा देवी वर दे ।
ओ किरपा तेरी, ओ किरपा तेरी, ओ किरपा तेरी कर दे ।।

♫ रे म-म- पप-! म प-प- धध-! प ध-ध- सांध पप म- ।
सा रे-रे- मम-, रे म-म- पप-, म प-प- धप- मरे सा- ।।

अंतरा–1

झोली मेरी, कबसे खाली, भरदे झोली, माता काली ।
ओ झोली मेरी, ओ झोली मेरी, ओ झोली मेरी देवी भरदे ।।

♫ सा-रे- म-रे-, म-म- प-म-, प-प- ध-प-, ध-सां- ध-प- ।
म प-प- धध-, प ध-ध- सांध-, प धध पप मम रेरेसा- - ।।

3. शिव-भवानी वंदना

अंतरा–2

नैया मेरी, टूटी डोरी, तूही तारे, माता गौरी ।

ओ नैया मेरी, ओ नैया मेरी, ओ नैया मेरी देवी तरदे ।।

अंतरा–3

गोदी मेरी, मैया खाली, भरदे गोदी, मैया काली ।

ओ गोदी मेरी, ओ गोदी मेरी, ओ गोदी मेरी देवी भरदे ।।

श्री शिवाजी चरित्र दोहावली राग–छंद माला, पुष्प 13

भजन : राग काफी, कहरवा ताल 8 मात्रा

(शिव पार्वती गणेश)

स्थायी

शिव पार्वती गणेश, जय जय, शिव पार्वती गणेश ।

जय जय, शिव पार्वती गणेश ।

ध्याऊँ तुमको पाऊँ तुम को, वंदन करूँ महेश ।

शिव पार्वती गणेश ।।

♫ –निनि नि–निसांप पपध–प मग सानि़, –नि़सा रेपमरेसा नि़सा – – सा ।

मरे सानि़– नि़सा रेपमरेसा नि़सा– – – – – – सा ।

–मपनि– निनिनि– –सां–सां रेंनिसां–, –नि–निनि धमप धप– – –मधपमगरेसानि़ ।

नि़सा रेपमरेसा नि़सा– – – – – – सा ।।

अंतरा–1

ज्यों हि तुमरे सुमिरण कीन्हे, सपनन तुमने दर्शन दीन्हे ।

भवसागर से सुखसागर में, दूर–हुए कलेश ।

शिव पार्वती गणेश ।।

♫ –निध म पपप– –नि धमम प–प–, –निधम– पपपसां– निधमम प–प– ।

रत्नाकर रचित श्री शिवाजी चरित्र दोहावली

4. मातृभूमी भारत वंदना

–मप निनिसां सां– –सांगं रेंसांरेंनि सां–,
–नि–निनिधमप धप– – –मधपमगरेसानि़ ।
नि़सा रेपमरेसा नि़सा– – – – – – सा ।।

अंतरा–2

जो भी तुमरे दर पर आवे, पल में उसके घर भर जावे ।
दुःख जगत के वो तर जावे, तेरी कृपा उमेश ।
शिव पार्वती गणेश ।।

अंतरा–3

कोई तुमसे अलख नहीं है, सारी तुमसे व्याप्त मही है ।
तेरी कृपा से हसरत मेरी, पूर्ण हुई अशेष ।
शिव पार्वती गणेश ।।

4. मातृभूमी भारत वंदना

श्री शिवाजी चरित्र दोहावली राग–छंद माला, पुष्प 14

(भारत राष्ट्र गौरव गीत)

स्थायी

कर्मभूमि ये भारत हमारा, सारी दुनिया में हमको है प्यारा ।
इसका इतिहास सुंदर नियारा, दिव्य भारत हमारा जियारा ।।

♫ म–गम–म– म प–म– गम–प–, मप धधध– नि सां–नि– ध प–म– ।
म–प धधध–ध नि–ध– पम–प–, म–प ध–ध– सांनि–ध– धप–म– ।।

अंतरा–1

इसकी धरती है सोने की माटी, इसके सिर पर हिमालय की चोटी ।
इसकी नदियाँ हैं अमृत की धारा, इसके पग में समुंदर किनारा ।।

4. मातृभूमी भारत वंदना

♪ सां-सां नि-सां- नि ध-नि- ध प-म-, सां-सां नि- सां- निध-नि- ध प-म-।
म-ग ममम- म ध-प- ग म-प, ग-म पप प- पध-नि- धप-म-।।

अंतरा-2
इसकी आभा है अंबर की ज्योति, चाँद सूरज हैं कुण्डल के मोती ।
रम्य अनुपम है इसका दीदारा, विश्व का है ये उज्ज्वल सितारा ।।

अंतरा-3
इसकी वायु में सौरभ घनेरा, इसका मंगल है साँझ और सवेरा ।
इसमें आनंद है अद्भुत अपारा, ये है कुदरत का मनहर नज़ारा ।।

अंतरा-4
मोर कोयल पपीहे हैं गाते, टेर कुहू हैं मंजुल सुनाते ।
संग सावन का शीतल फुहारा, सारे वतनों में ये है दुलारा ।।

अंतरा-5
पर नारी यहाँ पर है माता, भाईचारे का सबमें है नाता ।
यहाँ इंसानियत का बसेरा, शुभ शाँति अहिंसा का नारा ।।

अंतरा-6
इसकी संतानें हैं वीर ज्ञानी, संत योगी कलाकार दानी ।
स्नेह सेवा शराफत का डेरा, स्वर्ग से प्रिय है देश मेरा ।
स्वर्ग से प्रिय है देश हमारा ।।

(कोरस)
जय हो जय हो, तेरी जय हो जय हो, जय हो जय हो, सदा जय हो जय हो ।
जय हो जय हो, तेरी जय हो जय हो, जय हो जय हो, सदा जय हो जय हो ।।

♪ सां- सां नि- सां-, निध- नि- ध प- ध-, सां- सां नि- सां-, निध- नि- ध प- म-।
म- ग म म-, मप- म ग म- प, ध- ध नि नि-, निसां- नि- ध प- म-।।

5. राष्ट्रभाषा हिंदी वादना

5. राष्ट्रभाषा हिंदी वादना

श्री शिवाजी चरित्र दोहावली राग-छंद माला, पुष्प 15

(राष्ट्रभाषा हिन्दी)

स्थायी

वाणी सरस्वती की, है देन गणपति की ।
उज्ज्वल ये संस्कृति की, हिन्दी है राष्ट्रभाषा ।। हिन्दी है०

♫ रे-रे- मप-मग- रे-, म प-ध पपमग- म- ।
नि-ध- प मगरे- म-, ध-प- म ग-मरे ग- ।।

अंतरा-1

सुनने में है लुभानी, गाने में है सुहानी ।
सबसे मधुर ये जानी, ब्रह्मा इसे तराशा ।। हिन्दी है०

♫ निनिध- प म- पध-प-, सां-नि- ध प- धप म- ।
रेरेरे- गप- म ग-म-, ध-प- मग- मरे ग- ।। ध-प-

अंतरा-2

संस्कृत की ये सुता है, ऊर्दू की ये मीता है ।
मंगल सुसंगीता है, सुंदर ये हिन्दी भाषा ।। हिन्दी है०

अंतरा-3

हिन्दी ये वो जुबाँ है, जिस पर सभी लुभाँ हैं ।
दुनिया का हर सूबा ही, हिन्दी का है निबासा ।। हिन्दी है०

अंतरा-4

मनहर गुलों की क्यारी, बोली सभी से न्यारी ।
हिन्दी है सबको प्यारी, चाहे जो हो लिबासा ।। हिन्दी है०

5. राष्ट्रभाषा हिंदी वादना

दोहा॰ वाणी कीन्ही शारदा, गणपति की है देन ।
परंपरा उज्ज्वल जिसे, सुंदर उसका बैन ।। 41
हिन्दी हमरी मातु है, हमको देती ज्ञान ।
देकर दैवी संस्कृति, दूर करे अज्ञान ।। 42
संस्कृत वाणी की सुता, उर्दू की है मात ।
नौ रस से जो पृक्त है, ज्ञानी जन को ज्ञात ।। 43
देवनागरी है लिपी, पवित्र हैं उच्चार ।
गद्य पद्य व्यवहार में, छंद राग श्रृंगार ।। 44
संस्कृत की ये उपनदी, अमृत इसका तोय ।
उर्दू नदी समा गई, गहरी नदिया होय ।। 45
नवम सदी में होगए, कविवर गोरखनाथ ।
हिन्दी भाषा फिर बढ़ी, बरदाई के साथ ।। 46
तुलसी मीरा जायसी, कबीर रामानंद ।
सूरदास रैदास के, पद दीन्हे आनंद ।। 47
दोहा रोला कुण्डली, चौपाई के संग ।
कवित्त सोरठ छंद से, हिन्दी पद में रंग ।। 48
हिन्दी भाषा सुगम है, कहते संत सुजान ।
चारु मनोरम सुखद है, जिन्हें काव्य का ज्ञान ।। 49
सुरस सुलभ सुखकार है, जग में भाषा एक ।
हिन्दी वह शुभ नाम है, जानत हैं जन नेक ।। 50
हिन्दी में जो शान है, और न पायी जाय ।
हिन्दी जो है जानता, वही समझ यह पाय ।। 51
ऐसा कोई देश ना, जहाँ न हिन्दी लोग ।
जहाँ काव्य संगीत में, हिन्दी का न प्रयोग ।। 52

5. राष्ट्रभाषा हिंदी वादना

अलंकार से जो भरी, तुमने, हे वागीश! ।
हिन्दी भाषा दी हमें, धन्यवाद, जगदीश! ।। 53
हिन्दी भाषा से हमें, रहे सदा ही प्यार ।
हिन्दी भाषा को नमो, नम: कहो शत बार ।। 54

 श्री शिवाजी चरित्र दोहावली राग-छंद माला, पुष्प 16

दादरा ताल

(राष्ट्रभाषा हिन्दी)

स्थायी

गीत शारद ने मंजुल है गाया, साज नारद मुनि ने बजाया ।
रत्नाकर से है मंगल रचाया, शिवलीला को सुंदर सजाया ।।

♪ म-ग म-म- म प-म- ग म-प-, म-प ध-ध- धसांनि- धप-म- ।
रेगम-म- म प-म गम-प-, मपध-ध-ध निध- पम-म ।।

अंतरा-1

सारी दुनिया में सबसे जो प्यारी, वही भाषा है हिन्दी हमारी ।
ब्रह्मा जी ने जिसे है तराशा, देववाणी की कन्या है न्यारी ।।

♪ सांसां निनिरें- सां धधनि- ध प-म-, सांसां नि-रें- सां ध-नि- धप-म- ।
मग म- म- मप- म- गम-प-, रे-गम-म- म ध-प- म ग-म- ।।

अंतरा-2

छंदों से जो भाषा सजी है, राग सुर से जो रंग रजी है ।
जो विधाता ने सुंदर रची है, वो है बोली हमारी पियारी ।।

अंतरा-3

तुलसी ने जो उज्ज्वल बनायी, मीरा ने जो है भक्ति से गायी ।
जिसमें स्वरदा की माया समायी, वो हिन्दी है गुलशन की क्यारी ।।

6. मराठा संतजन वंदना

6. मराठा संतजन वंदना

1. संत चक्रधर स्वामी

(1194–1276)

✍दोहा॰ आदि चक्रधर ख्यात थे, महाराष्ट्र के संत ।
पुण्य "महानुभाव" का, स्थापन कीन्हा पंथ ।। 55
जैसा गीता ने कहा, "सद् गुण जिसे स्वभाव ।
पतितों को भी स्वर्ग है," कहता महानुभाव ।। 56
ईश्वर के अवतार थे, माने गये महंत ।
निश दिन करने में लगे, जातिभेद का अंत ।। 57
बैरागी सेवक बने, तज कर गृह संसार ।
जन सेवा के कार्य से, किया समाज सुधार ।। 58
वंदन ऐसे संत को, सादर घुटने टेक ।
अमर नाम जिसका रहे, वर्ष सहस्त्र अनेक ।। 59

2. संत नामदेव

(1270–1350)

✍दोहा॰ नामदेव कविसंत थे, जाने गए महान ।
विठ्ल के वे भक्त थे, कीर्तनकार सुजान ।। 60
अभंग वाणी संत की, लेती मन को जीत ।
विठ्ठल था उनका सखा, प्रभु को उनसे प्रीत ।। 61
नामदेव को वंदना, करिए सौ-सौ बार ।
विनम्र मस्तक टेक कर, तन मन सब कुछ वार ।। 62

3. संत जनाबाई

3. संत जनाबाई

(1350)

दोहा॰ संत मराठी वृंद में, जनाबाई महान ।
घर–घर उनके गीत थे, नारीजग सरनाम ।। 63
नमो जनाबाई तुम्हें, अमर तिहारे गीत ।
सदियों से हैं लाड़ले, सबको उनसे प्रीत ।। 64

संत ज्ञानेश्वर, निवृत्तिनाथ, सोपानदेव, मुक्ताबाई

(1275–1297)

दोहा॰ श्री ज्ञानेश्वर संत थे, भक्ति–कवीश सुजान ।
गीता पर टीका लिखी, ज्ञानेश्वरी महान ।। 64
बड़े बंधु निवृत्ति ये, गुरुवर गहिणीनाथ ।
अनुज सोपानदेव थे, मुक्ता अनुजा साथ ।। 66
चारों बालक थे कवि, महान कीर्तनकार ।
वंदन उनको हम करें, साष्टांग नमस्कार ।। 67

4. संत चोखामेला

(1338)

दोहा॰ चोखामेला पूज्य थे, कविवर संत महान ।
अभंग उनके दिव्य थे, भक्ति भाव का गान ।। 68
उच्चा–नीच के भेद से, पीड़ित उनका चित्त ।
अनन्य उनकी भक्ति थी, विठ्ठल से थी प्रीत ।। 69
वंदन ऐसे संत को, पग पर माथा टेक ।
उनके पथ पर हम चलें, चरित्र उनका देख ।। 70

5. संत एकनाथ

5. संत एकनाथ

(1533–1599)

दोहा॰ समय विकट था जब घिरा, हतबल था जब देश ।
नेता कोई था नहीं, हरने जन मन क्लेश ।। 71
सुलतानों के हो रहे, निर्घृण अत्याचार ।
प्रजा करत बरदाश्त थी, बन कर वह लाचार ।। 72
वीर पुरुष महाराष्ट्र के, बन कर उनके दास ।
मातृभूमि का घोर वो, होत रहा उपहास ।। 73
सुलतानों के सैन्य के, जो थे जन सरदार ।
तोड़-फोड़ अपहार का, उनको था अधिकार ।। 74
हिंदू जन जो थे दुष्ट, सुलतानों के दास ।
स्वजनों के ही घात में, मिलता उन्हें विलास ।। 75
ऐसे संकट काल में, जनता को आधार ।
एकनाथ जी संत ने, लीन्हा था अवतार ।। 76
जागृत जनता को किया, विष्णु भक्ति के नाम ।
"विठ्ठल" उनका मंत्र था, गाने को आसान ।। 77
ज्ञानेश्वर का ग्रंथ जो, लोप किया था काल ।
एकनाथ ने ढूँढ कर, कीन्हा गठित विशाल ।। 78
दुखी मराठों के लिए, एक दया का नाथ ।
एकनाथ वह संत था, भक्तिभाव के साथ ।। 79

6. संत तुकाराम

(1608-1649)

दोहा॰ कुनबी कुल में थे जने, किया वणिक उद्योग ।
धन-संपत्ति विरक्त थे, सिद्ध भक्ति का योग ।। 80

6. संत तुकाराम

विठ्ठल-रुक्मिणी भक्त वे, होकर जगत-उदास ।
घर दारा सब छोड़ कर, मंदिर किया निवास ।। 81
पाकर वे संसार से, इक दिन बहुत विषाद ।
आये पंढरपूर में, जहाँ नाम का नाद ।। 82
वहाँ मिले सज्जन उन्हें, संत शिरोमणि लोक ।
राम नाम के ध्यान में, चमका मन आलोक ।। 83
पाकर मंगल साधना, गाते भजनन गीत ।
विठ्ठल! विठ्ठल! जाप से, लागी उनको प्रीत ।। 84
वारकरी जन भक्त से, करके मेल मिलाप ।
बने भगत श्री विष्णु के, मिटा चित्त का ताप ।। 85
गाते पावन भजन वे, रचते दिव्य अभंग ।
नाचत खोकर भान वे, पूर्ण भक्ति के संग ।। 86

श्री शिवाजी चरित्र दोहावली राग-छंद माला, पुष्प 17

भजन : राग मिश्र, कहरवा ताल 8 मात्रा

(जै श्री राम)

स्थायी

जै श्री सांब भजो मन मेरे, नाम शिवा के गारे ।
जनम-जनम के पाप उतारे, तन के ताप उबारे ।।

♫ ग- मप रे-नि़ नि़सा- साग रे-सा-, ग-प पध- ध- निसांधप ।
सांसांसां सांसांसां सांरें नि-ध पधसांसां-, सांसां सांरे निधम पग - - मरेसाग- ।।

अंतरा-1

घेरेंगे जब घोर अंधेरे, मेघ घनेरे कारे ।
या छेड़ेंगे भय दुस्तारे, मन वीणा की तारें ।

7. श्री गुरु वंदना

छोड़ेंगे यदि साथ पियारे, भव सागर मझधारे ।।

♪ निसांसां-रें- सांसां निधप धनिसांसां-, निसांसां सांनि-ध- निसांसां- ।
नि- सां-सां-सां- निसां सां-निधप-, धनि धपम- पध निसांसां- ।
निसांसां-सां- सांरें निधप धनि-सां-, धसां सां-निध मपग - - मरेसाग- ।।

अंतरा-2
**बोलेंगे जब शबद दुखारे, निर्दय दुनियावारे ।
या काटेंगे साँप विषारे, भूखे वदन पसारे ।
रोएँगे यदि गम के मारे, तेरे प्राण बिचारे ।।**

अंतरा-3
**झेलेंगे तब शिवजी प्यारे, दुख तन मन के सारे ।
खेलेंगे शिव खेल सुखारे, हरने ताप तुम्हारे ।
लेलेंगे प्रभु परम कृपारे, शरण में साँझ सकारे ।।**

7. श्री गुरु वंदना

♪ **श्री शिवाजी चरित्र दोहावली राग-छंद माला, पुष्प 18**
मोटक छंद

S SI, I SI, I SI, I S
(राग : काफी)

♪ सानिसा-रे रेग- ममप-म गरे- । सा-रे-ग पम- गरे म-ग रेसा- ।।
सा- रे-ग मप- निसां रें-सांनि ध- । प-ध- निधप- गम प-ग रेसा- ।।
(श्री गुरु)

**संगीत मुझे गुरुदेव दिया । रंगीन जिने मम विश्व किया ।। 1
है छंद दिया गुरु पिंगल ने । दोहे कविता रस रंगत में ।। 2
वृत्तांत कहा सब नारद ने । आशीष दिया शुभ शारद ने ।। 3**

गुरु महर्षि पिंगल वंदना

योगेश्वर श्री हरि योग दिया । गीता कहके भवबोध किया ।। 4

♫ श्री शिवाजी चरित्र दोहावली राग-छंद माला, पुष्प 19

सोरठ छंद

11, 11 + ऽ

गुरु है दीपक ज्योत, गुरु ज्ञानन का स्त्रोत है ।
गुरु नैनन की ज्योत, गुरु से ज्ञानी होत है ।।

✍दोहा॰ गुरु गणनायक शारदा, ब्रह्मा विष्णु महेश ।
गुरु करता कल्याण है, सदा भजो ज्ञानेश ।। 87
मार्ग मिले ना गुरु बिना, कला न विद्या दान ।
ना पांडित्य न साधना, मिले न सात्त्विक ज्ञान ।। 88

गुरु महर्षि पिंगल वंदना

♫ श्री शिवाजी चरित्र दोहावली राग-छंद माला, पुष्प 20

कमललोचना छंद

।।।, ।।।, ।। ऽ, ।। ऽ, ऽ

(पिंगल)

लघु गुरु कल क्रम पिंगल कीन्हे ।
न स ज य भ र त म हैं गण दीन्हे ।। 1
कमलनयन हरि वंद्य यथा हैं ।
कविजग कुलगुरु छंद तथा है ।। 2

✍दोहा॰ गुरुवर पिंगल ने दिया, न स ज य भ र त म गण वृंद ।
मात्रा क्रम से काव्य में, रस डालत है छंद ।। 89

महर्षि पतंजलि वंदना

श्री शिवाजी चरित्र दोहावली राग-छंद माला, पुष्प 21

प्रार्थना : कहरवा ताल 8 मात्रा

(श्री पिंगल)

स्थायी

नमन करूँ गुरुदेव को, झुक कर बारंबार ।
चरण धरूँ कविराज जी! पिंगल प्रभो! तिहार ।। 90

♫ ममम मप- ममध-प ध-, धनि सांरें सांनिधपध-ध ।
पपप पध- निनिसां-रें सां-! ध-निनि रेंसां- निधप-प ।।

अंतरा-1

मनन मगन मन जोड़ के, विनय भक्ति के साथ ।
शरण गहूँ मैं आपकी, वंदन मेरे नाथ! ।। 91

♫ ममम मपप मम ध-प ध-, धनिसां रें-सां निध ध-ध ।
पपप पध- नि- सां-रेंसां-, ध-निरें सांनिधप प-प ।।

अंतरा-2

भजन पान नित आपके, काव्यसिंधु का क्षीर ।
धो डाले अज्ञान को, ज्ञान नदी का नीर ।। 92

महर्षि पतंजलि वंदना

ॐ श्लोक

शरणोऽस्मि गुरो तुभ्यं नतशीर्षः कृताञ्जलिः ।
त्वत्तः प्राप्तुं दिशं मार्गं रत्नाकरः पदे पदे ।।

दोहा॰ **पतंजली ने है दिया, योग-सूत्र का शास्त्र ।**
नतशीर्ष मैं कृतांजलि, रत्नाकर तव छात्र ।। 93

महर्षि पतंजलि वंदना

श्री शिवाजी चरित्र दोहावली राग-छंद माला, पुष्प 22

भजन : राग भैरवी, कहरवा ताल 8 मात्रा

(गुरु वंदना)

पद

गुरु ब्रह्मा शिव, गुरु विष्णु है, गुरु चरणन में ज्ञान सही ।

गुरु चरणन में ज्ञान सही ।। गुरु॰

♫ -सांसां रेंसांसां- सांसां- सांसां रेंसांनि- नि-, -निनि निनिगंगं गंरें- रेंगंरें सांसां- - -।

-सांरें निधपप प- - निधनिप मम- ।। मप॰

स्थायी

गुरु राम है, गुरु श्याम है, श्री गणपति का अवतार वही ।

♫ मप ध-ध ध- -, पम प-प प- -, मगरे, -रेरेगग म- धध-पधप मम ।

अंतरा-1

ज्ञान सिखावे, राह दिखावे, गुरु के तले अंधःकार नहीं ।

♫ -सां-नि धसां-सां- -, सां-निपरें -रें-, -रें.रें रें रेंरें- रेंरें-रेंगंरें सांसां- - - ।।

अंतरा-2

भरम भगावे, भाग्य जगावे, गुरु से बड़ा अधिकार नहीं ।

अंतरा-3

छाँव गुरु है, नाव गुरु है, गुरु से बड़ी पतवार नहीं ।

अंतरा-4

गुरु गुण गावो, गुरु ऋण ध्यावो, गुरु किरपा का भार नहीं ।

श्री शिवाजी चरित्र दोहावली राग-छंद माला, पुष्प 23

योग

महर्षि पतंजलि वंदना

स्थायी

है, नाम इसी का यो...ग, तू, जान इसी को योग ।

♫ सानि़, सा–रे रेग– म– पमगरेसा, रेसा, रे–रे गमग रेसा रे– – – – रे ।

अंतरा–1

तन निर्मल हो, मन निश्चल हो,
दूर हों सुख के भो...ग । है, नाम इसी का योग ।।

♫ सानि़ सा–रेरे ग–, रेग म–गरे सा–,
म–म म पम गरे सा– – सा, रे–, रे–रे गपम गरे सा– ।।

अंतरा–2

नर निर्भय हो, दृढ़ निश्चय हो,
संयम का उपयोग । है, नाम इसी का योग ।।

अंतरा–3

स्थल प्रशाँत हो, चित नितांत हो,
सत् जन का संजोग । है, नाम इसी का योग ।।

अंतरा–4

कोई न अपना, न ही पराया,
सम जाने सब लोग । है, नाम इसी का योग ।।

अंतरा–5

पूर्ण अहिंसा, तन मन वच से,
कोह रहे ना सोग । है, नाम इसी का योग ।।

अंतरा–6

फल की कामना, विषय वासना,
ना हों ये सब रोग । है, नाम इसी का योग ।।

महर्षि पतंजलि वंदना

गुरुवर दादोजी कोंडदेव वंदना

दोहा॰ बाल शिवजी के गुरु, कोंडदेव शुभ नाम ।
शस्त्र-शास्त्र विद्या सभी, देत नीति का ज्ञान ।। 94
मातृभूमि से प्रेम भी, युद्ध कला का तंत्र ।
सेच्चे सेवक जोड़ना, स्वराज्य का गुरुमंत्र ।। 95

श्री शिवाजी चरित्र दोहावली राग-छंद माला, पुष्प 24

भजन : राग जोगिया, कहरवा ताल 8 मात्रा

वाल्मीकि स्तवन

स्थायी

हे गुरु परम ध्यान दाता, स्तवन हमरे लीजियो ।
लीजियो वंदन हमारे, ज्ञान हमको दीजियो ।
उद्धार हमरा किजियो ।।

♫ रे- सारे- ममम प-म रे-सा- -, रेमम पधप- म-रेसा- ।
म-पध- सां-रेंरें सांनिधप-, म-ध प-म- प-मरे- ।
सा-सा-रे ममप- ध-पम- ।।

अंतरा-1

शारद का अवतार तुम्हीं हो, शिवबा के करतार तुम्हीं हो ।
तुलसी का सुविचार तुम्हीं हो, ज्ञान का भँडार हो ।।

♫ म-पप ध- सांसांरें-सां निध- प-, ममप- ध- सांसां-रें-सां निध- प- ।
ममप- ध- सांसां-ध-प मरे- सा-, सा-रे म- म-रे-रे सा- ।।

अंतरा-2

गद्य पद्य पद शरण तिहारे, कवि शाहिर गण चरण तिहारे ।
शारद का वरदान तुम्हीं हो, कुदरत का अनुदान हो ।।

गुरुवर स्वामी रामदास वंदना

अंतरा–3

शिवबा को अनुराग है तुमसे, स्फूर्ति अमर चिराग है तुमसे ।
तुमरे तप से भाग्य हमारे, गुरु! तुम्हें आभार हो ।।

गुरुवर स्वामी रामदास वंदना

दोहा॰ रामदास धीमान श्री, गुरुवर थे गुणवान ।
सहृद रामानंद के, भजते थे श्रीराम ।। 96
शिवबा के गुरु श्रेष्ठ थे, कर्मयोग के संत ।
हिंदुधर्म रक्षक बने, परम समर्थ महंत ।। 97
“मुगल म्लेच्छ खल दुष्ट जो, दुष्टबुद्धि शठ नष्ट ।
करते अबला भ्रष्ट वे, देकर उनको कष्ट ।। 98
“देवालय वे तोड़ते, और जलाते ग्रंथ ।
मूर्ति पावन फोड़ते, अधर्म जिनका पंथ ।। 99
हत करने उन शत्रु को, लिखे नीति के श्लोक ।
जागृत कीन्हे सुप्त जो, मूढ़ मराठे लोग ।। 100

श्री शिवाजी चरित्र दोहावली राग–छंद माला, पुष्प 25

भजन : राग दुर्गा, कहरवा ताल 8 मात्रा

(मोहे राम मिलादो)

स्थायी

मोहे राम मिलादो हनुमंता, मोहे दरस दिलादो भगवंता ।
लखन हि सम तुम राघव भाई, तुमरी माँ सीता देवी ।।
मम ध–प मप–मरे रेरेप–प–, मप– धधप मप–मरे रेरेप–म– ।
रेरेरे रे मम मम ध–पम प–ध–, सांसांसां– रें– सां–ध– म–प– ।।

31
रत्नाकर रचित श्री शिवाजी चरित्र दोहावली

गुरुवर स्वामी रामदास वंदना

अंतरा-1
तुमरे गुन सब जन को भाते, रघुपति तुमरे सद् गुण गाते ।
लीला तुमरी बरनत नारद, बाल्मीकि शौनक तुलसी जी ।।

♪ ममप- धध धध सांसां सां रेंधसां-, धधधध सां-सांसां- धसां रेंसां धपम- ।
प-प- धमपध पधमम रे-सासा, सां-सांसां रें-सांसां धधमप प- ।।

अंतरा-2
तुमने रघुबर-काज संवारे, सुग्रीव को तुम राज दिलाए ।
संजीवन का परबत लाए, राम का आशिस तुमको ही ।।

अंतरा-3
तुम ही बांधा पुल सागर पे, लंका जारी असुर संहारे ।
सारे कपि हैं तुमरे दासा, वाणी मीठी तुमरी ही ।।

दोहा॰ नारायण ने जब लिया, गृहस्थ से संन्यास ।
"रामदास" स्वामी बने, जन जागृति की प्यास ।। 101
नंदिनी नद के तीर पर, समाधिस्थ एकांत ।
गायत्री का जप किया, अखंड मन से शाँत ।। 102
रामचरित की साधना, बारह बरस महान ।
मुख में उनके एक ही, पूज्य नाम हनुमान ।। 103
ब्रह्मचर्य व्रत ले लिया, करने अचिवल काम ।
भारत यात्रा पर चले, जय रघुवर के नाम ।। 104
ग्राम-ग्राम वे घूम कर, देते सबको ज्ञान ।
कर्मयोग का ज्ञान भी, गुरु उनका हनुमान ।। 105

दोहा॰ हिमालय पर आगए, यात्रा के दौरान ।
राहों में उनको मिले, सज्जान संत सुजान ।। 106
यहाँ हुआ परमार्थ का, उनको साक्षात्कार ।

गुरुवर स्वामी रामदास वंदना

जन्म हेतु जिसने किया, उनका अब साकार ।। 107
गंगा जल में स्नान कर, धो कर तन मन प्राण ।
समाज के उद्धार का, जगा उन्हें अरमान ।। 108
सेवा अपने देश की, और धर्म के काम ।
करने को आगे बढ़े, लिए राम का नाम ।। 109

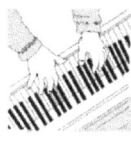

श्री शिवाजी चरित्र दोहावली राग-छंद माला, पुष्प 26

आरती : राग बिलावल, कहरवा ताल 8 मात्रा

आरती

रत्नाकरकृत हनुमान चालीसी

दोहा॰

सदा सहायक राम का, कर्म कुशल महावीर ।
राघव दूत महाबली, विद्युत वेग सुधीर ।। 110

♪ नि नि- निनि-सांसां सां- -सां सां - -, नि-नि निनिनि रेंसांसां- - सा ।
नि-निनि प-प पग-परे- - -, ग-गरे रे-रे सासा- - सां ।।

चौपाई

जै हनुमान ज्ञान गुण सिंधु, जै कपीश करुणा के इंदु । 1
महावीर! तुम कपि बजरंगी, रामदास हरि[1] परम उमंगी । 2

♪ रेग ममम-म ग-म पम ग-रे-, ध- पम-ग रेरेगम पम ग-रे- ।
रे-रे-ग-ग गग गम पपप-म-, गरेरेग-म मम पपप मग-रे- ।।

ऋष्यमूक गिरि तोर निबासा, पम्पा सुंदर सर के पासा । 3
शब्द वेध के निपुण विधाता, विघ्न विनाशक तुम सुख दाता । 4

---

[1] हरि = वानर । राम, कृष्ण, विष्णु ।

गुरुवर स्वामी रामदास वंदना

उड़ कर आसमान का भानू, लील्यो लाल गगन फल जानूँ । 5
तुम ज्ञानी अति चातुर बानी, पवन पुत्र अनुपम तूफानी । 6

क्षण में उड़ कर सागर लाँघा, राम–नाम लिख सेतु बाँधा । 7
अस्त्र शास्त्र श्रुति के तुम ज्ञानी, सरल मधुरतम तुमरी बानी । 8

रावण की वाटिका उजाड़ी, अहिरावण की बाँह उखाड़ी । 9
ढूँढी तुमने सीता माई, राघव को शुभ खबर सुनाई । 10

रावन को तुम बोले, "भाई! लौटा दे तू सीता माई" । 11
अड़बंगा नहिँ तुमरी माना, पूँछ जराई वह दीवाना । 12

तुमने युद्ध बजाया डंका, फिर सोने की जारी लंका । 13
अपरंपारा तुमरी माया, जिसका पार न कोई पाया । 14

संजीवन का परबत लाए, शर से आहत लखन जियाये । 15
महा प्रतापी तुम, जगदीशा! ज्ञान सिंधु संपन्न कपीशा । 16

असुर निकंदन तुम सुर त्राता, धन्य अंजनी तुमरी माता । 17
काम राम के किए तमामा, जय जय कपिवर जय बलभीमा । 18

जै हनुमान राम के दासा, राम चरन तुमरा अधिबासा । 19
कपिवर तुमरी अमृत बाणी, राम–सिया को अति हर्षाणी । 20

राम–नाम रस भीनी काया, वक्ष फाड़ कर हरि दिखलाया । 21
फोड़ फोड़ माला के मोती, राम–नाम की ढूँढी ज्योति । 22

जो तुमरी लीला का ज्ञाता, किरपा राम–सिया की पाता । 23
जो हनुमान चलीसा गाता, भवसागर को पार लँघाता । 24

काम काज जिसको उलझाता, नाद नाम का तिन सुलझाता । 25

गुरुवर स्वामी रामदास वंदना

पी कर राम रसायन प्याला, नसीब जागे खुल कर ताला । 26

केसर-नंदन व्यंकट प्यारे! असुर निकंदन राम दुलारे! । 27
मुष्किल काज धरम के जेते, आतुर तुम करने को तेते । 28

तुम हो धीरज बल के दाता, आशिष दीन्हा सीता माता । 29
सुग्रीव को नृप तुमने कीन्हा, विभिषण को तुम मंतर दीन्हा । 30

निश-दिन राघव की कर सेवा, खाते परम मधुर तुम मेवा । 31
आवन जावन विद्युत गति से, राम काज करि सुकृत मति से । 32

विघ्न कष्ट संकट की वेला, तुमरा भगत न रहे अकेला । 33
बिकट विषम जब विपदा आवे, तुमरे सुमिरण से कट जावे । 34

घटना घोर घटे जिस बेरी, प्रभु आने में लगे न देरी । 35
क्षण में विशाल गिरिवर जैसे, क्षण में सूक्षम अणु सम ऐसे । 36

जिसमें हनुमत भक्ति जागी, उसकी सब बिध पीड़ा भागी । 37
जिसके मुख हनुमान सुनामा, होय सिद्धि वह पूरण कामा । 38

जो नर निश-दिन तुमको सुमरे, उस पर प्रेम अपारे तुमरे । 39
जिसके मुख रट हनुमत लागी, स्वर्ग दुआरे वह बड़भागी । 40

दोहा॰

पवन तनय हनुमान जी, अंजनी सुत बलवान ।
कपिदल-पति प्रभु! आपको, बारंबार प्रणाम ।। 111

♫ सासासा रेरेरे रेरेग-रे ग-, प-मग रेरे गगम-म ।
पपपपपप पप ध-मम-, ग-म-ग-रे रेसा-सा ।।

आज्ञा दीजो हे प्रभो! खुले राम का द्वार ।
सफल करूँ संगीत ये, होवे मम उद्धार ।। 112

गुरुवर स्वामी रामदास वंदना

♪ सा-नि़- ध़-नि़- सा- रेसा-, पम- ग-रे सा- रे-रे ।
गगग मम- प-म-ग म-, ग-म- गग रे-सा-सा ।।

♫ <u>श्री शिवाजी चरित्र दोहावली राग-छंद माला, पुष्प 27</u>

पादाकुलक छंद

4 + 4 + 4 + 4

(हनुमान भगत)

तुमरा मंतर जो है गाता, वो है रघुनंदन को भाता ।
जो है राम रसायन रीता, कटु संकट में वो है जीता ।। 1
जो है तुमरे सद् गुण ध्याता, सीता देवी उसकी माता ।
कर जोड़े तुमरे दर आता, रघुपति दशरथ उसके ताता ।। 2
तुमरी शरणन जो है आता, उस भगत का भरत है भ्राता ।
जो हिरदय में तुम्हें बिठाता, उसे लखन भाई का नाता ।। 3

✍दोहा॰ **फिर आए पंजाब में, रामदास सानंद ।**
वहाँ मिले सौभाग्य से, श्री गुरु हरगोबिंद ।। 113
हरमंदिर में बैठ कर, हुआ भद्र आलाप ।
गीता पर प्रवचन दिया, आध्यात्मिक आलाप ।। 114
महाराष्ट्र में था यथा, मुगलों का उत्पात ।
वैसा ही पंजाब में, सुलतानी उन्माद ।। 115
सब विध अत्याचार था,बलात्कार दिन-रात ।
धर्मविघ्न पंजाब में, गुरुओं पर आघात ।। 116
लेकर नूतन चेतना, स्वामी लौटे देश ।
जनता को जागृत किया, करने सिद्ध स्वदेश ।। 117

गुरुवर स्वामी रामदास वंदना

श्री शिवाजी चरित्र दोहावली राग-छंद माला, पुष्प 28

राग : आसावरी, कहरवा ताल 8 मात्रा

(गुरुवाणी)

स्थायी

अमृत वाणी, देन सबद की, आदिगुरु को, वाहेगुरु की।

पमपसां ध-पधमप, गरेम मपप प-, पधसां रेंसांरेंगं रेंसां, सांनिरें सांध- प- ।

अंतरा-1

"दीपा मेरा एकु नामु," सीख ले बंदे, बात शुरु की।।

पमप- ध-पध सां-सां- रेंनिसां-, प-प ध सां-सां- सांरेंगं रेंसांध- प- ।

अंतरा-2

"ऐहु मेरा एकु आधारु," पीयुश बानी, बाबेगुरु की।

अंतरा-3

"अंजन माही निरंजन रहिये, ऐहु योगु," बोले गुरु जी।

अंतरा-4

"नानक दुखिया सब संसारु," सुनो भई साधो, बात गुरु की।

श्री शिवाजी चरित्र दोहावली राग-छंद माला, पुष्प 29

(ब्रह्म गुरु)

स्थायी

ब्रह्म गुरु अरु विष्णु गुरु, शंभु सदाशिव गुरु ही हैं ।
आत्म गुरु परमात्म गुरु, बिना गुरु भव अपार है ।।

सा-नि़ सारे- गग रे-सा नि़सा-, प-म गरे-गग मप- म ग- ।
ध-प मग- मपध-प मग-, रेग- मप- धध पम-ग रे- ।।

अंतरा-1

गुरुवर स्वामी रामदास वंदना

राम गुरु है, श्याम गुरु है, गुरु सरस्वती माता ।
निर्विकार गुरु, निरंकार गुरु, गुरु ज्ञान का दाता ।
गाओ गुरु गुण, ध्याओ गुरु ऋण, पार भँवर का गुरु ही है ।।

♫ सा–रे गरे– सा–, रे–ग रेग– म–, गम– पध–पम ग–म– ।
ग–मप–प पप, निध–प–प पप, मप– नि–ध प– ग–म– ।
ग–म– पप पप, ध–प– मम मम, ग–रे पपप ध– पम– ग रे– ।।

अंतरा–2

ज्ञान सिखाए, राह दिखाए, गुरु मन का उजियाला ।
भाग्य जगाए, पुण्य लगाए, गुरु सत् का प्रतिपाला ।
छाँव गुरु है, नाव गुरु है, तार भँवर का गुरु ही है ।।

अंतरा–3

तन सब गुरु का, मन सब गुरु का, कण–कण अर्पण काया ।
भान गुरु से, मान गुरु से, गुरु चरणों की माया ।
भाई गुरु है, माई गुरु है, आधार भव का गुरु ही है ।।

दोहा॰ पैठण में आकर रचा, दासबोध का काव्य ।
भक्तिमार्ग का स्त्रोत जो, कर्मयोग गुर श्राव्य ।। 118

श्री शिवाजी चरित्र दोहावली राग–छंद माला, पुष्प 30

राग : मालकंस, कहरवा ताल 8 मात्रा

(गुरुदेव वंदना)

स्थायी

स्वरदा ने मंजुल गाया है, नारद ने साज बजाया है ।
रतनाकर गीत सजाया है ।।

♫ ममगम गसा निसाधनि सा–म– म–, म–गम गसा निसाध नि–सा–म– म–।
निनिनि–निनि नि–नि निधनिसांनि धम ।।

गुरुवर स्वामी रामदास वंदना

अंतरा–1

आदि गुरुऽवर श्री गणपति हैं, योगेश्वर गोविंद भी हैं ।

ब्रह्म विष्णु शिव रूप गुरुऽ के, राम–कृष्ण भजु मन मेरे ।।

♫ ग–म मध–निनि सां–सांसांगनि सां–, नि–नि–निनि निधधनिसां नि धम– – – ।

ग–म ध–ध निनि सां–सां सांगनि सां–, नि–नि नि–नि निध धनि सांनिधमगसा ।।

अंतरा–2

गुरु छाया है, गुरु माया है, गुरु से बड़ा नहीं दानी रे! ।

गुरु आधारा, गुरु है पारा, गुरु चराणासीन ज्ञानी है ।।

अंतरा–3

असमंजस में जब मनवा हो, शीश टेक जब "शाधि!" कहो ।

बंद भाग्य की खिड़की खोले, गुरु ताले की चाबी है ।।

अंतरा–3

अज्ञानी को ज्ञान दिलावे, राह दिखावे भटके को ।

हिरदय से अंधकार मिटावे, सादर गुरु को वंदन है ।।

रत्नाकर कृत रामदासी श्रीमारुतिस्तोत्र ।

♫ श्री शिवाजी चरित्र दोहावली राग–छंद माला, पुष्प 31

ॐ अनुष्टुप् छंदसि संकृतश्लोक

भीमरूपो महारुद्रो वज्राङ्गी त्वंञ्च मारुतिः ।

वनारिरंजनीपुत्रो रामदासः प्रभञ्जनः ।। 61

(अनुष्टुप् छंद में हिन्दी श्लोक)

भीमरूपी महारुद्र, वज्रांगी तू प्रभंजन ।

वनारि अंजनीपुत्र, राम–सेवक मारुति ।। **62**

✍दोहा॰ **भीमरूप बजरंग तुम, महारुद्र हनुमान ।**

गुरुवर स्वामी रामदास वंदना

अंजनि के सुत मारुती, रामदूत अभिराम ।। 119
जारी तुमने वाटिका, बिगढ़ा रावण काम ।
अतुलित तुम बलवान हो, वर देते प्रभु राम ।। 120

ॐ श्लोक

प्राणदस्त्वं महाशक्तिः प्रबलो गिरिधारकः ।
सौख्यदाता व्यथाहर्ता दक्षो वैष्णवगायकः ।।
प्राणदा तू महाशक्ति, उठाया द्रोण पर्बत ।
सौख्यकारी व्यथाहारी, गाते राघव की स्तुति ।।

दोहा॰ **महाबली हनुमानजी, तुम्हीं बचाते प्राण ।**
सकल द्रोण लेकर उड़े, बची लखन की जान ।। 121
सुखदाता तुम परम हो, दुख मोचक भगवान ।
तुम सेवक श्री राम के, गाते शुभ स्तुति गान ।। 122

ॐ श्लोक

दीनानाथो मनोहारी सुन्दरो जगदन्तरः ।
असुराणां च हन्ता त्वं दिव्यसिन्दूरलेपनः ।।
दीनानाथ मनोहारी, अंतरात्मा त्रिलोक का ।
काल है राक्षसों का तू, दिव्य सिंदूर से सजा ।।

दोहा॰ **दीनानाथ श्री मारुती, मनहर तुम हरि रूप ।**
अंतरंग सब विश्व के, हनुमत तुम सुरभूप ।। 123
रावण डरता आपसे, असुरों के तुम काल ।
दिव्य लेप सिंदूर की, सुंदर मूरत लाल ।। 124

ॐ श्लोक

लोकनाथो जगन्नाथः प्राणेशस्त्वं सनातनः ।

गुरुवर स्वामी रामदास वंदना

पुण्यवान्पुण्यशीलश्च पावनस्तुष्टिदायकः ।।

लोकस्वामी जगत्स्वामी, प्राणस्वामी पुरातन ।
पुण्यवान तथा पूज्य, तृप्तिदाता पवित्र तू ।।

दोहा॰ **लोकनाथ प्रभु आप हैं, ईश जगत के नाथ ।**
शोक विनाशक आप हैं, अति ममता के साथ ।। 125
प्राणनाथ श्री मारुती, परम पुरातन आप ।
पुण्य लगाते आप हैं, दूर भगाते पाप ।। 126

श्लोक

हस्ते यशोध्वजं धृत्वा सेनानेता हरेश्च त्वम् ।
कालाग्निकालरुद्राग्नी भीतौ दृष्ट्वा जवं च ते ।।

यशध्वज लिये आप, आवेश से जभी बढ़े ।
कालाग्नि-कालरुद्राग्नि काँप उठे डरे हुए ।।

दोहा॰ **विजय-पताका को लिये, बढ़े आप सह जोश ।**
रुद्ररूप वह देख कर, राक्षस खोए होश ।। 127
प्रलय-काल का अग्नि भी, रुका देख तव रूप ।
रुद्राग्नि भी डर गया, निहार रूप-अनूप ।। 128

श्लोक

ग्रसिष्यसि जगन्मन्ये दृष्ट्वा ज्वाले नु नेत्रयोः ।
भासुरे दन्तपङ्क्ती च व्यात्ते ते भृकुटी तथा ।।

देखके घोर नेत्राग्नि, तरेरी भृकुटी तथा ।
लगे तू विश्व ली लेगा, कराल दंत-पंक्ति से ।।

दोहा॰ **तुमरे दाँत कराल हैं, कतार में बेजोड़ ।**
अनुपम जिनका दृश्य है, असुरों का जी-तोड़ ।। 129

गुरुवर स्वामी रामदास वंदना

नृत-अनृत के युद्ध में, तुमरे नैनन आग ।
भस्म करोगे, जान कर, शत्रु गये सब भाग ।। 130

श्लोक
शिरसि मुकुटं कान्तं पार्श्वे पुच्छं व्यवस्थितम् ।
कुर्वन्ति कङ्कणी नादं कुण्डले नूपुरे धटी[2] ।।
स्वर्ण मुकुट शीश पे, पीछे पुच्छ ललाम है ।
रम्य कुण्डल-कौपीन नाद नूपुर-घुँघरू ।।

दोहा॰ **सिर पर मुकुट सुवर्ण का, लगता बहुत ललाम है ।**
चाप पुच्छ का पार्श्व में, अधिक बढ़ाता शान ।। 131
कुण्डल इतने रम्य हैं, कछु नहिं जिनके बाद ।
लाल लँगोटी पैंजनी, सुंदर घुँघरू नाद ।। 132

श्लोक
गिरिरिव क्षणे दीर्घो वायुवदपरे क्षणे ।
अद्रिरिव क्षणे स्थाणुः-विद्युत्वच्चञ्चलः क्षणे ।।
क्षण में गिरि से दीर्घ, क्षण में सूक्ष्म वायु सा ।
क्षण में मेरु सा स्थाणु, क्षण में वज्र चंचल ।।

दोहा॰ **क्षण में सूक्षम रूप है, तुमरा, पवनकुमार! ।**
क्षण में विशालकाय है, पहाड़ समान अपार ।। 133
क्षण में तुम कूटस्थ हो, अचल हिमाद्रि समान ।
क्षण में चंचल तुम हुए, बिजली से गतिमान ।। 134

---

[2] **कङ्कणी** = घुँघरू. **धटी** = लँगोटी।

गुरुवर स्वामी रामदास वंदना

ॐ श्लोक

उड्डयसे आकाशे योजनानि च कोटिशः ।
उत्तरेण द्रुतं गत्वा समूलं गिरिमानयः ।।
उडता व्योम फाँदके, योजन कोटि-कोटिशः ।
उड़ कर, उदीची से, लाया द्रोण समूल तू ।।

दोहा॰ **कोटि-कोटि योजन उड़े, उत्तर में हनुमान ।**
लाने को संजीवनी, करने तुरंत काम ।। 135
गिरि मंदाद्री-द्रोण भी, दिया उखाड़ समूल ।
उठा लिया पर्बत बड़ा, जैसे हलका फूल ।। 136

ॐ श्लोक

आनयश्चानयो द्रोणं स्थापयितुं नु पूर्ववत् ।
गमनागमनं शीघ्रं परस्तान्मनसो हि ते ।।
जाकर शीघ्र दोबारा, वापस गिरि को रखा ।
आना-जाना तिहारा है, दूर्ज्ञेय मन से परे ।।

दोहा॰ **तुरंत जाकर फिर वहाँ, लेकर द्रोण महान ।**
पर्बत वापस रख दिया, बनें और के काम ।। 137
आना-जाना आपका, मन की गति से पार ।
अगम तिहारे काम हैं, जिनका पार अपार ।। 138

ॐ श्लोक

अणुरिव क्षणे भूत्वा ब्रह्माण्डमिव चापरे ।
निरूपमः स विश्वे वै बृहन्मेरुमपेक्षया ।।
अणु समान छोटासा, ब्रह्माण्डसा विशाल भी ।
उसके मान का सानी, मेरुमांदेर भी नहीं ।।

गुरुवर स्वामी रामदास वंदना

दोहा॰ अणु से भी सूक्षम कभी, होजाते हनुमान ।
कभी ब्रह्मांड से बड़े, कौन करे अनुमान ।। 139
लघु-दीरघ तव रूप की, तुलना, को-कर-पाय ।
शैल मेरु-मांदार भी, छोटे कद लग जाय ।। 140

श्लोक
लाङ्गूलं ते बृहद्भूत्वा विश्वं शक्नोति वेष्टितुम् ।
एतस्य तुलना नास्ति त्रिभुवने नु कुत्र वै ।।
लाँगूल आपकी लंबी, लपेट सकती मही ।
चीज न उसके जैसी, और भी विश्व में कहीं ।।

दोहा॰ लंबी जब दुम आपकी, प्रभो! दीर्घ आकार ।
लपेट कर ब्रह्मांड को, व्याप्त करे संसार ।। 141
उसकी तुलना क्या करें, जिसका पार न वार ।
त्रिभुवन में वह एक है, दैवी साक्षात्कार ।। 142

श्लोक
रक्तवर्णरविं दृष्ट्वा खादितुं भानुमण्डलम् ।
उड्डीय कपिराकाशे परस्तान्नभसो गतः ।।
देखके लाल वो भानु, खाने को सूर्यमंडल ।
नभ-मंडलसे पार, मारी छलाँग व्योम में ।।

दोहा॰ रक्त रंग रवि देख कर, जान उसे फल लाल ।
लपके तुम नभ में, प्रभो! जब थे तुम कपि बाल ।। 143
गये गगन से पार तुम, लेकर एक उड़ान ।
गति तव मननातीत है, तुम्हें राम-वरदान ।। 144

गुरुवर स्वामी रामदास वंदना

श्लोक

धनधान्यपशुप्राप्तिः पुत्रपौत्रादयस्तथा ।
रूपं विद्याः कलाः स्वास्थ्यं स्तोत्रपाठेन लभ्यते ।।

धन-धान्य-पशु-प्राप्ति, पुत्र-पौत्रादि-संतति ।
रूप-विद्या-कला-स्वास्थ्य, स्तोत्र गाते, मिले सभी ।।

दोहा॰ **मिलते सुख धनधन धान्य हैं, पुत्र पौत्र परिवार ।**
करके जप हनुमान का, सुखकर सब संसार ।। 145
रूप कला विद्या सभी, स्वप्न होत साकार ।
स्वास्थ्य मिले, सौभाग्य भी, किये नाम उच्चार ।। 146

श्लोक

भूतप्रेतपिशाचादिः-रोगव्याधी व्यथा तथा ।
नश्यति सकलाश्चिंता दर्शनेन हनूमता ।।

भूत न प्रेत से बाधा, व्याधि न रोग भी कभी ।
दूर होती सभी चिंता, जाप से हनुमान के ।।

दोहा॰ **भूत न प्रेत पिशाच से, बाधा ना कछु होय ।**
आधि-व्याधि ना रोग भी, छूते संकट कोय ।। 147
चिंता रहती दूर है, जप कर जिसका नाम ।
एक मात्र वह देव है, राम-भक्त हनुमान ।। 148

श्लोक

एते पञ्चदशश्लोकाः स्तोत्रसूत्रे सुमण्डिताः ।
ददति सुखसौभाग्यं पठनं गायनं जपः ।।

पन्द्रह पुण्य ये श्लोक, जो यहाँ उपरोक्त हैं ।
देते हैं सुख-सौभाग्य, पाठ गायन जाप से ।।

8. भगवा ध्वज वंदना

दोहा॰ पन्द्रह ये जो श्लोक हैं, विद्यमान उपरोक्त ।
स्तोत्र-सूत्र जिनसे बना, रामदास का प्रोक्त ।। 149
मिलता सुख-सौभाग्य है, करके उनका जाप ।
स्मरण गान उनका किये, मिट जाते हैं पाप ।। 150

ॐ श्लोक

परमो रामदासेषु कपिकुले स भूषणम् ।
रामरूपेण सर्वस्थं रूपं दोषापहं च तत् ।।
प्रधान रामदासों में, कपियों में महागुणी ।
दोषहारी महापूज्य दर्शन रामरूप का ।।

दोहा॰ भक्तों में श्री राम के, परम कहा जो दास ।
कपि कुल में जो श्रेष्ठ है, सदा तुम्हारे पास ।। 151
रामरूप में वह बसे, तुमरे हिय में नित्य ।
दोष विनाशक पूज्य जो, हनुमत है वह सत्य ।। 152

।। इति श्रीरामदासकृत संकटनिरसनं मारुतिस्तोत्रं सम्पूर्णम् ।।

8. भगवा ध्वज वंदना

8. भगवा ध्वज वंदना

♫ श्री शिवाजी चरित्र दोहावली राग-छंद माला, पुष्प 32

भगवा ध्वज वंदना

स्थायी

भगवा! तुझे प्रणा - - - - - - म, नमस्ते! तुझे सला - - - - - - म ।

तन मन से स - - - - - - म्मान, तू ही हमरी शा - - - - - - न ।

तू सबसे है महान, तू भगवान ।।

♪ मम धम मध- गम - - - - - - म-, मनि-धनि निध- सांनि - - - - धम ।

मम निनि धनि- धसांनि - - - - नि-, सां- सांरे सांनिधपम पग - - - - ग- ।

नि- निधधप प गम-म, म- मपमग ।।

अंतरा-1

तू - - ही हमरे प्रा - - - - - - ण, तुझ पर हम कुरबा - - - - - - न ।

भगवा रंग निशा - - - - - - न, तुझको लाख प्रणा - - - - - - म ।

भगवा! तुझे प्रणा- - - - - म ।।

♪ सां - - रे सांनिधनि सां - - - - - - सां-, सांसां सांरें सांनि धपनि - - - - - नि- ।

धधधप पमप मग - - - - - - ग-, निनि निध ध-प पम - - - - - - म- ।

ममधम मध- गम - - - - - - म- ।।

अंतरा-2

दे दे शुभ वरदान, सिध हों हमरे काम,

करके सुस्वर गान, तुझको लाख प्रणाम ।।

अंतरा-3

तेरा उज्ज्वल नाम, हमरी है पहिचान ।

हे मेरे भगवान! तुझको लाख प्रणाम ।।

9. वीर मावला वंदना

 श्री शिवाजी चरित्र दोहावली राग-छंद माला, पुष्प 33

राग : रत्नाकर, कहरवा ताल

भगवा झेंडा

स्थायी

रण वीर शिवाजी राजा ने, भगवा झंडा फहराया है ।
यह लख कर भारत माता का, मन गौरव से भर आया है ।।

♪ सानि॒ सा–ग॒ रेसा–नि॒– सा–रेम ग॒–, गममग॒ पमग॒– रेसासा–रेम ग॒– ।
सानि॒ सासा ग॒रे सा–निनि॒ सा–रेम ग॒–, गग रेसासासा रे– ग॒म ग॒रेसानि॒ सा– ।।

अंतरा–1

कितनी सदियों से भारत माँ, अवमानित होकर बैठी थी ।
पर, आज उसे इक आशा का, शुभ किरण नजर में आया है ।।

♪ पपमरे ममप– पम पनि॒धप प–, पपमग॒गसा सा ग॒मप ग॒रेसानि॒ सा– ।
सानि॒, सा–ग॒ रेसा– निनि॒ सा–रेम ग॒–, गग रेसासा सारेरे ग॒म ग॒रेसानि॒ सा– ।।

अंतरा–2

वह नेता वीर मराठों का, जो सबको प्राण से प्यारा है ।
जिन जन के खातिर लड़ता है, उनके मन का वो राया है ।।

अंतरा–3

भगवा ध्वज को गुरुवर कहके, उसने अभियान चलाया है ।
सब देशभक्त जागृत करके, क्रांति का दीप जलाया है ।।

9. वीर मावला वंदना

दोहा॰ योद्धा सैनिक मावले, प्रवीण अश्व सवार ।
पैदल भट भाला लिये, या कर तलवार ।। 153

10. राजपूत वीर वंदना

सिर पर पगढ़ी सोहनी, सजी पीठ पर ढाल ।
कर में ध्वज भगवा लिये, रंग गेरुआ लाल ।। 154
वीर मराठा मावले, अगण्य भोला रूप ।
देश-प्रेम के काज में, रण पर रौद्र स्वरूप ।। 155
"जय भवानी!" घोषणा, "हर हर महादेव!" ।
महान ये "रणबाँकुरे," जाने हैं अतएव ।। 156

10. राजपूत वीर वंदना

✍दोहा॰ शूर वीर रणधीर थे, राजपूत घमसान ।
देशभक्त वलबीर थे, योद्धा वे तूफान ।। 157
महान उनके त्याग से, पाकर परम उमंग ।
महाराष्ट्र-इतिहास में, चढ़ा केसरी रंग ।। 158
रखिये उनके याद हम, दिव्य कर्म उपकार ।
गौरव उनका स्मरण में, रखे सदा संसार ।। 159
करिये उनको वंदना, झुकाय अपना शीश ।
देना उनको विश्व में, कीर्ति परम, जगदीश! ।। 160

11. देवर्षि मुनिवर श्री नारद वंदना

♫ श्री शिवाजी चरित्र दोहावली राग-छंद माला, पुष्प 34

स्निग्धा छंद

ऽ।।, ऽ ऽ ऽ, ऽ ऽ ऽ

(नारद वंदना)

11. देवर्षि मुनिवर श्री नारद वंदना

नारद तेरी वीणा प्यारी, अद्भुत कीन्ही लीला न्यारी ।
दुष्ट जनों का कीन्हा नासा, पंडित जाने तेरी भासा ।। 1

श्लोक

वीणां तां शारदादत्तां गृहीत्वा हि स भ्राम्यति ।
जनहिताय त्रैलोक्यं नादब्रह्मविभूषिताम् ।।

दोहा॰ वीणा दीन्ही शारदा, नादब्रह्म का स्रोत ।
त्रिलोकगामी तुम मुने! विश्वज्ञान की ज्योत ।। 161

दोहा॰ आज यहाँ तो कल वहाँ, त्रिभुवन उनका धाम ।
जग तीनों में घूमते, करने जन हित काम ।। 162
प्रथम दुष्ट रावण हुआ, फिर आया था कंस ।
फिर आए खल पातकी, सुलतानों के वंश ।। 163
भद्र जनों का त्राण अब, नारद जी का काम ।
शिव से मिलने आगए, कहने को आह्वान ।। 164

श्री शिवाजी चरित्र राग-छंद माला, पुष्प 35

(अमृत वाणी)

स्थायी

मुनिवर! अमृत वाणी तोरी । रे, मनहर अद्भुत वीणा तोरी ।।

♫ गमपम-! ध-पम ग-रे गम- । रे, मपमग पपमग रे-ग पम- ।।

अंतरा-1

नारद शारद ज्ञान की गंगा, अंध पंगु बधिर जड़ गूँगा ।
निर्मल, नीर स्नान करी ।। मुनिवर!

♫ सा-ऩिध़ रे-ऩिसा- रे-ग प म-म-, ध-प म-ग रेरेरे गम प-म- ।
ध-पप, ग-रे ग-म पम- ।। गमपम...

11. देवर्षि मुनिवर श्री नारद वंदना

अंतरा–2

सरबस ज्ञानी अंतर्यामी, जन हित कारण त्रिभुवन गामी ।

निर्भय, धर्म दान करी ।। मुनिवर!

अंतरा–3

राम कृष्ण शिव सब अवलंबा, कारज तोरा जुग–जुग लंबा ।

निस्पृह, सर्व कर्म करी ।। मुनिवर!

अंतरा–4

नारायण नारायण नारा, बार–बार मुख करत उचारा ।

तन्मय, अविरत गान करी ।। मुनिवर!

दोहा॰ सर्वज्ञात नारद! तुम्हीं, सरबस तुमको ज्ञान ।
तुम्हीं सर्वगामी मुने! त्रिभुवन तुमरा स्थान ।। 165
मुनिवर जैसे स्निग्ध हैं, वैसे गुस्सेवार ।
एक नजर से भस्म वे, कर सकते संसार ।। 166
डरते सब जन दुष्ट हैं, मुनिवर से दिन–रात ।
आदर है करते सभी, लोग भुवन के सात ।। 167

श्री शिवाजी चरित्र दोहावली राग–छंद माला, पुष्प 36

राग : मालकंस, कहरवा ताल 8 मात्रा

(श्री नारद वंदना)

स्थायी

स्वरदा ने मंजुल गाया है, नारद ने साज बजाया है ।

रतनाकर गीत सजाया है ।।

ममगम गसा निसाधनि सा–म– म–, म–गम गसा निसाध नि–सा–म– म–।

निनिनि–निनि नि–नि निधनिसांनि धम ।।

12. मैं रत्नाकर

अंतरा–1

सर्वगामी श्री नारद मुनि हैं, सर्वज्ञानी सुख दाता हैं ।

जन हित हेतु भ्रमण विशारद, शुभ संदेशा लाता है ।।

♪ ग–मध–नि सां– सां–सांसां गंनि सां–, नि–निनि–नि निध धनिसांनि धम– – – ।

गग मम ध–नि– सांसांसां सांगंनिसांसां, निनि नि–नि–निध धनिसांनि धमगसा ।।

अंतरा–2

नारद जी की वीणा वाणी, जन का मन हरषाणी है ।

नादब्रह्म का अनहद स्वर वो, मन का दुख बिसराता है ।।

अंतरा–3

मुनिवर शत शत वंदन तुमको, तुम सत् के रखवारे हो ।

दुर्जन के तू काज बिगाड़े, सत् जन का तू त्राता है ।।

12. मैं रत्नाकर :

12. मैं रत्नाकर

✍दोहा॰ सर्व–भूत हित के लिए, नारद महामुनीश ।
भुवन–भुवन में भेंट कर, आए भारत देश ।। 168
उनके मन थी धारणा, भारत पावन देश ।
दान–धर्म सत्कर्म से, पूजित है परमेश ।। 169
गाँव–गाँव मंदिर यहाँ, भक्ति–भाव सब ओर ।
भक्ति गीत उच्चार शुभ, सुबह निकलते भोर ।। 170

(मगर)

आए जब मुनिवर यहाँ, लेकर मन में आस ।
हाल यहाँ का देख कर, कर न सके विश्वास ।। 171
मंदिर–मूरत भग्न हैं, लोग हुए हैं त्रस्त ।

12. मैं रत्नाकर

सब विध भ्रष्टाचार है, सदाचार है अस्त ।। 172
शास्त्र ग्रंथ हैं जल चुके, लाख–करोड़ तमाम ।
ज्ञान संपदा भस्म है, अपर द्वेष के नाम ।। 173
सुलतानों का राज है, धर्मांतर पर जोर ।
हिंदू जन हैं कर रहे, हाय! हाय! का शोर ।। 174
✍दोहा॰ लख कर अत्याचार को, घबड़ा गए मुनीश ।
आए मुनि कैलास पर, मिलने शिव जगदीश ।। 175
कैसी हो जनता सुखी, फिर से हो उद्धार ।
कैसे भ्रष्टाचार से, कैसे हो निस्तार ।। 176
शाँति–प्रीति मय देश था, हुआ पूर्ण उध्वस्त ।
जहाँ–तहाँ सद्भाव का, किया गया है अस्त ।। 177
अब तो होना चाहिए, इस अधर्म का अंत ।
शिवजी से मिल कर कहूँ, लो अवतार ज्वलंत ।। 178
✍दोहा॰ वीणा नारद की सुनी, शिव! शिव! शिव ने नाद ।
शिव ने जाना कौन हैं, आए बरसों बाद ।। 179
प्रणाम शिवजी को किए, बोले मुनिवर बात ।
नैनन में आँसू भरे, काँप रहे थे गात ।। 180
शिव–अंबा थे सुन रहे, उत्सुकता के साथ ।
मुनिवर थे बतला रहे, उभय जोड़ कर हाथ ।। 181
भारत माता है दुखी, अधर्म का है जोर ।
सुलतानों ने देश भर, मंदिर डाले तोड़ ।। 182
उन्हें डर न भगवान से, करते भ्रष्टाचार ।
नर–नारी पर रात दिन, अत्याचार प्रहार ।। 183
ऐसा कोई पाप ना, जो न हो रहा रोज ।

12. मैं रत्नाकर

नई-नई तरकीब की, करत रहे हैं खोज ।। 184
पुरा काल में होगए, कंसादिक जो दुष्ट ।
इनके आगे वे सभी, लगते बालक धृष्ट ।। 185
प्रभो! समय है आगया, लेने को अवतार ।
धर्म पुन: स्थापन करें, अधर्म का संहार ।। 186

(शिव-भवानी)

दोहा॰ सुन कर मुनिवर का कहा, शिव-दुर्गा दुख गात ।
आपस में आलाप कर, बोले मुनि से बात ।। 187
विनाश करके दुष्ट का, करने जन कल्याण ।
अधर्म का खंडन किए, करूँ धर्म का त्राण ।। 188
जिजामातु का पुत्र मैं, बन कर लूँ अवतार ।
जैसा लीला युक्त था, केशव कृष्ण कुमार ।। 189

(शिवाजी)

दोहा॰ यथा शिव-उमा ने कहा, मिला जिजा को पुत्र ।
जिसने संस्थापित किया, स्वतंत्रता का सूत्र ।। 190
बालक आभामय सजा, शिव-शंकर का रूप ।
नाम शिवाजी शुभ मिला, बना मराठा भूप ।। 191
लीलाएँ उस पुत्र कीं, देख चकित सब देश ।
बोले यह तो कृण है, लगता यथा व्रजेश ।। 192
गाए पोवाडे कवि, इतिहास कहानीकार ।
बोले यह बालक करे, सपनन को साकार ।। 193

(फिर)

दोहा॰ इक दिन अंबा को हुई, शिवचरित की याद ।
सुनने को संगीत मय, चार-शतक के बाद ।। 194

12. मैं रत्नाकर

नारद जी जब आगए, बोली उनको बात ।
जाकर उस कवि को कहो, लिखो छंद तुम, तात! ।। 195

(और)

लिखने को संगीत दो, कहानी कहो तुम ठीक ।
छंद-राग का ज्ञान दो, लिख पाए वह नीक ।। 196

(अत:)

दोहा॰ आज्ञा अंबा से लिए, गाते शिव! शिव! गान ।
निकल पड़े नारद मुनि, वीणा पर मधु तान ।। 197
रत्नाकर के ख्याल में, आए मुनिवर आप ।
देकर शुभ संदेश वो, किया मधुर आलाप ।। 198

(बोले)

लिखना श्रद्धा भाव से, जैसे बोलूँ बोल ।
भाषा साधारण मगर, लिखियो अमृत घोल ।। 199
हुआ न हो पहले कभी, ऐसा कविता-काव्य ।
गिर्-गणेश के स्मरण से, लिखो कहानी श्राव्य ।। 200

दोहा॰ नारद ने मुझसे कहा, कहानी सुनो तुम ठीक ।
कहता हूँ सो ही लिखो, भाव रखो धार्मिक ।। 201
स्मरण करो शिव पार्वती, गणपति शारद राम ।
रामदास स्वामी तथा, रामदास हनुमान ।। 202
जिस किरपा से मूक भी, बोल पड़त है बात ।
अंधा पाता दृष्टि है, अपंग सक्षम गात ।। 203
मुझको सचिदानंद श्री, देवें किरपा दान ।
जिसको पाकर लिख सकूँ, छत्रपति के गान ।। 204
स्फूरत ब्रह्मानंद दें, नारद, रामानंद ।

12. मैं रत्नाकर

राग–छंद रस रंग दें, शंकर–परमानंद ।। 205

श्री शिवाजी चरित्र दोहावली राग–छंद माला, पुष्प 37

भजन : राग मालकंस, कहरवा ताल 8 मात्रा

(रत्नाकर)

दोहा॰

सुर मधु तेरी वेणु का, जबसे सुना अनूप ।
आस दरस की है लगी, सपनन आ सुर भूप ।। 206

रेरे गम ग–गा प–म प–, पपनि– धप– निध–ध ।
म–म ममम म– प– मग–, रेरेरेरे ध– पग म–म ।।

स्थायी

प्यार हुआ है मुझको सुर से ।

गमग सानिसा धनि सासाम– गग म–म ।

अंतरा–1

प्यार हुआ है मुझको जब से, मुरली मनोहर दामोदर से ।
ग्रीष्म गया है मेरे चित से, बसंत बरखा नित बरसे ।।

ग–म मध– नि– सांसांसां– गंनि सां–, निनिनि निनि–निध धनिसांनिधम म– ।
सां–सां सांगं– गं– सांमंगंसां निनि सां–, सांमं–गं सांनिसां– धनि सांनिधमगसा– ।।

अंतरा–2

रात न सूनीं कारी अँधेरीं, तरसाये चिंता न घनेरी ।
प्रीत मेरी धनुधर से जिगरी, बंसीधर से, श्रीधर से ।।

अंतरा–3

मीरा राधा जस बलिहारी, पार्थ सुदामा की जस यारी ।
चाह मेरी यदुवर से गहरी, बनवारी से, गिरिधर से ।।

12. मैं रत्नाकर

दोहा॰ गौरी ने चाहा यथा, ज्यों शिवजी की प्रीत ।
रत्नाकर है लिख रहा, शिवलीला संगीत ।। 207
सुने निहारे हैं यथा, नारद जी ने आप ।
रत्नाकर है लिख रहा, छंद राग आलाप ।। 208
यथा दे रहे प्रेरणा, श्री शारदा गणेश ।
रत्नाकर है लिख रहा, अनुप्रास तुक श्लेष ।। 209
बालमीक ने ज्यों हमें, दिया अनुष्टुभ् छंद ।
रत्नाकर है लिख रहा, श्लोक सहित आनंद ।। 210
महर्षि पिंगल ने यथा, कहा अष्ट–गण वृंद ।
रत्नाकर है लिख रहा, विविध मनोरम छंद ।। 211
शिवबा के शुभ चरित के, चारु मनोहर गीत ।
रत्नाकर है लिख रहा, राग–बद्ध संगीत ।। 212
सरस्वती ने जो रचा, अद्‌भुत ऐसा गीत ।
रत्नाकर है लिख रहा, वही अतुल संगीत ।। 213

श्री शिवाजी चरित्र दोहावली राग–छंद माला, पुष्प 38

गज़ल : राग कल्याण

(मंदमति)

स्थायी

बेद पुरान दस पढ़े, हमें ज्ञान आया नहीं ।
तकरीर प्रवचन सब सुने, मगर ध्यान पाया नहीं ।।

सा–सा सारे–सा ग– मंग–, धप– मं–ग ध–प– मंग– ।
सासारे–रे गगम– ध– पमं–, धप– मं–ग मं–ग– रेसा– ।।

अंतरा–1

12. मैं रत्नाकर

इल्म था जब बँट रहा, हमरे तक आया नहीं ।
सिलसिला तो आगया, मगर ऐलान आया नहीं ।।
♫ सा–रे ग– मं– धप मंग–, धधप– मंग ध–प– मंग– ।
सा–रेग– मं– प–मंग–, निध– प–ध–प मं–ग– रेसा– ।।

अंतरा–2

अक्ल पर ताले पड़े, हमें जेहन आया नहीं ।
उस्ताद बजा कर थक गए, हमें गान आया नहीं ।।

अंतरा–3

मुकद्दर का सिकंदर, नसीब पाया है वही ।
फरिश्ता बगल से निकल गया, हमें जान पाया नहीं ।।

(हिंदू)

स्वाभिमानी मनुष जो कहता, हिंदू अपने आपको ।
कृतकृत्य वो सफलमनोरथ, करता अपने बाप को ।।

दोहा॰ "चौरासी लख भग फिरे, नर योनि का योग ।
लाखों नर योनि फिरे, हिन्दु जन्म का भोग ।। 214
"कृत्रिम दीक्षा को लिए, अन्य धर्म में स्थान ।
हिन्दु धर्म ईश्वर दिया, जन्म जात है दान" ।। 215

श्री शिवाजी चरित्र दोहावली राग–छंद माला, पुष्प 39

राग : मालकंस, तीन ताल

(रत्नाकर अनुनय)

स्थायी

प्रभु तेरी दुआ से जीना है, अरु तेरी दुआ से मरना है ।

12. मैं रत्नाकर

♫ मम गमग सनि़सा धनि सा–म– म–, मम गमग सानि़सा धनि सासाम– म– ।।

अंतरा–1

अब दे दे जो कुछ देना है, वापस ले जब लेना है ।
तेरी दुआ से जीना मरना, तेरे हाथ में सब कुछ है ।।

♫ गग म– ध– ध– धध सांगंनि– सां–, नि–निनि नि– निनि धनि़सांनि– धम ।
सां–सां सांगं– गं– सांमंगंसां निनिसां–, सांमंगंसां नि–सां सां धनि सांनि धमगसा ।।

अंतरा–2

मेरे सपने मेरे अपने, तेरी कृपा से सब शुभ हैं ।
तेरी दुआ और तेरी किरपा, डोरी तेरे हाथ में है ।।

अंतरा–3

तेरी छाया तेरी माया, तेरी दया भी साथ में है ।
जग तेरे हाथ बिलौना है, तेरे हाथ खिलौना है ।।

श्री शिवाजी चरित्र दोहावली राग–छंद माला, पुष्प 40

दादरा ताल

(हे प्रभो!)

स्थायी

मेरे माता–पिताश्री तुम्हीं हो, मेरे भ्राता सखा भी तुम्हीं हो ।
ज्ञान सोता सविता तुम्हीं हो, मेरे धाता विधाता तुम्हीं हो ।।

♫ सानि़ सा–सा– सारे–सा– नि़सा– रे–, सारे ग–ग– गम– ग– सारे– सा– ।
सा–नि़ सा–सा– साग–रे– सारे– म–, रेग प–म– गरे–म– गरे– सा– ।।

अंतरा–1

मेरे गानों की स्फूरत तुम्हीं हो, मेरे ध्यानों की सूरत तुम्हीं हो ।
मेरे ख्वाबों की मूरत तुम्हीं हो, मेरी साँसों के दाता तुम्हीं हो ।।

पार्श्वभूमि प्रकरण

♫ रेग म-म- म प-म- गरे- म-, गम प-प- प नि-ध- पम- प- ।
गरे म-म- म प-म- गरे- म-, रेग म-म- ग प-म- गरे- सा- ।।

अंतरा-2

मेरे जीवन की गाथा तुम्हीं से, सारे जन्मों का नाता तुम्हीं से ।
मेरा जीना सुहाता तुम्हीं से, मेरे ताता और त्राता तुम्हीं हो ।।

अंतरा-3

मोहे भूमि पर लाया तुम्हीं ने, मोहे प्रीति से पाला तुम्हीं ने ।
मोहे मुक्ति दिलाना तुम्हीं ने, मेरी गीता कविता तुम्हीं हो ।।

अंतरा-4

तेरे चरणों में मेरी जगह हो, मेरे मुख में हरि! तू बसा हो ।
तेरी किरपा की छाया सदा हो, मेरे प्रारब्ध कर्ता तुम्हीं हो ।।

पार्श्र्वभूमि प्रकरण

पार्श्वभूमि प्रकरण

३
पार्श्वभूमि प्रकरण

13. पार्श्वभूमि और इतिहास का महत्व

13. पार्श्वभूमि और इतिहास का महत्व

(पार्श्वभूमि)

दर्शयतीतिवृत्तं किं, कुत्र, केन, कदा कृतम् ।
नो चेदन्धो विना दण्डं स्खलति निर्बुधो यथा ।। 216

♫ ग-गगग-गरे-म- ग-, म-म, म-म-, पम- गरे- -
प- प-प-प- पध- प-म-, गरेम- प-गरे- निसा- ।।

Harmonium Music Notation

दोहा॰ **भले बुरे अनुभव हमें, देता है इतिहास ।**
उनसे ही हमको मिलें, सबक, ज्ञान, विश्वास ।। 217
उसी नीति से हम चलें, वही हमें आधार ।
वही करे संसार में, हमरा बेड़ा पार ।। 218
"पार्श्वभूमि कहती हमें, हुआ कहाँ क्या काम ।
किसने कब था क्यों किया, किसका क्या परिणाम" ।। 219
बिना जान इतिहास जो, पढ़ता थोथी भास ।
मूढ़ बुद्धि वो नर करे, अपना स्वयं बिनास ।। 220

इतिहासः सदाऽस्माकं मार्गदीपो नियन्त्रकः ।
सुकर्मणां स निर्व्याजो दोषाणां च हि दर्शकः ।। 221

दोहा॰ **सबक हमें इतिहास का, उज्ज्वल दीप समान ।**
रक्षा करके विघ्न से, देता लाभ महान ।। 222
जो पढ़ता है ध्यान से, स्नेहभाव के साथ ।
देशभक्ति मन में लिये, वह समझे यह बात ।। 223

(अब सुनिये)

अल्पबुद्धि मैं लिख रहा, स्फूर्ति लिये आधार ।
गणपति शंभु शारदा, नारद को आभार ।। 224

14. महाराष्ट्र की पार्श्वभूमि का संक्षिप्त इतिहास

रहता मैं परदेस में, यथा दिया करतार ।
मगर सदा है खींचता, भारत माँ का प्यार ।। 225
मेरे विद्यार्थी, सखा, सुहृद, संतन लोग ।
देते हैं उत्तेजना, और प्रेम का भोग ।। 226
अधिक कही मेरी व्यथा, मैंने बिन कछु श्लाघ ।
अब आगे सुन लो कहानी, बिन फिजूल का द्राघ[3] ।। 227

✍दोहा॰ सुनो! सुनो! रे बंधुओं, पार्श्वभूमि की बात ।
वंदन करके मैं कहूँ, राजपूत सौगात ।। 228
नारद मुनि ने ज्यों कही, मुझे कहानी दिन रात ।
मैं, रत्नाकर, वह लिखूँ, मधुर स्वरों के साथ ।। 229
ओवी, दोहे, श्लोक भी, नाना सुंदर छंद ।
गीत विविध-विध राग में, ताल मोद के कंद ।। 230
यथा करत है शारदा, सुर-सरगम बरसात ।
तथा विवेचन हैं आ रहे, सुनो! प्रेम के साथ ।। 231

14. महाराष्ट्र की पार्श्वभूमि का संक्षिप्त इतिहास

महाराष्ट्र

✍दोहा॰ ज्वालामुखी से बनी, मिट्टी काल रंग ।
उपजाऊ महाराष्ट्र की, भूमि स्वर्ण निश्शंक ।। 232
पश्चिम-घाटी वाम में, उत्तर सप्त-पठार ।

---

[3] द्राघ = दीर्घता ।

14. महाराष्ट्र की पार्श्वभूमि का संक्षिप्त इतिहास

दक्षिण में बहती जहाँ, कावेरी की धार ।। 233
"दंडक" जाना विपिन वो, रामायण में नाम ।
अगस्त्य मुनि ने था किया, प्रतिस्थान में धाम ।। 234
उत्तर नदिया नर्मदा, बाएँ सागर नीर ।
"दखखन" जाना देश वो, जहाँ रुके रघुवीर ।। 235
कैकेयी ने जब दिया, राघव को वनवास ।
पंचवटी में आ बसे, रचा नया इतिहास ।। 236
वेद-पुराणों ने दिया, "दक्षिण-पथ" था नाम ।
वनराई जिसमें घनी, हिंस्त्र जीव का धाम ।। 237
नदियाँ टीलों से सनी, धरती बहुत विशाल ।
मँडराते पशु विपिन में, डरावने विकराल ।। 238
ऐसे इसी प्रदेश में, जहाँ नदी के तीर ।
खेती-बाड़ी विपुल थी, गौमाता का क्षीर ।। 239
नदी किनारे शहर थे, छोटे-मोटे ग्राम ।
सोलह जाने राष्ट्र थे, ख्यात जिन्हें थे नाम ।। 240
दस उनमें जो प्रमुख थे, आगे है इतिहास ।
पार्श्वभूमिका है यही, महाराष्ट्र की खास ।। 241

15. महाराष्ट्र की पार्श्वभूमि का संक्षिप्त इतिहास : 270BC-175AD

YEAR 325-270 BC

The Background History of Maharashtra, in brief : 325-270 BC
WORLD HISTORICAL STAGE Around Years 325 BC – 273 BC.
Kingdoms and the Kings

Maurya, Chandragupta of Patliputra, Bihar (ruled 320-300BC), Bindusar (300-273BC), Ashok Vardhan (273-232BC); Sunga, Pushyamitra (187-151BC), Agnimitra (151-143BC), Tissa, Devanampiya of Shri Lanka (250-225BC); Kshatrapa, Chashtna of Malwa (110-140); Chou, Nan Wang of Imperial China (314-255BC); Hun, Mao-Tun of Mangolia (201-174BC); Emperor Korei of Japan (290-214BC); Seleucid King Saleucus Nicator of Syria and Palestine (305-281BC), Antiochus-1 (281-261BC), Antiochus-2 (261-246BC); Nabataen King Harithath-1 of Jordan (169-144BC); Ma'in Kings of Yemen (400-100BC); Babylonian king Nabu'Naid of Iraq (556-539BC); Archaemenid King Artakhshassa of Bactria (330-329BC), Parthian King Arshak (250-247BC); Roman Emperor Julius Ceasar (49-44BC); Italian King Hiero-2 (270-215BC); Greek king Areus-1 of Sparta (309-264BC), Alexander-3 Sikandar of Macedonia (336-323BC); Russian king Paerisades-2 (284-245BC), Egyptian Pharo Snedjemibre Nekhtharehbe (360-343BC), Ptolemy-1 (305-283BC), Ptolemy-2 (283-246BC); King Nastasen of Sudan (335-310BC); King Arsames of Armenia (260-228BC), Georgian King Parnavaz-1 of Iberia (299-234BC).

15. महाराष्ट्र की पार्श्वभूमि का संक्षिप्त इतिहास: 270BC-175AD

15. महाराष्ट्र की पार्श्वभूमि का संक्षिप्त इतिहास : 270BC-175AD

1. सातवाहन वंश, (270 ई.पूर्व – 175 ई. 445 वर्ष)

दोहा॰ राजा पोरस ने जभी, किया युद्ध घमसान ।
लौट सिकंदर था गया, वापस अपने धाम ॥ 242
खड़ा रहा वह दिन कई, झेलम परले तीर ।
पार नहीं वह कर सका, उस सरिता का नीर ॥ 243
बढ़ न सका वैरी, जहाँ, दृढ़ था भारत-नाथ ।
हिंदू सेना ने उसे, भेजा खाली हाथ ॥ 244
झूठा वह इतिहास जो, कहता उल्टी बात ।
उन्हें सिकंदर हीर जो, लौटा खाली हाथ ॥ 245
कोई राजा, जीत कर, ना जाता है लौट ।
निकला था जग जीतने, जब तक मिले न मौत ॥ 246
उसी समय की बात है, बतलाता इतिहास ।
दक्षिण में राजा हुए, दक्खन जिन्हें निबास ॥ 247
सतवाहन कुल में हुए, सार्वभौम थे वीर ।
लड़ते थे तलवार से, पट्टा भाला तीर ॥ 248

> ना तब क्रिस्ती लोग थे, ना मुगलों के बाप ।
> ना धर्मों का थोपना, ना परिवर्तन-पाप ॥ 249
> ना धर्मों के एलची, ना था भ्रष्टाचार ।
> लोग सनातन थे सभी, संस्कृति का आधार ॥ 250
> सेवा ही सत्कर्म था, सदाचार था धर्म ।
> गीता में जो था कहा, वही "धर्म" का मर्म ॥ 251

(सातवाहन)

दोहा॰ शूर धुरंधर ख्यात था, सिमुक नाम का वीर ।

16. महाराष्ट्र की पार्श्वभूमि का संक्षिप्त इतिहास : 250-490AD

प्रतिस्थान में वह बसा, गोदावरी के तीर ।। 252
सतवाहन का पुत्र था, सिमुक जगत विख्यात ।
तीस-अधिप उस वंश के, इतिहास को ज्ञात ।। 253
सतवाहन नृप वीर थे, दान-धर्म में लीन ।
सद्धर्मी चारित्र्य के, सत्त्वशीलशालीन ।। 254

16. महाराष्ट्र की पार्श्वभूमि का संक्षिप्त इतिहास: 250-490AD

2. वाकाटक वंश (250–490, 240 वर्ष)

♫ श्री शिवाजी चरित्र दोहावली राग-छंद माला, पुष्प 41

विधाता छंद

। + 6 + । + 6, । + 13 = 14–14

(वाकाटक वंश)

कुटुंब पुरातन दूसरा, जिसे वाकाटक था नाम ।
विदर्भ निवास था जिनका, कला आश्रय उनका काम ।।
नगर नागपुर मूल जिन्हें, कवि कलाकारों का धाम ।
धान-धान्य शाँति सब विध थी, सुख संपन्न था हर ग्राम ।।

✍दोहा॰ मुख्य पुरातन दूसरा, विदर्भ का था वंश ।
"वाकाटक" शुभ नाम का, महाश्रेष्ठ निश्शंक ।। 255
कीर्ति इस शिव वंश की, और नृपों के नाम ।
खुदे हुए हैं अश्म पर, महान जिनके काम ।। 256
विंध्यकीर्ति नृप आदि था, विदर्भ उसका स्थान ।
नागपूर में था बसा, "विष्णुवृद्ध" उपनाम ।। 257

17. महाराष्ट्र की पार्श्वभूमि का संक्षिप्त इतिहास : 340-1325AD

वाकाटक नृप वीर थे, ज्ञानी दानी भूप ।
प्रजा सुखी थी राज्य में, धन संपन्न अनूप ।। 258
विदर्भ का सच था यही, "सुवर्णयुग" का काल ।
ग्राम-ग्राम उन्मेष था, लगभग दो-सौ साल ।। 259
संस्कृत-प्राकृत काव्य का, यहाँ हुआ उत्कर्ष ।
इस शैली को था किया, कालीदास ने स्पर्श ।। 260
वैदर्भी यह ढंग है, मेघदूत में व्यक्त ।
वाकाटक का काल था, कला-काव्य संपृक्त ।। 261

17. महाराष्ट्र की पार्श्वभूमि का संक्षिप्त इतिहास: 340-1325AD

3. कदंब वंश (340-1310, 970 वर्ष)[4]

दोहा॰ कदंब नामक तीसरा, ब्राह्मण कुल का अंश ।
आया चौथे शतक में, करके पल्लव-ध्वंस ।। 262

---

* 4] **कदंब वंश, तीन शाखा :** The three Kadamb lineages were :

1. Kadambas of Vanavasi (340-610, 270 years) : मयूरवर्मा (340-360), कण्ववर्मा (360-385), भगिरथ (385-410), रघुनाथ (410-425), काकुत्स्थ (425-450), शांतिवर्मा (450-475), मृगेश (475-490), मंधात्री (490-497), रविवर्मा (497-537), हरिवर्मा (537-547), कृष्णवर्मा (547-565), अजवर्मा (565-566), भोगीवर्मा (566-610).

2. Kadambas of Hanagal (1068-1196, 128 yrs) : जयवर्मा (1068-1075), शांतिवर्मा (1075-1108), तैलपा (1108-1131), मयूरवर्मा (1131-1132), मल्लिकार्जुन (1132-1147), तैलमा (1147-1160), कीर्तिदेव (1160-1189), कामदेव (1189-1196).

3. Kadambas of Gomantak (980-1310, 330 yrs) : व्याघ्रवर्मा (980-1007), श्रेष्ठदेव-1 (1007-1052), जयकेशी-1 (1052-1080), विजयादित्य-1 (1080-1110), जयकेशी-2 (1110-1147), शिवचित्त (1147-1174), विजयादित्य-2 (1174-1187), जयकेशी-3 (1187-1220), त्रिभुवन (1220-1246), श्रेष्ठदेव-2 (1246-1310).

17. महाराष्ट्र की पार्श्वभूमि का संक्षिप्त इतिहास : 340-1325AD

मयूर शर्मा ख्यात था, वेद विशारद विप्र ।
कठिन काल जब आगया, बना क्षात्र वह क्षिप्र ।। 263
"वनवासी" को जीत कर, किया वहाँ पर स्थान ।
टिका तीन-सौ साल तक, राज्य, सहित-सम्मान ।। 264

4. चालुक्य वंश, बदामी[5] (543–753, 210 वर्ष)

♫ <u>श्री शिवाजी चरित्र दोहावली राग-छंद माला, पुष्प 42</u>

चुलियाला-1 छंद

---

[5] **चालुक्य (543–1189) :** The main three Chalukyas linages were :

1. Western Chalukyas of Badami (543-753, 210 yrs) : पुलकेशी-1 (543–566), कीर्तिवर्मा (566–597), मंगलेश (597–608), पुलकेशी-2 (608–642), विक्रमादित्य-1 (642–680), विनयादित्य (680–696), विजयादित्य (696–733), विक्रमादित्य-2 (733–747), कीर्तिवर्मा-2 (747–753).
2. Chalukyas of Vengi (615-1070, 455 yrs) : विष्णुवर्धन (615–632), जयसिंह-1 (632–662), इंद्र (662–663), विष्णुवर्धन-2 (663–672), युवराज (672–696), जयसिंह-2 (696–708), कोक्किल (708–709), विष्णुवर्धन-3 (709–746), विजयादित्य-1 (746–764), विष्णुवर्धन-4 (764–799), विजयादित्य-2 (799–843), विजयादित्य-3 (844–892), चालुक्यभीम (892–917), विजयादित्य-4 (917–918), अम्माराजा-1 (918–924), विजयदित्य-5 (924–925), विक्रमादित्य-1 (925–926), चालुक्यभीम-2 (926–934), चालुक्यभीम-3 (934–945), अम्माराजा-2 (945–973), दानार्णव (973–1000), शक्तिवर्मा (1000–1010), विक्रमादित्य-2 (1010–1022), नरेन्द्र (1022–1061), राजेन्द्र (1061–1062), विजयादित्य-6 (1062–1070).
3. Chalukyas of Kalyani (696-1189, 493 yrs) : तैल-1 (973–997), सत्याश्रय (997–1009), विक्रमादित्य-1 (1009–1014), अय्यन्ना (1014–1018), जयसिंह (1018–1040), सोमेश्वर-1 (1040–1069), सोमेश्वर-2 (1069–1076), विक्रमादित्य-2 (1076–1127), सोमेश्वर-3 (1127–1138), जयदेव (1138–1150), तैल-2 (1150–1183), सोमेश्वर-4 (1183–1189).

Other two minor Chalukya branches were : 1. Western Chalukyas of Nakshisapura in Saurashtra (750-900, 150 yrs); 2. Chalukyas of Lat (590-750, 160 yrs).

17. महाराष्ट्र की पार्श्वभूमि का संक्षिप्त इतिहास : 340-1325AD

13, 11 + ।ऽ।।

(चालुक्य वंश)

चौथा कुल चालुक्य था, पुलकेशी नृप मुख्य पुरातन ।
वातापी सुंदर बनी, राजधानी महान, सुशासन ।।

✍दोहा॰ चौथा कुल चालुक्य का, उज्ज्वल कीर्तिवान ।
कला-ज्ञान के जगत में, जिन्हें बहुत सम्मान ।। 265
पुलकेशी नृप मुख्य था, इस कुल का सत्कार ।
"वातापी" के नगर में, स्थापन थी सरकार ।। 266
शिल्पकला को राज्य में, मिला बहुत उत्साह ।
मंदिर बनें विशाल थे, शिल्पीकर्म अथाह ।। 267
शिखर बनें उत्तुंग थे, चिकने स्तंभ विशाल ।
सुंदर गुंबद गोल थे, तक्षक करत कमाल ।। 268
पर्बत-पत्थर काट कर, बने गुफा-प्रभुवास ।
शिला लेख, मूरत कला, सजा गई इतिहास ।। 269
चालुक्यों ने जीत कर, शत्रु दिशा में चार ।
जमा करी धन संपदा, किया राज्य विस्तार ।। 270
उत्तर गिरिवर विंध्य से, कावेरी पर्यंत ।
पूरब-पश्चिम सिंधु दो, सत्ता शक्ति अनंत ।। 271

17. महाराष्ट्र की पार्श्वभूमि का संक्षिप्त इतिहास : 340-1325AD

5. कल्चुरी वंश, महिष्मती (550-1740, 1190 वर्ष)[6]

♫ श्री शिवाजी चरित्र दोहावली राग-छंद माला, पुष्प 43

मरहटा माधवी छंद

11, 8, 7 + I S

(कल्चुरी वंश)

कार्तवीर्यार्जुन का, वंश कल्चुरी, पाँचवाँ यह नया ।
दीर्घकाल विराजा, महीष्मती में, शैव माना गया ।।

✍दोहा॰ **वंश पाँचवाँ कल्चुरी, बहुत भव्य विस्तार ।**
विविध कुटुंबों में बँटा, बहुत बड़ा परिवार ।। 272
बारह-सदियों तक चला, इनका लंबा राज ।
सेवा रत रहते सदा, करने सात्विक काज ।। 273
महिष्मती, त्रिपुरी तथा, रत्नपुरी में वास ।
शाखा तीन महान थीं, तीन नगरियाँ खास ।। 274
अधिप कल्चुरी श्रेष्ठ थे, शिल्पकर्म लवलीन ।

---

[6] **कल्चुरी वंश, तीन शाखा :**

1. Kalchuris of Mahismati (550-700,150 yrs) : कृष्णराज-1 (550-575), शंकरगण (575-600), बुद्धराज (600-611), ... वामराज (675-700).
2. Kalchuris of Tripuri (825-1184, 359 yrs) : लक्ष्मणराज (825-850), कोक्कल-1 (850-890), शंकरगण-1 (890-900), बालहर्ष (900-925), युवराज (925-950), लक्ष्मणराज-2 (950-970), शंकरगण-2 (970-974), युवराज-2 (974-1000), कोक्कल-2 (1000-1037), गंगदेव (1037-1042), कर्णदेव (1042-1151), गयाकर्ण (1151-1155), नरसिंह (1155-1175), जयसिंह (1175-1180), विजयसिंह (1180-1184).
3. Kalchuris of Ratnapur (990-1220, 230 yrs) : कलिंगराज (990-1020), कमलराज (1020-1045), रत्नराज (1045-1065), पृथ्वीदेव-1 (1165-1114), जज्जल (1114-1141), रत्नराज-2 (1141-1154), पृथ्वीदेव-2 (1145-1181), रत्नराज-3 (1181-1190), प्रतापमल्ल (1190-1220)

17. महाराष्ट्र की पार्श्वभूमि का संक्षिप्त इतिहास : 340-1325AD

भक्त शंभु अरु विष्णु के, धर्मकर्म शालीन ।। 275
शिलालेख में कल्चुरी, जाने गये महान ।
होता उनके राज में, नारी का सम्मान ।। 276

6. राष्ट्रकूट वंश, मालखेड (620-973, 353 वर्ष)[7]

✍दोहा॰ छठा घराना श्रेष्ठ जो, राष्ट्रकूट शुभ नाम ।
तीन वंश इनके बसे, तीन अलग थे धाम ।। 277
मानपूर का प्रथम था, राजवंश मतिमान ।
पाँचवीं शती में बसा, कर्नाटक में स्थान ।। 278
छठी सदी में फिर फला, कुल दूसरा विशेष ।
अचलपूर में स्थित हुआ, विदर्भ में परिवेश ।। 279
इनके शासन काल में, बना विदर्भ महान ।
देश हुआ संपन्न था, भारत में सम्मान ।। 280
मालखेड का तीसरा, राष्ट्रकूट परिवार ।
आकर सप्तम शतक में, किया राज्य विस्तार ।। 281
दीर्घ काल तक यह चला, राष्ट्रकूट का राज ।
सार्वभौम राजा हुए, नीति नियम से काज ।। 282
शिल्पकाम इस काल में, हुए अनेकों भव्य ।

---

[7] **राष्ट्रकूट वंश (550-1220) :** Rashtrakutas of Malkhed, Ellora (620-973) 353 years : दंतीदुर्ग (620-630), इंद्रराय-1 (630-650), गोविंदराय-1 (650-670), कर्कराय-1 (670-690), इंद्रराय-2 (690-710), दंतीदुर्ग-2 (710-757), कृष्णराय-1 (757-773), गोविंदराय-2 (773-774), ध्रुवराय (774-793), गोविंदराय-3 (793-814), अमोघवर्ष-1 (814-877), कृष्णराय-2 (877-911), जगति (911-914), इंद्रराय-3 (914-916), अमोघवर्ष-2 (919-918), गोविंदराय-4 (918-936), अमोघवर्ष-3 (936-939), कृष्णराय-3 (939-968), खोट्टिग (968-972), कर्कराय-2 (972-993).

17. महाराष्ट्र की पार्श्वभूमि का संक्षिप्त इतिहास : 340-1325AD

मूर्ति, मंदिर थे बने, कला-जगत में दिव्य ।। 283
कीर्ति विश्व में थी घनी, फैली चारों ओर ।
राष्ट्रकूट का राज्य था, रामराज्य की तौर ।। 284
बादामी, ऐहोल के, मंदिर महा विशाल ।
पट्टदकल, बेलूर की, शोभा करत कमाल ।। 285
इनसे बढ़ कर ना हुआ, कोई राज्य महान ।
भारत के इतिहास में, इतना प्रसिद्धिवान ।। 286

7. काकतीय वंश, वरंगल[8] (1000–1325, 325 वर्ष)[9]

दोहा॰ काकतीय का सातवाँ । सार्वभौम परिवार ।
भारत के इतिहास में, बहुत दीर्घ सत्कार ।। 287
राष्ट्रकूट के वंश से, निकला नया कुटुंब ।
"काकतीय" के नाम से, बढ़ा विपुल अविलंब ।। 288
विष्णु-शैव के भक्त थे, आंध्र देश में स्थान ।
"लिंगायत" भी है जिन्हें, गौरव का अभिधान ।। 289

8. होयसल वंश, हालेबीड[10] (1022–1346, 324 वर्ष)[11]

---

[8] **वरंगल :** Warangal is ancient Anumakonda.

[9] **काकतीय वंश :** Kakatiyas of Anumakonda (1000-1325, 325 yrs) : वेरातज काकत्या (1000–1075), वेतराजा-2 (1075–1110), प्रोदराजा (1110–1163), प्रतापरुद्र-1 (1163–1196), महादेव (1196–1199), गणपति (1199–1262), रुद्रम्मा देवी (1262–1295), प्रतापरुद्र-2 (1295–1325).

[10] **हालेबीड :** Halebid is ancient Dwarsamudra.

[11] **होयसल वंश :** Hoysalas of Dwarsamudra (1022-1346, 324 yrs.) : सल (1006), नृपकाम (1022–

17. महाराष्ट्र की पार्श्वभूमि का संक्षिप्त इतिहास : 340-1325AD

दोहा॰ कर्नाटक में होगया, परम होयसल वंश ।
कुलभूषण थे अधिप वे, जैसे पंछी हंस ।। 290
शिल्प काम इस राज्य में, पाया बहु सम्मान ।
तरह तरह की मूर्तियाँ, स्तंभ शिखर, कमान ।। 291
इनके मंदिर भव्य थे, सुंदर शोभावान ।
इतिहास में है मिला, उच्च कोटि का स्थान ।। 292

9. यादव वंश, देवगिरि (1069-1318, 249 वर्ष)[12]

श्री शिवाजी चरित्र दोहावली राग-छंद माला, पुष्प 44

दोहा॰ सोमवंश के पूत जो, राष्ट्रशांति के दूत ।
वंशज शुभ यदु वंश के, "यादव" कहे सुपूत ।। 293
अनेक शाखा में बँटा, यह यादव परिवार ।
"हैहय" शाखा का हुआ, असीम राज्य प्रसार ।। 294
राजा सेऊणचंद्र था, यादव कुल का इंद्र ।
पुण्य देवगिरि बन गया, यादव कुल का केंद्र ।। 295
नृप सिंघण विद्वान था, रत्न भरा दरवार ।

1047), विनयादित्य (1047-1063), एरेय्यंगा (1063-1100), बल्लाल-1 (1100-1110), विष्णुवर्धन (1110-1152), नरसिंह-1 (1152-1173), वीर बल्लाल-2 (1173-1220), नरसिंह-2 (1220-1233), सोमेश्वर (1233-1254), नरसिंह-3 (1254-1291), बल्लाल-3 (1291-1342), बल्लाल-4 (1342-1348).

[12] **यादव वंश :** Yadavas of Devgiri (1069-1318, 249 yrs.) : सेऊणचंद्र (1069) ..., भिल्लम (1185-1191), जैतुगी (1191-1193), सिंघण (1193-1247), कृष्णदेव राय (1247-1261), महादेव राय (1261-1271), रामचंद्रदेव राय (1271-1312), शंकरदेव राय (1312-1316), हरपालदेव राय (1316-1317).

17. महाराष्ट्र की पार्श्वभूमि का संक्षिप्त इतिहास : 340-1325AD

नाना पंडित बैठ कर, करते शास्त्र-विचार ।। 296
यादव थे इतिहास में, राजा जाने श्रेष्ठ ।
सुवर्ण-युग था यह कहा, यादव-काल वरिष्ठ ।। 297

10. नायक वंश, विजयनगर (1336–1736, 400 वर्ष)[13]

---

[13] **नायक वंश :** Nayaks of Vijayanagar (1509-1736, 227 yrs.) :

1. मदुरा (विजयनगर) घराणे :

(1). संगम घराणे : हरिहर-1 (1336-1356), बुक्क-1 (1356-1377), हरिहर-2 (1377-1404), विरूपाक्ष-1 (1404-1405), बुक्क-2 (1405-1406), देवराय-1 (1406-1422), रामचंद्र (1422), विजय-1 (1422-1430), देवराय-2 (1430-1446), मल्लिकार्जुन (1446-1465), वीरूपाक्ष-2 (1465-1485); (2.) **तुलुव घराणे** : नरसिंहराय-1 (1485-1490), नरसा नायक (1490-1503), नरसिंहराय-2 (1503-1509), कृष्णदेवराय (1509-1529), अच्युतदेवराय व तिरुमल नायक (1529-1542), वेंकटराय (1542); (3). आराविडू घराणे : *रामराया (1542-1565 तालीकोट ची लड़ाई 1565); कृष्णप्पा-1 (1565-1572), वीरप्पा-1 (1572-1595), कृष्णप्पा-2 (1595-1601), कृष्णप्पा-3 (1601-1609), वीरप्पा-2 (1609-1623), तिरुमल (1623-1659), छोकन्नाथ (1660-1682), वीरप्पा-3 (1682-1689), मंजम्मल (1689-1706), विजयरंग (1706-1732), राणी मिनाक्षी (1732-1736), चंदासाहेब (1736).

2. तंजाऊर घराणे : शिवप्पा (1549-1572), अच्युतप्पा (1572-1600), रघुनाथ (1600-1634), विजयराव (1634-1663).

3. जिंजी घराणे : वेंकटपति (1464-1500), कृष्णप्पा-1 (1500-1521), रामचंद्र (1521-1550), वेंकटराय (1550-1570), कृष्णप्पा-2 (1570-1620).

4. इक्केरी घराणे (1499-1532) : सदाशिव नायक (1523-1536), दोड्डा साकण्णा (1536-1570), चिक्का साकण्णा (1570-1580), रामराजा (1580-1592), वेंकटप्पा-1 (1592-1629), वीरभद्र (1629-1645), शिवप्पा (1645-1660), वेंकटप्पा-2 (1660-1661), भद्रप्पा (1661-1664), सोमशेखर-1 (1664-1671), राणी चेन्नम्मा (1671-1696), बासवप्पा-1 (1696-1714), सोमशेखर-2 (1714-1739), बासवप्पा-2 (1739-1754), बासवप्पा-3 (1754-1757), राणी वीरम्मा (1757-1763)

17. महाराष्ट्र की पार्श्वभूमि का संक्षिप्त इतिहास : 340-1325AD

♫ <u>श्री शिवाजी चरित्र दोहावली राग-छंद माला, पुष्प 45</u>

कुकुभ छंद

16, 10 + ऽ ऽ

नायक वंश

विजयनगर का महाप्रतापी, नायक कुल वैभवशाली ।
सोमवंश का, शाँति चहेता, प्रसिद्ध कुल था खुशहाली ।।

✍दोहा॰ विजयनगर साम्राज्य था, वैभवपूर्ण विशाल ।
इनके प्रांत अनेक थे, "नायक" थे प्रतिपाल ।। 298
उनमें चार वरिष्ठ थे, राज्य बड़े मशहूर ।
इक्केरी, मदुरा तथा, जिंजी, तंजाऊर ।। 299
सत्रहवीं शति के गये, जिंजी-तंजाऊर ।
राज्य मराठों के हुए, दक्षिण में अति दूर ।। 300

मराठी लोग, भूमि और भक्तिभाव

✍दोहा॰ शाँत मराठे लोग हैं, सीधा सरल स्वभाव ।
देश प्रेम उनमें भरा, सद्भाव से लगाव ।। 301
नारी में है सादगी, धार्मिक शुद्ध विचार ।
विमल विनय सुशीलता, पवित्रता सुविचार ।। 302
मर्द मराठे सौम्य हैं, सीदे-सादे लोग ।
दिए शब्द को पालना, निष्ठा इनका शौक ।। 303

✍दोहा॰ पावन सरिता स्रोत हैं, बहते यहाँ महान ।
पवित्र जल को सींच कर, खेती करे किसान ।। 304

✍दोहा॰ ग्राम-ग्राम में हैं बने, मंगल तीरथ धाम ।
बसे सरिता तीर पर, सिद्ध करत सब काम ।। 305

22. राजपूतों की कहानी : प्रजापति से 636 AD तक

22. राजपूतों की कहानी : प्रजापति से 636 AD तक

प्रजापति

(रत्नाकर उवाच)

दोहा॰ आदि काल में ब्रह्म ने, किए प्रजापति सृष्ट ।
इक्किस परम प्रजा पिता, यथा अधः निर्दिष्ट ।। 306
कश्यप, कर्दम, यम, स्थाणु, अत्रि, अंगिरस, हेति ।
वसिष्ठ, मरीचि, प्रचेता, नारद, पुलह, प्रहेति ।। 307
भृगु, शेष, संस्त्रय, नेमी, मनु, दो सनत्कुमार ।
दक्ष, क्रतु, विकृत, धर्म ने, सृष्ट किए संसार ।। 308

(तो सुनिये)

दोहा॰ सुनिये भारात वासियों, राजपूत इतिहास ।
जैसा मुनिवर कह गए, लिखा यहाँ है खास ।। 309
ओवी-दोहे-श्लोक हैं, स्वर लिपि सरगम गीत ।
भाषा इसमें तीन हैं, चतुर्थ है संगीत ।। 310
विविध ताल के राग हैं, अनेक छंद-प्रकाश ।
भाषा सादी-सरल है, फिर भी बहुत मिठास ।। 311
जो पढ़ता यह शाँति से, इतिहास का विधान ।
इस पर दृढ़ विश्वास से, उसे सत्य का ज्ञान ।। 312
रत्नाकर है लिख रहा, यथा उसे आदेश ।
शिवजी से लाए यथा, मुनिवर हैं संदेश ।। 313

(ध्यान दीजिए)

दोहा॰ पूर्ववृत्त संपूर्ण है, अधूरा न इतिहास ।
देश प्रेम से है भरा, अनुपम काव्य विलास ।। 314

पार्श्वभूमि कहती हमें, कहाँ किया क्या कौन ।
सबक सिखाती है हमें, खुद रह कर भी मौन ।। 315
बिना जान कर सबक ये, जो पढ़ता है पाठ ।
ठोकर वो खाता सदा, खुले न उससे गाँठ ।। 316
अंधेरे में वह चले, उसे न सत्य विवेक ।
कार्याकार्य विमूढ़ वो, मति भ्रम उसे अनेक ।। 317

सृष्टि निर्मिति

✍दोहा॰ एक बार की बात है, हुआ शुभ चमत्कार ।
प्रसन्न-मन थे ध्यान में, सृष्टि के करतार ।। 318
अंत हुआ तूफान जब, दूर हुआ सब ध्वांत ।
मिटा प्रभंजन गगन का, भवसागर था शाँत ।। 319
आसमान भी नील था, सागर नीला रंग ।
लक्ष्मी जी संतुष्ट थी, नारयण के संग ।। 320
शेषनाग की सेज पर, लेटे थे भगवान ।
बैठी थी नारायणी, करत सृष्टि का ध्यान ।। 321
लक्ष्मी बोली विष्णु को, अनहद है शुभ नाद ।
शिव का डमरू बज रहा, बहुत काल के बाद ।। 322
नारायण ने हाँ कही, किया ओम् पर ध्यान ।
प्रणव नाद ब्रह्मांड में, मंगल जिसकी तान ।। 323

(सृष्टि)

आया क्षण जब प्रसव का, ग्रह सारे अनुकूल ।
महाविष्णु की नाभि से, उगा पद्म का फूल ।। 324
बढ़ा नाल उस पुष्प का, बहुत दीर्घ आकार ।

बना पद्म के मध्य में, आसन गोलाकार ।। 325
आसन पर आरूढ़ थे, ब्रह्मदेव भगवान ।
चार वदन, दिश चार में, करत वेद का गान ।। 326
हुई विलक्षण बात फिर, अद्‌भुत एकाएक ।
भंग हुआ तन ब्रह्म का, गात्र-गात्र प्रत्येक ।। 327

(प्रजापति)

हुए प्रसूत फिर गात्र से, प्रजापति इक्कीस ।
प्रजा सृष्ट जिनसे हुईं, हम जिनके वारिस ।। 328
प्रजापिताओं ने करीं, विविध प्रजाएँ सृष्ट ।
बरत कर चौंसठ कला, यथा काल था इष्ट ।। 329
पृथ्वी पर जो फिर हुए, जीव जंतु सब सृष्ट ।
निहार कर उस घटित को, भूमाता थी हृष्ट ।। 330

(प्रजा)

सर्वश्रेष्ठ नर योनि थी, वर्ण जिन्हें कुल चार ।
नैसर्गिक रचनाकृति, गुणत्रय के आधार ।। 331
ब्राह्मण क्षत्रिय वैश्य भी, शुद्र वर्ण थे चार ।
अपने-अपने गुण यथा, तथा करत व्यवहार ।। 332
अनुशीलन ब्राह्मण करे, रक्षा करते क्षात्र ।
वणिज कर्म गुण वैश्य का, शुद्र शुश्रुषा पात्र ।। 333
क्षत्रिय, जो रणवीर हैं, बलिष्ठ जिनका गात्र ।
वहीं क्षात्र राजा बनें, सिंहासन के पात्र ।। 334
क्षत्रिय पुरुषोत्तम कहा, दाशरथी श्रीराम ।
न्याय नीति जिसकी सदा, सर्वोत्तम शुभ काम ।। 335
धरती राजस्थान की, “सर्वश्रेष्ठ” अभिधान ।
महाराष्ट्र का था यथा, भारत में सम्मान ।। 336

(वर्ण-जाति)

✍दोहा॰ ब्रह्म, क्षात्र, विश, शुद्र जो, वर्ण कहे हैं चार ।
अनुसार हि गुण कर्म के, प्रकृति के आधार ।। 337
केवल गुण आधार हैं, किए "वर्ण" जो चार ।
रंग जाति कुल धर्म का, जिसमें नहीं विचार ।। 338
गुण-कर्म के आधार ही, वर्ण किए सत्नाम ।
जहर जाति का घोल कर, वर्ण भये बदनाम ।। 339
शाँति, शुद्धि, दम, सरलता, तप निग्रह का ज्ञान ।
आस्तिक बुद्धि, विमलता, "ब्रह्म-वर्ण" का काम ।। 340
रक्षण करने अन्य का, रत है जिसका ज्ञान ।
नर नारी उस वर्ण के, द्विज ब्राह्मण अभिधान ।। 341
ढारस श्रद्धा चतुरता, रण में निर्भय धीर ।
तेज दान बल शूरता, "क्षात्र-वर्ण" का वीर ।। 342
प्राण हथेली पर धरे, रण में देना जान ।
रक्षा तीनों वर्ण की, क्षात्र वर्ण का मान ।। 343
गौधन, कृषि, ब्यौपार हैं, "वैश्य-वर्ण" के काम ।
सेवा-भाव पवित्रता, "शुद्र-वर्ण" का नाम ।। 344
ऊँच नीच कोई नहीं, सब हैं वर्ण समान ।
मन गढंत जाति प्रथा, सब हैं वर्ण महान ।। 345
महापुरुष सर्वत्र हैं, कोई ना अपवाद ।
चारों वर्ण समान हैं, रहे सदा यह याद ।। 346
वैश्यों में श्रीकृष्ण हैं, क्षत्रिय थे श्रीराम ।
शुद्र पुत्र श्री विदुर जी, ब्राह्मण परशुराम ।। 347

(जाति)

ऊँच नीच कोई नहीं, सब हैं वर्ण समान ।

जाति स्वार्थ्य का काम है, जिसमें है अपमान ।। 348
अश्व रश्मि रथ के यथा, चक्र सारथी अंग ।
तथा धर्म के चार हैं, चारों वर्ण तुरंग ।। 349
शीश विप्र, पद शूद्र हैं, वैश्य तना, कर क्षात्र ।
एक देह इनसे बना, चार देह के गात्र ।। 350

18. राजपूतों की कहानी :

✍दोहा॰ वसिष्ठ मुनि ने यज्ञ से, कीन्हे थे निर्माण ।
क्षात्र छत्तीस गोत्र के, राजपूत गुणवान ।। 351
नामध्येय उन वंश के, यहाँ करूँ निर्देश ।
राजपुताना देश का, सुवर्ण भूमि निवेश ।। 352
ककुत्स्थ मट गुहिलोत भी, राजपाल चौहान ।
कोटपाल धनपाल भी, राजपाल मकवान ।। 353
मरूड़ सैंधव गौर भी, चालुक्य छंद परमार ।
अनिग कारट्टपाल भी, गोहिल हुल अभिचार ।। 354
चापोत्कट राठौड़ भी, निकुम्भवर प्रतिहार ।
हैहय यौतिक टाँक औ, हरितट दधिष्ट सिलार ।। 355
कविनीस रोसजुत तथा, सदावर परिहार ।
देवर कलाप महान थे, राजपूत परिवार ।। 356

सिंध प्रांत की कहानी, 631-753 AD

YEAR 636

CONTEMPORARY HISTORICAL STAGE
Kingdoms and the Kings.

E. Chalukya king of **Vengi** : Jaysimha (ruled 632-663); W. Chalukya king of **Badami** : Pulakeshi II (r. 608-642); Chalukya king of **Lata** : Buddha Varma Raja (610-643); Gurjar Raja of **Bhinmal** : Samant Dadda (628-640); Pallava king of **Kanchipuram** : Narsimha Varma I (630-668); Chalukya king of **Badami** Pulakeshi II (608-642); Pandya King of **Madura** : Maravarma Avanishulamani (620-645); Maitraka king of **Vallabhi** : Dhruva Sena (629-645); Ahom king **Kamrup Assam** : Bhaskar Varma (594-650); Shendraka king of **Gujrat** : Bhanu Shakti (600-640); Pushyabhuti king of **Thanesar and Kanauj** : Harsha Vardhan (606-647); *Hindu Rai king of **Alor, Sindh** : <u>Chach</u> (631-671); Karkota king of **Kashmir** : Durlabh Vardhan (631-680).

सिंध प्रांत की कहानी, 631-753 AD

19. सिंध के चाच महाराजा की कथा, 631-671 AD

 श्री शिवाजी चरित्र दोहावली राग–छंद माला, पुष्प 46

हिंदुभूमि संरक्षक महाराजा चाच

स्थायी

जय! जय! हिंदुभूमि की गाएँ,

जन्मभूमि की, मातृभूमि की,

सब मिल जय जय गाएँ । जय जय ...

19. सिंध के चाच महाराजा की कथा, 631-671 AD

♫ सागा! मप! ध-मप-म गसा ग-म-,
ध-धध-ध नि-, ध-धप-ध मप,
धध मन पम गसा ग-म- । सागा! मप! ...

अंतरा-1

शूर वीर सुत भारत माँ के, रण भूमि पर योद्धा बाँके ।
गाथा उनकी आज सुनाएँ ।।

♫ सां-सां सां-सां निसां धनिसांसां सां- गं-, निनि निनि धम नि-नि- नि-नि-।
ध-धम पमपग, सागम धप-म- ।।

अंतरा-2

मर्द बहादुर पुत्र सिंध के, रक्षण कर्ता परम हिंद के ।
सद्‌गुण उनके, आओ गाएँ ।।

अंतरा-3

हिंदुभूमि पर हमले आए, रणधीरों ने वे लौटाए ।
उनके माथे, तिलक लगाएँ ।।

✍दोहा॰ **सन छहसौ-छत्तीस था, निकले अरब धर्मांध ।**
हिंदुभूमि को छीनने, खड्ग कमर पर बाँध ।। 357
कई जंग कों जीत कर, खलिफा जिसे खिताब ।
भेजत सेना हिंद पर, उमर-इब्न-खत्ताब ।। 358
अरब आक्रमक चल पड़े, तानाशाही तौर ।
सिरिया-इरान जीत कर, चले सिंध की ओर ।। 359
यही आक्रमण प्रथम था, जाना कहने योग्य ।
इसी समय से फिर-गये, हिंदुभूमि के भाग्य ।। 360
राजा तब था सिंध का, महाप्रतापी "चाच" ।
सुखी शाँत वह देश था, आयी जिस पर आँच ।। 361

19. सिंध के चाच महाराजा की कथा, 631-671 AD

कीर्तिमान वह अधिप था, धार्मिक उसके काम ।
नीति नियम का वीर था, विश्रुत उसका नाम ।। 362
सार्वभौम था सिंध में, चाच महान नरेश ।
सिंधु नदी पर था बसा, धनाढ्य उसका देश ।। 363
घुसे अरब जब सिंध में, लेकर सेना साथ ।
मार भगाया चाच ने, लौटे खाली हाथ[14] ।। 36

YEAR 712

CONTEMPORARY HISTORICAL STAGE
Kingdoms and the Kings.

E. Chalukya king of **Vengi** : Vishnu vardhan III (ruled 709-746); W. Chalukya king of **Badami** : Vijayaditya (r. 696-733); W. Chalukya king of **Lata** : Shrayashraya Shiladitya (669-733); Maitraka King of **Vallabhi** : Shiladitya III (691-722); Pallava king of **Kanchipuram** : Narsimha Varma II (680-720); Pandya King of **Madura** : Kochchadiyan Ranadhira (700-730); Rashtrakuta king of **Maharashtra** : Dantidurga (752-756); Gurjar king **Bhinmal** : Jayabhatta IV (706-786); Karkota king of **Shrinagar Kashmir** : Pratapaditya (680-712); Karkota king of **Shrinagar** : Vijayaditya Chandrapida (712-720); *Hindu Rai king of **Alor, Sindh** : Maharaja Dahir (678-712); *Arab Governor of Sindh : Muh. bin Qasim (712-715).

[14] **उमर-इब्न-अल् खत्ताब :** Three armed Arab Expeditions from Bahrain, ordered by Umar-ibn-al-Khattab (586-644, ruled. 634-644), the second Khalifa of Madina, were severely defeated at the port of Bharuch, by the great Hindu King Chach in year 636-637.

20. सिंध के दाहीर महाराजा की कथा, 678-712 AD

दाहीर महाराज की कहानी
20. सिंध के दाहीर महाराजा की कथा, 678-712 AD

✎ दोहा॰ राजा था अब सिंध का, महावीर दाहीर ।
राजा-रानी उभय थे, जगजाने रण धीर ।। 365

आयी सेना म्लेच्छ[15] वो, फैलाने निज धर्म ।
कासिम नेता सैन्य का, कटुतम जिसके कर्म ।। 366

दीवाने सब धर्म के, लेकर कर तलवार ।
आया कासिम सिंध में, करने धर्म प्रसार ।। 367

मूरत मंदिर तोड़ता, करता हिंदू भ्रष्ट ।
लूट मार करते हुए, देता सबको कष्ट ।। 368

किया युद्ध दाहीर ने, रानी भी थी साथ ।
रानी लड़ती शेरनी, शेर जिसे था नाथ ।। 369

रण में नृप दाहीर को, लगा अचानक बाण ।
गिरा धरा पर अश्व से, मगर न निकले प्राण ।। 370

रानी लड़ती रह गयी, मगर न पायी जीत ।
रण पर वह पकड़ी गयी, घायल जिसका मीत ।। 371

कासिम ने दाहीर का, काट दिया सिर आप ।
खलिफा को रानी मिली, करने गंदे पाप ।। 372

रक्तपात मुलतान में, भीषण कत्लेआम ।
जनता पर जबरन हुआ, धर्मांतर का काम ।। 373

टूटे मंदिर सिंध के, किये हिंदू जन भ्रष्ट ।
पवित्रता सब प्रांत की, अरबों ने की नष्ट ।। 374

---

[15] म्लेच्छ : Hindi म्लेच्छ; Marathi म्लेंच्छ. Non-Ayran, Barbarian.

YEAR 750

सिंध प्रांत की कहानी, आगे, 750 AD

दोहा० सन सातसौ-पचास में, खलीफा का देहांत ।
खिलाफ़त अब इराक में, उमयद कुल का अंत ।। 375
सिंध प्रांत को मिल गया, सिरिया से स्वातंत्र्य ।
अधीन अब बगदाद के, हुआ सिंध परतंत्र ।। 376
नये खलीफ़ा ने किया, नये तौर पर काम ।
काम वही धर्मांधता, और वही अंजाम ।। 377
दिशा दूसरी में किये, हमले फिर घमसान ।
चला सैन्य अब छीनने, धरती राजस्थान ।। 378

YEAR 753

राजस्थान प्रांत की कहानी, 753-1000 AD

CONTEMPORARY HISTORICAL STAGE
Kingdoms and the Kings.

E. Chalukya king of **Vengi** : Vijayaditya I (ruled. 746-764); W. Chalukya king of **Badami** : Kirtivarma II (r. 746-757); Maitraka King of **Vallabhi** : Shiladitya IV (722-760); Pallava king of **Kanchipuram** : Nandi Varma II (731-795); Pandya King of **Madura** : Maravarma Rajsimha

21. राजस्थान के महाराजा बाप्पा रावल की कहानी, 730-753 AD

(730-765); Rashtrakuta king of **Maharashtra** : Dantidurga (752-768); W. Ganga king of **Mysore** : Shri Purusha (725-788); W. Ganga king of **Talkad** : Shivamara I (750-760); Chapotkata king of **Anhilwara** : Vana Raja (746-806); pala king of **Mudagiri Bengal** : Gopala I (750-770); Gurjar king **Bhinmal** : Jayabhatta IV (706-786); Pratihara king of **Kanauj** : Nagabhatta I (725-760); W. *Guhila king of **Chittod Mewad** : Bappa Rawal (730-753); Ahom king of **Kamrup Assam** : Balavarma II (750-765); Karkota king of **Shrinagar** : Jayapida (751-782); Arab Governor of **Sindh** : Musa ibn Kabut-Tamini (750-757).

21. राजस्थान के महाराजा बाप्पा रावल की कहानी 730-753 AD

ना होता बाप्पा अगर, ना फिर राणा संग ।
ना राणा परताप भी, शिवबा की न उमंग ।। 379

श्री शिवाजी चरित्र दोहावली राग-छंद माला, पुष्प 47

दादरा ताल

(बापा रावल - हिंदी)

स्थायी

तूने स्वातंत्र्य का बीज बोया, और चलाई प्रणाली अमर है ।

♫ ध़नि़ सा-सा-सा रे- सा-नि़ सा-रे-, सा- रेग-ग- गम-ग रेनि़नि़ सा- ।

अंतरा-1

तेरे पथ पर चला संग-राणा, उसने तुझको ही आदर्श माना ।
तूने सीनों में गौरव पिरोया, तेरे कर्मों का अद्‌भुत असर है ।।

♫ पप म- प- मग- म-ग रे-सा-, पप मप- म ग-म- रे-सा- ।
ध़नि़ सा-सा- सा रे-सा- नि़सा-रे-, सारे ग-ग- ग म-ग- रेनि़नि़ सा- ।।

अंतरा-2

राणा परताप ने तुझको पूजा, तुमसे आदर्श ना कोई दूजा ।

21. राजस्थान के महाराजा बाप्पा रावल की कहानी, 730-753 AD

तू ही अर्जुन यथा पांडवों का, तेरी कीर्ति धरा पर अजर है ।।
अंतरा–3
फिर शिवाजी ने तीनों को माना, तुमको वीरों का भी वीर जाना ।
तुमको भूलें कभी ना जमाना, एहसानों की जिसको कदर है ।।

दोहा॰ सिंध प्रांत जब आगया, उन अरबों के हाथ ।
नये आक्रमण होगये, शुरू जोश के साथ ।। 380
हमले राजस्थान पर, किये अनेकों बार ।
मगर हमेशा ही उन्हें, मिली युद्ध में हार ।। 381
बाप्पा रावल ने उन्हें, पीटा बारंबार ।
अराबों ने फिर हार कर, छोड़ दिया अविचार ।। 382
राजपूत गुहिलोत यह, महा धुरंधर वीर ।
बाप्पा रावल नाम का, महान नृप गंभीर ।। 383
रक्षण कीन्हा धैर्य से, उसने अपना देश ।
राजा वह मेवाड का, राजस्थान नरेश ।। 384
चितौड़ उसका नगर था, सुख वैभव संपन्न ।
अमन चैन सब राज्य में, सदा हुए निष्पन्न ।। 385

महमूद गजनी के सत्रह हमले, 1000-1027 AD

YEAR 1000

CONTEMPORARY HISTORICAL STAGE
Kingdoms and the Kings.

Chalukya king of **Kalyani** : Satyashray Iravabedanga (ruled 997-1009); Chalukya king of **Anhilwara** : Chamunda Raja (r. 995-1009); Kakatiya king of **Warangal** : Beta I (1000-1030); Chola king of **Tanjavur** : Raja Raja I, the Great, (985-1014); Chera king of **Kerala** : Bhaskar Varma (962-1019); Eastern Ganga king of **Kalingnagar** : Vajrahasta IV (980-1015); Western Ganga king of **Talkad, Mysore** : Rakkasa (985-1024); Kalachuri King of **Tripuri** : Yuvraj Deva (974-1000); Kalachuri King of **Tripuri** : Vikramaditya (1000-1048); Silahara king of **Thane** : Aparajit (997-1010); Pala king of **Mudagiri, Bengal** : Mahipal I (995-1048); Varma king of **Kamrup Assam** : Brahmapal (990-1010); Raghava king of **Nepal** : Uday Dev (995-1008); Chudsama king of **Saurashtra** : Kawat I (982-1003); Parmar king of Dhar, **Malwa** : Sindhu Raja (995-1010); Pratihara king of **Kanauj** : Vijayapala (960-1018); Kachhawaha king of **Gwalior** : Mangala Raja (995-1015); Chandella king of **Bundelkhand** : Ganga Raja (1000-1019); Guhila king of Mewad, Udaipur : Suchi Varma (989-1110); Lohara Queen of Kashmir : Didda (980-1003); Hindu Shahiya king of **Waihind, Kabul, Udbhandpur and Nagarkot** : Jaypal (965-1002); Death of Shri Shankaracharya (788-820); Death of Shri Ramanujacharya (1017-1137).

महमूद गजनी के सत्रह हमले, 1000-1027 AD

22. गजनी का पहला हमला, 1000 AD
वाहींद

दोहा॰ अगले दो–सौ साल में, जीत लिया ईरान ।
काबुल, गज़नी, घोर भी, अरबों ने अफगान ।। 386

22. गजनी का पहला हमला, 1000 AD

इन दो–सौ कुल साल में, खून सना अफगान ।
आगे के दस साल में, आये दो सुलतान ।। 387
नौ–सौ–नब्बे वर्ष में, गजनी का सुलतान ।
साबुकतिगीन यामिनी, महमूद था गुलाम ।। 388
बना जभी महमूद वो, गज़नी का सुलतान ।
बहुत आक्रमक क्रूर था, मूर्तिफोड़ शैनात ।। 389
सत्रह हमले हिंद पर, तोड़ फोड़ की घोर ।
लूट–मार कतलें करीं, धर्मांतर घनघोर ।। 390
गज़नी के सुलतान ने, मारा श्री जयपाल ।
हिंदू अधिप वह हिंद का, उधेड़ दी फिर खाल ।। 391
आया पहली बार जब, गज़नी का सुलतान ।
टूट पड़ा वाहिंद पर, करने कत्ले आम ।। 392

श्री शिवाजी चरित्र दोहावली राग–छंद माला, पुष्प 48

(गजनी का वाहिंद पर हमला)

स्थायी

गजनी का राक्षस आया है, असुरों की सेना लाया है ।
निज धर्म थोपने आया है ।।

♫ सानि़सा– गरे सा–नि़नि़ सा–रेम ग–, गममग पम ग–रेसा सा–रेम ग– ।
गग रेसासा रे–रेगम गरेसानि़ सा– ।।

अंतरा–1

वह विध्वंसक शठ पापी है, वह क्रूर बड़ा खलकामी है ।
वह भीषण खून पियासा है, वह दीन–धरम दीवाना है ।
वह लूट मचाने आया है ।।

23. गजनी का दूसरा हमला, 1001 AD

♫ पप मरेम–पप पम पनिधप प–, पप मगग सासाग मपगरेसाऩि सा– ।
साऩि सा–गरे सा–ऩि ऩिसा–रेम ग–, गग रेसासासारेरे गमगरेसाऩि सा– ।।
गग रेसासा सारे–गम मगरेसाऩि सा– ।।

अंतरा–2

वह भ्रष्टाचार मचावेगा, वह मंदिर–मूरत तोड़ेगा ।
वह नर–नारी को सतावेगा, वह भ्रष्टाचार मचावेगा ।
वाहिंद जलाने आया है ।।

23. गजनी का दूसरा हमला, 1001 AD

पेशावर, उद्भांडपुर

दोहा॰ हमला फिर पंजाब पर, पेशावर की लूट ।
जला दिया उद्भांडपुर, हिंदू रहे अटूट ।। 393

24. गजनी का तीसरा हमला, 1004 AD

मुलतान

दोहा॰ हमला फिर मुलतान पर, करने को बरबाद ।
लूट–मार कतलें हुईं, हाय! हाय! फरियाद ।। 394

श्री शिवाजी चरित्र दोहावली राग–छंद माला, पुष्प 49

(गजनी का मुलतान पर हमला)

स्थायी

वह गुंडा गजनी आया है, उसने सब सिंध जलाया है ।

25. गजनी का चौथा हमला, 1005 AD

भारत माता को रुलाया है ।।
♪ सानि॒ सा-ग॒रे सासा-नि॒- सा-रेम ग॒-, गमम॒ग॒ पम ग॒-रे सासा-रेम ग॒- ।
ग॒रेसासा रे-ग॒- म मग॒रेसानि॒ सा- ।।

अंतरा-1
उसकी सेना शैतान बड़ी, हिंदू राजा से आन लड़ी ।
उसने भगवान भुलाया है, उसने मुल्तान जलाया है ।
भारत को दाग लगाया है ।।
♪ पपमरे म-प- पमपनिध पप-, प-मग॒ ग॒सासाग॒ मप ग॒रेसा निसा- ।
सानि॒सा- ग॒रेसा-नि॒ निसा-रेम ग॒-, गग॒रेसा सासारे-ग॒ मग॒रेसानि॒ सा- ।।
ग॒रेसासा सा- रे-ग॒ मग॒रेसानि॒ सा- ।।

अंतरा-2
वह हानि करने आया है, मनमानी करने आया है ।
उसने नरमेध रचाया है, अरु अत्याचार मचाया है ।
उसे खून-खराबा भाया है ।।

25. गजनी का चौथा हमला, 1005 AD
मुल्तान

 दोहा० फिर से आया लौट कर, खसोटने को सिंध ।
भीषण भ्रष्टाचार से, दुखी कर दिया हिंद ।। 395

 श्री शिवाजी चरित्र दोहावली राग-छंद माला, पुष्प 50
(गजनी का मुल्तान पर दूसरा हमला)
स्थायी
देखो, फिर से गजनी आया है, वह भीषण संकट लाया है ।

26. गजनी का पाँचवाँ हमला, 1007 AD

उसको बुत भंजन भाया है ।।

♪ सानि, सासा ग॒रे सासानि॒- सा-रेम ग॒-, ग॒म मग॒पम ग॒-रेसा सा-रेम ग॒- ।
ग॒रेसा- रेरे ग॒-मम ग॒रेसानि॒ सा- ।।

अंतरा-1
वह धर्म-नीति का अंधा है, वह हिंसक पापी बंदा है ।
वह दहशतवादी गंदा है, धमकाना उसका धंदा है ।
पर-धर्म मिटाने आया है ।।

♪ पप मरेम प-पपम प॒निध प-, पपमग॒ग॒सा साग॒मप ग॒रेसानि॒ सा- ।
सानि॒, सासाग॒रेसा-नि॒- सा-रेम ग॒-, गममग॒पम ग॒रेसा सा-रेम ग॒- ।
ग॒ग॒रेसासा सारे-ग॒म ग॒रेसानि॒ सा- ।।

अंतरा-2
वह पागल नरक का राही है, वह अकल का दुश्मन पाजी है ।
वह अज्ञानी बेचारा है, वह द्वेष जलन का मारा है ।
उसने मुलतान जलाया है ।।

26. गजनी का पाँचवाँ हमला, 1007 AD
पेशावर

दोहा॰   पेशावर पर फिर किया, हमला दूजी बार ।
काट-पीट छल लूट भी, बेहद अत्याचार ।। 396

श्री शिवाजी चरित्र दोहावली राग-छंद माला, पुष्प 51
(गजनी का पेशावर पर दूसरा हमला)

स्थायी

27. गजनी का छठा हमला, 1008 AD

मैली चादर ओढ़के आया, शातिर ये दीवाना ।
हे परमेश्वर! किरपा करके, सन्मति उसको देना ।।

♫ ग–मप रे–ऩिऩि सा–साग रे–सा–, ग–पप ध– ध–निसांधप ।
सां– सांसांसां–सांरें! निनिधप धसांसां–, सांसांसांरे निधमप ग – – मरेसाग– ।।

अंतरा–1

शिक्षा उसको गलत मिली है, हिंसा का है मारा ।
उसके कुल की रीत चली है, पातक जिनको प्यारा ।
सबक सिखाओ उसको प्रभु जी! या नरकासन देना ।।

♫ निसांसां– रेंरेंसां– निधप धनिसां सां–, निसांसां– सांनि– ध– निसांसां– ।
निनिसां– सांसां सां– नि–सां सांनिध प–, धनिधप ममपध निसांसां– ।
निसांसां सांसां–रें– निधप– धनि सां–, धसां सां– निधमपग – – मरेसाग– ।।

अंतरा–2

पेशावर पर फिर से आया, लेकर भीषण सेना ।
लूटमार बरबादी कीन्ही, सुना न उनका रोना ।
हे जगदीश्वर! पावन प्यारे! शाप अधम को देना ।।

27. गजनी का छठा हमला, 1008 AD
नगरकोट

✍दोहा॰ नगरकोट पर फिर किया, हमला था खूँखार ।
राजपूत प्रतिकार ने, उसे भगाया मार ।। 397

28. गजनी का सातवाँ हमला, 1009 AD
नारायणपुर

29. गजनी का आठवाँ हमला, 1010 AD

दोहा॰ नारायणपुर पर किया, गझनी ने आघात ।
मंदिर तोड़े, तस्करी, अधर्म छल उत्पात ।। 398

29. गजनी का आठवाँ हमला, 1010 AD
मुलतान

दोहा॰ फिर से हमला सिंध पर, कीन्हा तीजी बार ।
सर्वनाश मुलतान का, अधर्म का आचार ।। 399

श्री शिवाजी चरित्र दोहावली राग-छंद माला, पुष्प 53

गजनी का मुलतान पर तीसरा हमला

स्थायी

गजनी आया है ।

लूटमार मुलतान जलाने, सेना लाया है । गजनी आया है ।

♫ ऩिसाऩिध़ ऩिरेरेग सा- ।

ग-गग-ग गरेगपप मग-रे-, सागरेसा ऩिसाऩिध़ रे- । ऩिसाऩिध़ ऩिरेरेग सा- ।।

अंतरा-1

ध्वस्त किया है प्रांत सिंध का, संकट लाया है । गजनी आया है ।।

♫ सा-रे गम- म- ग-म प-म ग-, गमगरे साऩिध़ऩि रे - - । ऩिसा ऩिध़ ऩिरेरेग सा- ।।

अंतरा-2

भ्रष्ट कर रहा नर-नारी को, मातम छाया है । गजनी आया है ।।

अंतरा-3

धरती पर उस गुनहगार ने, कहर मचाया है । गजनी आया है ।।

30. गजनी का नौवाँ हमला, 1011 AD

30. गजनी का नौवाँ हमला, 1011 AD
स्थानेश्वर

दोहा॰ स्थानेश्वर पर आक्रमण, तोड़े देवस्थान ।
लूट मार घमसान की, बन कर शठ तूफान ॥ 400

  श्री शिवाजी चरित्र दोहावली राग-छंद माला, पुष्प 54

(गजनी का स्थानेश्वर पर हमला)

चाल : रवि गेला रे

स्थायी

खल आया है, गजनी का हथियारा ।
जुलमी हिरदय का कारा ॥

♪ सानि॒ सा-ग॒रे ग॒-, ममग॒रे सा- रेग॒सारेग॒- ।
सारेग॒- पमग॒ग॒ रेग॒ रेग॒सा- ॥

अंतरा-1

(हिंदी)

स्थानेश्वरपुर पावन है, शिव दर्शन मन भावन है, उस पुर आया रावण है ।
वह दीवाना, तोड़ फोड़ करदेगा, सुलतान वो गजनी वाला ।

♪ ग॒ग॒ग॒-ममममम प-मग॒ म-, ग॒ग॒ ग॒-मम मम प-मग॒म-, ग॒ग॒ मम म-पध॒ प-म-ग॒- ।
सानि॒ सा-ग॒रेग॒-, म-ग॒ रे-सा रेग॒सारेग॒-, सारेग॒-प म ग॒ग॒रेग॒ रेग॒सा- ॥

अंतरा-2

(मराठी)

जन सैरावैरा पलती, तलवारीने कडुनी मरती, पर-धर्मास बली ते पडती ।
अति निर्दय हा, शठ राक्षस-अवतारी, पापी हलकट काला ॥

31. गजनी का दसवाँ हमला, 1013 AD

31. गजनी का दसवाँ हमला, 1013 AD
नगरकोट

दोहा॰ **स्थानेश्वर पर आक्रमण, तोड़े देवस्थान ।**
लूट मार घमसान की, बन कर शठ तूफान ।। 401

<u>श्री शिवाजी चरित्र दोहावली राग-छंद माला, पुष्प 55</u>

गजनी का नगरकोट पर दूसरा हमला

चाल : दोहा छंद

♪ सासासासा-सा सासा रे-गम-, पप धप मग म-म- ।
सा-सा सारे-रेरे ग-प म-, पपप- धप मगम- ।।

स्थायी

नगरकोट पर आगया, फिर से वह शैतान ।
नीच नराधम क्रूर वो, गजनी का सुलतान ।। 382
लूट-मार करने लगा, जैसा उसका दीन ।
बलात्कार अपहार भी, लंपट लज्जाहीन ।। 383
मंदिर मूरत तोड़ना, चोरी उसका काम ।
नंगे ओछे पाप से, जग में वह बदनाम ।। 384
नगरकोट समृद्ध था, कीन्हा उसने ध्वस्त ।
आग लगा कर नगर वो, किया पूर्ण उध्वस्त ।। 402
प्राण हजारों के लिये, करके कत्ले आम ।
भ्रष्ट हाजारों कर दिये, परिवर्तन के नाम ।। 403
सिर पर उसके पाप की, गठरी बहुत विशाल ।
चला नरक के द्वार पर, स्वयं बिछा कर जाल ।। 404
धरती पर जो थे हुए, पैदा जन शैतान ।

32. गजनी का ग्यारहवाँ हमला, 1015 AD

उनमें यह खल ज्ञात था, गजनी का सुलतान ।। 405
कीड़ा उसके मगज में, कर में थी तलवार ।
हिंदुजनों पर वह करे, बिना हिचक के वार ।। 406
मूर्ख शिरोमणि म्लेच्छ वो, जिसे खून की प्यास ।
गजनी के सुलतान को, जानत है इतिहास ।। 407

32. गजनी का ग्यारहवाँ हमला, 1015 AD
लोहकोट, कश्मिर

दोहा॰ लोहकोट पर स्तेन ने, कीन्हा हमला घोर ।
पंडित वीरों ने मगर, मार भगाया चोर ।। 408

श्री शिवाजी चरित्र दोहावली राग-छंद माला, पुष्प 56

(गजनी का लोहकोट पर हमला)

स्थायी

जब कश्मिर की शुभ धरती पर, शठ गजनी ने था पाँव दिया ।
कश्मिर के पंडित वीरों ने, उस गजनी को था ताड़ दिया ।
उसको सीमा से पार किया ।।

♪ सानि़ सा-गरे सा- नि़नि़ सासारेम गग, गममग पम ग-रे सासा-रेम ग- ।
सानि़सासा गरे सा-नि़नि़ सा-रेम ग-, गम मगपम ग- रेसा सा-रे मग- ।
गरेसासा रे-ग- म मगरेसानि़ सा- ।।

अंतरा-1

उसकी सेना शैतान बड़ी, हिंदू राजा से आन लड़ी ।
उसने भगवान भुलाया है, उसने मुलतान उजाड़ा है ।

भारत को दाग लगाया है ।।

♫ पपमरे म-प- पमपनि़ध पप-, प-मग गसासाग मप गरेसा नि़सा- ।

सानि़सा- गरेसा-नि़ नि़सा-रेम ग-, गगरेसा सासारे-ग मगरेसानि़ सा- ।।

गरेसासा सा- रे-ग मगरेसानि़ सा- ।।

अंतरा-2

कश्मिर के पंडित वीर बड़े, भूमि के रक्षक हैं तगढ़े ।

भारत माता के गौरव में, वैरी के आगे अड़िग खड़े ।

इतिहास में नाम कमाया है ।।

33. गजनी का बारहवाँ हमला, 1018 AD
मथुरा

दोहा॰ **आया गझनी अधम वो, मथुरा करने भ्रष्ट ।**
तोड़े मंदिर लूट कर, नगरी कीन्ही नष्ट ।। 409

श्री शिवाजी चरित्र दोहावली राग-छंद माला, पुष्प 57

(मथुरा)

(गजनी का मथुरा पर हमला)

स्थायी

आज, पावन मथुरा भ्रष्ट हुई, गजनी ने नगरी नष्ट करी ।

♫ मम गमगसा नि़साधनि सा-म मम-, ममगम गसा नि़साधनि सा-सा मम- ।।

अंतरा-1

एक दुष्ट था कंस होगया, अत्याचारी नृप मथुरा में ।

महा दुष्ट अब गजनी आया, अधम न जैसा दुनिया में ।

देखो, मथुरा उसने भ्रष्ट करी ।।

34. गजनी का तेरहवाँ हमला, 1021 AD

♫ ग-म ध-ध नि- सां-सां सांगं-निसां-, नि-नि-नि-नि- धनि सांनिध- म- ।
सांसां- गं-गं गग सांमंगंसां नि-सां-, सांमंगं सां नि-सां- धनिसांनि धमगसा ।।

अंतरा-2

गजनी का ये चोर लुटेरा, विष ने जिसका तन मन घेरा ।
दुराचार ही जीवन जिसका, उस पापी ने डाला डेरा ।
देखो, उसने नगरी ध्वस्त करी ।।

34. गजनी का तेरहवाँ हमला, 1021 AD
माहोबा

दोहा॰ **फिर माहोबा तक बढ़ा, करने भ्रष्टाचार ।**
चंदेला राजे सभी, माने अपनी हार ।। 410
लौटा फिर गझनी लिये, धन संपत्ति अपार ।
सोना हीरे मूर्तियाँ, बंदी अश्व अपार ।। 411

35. गजनी का चौदहवाँ हमला, 1021 AD
लाहोर

दोहा॰ **आया फिर से लौट कर, नीच लुटेरा चोर ।**
रक्तपात भीषण किया, नष्ट किया लाहोर ।। 412

श्री शिवाजी चरित्र दोहावली राग-छंद माला, पुष्प 58

(गजनी का लाहोर पर हमला)

चाल : See Roshani

36. गजनी का पंद्रहवाँ हमला, 1022 AD

स्थायी

हरि ओ- - - म्! हरि ओ- - - म्! हरि ओ- - - म्! शिव ओ- - - म्!
शिव ओ- - -म्! शिव ओ- - -म्! शिव ओ- - - म्! हरि ओ- - - म्!

♪ सा

अंतरा-1

अज्ञानी के खोल दे प्रभो! बंद अकल के तू ताले ।
पापी जन को श्राप दे प्रभो! हे जग के रखवाले! ।।
हरि ओ- - - म्! हरि ओ- - - म्! हरि ओ- - - म्! शिव ओ- - - म्! ।।

♪ पप

अंतरा-2

सबक सिखादे इन दुष्टों को, तू तो माँ रणचंडी है ।
गलत राह पर भटके हैं ये, दुष्ट नीच पाखंडी हैं ।
हरि ओ- - - म्! हरि ओ- - - म्! हरि ओ- - - म्! शिव ओ- - - म्! ।।

अंतरा-3

भ्रष्ट करत हैं तीर्थ धाम कों, मूर्ख अधम ये अंधे हैं ।
बंद करो प्रभु! शिव अवतारी! पातक इनके गंदे हैं ।
हरि ओ- - - म्! हरि ओ- - - म्! हरि ओ- - - म्! शिव ओ- - - म्! ।।

36. गजनी का पंद्रहवाँ हमला, 1022 AD
ग्वालियर

दोहा॰ फिर ग्वालियर नगर का, किया बहुत विनाश ।
फिर कालिंजर लूट कर, लौटा वह बदमाश ।। 413

37. गजनी का सोलहवाँ हमला, 1024-1025 AD

37. गजनी का सोलहवाँ हमला, 1024-1025 AD

सोमनाथ

श्लोक

सोमनाथं महाकालं केदारं मंगलेश्वरम् ।
विश्वेशं वैद्यनाथं च घुश्मेशं मल्लिकार्जुनम् ।।

रामेश्वरं च नागेशं त्र्यम्बकं भीमशंकरम् ।
ज्योतिर्लिंगानि पुण्यानि पठनियानि नित्यशः ।।

दोहा॰ शिव-शंकर पितु जगत के, गिरिजा जग की मात ।
सुपूत उनके भगत हैं, जो भजते दिन-रात ।। 414
सेवक शिव के ऋषि-मुनि, ज्ञानी ध्यानी लोग ।
ब्रह्म शूद्र क्षत्रिय सभी, वणिक वर्ण संजोग ।। 415
शिव शंकर नटराज हैं, अर्धनारी अनूप ।
डमरूधर शिवशंभु का, अष्टमूर्ति स्वरूप ।। 416
कीर्ति तीनों लोक में, भुवन चतुर्दश व्याप्त ।
द्वादश ज्योतिर्लिंग को, पंचानन हैं प्राप्त ।। 417
मलिकार्जुन ओंकार जी, सोमनाथ के नाथ ।
महादेव तुम शिव प्रभो, पशुपति भोलेनाथ! ।। 418

दोहा॰ गजनी आया फिर लिये, सैनिक तीस-हजार ।
हमला अब सौराष्ट्र पर, बिना कतई प्रतिकार ।। 419
सोमनाथ शिव शंभु का, मंदिर श्रीशालीन ।
सागर तट पर था खड़ा, युग-युग से प्राचीन ।। 420
गजनी ने हमला किया, मंदिर पर घमसान ।

37. गजनी का सोलहवाँ हमला, 1024-1025 AD

फोड़ी मूरत शंभु की, शाप दिये भगवान ।। 421
गुंडे पापी म्लेच्छ ने, कीन्ही मूरत भंग ।
लूटा धन वैभव घणा, झिझका ना वह नंग ।। 422
काटे हिंदू अभय जो, खड़े सभी कर जोड़ ।
राक्षस वह तलवार से, आस्था सका न तोड़ ।। 423
देवालय का द्वार भी, ठग ने लिया उतार ।
मढ़ने अपनी कब्र पर, होकर फौत-शिकार ।। 424

 श्री शिवाजी चरित्र दोहावली राग-छंद माला, पुष्प 59

राग : भीमपलासी

सोमनाथ जी

स्थायी

सोमनाथ का पावन धाम, ज्योतिर्लिंग श्री शिव भगवान ।
एकलिंग जी! शुभ दो वरदान, शंकर भोले किरपावान ।।

♪ रेगमपमग रे- गरेगम प-, ध-पम-ग रे- मग मगरे- ।
सारेरेग-रे रे-! गग म- पपम-, ध-पप म-ग- ममग-रे- ।।

अंतरा-1

तुमरा मंदिर स्वर्ग समाना, तुमरी मूरत स्वर्ण ललामा ।
पूजन कीर्तन तुमरे, भोले! भगतन को देता सुखदान ।।

♪ रेरेग- म-मम प-प पध-ध-, निनिध- प-पप म-प मग-रे- ।
प-पप ध-पप धपम, ग-म-! पपपप ध- प-म- गमरे- ।।

अंतरा-2

शिव का मंदिर सर्वसनातन, ऋषि मुनियों ने कीन्हा स्थापन ।
नंदीश्वर! तुम भाते मोहे, सबसे मंगल तुमरा नाम ।।

38. गजनी का सत्रहवाँ हमला, 1027 AD

अंतरा–3

त्रिशूलधारी तुम त्रिपुरारी! डमरूधर तुम जय गंगाधर! ।
विघ्नविनाशक तुमको माना, भव में ऊँचे तुमरे काम ।।

38. गजनी का सत्रहवाँ हमला, 1027 AD
पंजाब

✍दोहा॰ सत्रहवाँ हमला किया, सिंधु नदिया पार ।
रोका जाटों ने उसे, लौटा वह लाचार ।। 425
आया ना फिर हिंद में, मरने तक वह लौट ।
तीन वर्ष में दुष्ट को, आयी आखिर मौत ।। 426

YEAR 1192

39. महाराणा पृथ्वीराज चौहान, 1163-1192 AD

CONTEMPORARY HISTORICAL STAGE
Kingdoms and the Kings.

E. Ganga king of **Kalinganagar** : Rajaraja I (ruled 1171-1192); E. Ganga king of **Kalinganagar** : Aniyank Bhima I (r. 1192-1194); W. Chalukya of **Kalyani** : Someshwara IV (1184-1200); W. Chalukya of **Anhilwara** : Bhima II (1178-1241); Chola king of **Tanjavur** : Kulottunga III (1178-1216); Pandya King of **Madura** : Jatavarma Kulashekhar (1190-1216); Hoysala king of **Halebid and Kannanur** : Vir Ballala II (1173-1220); Kadamba king of **Hangal and Vanavasi** : Kamdeva (1189-1196); Kakatiya king of **Warangal** : Pratap Rudra Deva I (1163-1196);

39. महाराणा पृथ्वीराज चौहान, 1163-1192 AD

Kalachuri king of **Ratnapur** : Prithvideva III (1190-1200); Gutta king of **Guttal** : Vir Vikramaditya II (1187-1236); Ratta king of **Lattatur** : Lakshmi Deva I (1160-1199); Silahara king of **Thane** : Aparaditya I (1185-1203); Silara king of **Karad** : Bhojdeva III (1178-1193); Varma king of **Venad Travankor** : Uday Martand Varma (1175-1195); Yadava king of **Devgiri** : Bhillama (1185-1192); Yadava king of **Devgiri** : Jaitugi (1192-1200); Sena king of **Nadia, Bengal** : Lakshman Sena (1178-1205); Ahom king of **Kamrup, Assam** : Vallabh Deva (1175-1195); Thakuri king of **Kathmandu, Nepal** : Lakshmi Kamadeva (1187-1193); Chudsma king of **Saurashtra** : Mahipala II (1184-1201); Chandella king of **Bundelkhand** : Parmardi Deva (1165-1202); *Chahamana king of <u>**Ajmer and Delhi** : Prithviraj Chauhan (1163-1192, r. 177-1192)</u>; Gahadwala of **Kanauj** : Jaichandra Rathod (1170-1194); Maharawal of **Jaisalmer** : Shaliwahan (1168-1200); Parmar king of **Dhara, Malwa** : Shubhat Varma (1178-1200); Guhila Rana of **Udaipur, Mewad** : Padma Simha (1190-1213); Kachhawaha Raja of **Ambar, Jaipur** : Pujan Deva (1185-1205); Utpala king of **Shrinagar, Kashmir** : Jagdeva (1181-1199); Sumra of **Sindh and Baluchistan** : Duda III (1190-1204).

पृथ्वीराज चौहान की कहानी

दोहा॰ भोली सूरत में छुपे, तक्षक जैसे लोग ।
तिनका सूक्षम भी यथा, देता विष का रोग ।। 427

दोहा॰ सन ग्यारह सौ बानबे, आया संकट घोर ।
किया द्रोह सुलतान ने, नमकहराम अघोर ।। 428

कृतघ्न का करके भला, भयी भयानक भूल ।
लुच्चा नमकहराम वह, दीन्हा भीषण शूल ।। 429

दूरदृष्टि यह ना जिसे, होता उसका नास ।
मुँह के बल औंधा गिरे, और गले में फाँस ।। 430

(अत:)

दरसाने को दिल बड़ा, दया दुष्ट पर व्यर्थ ।
जिसे न यह पल्ले पड़ा, उसके साथ अनर्थ ।। 431

39. महाराणा पृथ्वीराज चौहान,   1163-1192 AD

यही सूत्र है नीति का, रखे सदा जो याद ।
गढ्ढ़े में वह ना गिरे, यह सुनने के बाद ।। 432
कौन भला या है बुरा, कौन संत या दुष्ट ।
पहिचाने जो यह सदा, वही रहे संतुष्ट ।। 433
क्या उसकी औकात है, कैसा उसका वंश ।
क्या उनके गुण-धर्म हैं, कितना सत् का अंश ।। 434
मन में कितना मैल है, किस बदले की प्यास ।
जानो कितनी सभ्यता, फिर उस पर विश्वास ।। 435

(और)

कौन मित्र के योग्य है, कौन बदलता रंग ।
कालकूट किसमें भरा, किसका जाली ढंग ।। 436
खानदान जिसका सड़ा, जानो उसको विघ्न ।
ओछा धोखेबाज़ वो, होगा सदा कृतघ्न ।। 437
कौन साधु या साँप है, कौन है दगाबाज़ ।
जिसके हिरदय पाप है, बिगाड़ देगा काज ।। 438
कौन बला का बीज है, किसमें जरा न लाज ।
धूर्त फरेबी कौन है, इसका हो अंदाज ।। 439
किसकी नीयत है बुरी, कौन नीच हैवान ।
किसके दिल में कीच है, कौन तमस्-गुणवान ।। 440

(और भी)

किसमें कुमति है भरी, किसका करना खंड ।
किसको करनी है क्षमा, किसको देना दंड ।। 441
जो नर बेईमान है, उससे क्या इकरार ।
उसकी झूठी याचना, करो सदा इनकार ।। 442
काँटा छोटा ही सही, होता विष का मूल ।

39. महाराणा पृथ्वीराज चौहान,   1163-1192 AD

उसे छोड़ कर देह में, देगा आगे शूल ।। 443
चिनगारी छोटी भी हो, दावाग्नि की बीज ।
वैरी पर करना दया, आत्मघात की चीज़ ।। 444
एक सड़ी सी प्याज भी, कर देती दुर्गंध ।
एक बूंद भी जहर की, हने कुटुंब सबंध ।। 445
लापरवाही अल्प भी, बने फाँस की डोर ।
गलत समय जो भूल की, फल उसका फिर घोर ।। 446

(तथा ही)

यद्यपि तुम अति शूर हो, बल भी हो भरपूर ।
दुष्मन को ना समझ कर, हो जाओगे चूर ।। 447
नीति नियम को छोड़ कर, अगर किया अविचार ।
जनम-जनम भुगतें सजा, वंशज रिश्तेदार ।। 448
दूषित जिसका खून है, उन पर कर विश्वास ।
आत्मघात का फिर उसी, गले लगेगा फाँस ।। 449

(पृथ्वीराज)

महा प्रतापी वीर था, राणा पृथ्वीराज ।
हुआ न होगा ना हि है, उसके जैसा आज ।। 450
उसने कीन्हा एक ही, नीति-प्रतिकूल काम ।
कृतघ्न को करके क्षमा, मिला घोर अंजाम ।। 451
चिरस्थायी परिणाम से, हुआ अमित नुकसान ।
म्लेच्छों को सत्ता मिली, गये अनगिनत प्राण ।। 452
धनु से निकला तीर जो, वापस लौट न पाय ।
लगा रोग जो देह में, अंग न काटा जाय ।। 453

(और)

दिल्ली अरु अजमेर का, राजा पृथ्वीराज ।

40. घोरी के ग्यारह वे हमले की कहानी (Year 1192)

सर्वश्रेष्ठ भट वीर वो, सर्वस्तुत्य था आज ।। 454
पृथ्वीराज अजमेर का, राजपूत चौहान ।
दिल्ली का वह नृप बना, दत्तक-सुत सम्मान ।। 455
वीरों का वह वीर था, गुण संपन्न सुरेश ।
योद्धा पृथ्वीराज था, अजमेर का महेश ।। 456
बाहुबली वह परम था, महान अश्व सवार ।
इन्द्र समान स्वरूप था, कर उसके तलवार ।। 457
क्षत्रिय श्रेष्ठ पराक्रमी, शूर विक्रमी धीर ।
महाधनुर्धर मारता, आँख मूँद कर तीर ।। 458
कला रसिक उत्कृष्ठ था, प्रेम-रंग रस लिप्त ।
पत्नी प्रिय संयोगिता, अथाह जिससे प्रीत ।। 459
दानी पृथ्वीराज था, दया क्षमा भँडार ।
धर्मवीर शिवभक्त था, याद रखे संसार ।। 460

40. घोरी के ग्यारह वे हमले की कहानी(Year 1192)

(घोरी का ग्यारहवाँ हमला)

दोहा॰ मियास-उद्दीन, घोर का, महा दुष्ट सुलतान ।
बारबार हमला करे, भारत पर घमसान ।। 461

दिल्ली पर उसने किया, हमला दसवीं बार ।
हारा फिर से युद्ध में, कैद हुआ इस बार ।। 462
क्षमा याचना खूब की, दिया झूठ अहसास ।
कीन्हा पृथ्वीराज ने, छद्मी पर विश्वास ।। 463
छोड़ दिया सुलतान को, करके बहु सम्मान ।
दूध पिलाया साँप को, सुहृद सच्चा मान ।। 464

40. घोरी के ग्यारह वे हमले की कहानी (Year 1192)

विनाश की हो जब घड़ी, पापी लगता पूत ।
झूठा लगता सत्य है, मिथ्या लगे सबूत ।। 465
नीति छोड़ कर जो किया, उदारता से काम ।
महा भयानक फिर मिले, उसका दुष्परिणाम ।। 466
हमला तुम पर जो करे, शस्त्र-सैन्य के साथ ।
उसको जीवन दान क्यों, करने आतमघात ।। 467
रण पर आता युद्ध को, लेने तुमरी जान ।
उस पर करनी क्यों दया, शठ को सुहृद मान ।। 468

श्लोक

सुभाषितम्

हत्वाऽवध्यं हि यत्पापं शास्त्रेषु विदितं खलु ।
वध्यं तदेव चाहत्वा पातकं कथितं तथा ।।

दोहा॰ "अवध्य के वध के लिए, शास्त्र कहत जो पाप ।
ना करके वध वध्य का, वही लगत है आप" ।। 469

अफगाणिस्तान में

(घोरी का ग्यारहवाँ हमला, 1192)

दोहा॰ कीन्हा जो अफगान में, करने धर्म प्रसार ।
वह दुहराने हिंद में, आता बारंबार ।। 470
घणी विफलता हिंद में, पाकर भी दस बार ।
घोरी लज्जित ना हुआ, ना माना वह हार ।। 471
हमला ग्यारहवाँ किया, घोरी ने घमसान ।
लेकर सेना आगया, भारत में सुलतान ।। 472
सेवक लाया साथ में, ऐबक कुतुबुद्दीन ।

40. घोरी के ग्यारह वे हमले की कहानी (Year 1192)

घोरी जैसा दुष्ट था, धर्म-प्रसारण लीन ।। 473
आया जब वह हिंद में, साथ मिला जयचंद ।
घर का भेदी, लालची, और बुद्धि का मंद ।। 474
घोरी को दी सूचना, जयचंद ने तत्काल ।
"वन में पृथ्वीराज है, कर दो उस पर चाल" ।। 475
निहार हमला म्लेच्छ का, अकस्मात अनिवार ।
अवाक् पृथ्वीराज था, लड़ने बेतैयार ।। 476
छिड़ी लड़ाई जोर की, लड़ा खूब रणवीर ।
शर से आहत, गिर पड़ा, बदल गयी तकदीर ।। 477
कैद किया सुलतान ने, नमकहरामी जोड़ ।
दीन्हीं पृथ्वीराज की, दोनों आँखें फोड़ ।। 478
घोरी वापस जब गया, संग लिये चौहान ।
ऐबक को दिल्ली मिली, बना नया सुलतान ।। 479
ऐबक ने फिर नगर में, कीन्हे अत्याचार ।
गिरा दिये मंदिर कई, करने खड़ा मिनार ।। 480

(अफगाणिस्तान में)

आये जब वे घोर में, घोरी में था जोश ।
आयी जनता महल में, जय! जय! करती घोष ।। 481
भरा प्रदर्शन घोर में, घोरी को आनंद ।
बंदी पृथ्वीराज था, सँग बरदाई चंद ।। 482
उच्च मंच पर था खड़ा, घोरी का सुलतान ।
प्रजा खड़ी थी देखने, तिरंदाज तूफान ।। 483
खड़े मंच के सामने, अन्धे पृथ्वीराज ।
सँग बरदाई चंद भी, बाज रहे थे साज ।। 484
करके पृथ्वीराज को, गुप्त-भाष संकेत ।

40. घोरी के ग्यारह वे हमले की कहानी (Year 1192)

बरदाई ने दे दिया, उसे ठीक संदेश ।। 485
"चतुर्-बाँस, चौबीस गज, उँगल-अष्ट प्रमाण ।
वहाँ खड़ा सुलतान है, चुकियो मत चौहान" ।। 486
छोड़ा पृथ्वीराज ने, उसी लक्ष्य पर बाण ।
लगा बाण सुलतान को, छोड़े उसने प्राण ।। 487

 श्री शिवाजी चरित्र दोहावली राग-छंद माला, पुष्प 60

घोरी

स्थायी

जैसा गजनी, तैसा घोरी, वारंवार करी तो हमला ।
मिलाले त्याला जीवन दान ।।

♪ सारेग- ममम-, -म-गरेनि- सा-सा, गगम- प-म- ग- रे-ग- ।

अंतरा-1

ह्या सापाला दूध पाजुनी, झाला घातक मस्त माजुनी ।
जयाला नाही मुली ईमान ।। मिलाले ...

♪ ग-ग- म-म- ग-म प-मग-, म-म-प- पप धनिसां नि-धप- ।
गगगम-, प-म-ग- रेनिसा- ।।

अंतरा-2

जात शत्रु ची घ्यावी जाणुनी, कपट तयाचे पाडा हाणुनी ।
अन्यथा घाली तो थैमान ।। मिलाले ...

अंतरा-3

तीच तीच ना चूक करावी, दुष्ट शत्रूला सूट न द्यावी ।
फिरुनी तो घेइल तुमचे प्राण ।। मिलाले ...

अंतरा-4

41. सुलतानों का दखखन पर प्रथम आक्रमण, 1294 AD

पृथ्वीराजने भूल करोनी, सुलतानाला दिले सोडुनी ।
मग बघा, झाला तो बेईमान ।। मिलाले ...

YEAR 1294

CONTEMPORARY HISTORICAL STAGE
Kingdoms and the Kings.

E. Ganga king of **Kalinganagar** : Narasimha II (ruled 1279-1306); Pandya King of **Madura** : Kulashekhar (1268-1310); Hoysala king of **Halebid** : Ballala III (1291-1342); Kakatiya Queen of **Warangal** : Rudramba Devi (1262-1295); *Yadava king of **Devgiri** : Ramachandra (1271-1311); Waghela king of **Anhilwara** : Sarang Dev (1275-1297); Somavamsi King of **Orissa** : Narasimha II (1279-1306); Ahom king of **Kamrup, Assam** : Sukhan Gupta (1293-1332); Balban Governor of **Bengal** : Rukn-ud-din Kai-kumas Balbani (1291-1298); Karnataka king of **Tirhut** : Harisimha Deva (1280-1325); Malla king of **Kathmandu, Nepal** : Anantmalla (1274-1310); Chandella king of **Bundelkhand** : Hammira Varma (1289-1315); Maharawal of **Jaisalmer** : Mularaja (1293-1306); Parmar king of **Dhara, Malwa** : Bhoj I (1285-1300); Turkish Sultan of **Delhi :** *Jalal-ud-din Khilji (1290-1296); Utpala king of **Shrinagar, Kashmir** : Simha Deva (1286-1301); Chudsma king of **Saurashtra** : Mandlik I (1260-1306); Jhadeja Raja of **Kachchh** : Jam Mada (1270-1295); Sumra of **Sindh and Baluchistan** : Duda IV (1279-1304); + Death of Swami Ramanand (1299-1410).

41. सुलतानों का दख्खन पर प्रथम आक्रमण, 1294 AD

(पुराने वंशं)

देवगिरि, १२९४

✍दोहा॰ बारह–सौ चोरानबे, स्मरणीय निश्शंक ।
दक्षिण के इतिहास में, यवनों का आतंक ।। 488

42. महारानी पद्मिनी की कहानी, 1303 AD

हमला खिलजी ने किया, अवाक् दक्षिण देश ।
लड़ने यादव आगया, रामचंद्र नरेश ।। 489
रामदेव ने हार कर, मान लिया अनुबंध ।
यवनों का महाराष्ट्र से, हुआ प्रथम संबंध ।। 490
बोया बीज अधर्म का, फल जिसका अति घोर ।
बढ़ी जड़ें जिसकी घनीं, फैलीं चारों ओर ।। 491

YEAR 1303

42. महारानी पद्मिनी की कहानी, 1303 AD

श्लोक

पत्नीवत्परदारा च येभ्यः कन्याः स्वसाः पराः ।
आगता यवनाः पापा भ्रष्टं कर्तुं नु भारतम् ।।

दोहा॰ सन तेरह–सौ–तीन की, निंदनीय है बात ।
दिल्ली के सुलतान की, निर्घृण जिसकी जात ।। 492
चौदहवाँ सुलतान वो, नाम अलाउद्दीन ।
खिलजी शठ अश्लील वो, बर्बर लज्जाहीन ।। 493
सुनी खबर उसने जभी, "चितौड़ नृप की दार ।
मन मोहक है पद्मिनी, विश्व सुंदरी नार" ।। 494
हवास उसका जग पड़ा, लाने उसको छीन ।
बुरी नज़र पर–दार पर, विचार उसका हीन ।। 495

42. महारानी पद्मिनी की कहानी, 1303 AD

पाजी लंपट दुष्ट वो, कपटी काला साँप ।
कूटकूट मन में भरा, कालकूट सा पाप ।। 496
हँसनिया पर वह मरा, कपटी काला काग ।
राजपूत की स्त्री मिले, उसके मन में आग ।। 497

(तभी)

खिलजी ने हमला किया, चितौड़ पर घमसान ।
राजपूत लड़ने लगे, वीर जिन्हें अभिधान ।। 498
कट कर धरती पर गिरे, मगर न माने हार ।
स्त्रीयाँ कूदी आग में, करने को जौहार ।। 499
जल कर सारी मर गयीं, मगर न आयीं हाथ ।
स्वर्ग गयीं वीरांगना, दिया शरण जगनाथ ।। 500
खिलजी लौटा हार कर, बुझ ना पायी प्यास ।
मर कर जीते वीर वे, उज्ज्वल वह इतिहास ।। 501

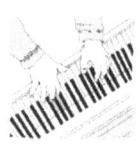

श्री शिवाजी चरित्र दोहावली राग-छंद माला, पुष्प 61

(राणी पदमावती)

स्थायी

राजस्थान की पावन देवी, रानी पद्मावती ।
वो तो, नारी जगत महान थी ।
जिसे, सानी कोई न थी ।।

♪ सां-रेंसांसां-सां ध सां-रेंसां सां-सांनि, निरेंसांनि, धपगमपनि- - - - ।
ध प, म-म- ममप मनिप-म ग- - - - ।
सासा, ध-ध-प धपनिध पम- - - - - - ।।

अंतरा-1

जग मे. सुंदर, नारी अनुपम, नैतिक उसकी बुद्धि ।

43. दक्षिण में यवनों का प्रसार, 1307 AD

धर्मचारिणी वह तो नारी, सीता जैसी सती ।। जिसे ...

♫ धध ध- ध-धध, ध-ध- निनिनिप, **पनिपम गगपम म– – – म– – –** ।

सां-रें सां-सांसांध सांसां रेंसां सां-सांनि, निरेंसांनि धपगम पनि- – – – ।। धप...

अंतरा–2

पतिव्रता वह, नीति निपुण थी, राजस्थान की शान थी ।

लक्ष्मी का अवतार धरा पर, मेवाड़ की जान थी ।। जिसे ...

YEAR 1307

43. दक्षिण में यवनों का प्रसार, 1307 AD

(वरंगल 1307)

✍दोहा॰ **सन तेरह–सौ–सात में, हुई देवगिरि नष्ट ।**
दिल्ली के सुलतान ने, किया राज्य वह भ्रष्ट ।। 502
वजीर उस सुलतान का, मलीक–कफूर नाम ।
करता धर्म–प्रसार का, उत्सुकता से काम ।। 503
सेना भेजी मलिक ने, म्लेच्छों की घमसान ।
काकतीय के राज्य का, किया बहुत नुकसान ।। 504
राजा प्रतापरुद्र ने, दिया वरंगल देश ।
समझौते के रूप में, खिलजी बना नरेश ।। 505
दक्षिण में सुलतान का, खुला होगया हाथ ।
धर्म–प्रसारण के लिये, बहुत जोश के साथ ।। 506

44. दक्षिण में यवनों का विस्तार, 1347 AD

YEAR 1347

44. दक्षिण में यवनों का विस्तार, 1347 AD

(गुलबर्गा 1347–1527)

दोहा॰ सन तेरह–सौ–बीस में, खिलजी कुल का अंत ।
तुघलक जो राजा बने, दक्षिण में न पसंद ।। 507
फिर सन सन्तालीस में, हुआ नया फरमान ।
हसन गांगू ने पद लिया, "बहामनी सुलतान" ।। 508
स्वतंत्र दिल्ली से हुआ, उनसे नाता तोड़ ।
गुलबर्गा में जा बसा, देवगिरि को छोड़ ।। 509
आगे के दस साल में, बढ़ा बहामनी राज ।
प्रांत चार उसके हुए, तब था यथा समाज ।। 510
गुलबर्गा बीदर तथा, दौलताबाद बरार ।
प्रशासकीय विभाग थे, बहामनी के चार ।। 511

45. दक्षिण में यवनों के व्यवहार, 1490 AD

YEAR 1490

45. दक्षिण में यवनों के व्यवहार, 1490 AD

बिजापुर–बीदर–अचलपूर–अहमदनगर 1490

(बिजापुर, 1490)

दोहा॰ सन चौदह–सौ–नब्बे चढ़ा । नये जोश के संग ।
बहामनी शासन हुआ, चार राज्य में भंग ।। 512
युसूफ आदिला खान ने, कहा अलग मैं आज ।
स्थान बिजापुर है मेरा, करूँ वहाँ से राज ।। 513
आदिल शाही वंश यह, चारों में दृढ़ हाल ।
शासन इसका दीर्घ था, लगभग दो–सौ साल ।। 514

(बीदर 1490)

दोहा॰ वजीर आदिल शाह का, कासिम बारिद खान ।
स्वतंत्र वह भी हो गया, बीदर उसका स्थान ।। 515

(अचलपुर 1490)

दोहा॰ फतहउल्ला इमादने, किया वही फिर काम ।
अचलपुर में आ बसा, बरार में जो ग्राम ।। 516
सेना उसने की खड़ी, करने को प्रतिकार ।
बरार का सुलतान यह, लड़ने हुआ तयार ।। 517
इमाद शाही वंश यह, टिका चौरासी साल ।
चारों कुल में स्वल्प था, इसका शासन काल ।। 518

Kingdoms and Kings at 1526 AD

(अहमदनगर, 1490)

दोहा॰ बगावती फिर होगया, अहमद मलिक निजाम ।
अहमदशाही वंश का, "निजाम-शाही नाम" ।। 519

(गोवलकोंडा. 1512)

दोहा॰ सन पन्द्रह-सौ-बारह में, कुतुब खान को दंभ ।
गोलकोंडा स्वतंत्र का, नया राज्य आरंभ ।। 520
कुतुब खान का वंश यह, कुतुब-शाह के नाम ।
बहामनी से टूट कर, हुआ अलग सुलतान ।। 521

YEAR 1526

Kingdoms and Kings at 1526 AD

CONTEMPORARY HISTORICAL STAGE

Kingdoms and the Kings.

Nayak Ruler of **Madura** : Kattyama Kamayya (1524-1526); Nayak Ruler of **Madura** : Chinnappa (1526-1530); Nayak Ruler of **Ikkeri** : Sadashiva Rao (1513-1536); Chera King of **Kerla** : Vir Uday Martand Varma (1516-1535); Raja of **Kochin** : Uni Rama Koil II (1503-1537); Tuluv king of **Vijayanagar** : Krishna Dev Raya (1509-1529); Nizam Shahi Sultan of **Ahmadnagar** : Burhan Shah I (1509-1553); Imad Shahi Sultan of **Brar** : Ala-ud-din Imad Shah (1504-1529); Barid Shahi Sultan of **Bidar** : Amir Barid Shah I (1504-1538); Adil Shahi Sultan of **Bijapur** : Ismail Khan (1510-1534); Qutb Shahi Sultan of **Golkonda** : Quli Qutub Shah (1518-1543); Bahmani Sultan of **Gulbarga** : Waliullah Shah (1523-1526); Bahmani Sultan of **Gulbarga** : Kalimallah Shah (1526-1527); Faruqi Sultan of **Khandesh** : Miran Muh. I (1520-1537); Wodiyar Raja of **Mysore** : Chama Raja III (1513-1553); Gajapati King of **Orissa** : Prataprudra (1497-1540); Ahom king of **Kamrup, Assam** : Dhinga Raja (1497-1539);

46. पानीपत की पहली लड़ाई, 1526 AD

Sultan of **Bengal** : Nasir-ud-din Nusrat Shah (1519-1532); Malla king of **Kathmandu, Nepal** : Suryamalla (1520-1530); Khilji Sultan **Malwa** : Muh. Shah II (1520-1537); Chauhan king of **Bundi** : Surajmal (1520-1531); Maharawal of **Jaisalmer** : Jait Simha II (1516-1532); Sisodiya Maharana of **Mewad, Udaipur** : Sangram Simha (1509-1528); Guhila Rana of **Mewad, Jodhpur** : Ganga Simha (1515-1532); *Lodi Sultan of **Delhi :** Afghani Sultan Ibrahim Khan Lodi (1517-1526); Swati Sultan of **Kashmir** : Ibrahim I (1526-1527); Shahmiri Sultan of **Kashmir** : Mahmud Shah IV (1520-1527); Muzaffarid Sultan of **Gujrat** : Bahadur Shah (1526-1537); Langah Ruler of **Sindh** : Husain II (1524-1526); Arghun Ruler of **Qandhar** : Mirza Husain (1524-1556); First Portuguese Fort at **Tirumumpara** (1503) and at **Kollam** (1519); 6th Portugese Governor of **Goa** : Dom Philippe Mascarenhas (r. 1524-1526); 7th Portugese Governor of **Goa** : Lope Vaz de Sampaya (r. 1527-1529); + Death of Kabir (1440-1518); Death of 1st. Sikh Guru Shri Nanak Dev (1469-1539).

46. पानीपत की पहली लड़ाई, 1526 AD

बाबर – इब्राहीम लोदी, 1526

(मुगल बाबर)

दोहा॰ तीन युद्ध इतिहास में, "पानीपत" के नाम ।
हुए बहुत विशेष हैं, घोर जिन्हें परिणाम ।। 522
"लोदी–बाबर" नाम से, पहिला जाना जाय ।
"हीमू–अकबर" दूसरा, मुगल राज्य बनवाय ।। 523
लड़े "दुराणी–पेशवे," तीजा युद्ध कहाय ।
कटे मराठे युद्ध में, महाराष्ट्र पछताय ।। 524

(युद्ध)

पन्द्रह–सौ–छब्बीस में, पानीपत का युद्ध ।
दो अफगानों मे हुआ, लोदी–मुगल विरुद्ध ।। 525
दिल्ली में सुलतान था, लोदी इब्राहीम ।
काबुल से बाबर चला, लिये धैर्य निस्सीम ।। 526

47. महावीर महाराणा संग्राम सिंह की कहानी, 1527 AD

पानीपत में रण हुआ, युद्ध हुआ घमसान ।
लोदी जब मारा गया, मुगल बना सुलतान ।। 527

YEAR 1527

47. महावीर महाराणा संग्राम सिंह की कहानी, 1527 AD

(व्यक्तित्व)

दोहा॰ महाराज मेवाड का, योद्धा राणा संग ।
धुरंधरों में धीर था, रणवीरों में सिंह ।। 528
महाप्रतापी ख्यात था, सिसोदिया का वंश ।
अनन्य भट निष्णात था, राजपूत शिव अंश ।। 529
निशान जिसके देह पर, सिर से लेकर पाँव ।
लगे विविध विध शस्त्र के, रण में अस्सी घाव ।। 530
देशभक्त उस वीर के, सदा जयश्री साथ ।
फूटा लोचन एक था, एक टाँग अरु हाथ ।। 531
समितिंजय इस वीर ने, कभी न पायी हार ।
लोदी सम सुलतान को, दीन्हीं इसने मार ।। 532
जीते इसने रण सभी, खातोली, गुजरात ।
इदार, अहमदनगर भी, विराम–बिन दिन रात ।। 533

(और)

बिजली सम चंचल बड़ा, अश्व–सवार अनूप ।
अचल शैल सम दृढ़ खड़ा, चितौड़गढ़ का भूप ।। 534

47. महावीर महाराणा संग्राम सिंह की कहानी, 1527 AD

अतुल मनोबल धैर्य का, प्रबल भुजा का वीर ।
उदार हिरदय कर्ण सा, गहरा सागर नीर ।। 535
उसकी सेना पर उसे, अटल सदा विश्वास ।
किसी समस्या घोर से, हुआ कभी न उदास ।। 536
राज्य सुरक्षा ही उसे, सबसे बढ़ कर काम ।
लीन प्रजा उसकी सदा, देश प्रेम के नाम ।। 537
मतृभूमि का भक्त वो, सदय प्रजा का पाल ।
वीर पूर्वजों का करे, आदर समग्र काल ।। 538

(और भी)

धीरज का वह मेरु था, वदन तेज मार्तंड ।
नस–नस में बहती सदा, सरिता–स्फूर्ति अखंड ।। 539
कीर्ति गान इस सिंह के, गाते वीर अनंत ।
घर–घर में स्तुति संग की, जिसे न कोई अंत ।। 540
महा विक्रमी संग था, बाप्पा रावल रूप ।
वही उसे आदर्श था, राणा सूर्य स्वरूप ।। 541
घोड़ा उसका शुभ्र था, धौला सफेद रंग ।
विद्युत गति से दौड़ता, सवार राणा संग ।। 542
ऊँचा तगढ़ा अश्व वो, चिकना उसका अंग ।
चलता सुंदर चाल से, शानदार सा ढंग ।। 543

(तथा ही)

रानी राणा संग की, करुणावति प्रख्यात ।
रूपमती लावण्य थी, सरस्वती साक्षात ।। 544
माता वह चितौड़ की, राजनीति विद्वान ।
देवी वह मेवाड़ की, राणा जी की शान ।। 545
घोड़ा उसका दौड़ता, वायु वेग, सह जोश ।

48. खानवा की लड़ाई, 1527 AD

वैरी डरते संग से, निहार उसका रोष ।। 546

48. खानवा की लड़ाई, 1527 AD

दोहा॰ फिर सन सत्ताईस में, आया संकट घोर ।
राजपूत-इतिहास में, आये मुगल अघोर ।। 547
लोदी दिल्ली के लड़े, हुए पूर्ण बरबाद ।
आया बाबर तख्त पर, मुगल हुए आबाद ।। 548
मुगलों ने मेवाड पर, तानी जब थी तोप ।
तुरंत राणा संग ने, उनको दीन्हा रोक ।। 549
युद्ध भूमि थी खानवा, करने को संग्राम ।
चार और नृप आगये, मातृ भूमि के नाम ।। 550
अंबर, चंदेरी तथा, बुंदीगढ़, अजमेर ।
राजस्थानी सैन्य ने, रण लीन्हा तब घेर ।। 551
राजपूत तलवार से, लड़े खूब रणवीर ।
मुगल तोप बंदूक से, किये वार गंभीर ।। 552
हुआ युद्ध घमसान था, बारुद की बौछार ।
गोले तोपों से गिरे, रण पर हाहाकार ।। 553
साथी राणा के डरे, छोड़ दिया संग्राम ।
राणा लड़ता रह गया, बिना किये विश्राम ।। 554
काटाकाटी फिर हुई, गिरे धनाधन वीर ।
युद्ध विसर्जित होगया, राणा बचा सुधीर ।। 555
राणा आहत था हुआ, गया राज्य से दूर ।
करने को सेना नयी, रणवीरों की शूर ।। 556
मगर देह वह तज गया, कुछ ही वर्षों बाद ।
इतिहास इस महान को, रखे हमेशा याद ।। 557

48. खानवा की लड़ाई, 1527 AD

दिल्ली में अब होगया, बाबर[16] का अधिकार ।
बचा न कोई सूरमा, करने को प्रतिकार ।। 558

श्री शिवाजी चरित्र दोहावली राग-छंद माला, पुष्प 62

राग : यमन कल्याण, छंद : भुजंगप्रयात

(राणा संग)

स्थायी

महावीर मेरा, महा संग राणा ।

♫ नि़रे-ग-मं प-प-, धप- मं-ग रे-सा- ।

अंतरा-1

किसी शस्त्र से ना, गिरा सूरमा ये,
किसी दुक्ख से ना, दुखा आतमा ये । खुशी से इसी के, स्तुति गीत गाना ।।

♫ नि़मं- ग-मं ग- मं-, पमं- ग-रेग- मं-,
पमं- ग-रे ग- मं-, ग-रेसा- सा- । सारे- ग- मंग- मं-, धप- मं-ग रे-सा- ।।

अंतरा-2

इसे देह पर घाव अस्सी हुए थे ।
अगर पाँव, कर, आँख आहत भए थे । तभी जंग में जीतता ये शहाणा ।।

अंतरा-3

इसे धर्मवीरों का है वीर माना ।
इसे कर्मवीरों का भी वीर माना । महा शूर योद्धा यही एक जाना ।।

---

[16] **बाबर :** Babar became the founder of the Mughal Dynasty (r. 1526-1858, 332 yrs). The 40th Sultan of Delhi, he quickly extended his sway up to Ayodhya, where he demolished Shri Rama Temple to build "Babri-Masjid" over it.

48. खानवा की लड़ाई, 1527 AD

YEAR 1556

CONTEMPORARY HISTORICAL STAGE
Kingdoms and the Kings.

Nayak of **Madura** : Vishvanath Nayak (1529-1564); Nayak of **Ikkeri** : Dodda Sakanna (1536-1570); Nayak of **Tanjavur** : Shivappa (1549-1572); Raja of **Vennad, Kerla** : Ramavarma I (1545-1556); Raja of **Kochin** : Vira Keral Varma I (1537-1565); Ali Raja of **Cannanore** : Ali Adil I (1545-1591); Tuluv king of **Vijayanagar** : Sadashiva Raya (1542-1570); Aravidu King of **Vijayanagar** : Rama Raya (1542-1565); Nizam Shahi Sultan of **Ahmadnagar** : Husain Shah I (1553-1565); Imad Shahi Sultan of **Brar** : Darya Imad (1529-1560); Barid Shahi Sultan of **Bidar** : Ali Barid (1538-1582); Adil Shahi Sultan of **Bijapur** : Ibrahim I (1535-1557); Qutb Shahi Sultan of **Golkonda** : Ibrahim (1550-1581); *<u>End of Bahamani Kingdom</u> at **Gulberga** (1347-1538); Faruqi Sultan of **Khandesh** : Miran Mubarak Shah II (1537-1566); Wodiyar Raja of **Mysore** : Timma Raja II (1553-1572); Rani of **Charuagadh, Gondwana** : Durgavati (1545-1564); Bhoi King of **Orissa** : Raghunath Jena (1556-1559); Ahom king of **Kamrup, Assam** : Khora Chapha Shukhan (1553-1603); Sultan of **Bengal** : Bahadur Shah Khizar Khan Sur (1554-1560); Malla king of **Kathmandu, Nepal** : Narendra Malla (1538-1560); Khilji Sultan **Malwa and Gujrat** : Ahmad Shah II (1553-1561); Sultan of **Mandu** : Baz Bahadur (1556-1562); Chauhan king of **Bundi** : Surjansimha (1554-1585); Bhati Rawal of **Jaisalmer** : Malladeva (1550-1561); Sisodiya Rana of **Mewad, Udaipur** : Udaysimha II (1537-1572); Rathod Rana of **Mewad, Jodhpur** : Malladeva (1532-1584); Rathod Rana of **Marwad**, **Bikaner** : Kalyan Simha (1542-1571); Kachhawaha Rana of **Ambar-Jaipur** : Bharmalla (1547-1559); *Mughal Sultan of **Delhi** : Nasir-ud-din Humayun, 2nd term (1555-1556); Swati Sultan of **Kashmir** : Ismail (1555-1557); Chak Sultan of **Kashmir** : Habib Shah (1556-1561); Muzaffarid Sultan of **Gujrat** : Ahmad Shah II (1554-1561); Jadeha Rao of **Kachchha** : Khengar I (1548-1585); Langah Ruler of **Sindh** : Husain II (1524-1526); Arghun Ruler of **Qandhar** : Mirza Husain (1524-1556); 19th Portugese Governor of **Goa** : Francisco Baretto (1555-1558); + 1st Christian Missionary Francis Xavier (1506-1552) in Goa (1542-1545); Death of Meerabai (1450-1547); Death of Surdas (1479-1586).

49. पानीपत की दूसरी लड़ाई, 1556 AD

49. पानीपत की दूसरी लड़ाई 1556 AD

महाराजा विक्रमादित्य हीमू – अकबर 1556

✍दोहा० शाह सिकंदर सूर के, हीमू सचिव महान ।
दिल्ली के राजा बने, शिकस्त कर सुलतान ।। 559
हीमू ब्राह्मण वीर थे, प्रखर तेज आदित्य ।
दिल्ली के राजा बने, नाम विक्रमादित्य ।। 560
सन पन्द्रह छप्पन्न में, आया फिर तूफान ।
पानीपत में रण हुआ, "युद्ध-दूसरा नाम" ।। 561
सुन दिल्ली की क्रांति को, काबुल का सुलतान ।
अकबर भारत आगया, करने काम तमाम ।। 562
पानीपत में जब रुका, अफगानी सुलतान ।
हीमू लड़ने चल पड़ा, लेकर सब सामान ।। 563
हीमू-अकबर का हुआ, घमासान जब युद्ध ।
हीमू आहत होगया, और हुआ बेशुद्ध ।। 564
हीमू जब पकड़ा गया, उस अकबर के हाथ ।
सिर उसका उड़वादिया, कुत्सितता के साथ ।। 565
हुमायून[17] फिर से बना, दिल्ली का सुलतान ।
उसी साल वह मारा गया, अकबर पाया स्थान ।। 566
अकबर नव सुलतान का, शुरू वही फिर काम ।
मुगल राज्य को लादना, जिसे लगा न लगाम ।। 567

---

[17] **हुमायून :** Humayun (1508-1556), the 41th Sultan of Delhi (r. 1530-1540) was overthrown by Farid-ud-din Sher Shah Sur (1486-1545, r. 1540-1545), the 42nd Sultan. On Akbar's victory at Panipat (1556) he became Sultan of Delhi 2nd time. He was soon murdered or died the same year.

50. तालीकोट की लड़ाई, निजयनगर का अंत, 1565 AD

YEAR 1565

50. तालीकोट की लड़ाई, निजयनगर का अंत, 1565 AD

दोहा॰ पन्द्रह–सौ–पैंसठ चढ़ा, अवलक्षण के साथ ।
विजयनगर–ऐश्वर्य का, ले आया अधपात ।। 568
जुटे पाँच, षडयंत्र में, दक्षिण के सुलतान ।
हिंदुराष्ट्र–संपन्न को, करने नष्ट तमाम ।। 569
विजयनगर का राष्ट्र ये, पृथ्वी पर था स्वर्ग ।
वैभवशाली सधन था, अमन शांति परिपूर्ण ।। 570
रामदेव जब राज्य से, गए हुए थे दूर ।
सुलतानों को मिल गया, मौका तब भरपूर ।। 571
कीन्हा हमला पाँच ने, समझौता दुतकार ।
मिला विजय षडयंत्र को, रामदेव को मार ।। 572
सुलतानों ने फिर किया, जनपद जन संहार ।
भीषण कत्लेआम को, हुआ नहीं प्रतिकार ।। 573
तालिकोट का युद्ध यह, हारा हिंदु–समाज ।
दक्षिण में अब दृढ़ हुआ, सुलतानों का राज ।। 574

51. महावीर महाराणा प्रताप सिंह की कहानी, 1576 AD

YEAR 1576

51. महावीर महाराणा प्रताप सिंह की कहानी, 1576 AD

 श्री शिवाजी चरित्र दोहावली राग-छंद माला, पुष्प 63

राग बिलावल, तीन ताल 16 मात्रा

(शंकर भोले!)

स्थायी

गौरी शंकर नटवर भोले! डम डम डम डम डमरू बोले ।

♪ सां-धप मगमरे गमपग मरेसा-, साग मरे गप निनि सांसांरेंसां निधप- ।

अंतरा-1

गंगा बहती काली जटा से, नाग गले में तुमरे डोले ।

♪ प-प- धधनि- सां-सां सांरेंसां, सांगंमं गंरेंसांधप गमपग मरेसा- ।

अंतरा-2

तांडव नाचत प्रलय कराने, नैन तीसरे तुमने खोले ।

अंतरा-3

त्रिशूलधारी! की मरजी से, कभी शोले कभी पड़ते ओले ।

52. हल्दीघाटी की लड़ाई, 1576 AD

उदयपुर का राणाप्रताप सिंह, 1576[18]

52. हल्दीघाटी की लड़ाई, 1576 AD

(राणा प्रताप सिंह, 1576)

✍दोहा॰ राणा प्रताप सिंह था, वीरों में आदर्श ।
गौरव उसकी कीर्ति का, नभ को करता स्पर्श ।। 575
उदयपूर का वीर वो, रुद्ररूप बजरंग ।
सिसोदिया के वंश का, दादा राणा संग ।। 576
राणा वर मेवाड़ का, महामना रण वीर ।
महा प्रतापी बाँकुरा, राजपूत रण धीर ।। 577
रक्षक हिंदू धर्म का, तन मन धन के साथ ।
महावीर नरश्रेष्ठ था, राजपुताना नाथ ।। 578
म्लेच्छ आक्रमक धूर्त का, किया प्रखर विरोध ।
लड़ा प्राण के अंत तक, लेने को प्रतिशोध ।। 579
बाहुबली यह वीर था, तेजस्वी आकार ।
अटल उसे विश्वास था, योद्धा था दमदार ।। 580
सुदृढ सुगठित गात्र थे, माथा भाल विशाल ।
कर में भाला लोह का, शिरस्त्राण असि ढाल ।। 581
उसकी स्फूर्ति अखंड थी, मातृभूमि से प्यार ।
गाता गाने जग सभी, प्रताप के सुखकार ।। 582

(हल्दीघाटी की लड़ाई)

---

[18] **राणा प्रताप :** Maharana Pratap Simha (1540-1597, r. 1572-1597) of Udaypur, was the grandson of great Maharana Sangram Simha (r. 1509-1527) of Chittod, Mewad, Rajasthan.

52. हल्दीघाटी की लड़ाई, 1576 AD

पन्द्रह-सौ-छिहत्तर में, दिल्ली के सुलतान ।
अकबर ने हमला किया, राणा पर घमसान ।। 583
अपार सेना मुगल की, करत घोर उत्पात ।
हाथी घोड़ों से सजी, बंदूक तोप तैनात ।। 584
राज्य-राज्य को जीतती, मार-काट घनघोर ।
जन गण के सिर फोड़ती, चली, संपदा चोर ।। 585
मंदिर-मूरत फोड़ती, भ्रष्ट करत सत् लोग ।
स्त्री-लज्जा को लूटती, विषय वासना भोग ।। 586
आये मुगल मेवाड़ में, करने कलुषित भ्रष्ट ।
सुषमा राजस्थान की, बल से करने नष्ट ।। 587
एक लाख से अधिक थे, मुगल सिपाही दुष्ट ।
अंधे पागल धरम के, नृशंसता-संतुष्ट ।। 588

(इधर से)

राजपूत भी चल पड़े, करने दो-दो हाथ ।
सेना नायक शूर जो, प्रताप उनके साथ ।। 589
हल्दी घाटी में हुआ, दो सेना संघर्ष ।
दस हजार परताप के, बीरों के मन हर्ष ।। 590
काट-छाट भारी हुई, भीषण नर संहार ।
मुगल धनाधन गिर पड़े, कटे पचास-हजार ।। 591
अकबर का हाथी खड़ा, दिखा सैन्य के बीच ।
राणा दौड़ा उस तरफ, हय की लगाम खींच ।। 592
खड़े आमने-सामने, दो राजा उस वक्त ।
नृत, अनृत के सामने, खड़ा धैर्य से युक्त ।। 593

(तब)

एक-टकी से देख कर, राणा ने सुलतान ।

52. हल्दीघाटी की लड़ाई, 1576 AD

भाला ताना फेंकने, लेने उसकी जान ।। 594
प्रचंड लख कर कुन्त वो, डरा मुगल सुलतान ।
झुका बचाने प्राण को, माँगा जीवन दान ।। 595
राणा भी दिल का बड़ा, धैर्य वीर महान ।
रोका भाला, देख कर, शरणागत सुलतान ।। 596
अकबर की वह याचना, नम्र, किये स्वीकार ।
लौटा राणा समर से, चेतक अश्व सवार ।। 597
नीति युद्ध के नियम का, कहा कृष्ण ने सार ।
डरे थके निःशस्त्र पर, करे न योद्धा वार ।। 598
जिने झुकाया शीश है, माँगे शरण तिहार ।
राजा हो या रंक हो, उस पर ना हो वार ।। 599
शरणागत पर कर दया, निकला वह रण छोड़ ।
उसने माँगी जब क्षमा, दोनों कर को जोड़ ।। 600
क्षात्र धर्म संग्राम में, मिली तुझी को जीत ।
गायेंगे हम भारती, तेरे यश के गीत ।। 601

श्लोक

नीतिबद्धा वयं सर्वे मर्तुं मारयितुं तथा ।
एषा नीतिः सतो धर्मः क्षात्रस्य क्षात्रकर्म च ।।
(नीतियुद्धस्य नियमाः)

नीतिसूत्राणि श्रीकृष्णः सकलान्स्पष्टमब्रवीत् ।
उवाच नियमानेतान्-पालयन्तु हि सैनिकाः ।।

आहतं शरणाधीनं न कोऽपि सैनिकस्तुदेत् ।
भग्नं स्यादायुधं यस्य योद्धव्यो न स सैनिकः ।।

52. हल्दीघाटी की लड़ाई, 1576 AD

न च पलायिनो हत्या न घातो रणत्यागिनः ।
मृतदेहतिरस्कारो विखण्डनं च पातकम् ।।

धर्मक्षेत्रे समं सर्वं लाभालाभौ जयाजयौ ।
एवमाज्ञाऽस्ति शास्त्राणां पालयेयुर्दृढं भटाः ।।

✍दोहा॰ धर्मक्षेत्र पर सम सभी, लाभ-हानि जय हार ।
आज्ञा है यह शास्त्र की, नीति-युद्ध का सार ।। 602
नियम नीति के कृष्ण ने, बोले सभी विशाल ।
और कहा, सब सैनिकों! पालन हो हर काल ।। 603
जिसका छूटा अस्त्र हो, या टूटी तलवार ।
जो आहत या शरण हो, उस पर करो न वार ।। 604
जो आया हो शरण में, या नहिं लगता ढीठ ।
उस भट पर ना वार हो, जो दिखलावे पीठ ।। 605
इसी नीति के युद्ध को, कहा धर्म का युद्ध ।
जीना मरना सम जहाँ, समबुद्धि है शुद्ध ।। 606

52. हल्दीघाटी की लड़ाई, 1576 AD

शिवलीलामृत

श्री शिवाजी चरित्र दोहावली

छत्रपति श्री शिवाजी महाराज की अद्भुत लीलाओं की
संगीत मय हिन्दी कविता

Map Designed by
Ratnakar Narale
For Books India
24°
20°
16°
12°
8
68°
72°
76°
80°
Dabhol
Narmada River
Asitgad
Gavilgad
Elichpur
Surat
Tapi River
Burhanpur
Nagpur
Salher
Tarnala
Daulatabad
Nasik
Sivneri
Ahmadnagar
Junnar
Kara
Chakan
Godavari River
Lohgad
Warangal
Torna
Pune
Simhagad
Belsar
Bidar
Janjira
Raigad
Purandar
Parenda
Golkonda
Solapur
Pratapgad
Gulberga
Satara
Bhima River
Sindhudurg
Bijapur
Vishalgad
Panhala
Krishna River
Fonda
Vijaynagar
Ankola
Bankapur
Bangaluru
Tungbhadra River
Jinji
Tiruchirapalli
Thanjavur
Maratha Struggle for Freedom
1630-1680 AD

53. शहाजी राजे भोसले की कहानी, 1629-1630 AD

YEAR 1629

राजे शिवाजी की पार्श्वभूमि का संक्षिप्त इतिहास
The Background History of Shri Shivaji, in brief

53. शहाजी राजे भोसले की कहानी, 1629-1630 AD

शहाजी राजे भोसले[19]

✍दोहा॰ अकबर, वीर-प्रताप से, पाकर जीवन दान ।
कृतघ्न उस सुलतान ने, कीन्हे कांड महान ।। 607
घुसे मुगल मेवाड़ में, करने अत्याचार ।
तोड़-फोड़ व्यभिचार भी, भीषण भ्रष्टाचार ।। 608
मूरत-मंदिर गिर पड़े, माँ बहिनों की लाज ।
राजपूत-मेवाड़ का, अस्तव्यस्त था राज ।। 609
स्त्रियाँ जलीं जौहार में, पति जो स्वर्ग-दुआर ।
मुगलों की बौछार का, हुआ नहीं प्रतिकार ।। 610
दुखमय जीवन वह जभी, बहुत हुआ अनिवार ।

---

[19] **शहाजी भोसले :** Shahaji (1594-1664), son of Maloji and Dipabai Bhosle, served four Dakkhani Sultans : **1.** Burhan Nizam Shah of Ahmadnagar (from 1628 to 1629), **2.** Hasan Nizam Shah of Ahmadnagar (from 1631 to 1633), **3.** Muh. Adil Shah of Bijapur (from 1633 to 1636) and **4.** Ali Adil Shah of Bijapur (from 1637 to 1661).

53. शहाजी राजे भोसले की कहानी, 1629-1630 AD

बिखर गये कुल थे कई, ध्वस्त हुए परिवार ।। 611
देश छोड़ कर जो गये, होकर के लाचार ।
नये प्रांत की भूमि में, मिला उन्हें आधार ।। 612

(इस तरह से)

कोई कुल सौराष्ट्र या, महाराष्ट्र की ओर ।
कोई यहाँ वहाँ गये, जहाँ मिला पर ठौर ।। 613
ऐसा ही बिखरा हुआ, एक नम्र परिवार ।
कुनबा भैरोसिंह का, राजपूत "प्रतिहार" ।। 614
स्थान-स्थान फिरता हुआ, रखे आत्मविश्वास ।
महाराष्ट्र में आगया, करने नया निवास ।। 615
भैरोजी, फिर "भोसले," बने मराठा वीर ।
खाते, "भाकर-लोणचे, कढी, रव्याची-खीर" ।। 616
समाज में मिलजुल गये, नायक बने महान ।
मातृभूमि की थी उन्हें, याद और सिसकान ।। 617
मुगलों के व्यभिचार से, दुखमय राजस्थान ।
राजपूत बलिदान भी, वीरों के गुणगान ।। 618
इसी वंश में होगये, "मालोजी" शुभ नाम ।
चतुर साहसी वीर थे, "वेरुल"[20] उनका धाम ।। 619
मालोजी के पुत्र थे, वीर "शहाजी" नाम ।
मुत्सद्दी निर्भीक थे, योद्धा वर गुणवान ।। 620
सुलतानों की चाकरी, करी अनेकों वर्ष[21] ।

---

[20] **वेरुल :** Maloji Bhosle and his younger brother Vyankoji Bhosle lived at Werul in 1552.

[21] **शहाजी :** See the footnote above, on previous page.

53. शहाजी राजे भोसले की कहानी, 1629-1630 AD

मगर म्लेच्छ-संस्कार कों, किया कभी ना स्पर्श ।। 621
पुत्र शहाजी का "शिवा," शिवजी का अवतार ।
मातृ शिवाजी की, "जिजा," नीति-मनीषी नार ।। 622

(दक्षिण में सन 1599-1600)

दोहा॰ सन सोलासौ जब चढ़ा, बदकिस्मत के साथ ।
अकबर ने जम कर किया, दक्षिण पर आघात ।। 623
जीत लिया अहमदनगर, अकबर ने, अभिभूत ।
मुगलों का झंडा गढ़ा, दक्षिण में मजबूत ।। 624
चाँदबीबी मर गयी, लड़ते उनके साथ ।
निजामशाही पर गिरा, भीषण था आघात ।। 625
मलीक अंबर ने किया, उपाय उस पर खास ।
जीत दौलताबाद को, किया किले में वास ।। 626

(फिर)

सन सोलहसौ-पाँच में, अकबर का देहांत ।
दिल्ली में थी खलबली, सारा राज्य अशांत ।। 627
मराकाटी मच गयी, ज्यों सुलतानी रीत ।
फिर ना कोई बंधु था, ना ही कोही मीत ।। 628
जहाँगीर ने कर दिये, अपने काँटे साफ ।
बैठा गादी पर वही, बिना किसी को माफ ।। 629
अगले सोलह साल फिर, दक्षिण पर आघात ।
भेजे हमले खूब थे, शाहजहाँ के साथ ।। 630
शहजादा तूफान था, करता भ्रष्टाचार ।
तोड़-फोड़ धोखाधड़ी, मारकाट खूँखार ।। 631

54. शिवनेरी किले पर शिवाजी के आगमन की पूर्वतयारी

54. शिवनेरी किले पर शिवाजी के आगमन की पूर्वतयारी

(चैत्र-वैशाख, पूर्वतयारी)

दोहा॰ **मौसम कोसा चैत्र का, हरे आम की घात ।**
कोयल काली आम्र पर, कूहु कूहु है गात ।। 632
बसंत देता है खुशी, रिम झिम बरखा मेह ।
बिंदु-बिंदु नभ से गिरे, सबन लगावत नेह ।। 633

श्री शिवाजी चरित्र दोहावली राग-छंद माला, पुष्प 64

खयाल : राग बसंत, कहरवा ताल 8 मात्रा

(बसंत बरखा)

स्थायी

रंग गुलों की शोभा न्यारी, गंध सुगंधित हिरदय हारी ।

♫ सां-नि धप- मंग मंधनिसां रेंनिसांमंध, सां-नि धप-मंग गमंधम गरेसा- ।

अंतरा-1

बसंत बरखा बरसत रिमझिम,
मंजुल रंगों की फुलवारी ।

♫ गमं-ध धनिसांसां- सांसांसांसां निरेंसांसां,
निरेंमंगं रें-सां- निध सांसांनिरेंसांनिधपमंध ।

अंतरा-2

मोर पपीहा कोयल कारी,
कूजत कूहु कूहु बारी-बारी ।

श्री शिवाजी चरित्र दोहावली राग-छंद माला, पुष्प 65

54. शिवनेरी किले पर शिवाजी के आगमन की पूर्वतयारी

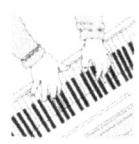

खयाल : राग बहार, एक ताल 12 मात्रा

(ऋतु बसंत)

स्थायी

बिंदु बिंदु अंबु झरत, ऋतु बसंत आई ।

शीतल पवन पुरवाई, मन में उमँग है लाई ।।

♫ नि सां रेंसांनि सांनिधनिप पपप, मप निपग–म मनिधनि–सां ।

निधनिपप मपग गमरे–सा, साम म पगमनि धनि–सां– ।।

अंतरा–1

रंग–रंग मंजरियाँ, फूल फूल चंचरीक ।

पपैया की मधुर तान, बहुत मन भाई ।।

♫ मगम निधनि सां–सांनिसां–, नि– नि निसांसां निसांरेंसांनिधध ।

सांमंगंमंरेंगं रें निसांरेंसां निधध, धधसांरेंसांसांधनिसांसांनिप मपनिनिपम गमरेसानि़सा ।।

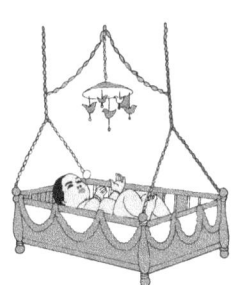

138

रत्नाकर रचित श्री शिवाजी चरित्र दोहावली

54. शिवनेरी किले पर शिवाजी के आगमन की पूर्वतयारी

YEAR 1630

**CONTEMPORARY HISTORICAL STAGE
AT THE TIME OF SHIVAJI'S BIRTH
Kingdoms and the Kings.**

Nayak of **Madura** : Tirumal Nayak (1623-1659); Nayak of **Ikkeri** : Virabhadra (1629-1645); Nayak of **Tanjavur** : Raghunath (1600-1634); Raja of **Vennad, Kerla** : Ravivarma-2 (1611-1663); Raja of **Kochin** : Vira Keral Varma-3 (1624-1637); Ali Raja of **Cannanore** : Ali Adil-2 (1610-1647); Aravidu Nayak of **Vijayanagar** : Ramadavaraya (1618-1630), Veknata-3 (1630-1642); *Nizam Shahi Sultan of **Ahmadnagar** : Burhan Shah-3 (1610-1631); Adil Shahi Sultan of **Bijapur** : Muh. Adil Shah (1627-1657); Qutb Shahi Sultan of **Golkonda** : Abdullah Qutb Shah (1626-1672); Wodiyar Raja of **Mysore** : Chamaraja (1617-1638); Ahom king of **Kamrup, Assam** : Pratap Simha (1603-1641); Malla king of **Patan, Kathmandu, Nepal** : Siddhi Narsimha Malla (1620-1661); Chauhan king of **Bundi** : Ratan Simha (1607-1631); Chauhan of **Kotah** : Madhu Simha (1625-1656); Bhati Rawal of **Jaisalmer** : Kalyandas (1613-1650); Sisodiya Guhila Rana of **Mewad, Udaipur** : Jai Simha-1 (1622-1667); Rana of **Mewad, Jodhpur** : Gaj Simha (1620-1638); Rathod Rana of **Marwad, Bikaner** : Gaj Simha (1620-1638); Kachhawaha Rana of **Ambar-Jaipur** : Jay Simha (1622-1667); Jhadeja Rao of **Kacchh** : Bharmal I (1585-1631); *Mughal Sultan of **Delhi** : Shihab-ud-din Khurram, Shah Jahan-1 (1627-1658). (1) <u>**British**</u> East India Co. ships arrive at the port Surat in 1608. British Embassy of King James I (r. 1603-1625) under Sir Thomas Roe (1615-1618) at court of 46th Mughal Sultan Nur-ud-din salim, Jahangir (r. 1605-1627); British EICo. at Bombay in 1665; (2) <u>**Danish**</u> East India Co. at Tranquebar in 1616. (3) <u>**French**</u> East India Co. in 1666, founded by Jean Baptist Colbert (1619-1683), it arrived at Surat in 1667, Masulipattanam in 1668, Pondecherry and Karaikal in 1674, Mahe in 1725; (4) United <u>**Dutch**</u> East India Co. established at Coromabdel (1608-1825), Surat (1616-1825), Calcutta (1627-1825), Malbar (1661-1795).

55. छत्रपति राजे शिवाजी का जन्म, 1630 AD

श्लोक

(सुभाषितम्)

यदा यदा हि धर्मस्य हानिर्भवति वञ्चकैः ।
अभ्युत्थानमधर्मस्य पृथिव्यां मम कर्म वै ।।

दोहा॰ **दुष्ट जनों के कष्ट से, जब-जब धरती रोय ।**
दुराचार संहार ही, मेरा करतब होय ।। 634

श्री शिवाजी चरित्र दोहावली राग-छंद माला, पुष्प 66

दादरा ताल

(धर्म रक्षक)

स्थायी

यदा यदा हि धर्म की, हानि होती है यहाँ ।
प्रभु धरा पे आन कर, जहाँ बसाते है नया ।।

साप- धम- प ग-म प-, नि-ध प-ध म- पध- ।
रेम- धप- म प-ध पप, मप- धप-म ग- मरे- ।।

अंतरा-1

हिरणकशिपु को नृसिंह विष्णु ने, गोद में अपनी लिटा लिया ।
भक्त प्रलाद के पापी बाप को, मार्ग स्वर्ग का दिखा दिया ।।

रेगगगगग म- धपम ग-प म-, नि-ध प धनिध- पम- गप- ।
ग-म पध-ध ध- सां-नि ध-प ध-, प-म ग-रे ग- पम- गरे- ।।

अंतरा-2

बाल कृष्ण ने, पापी कंस को, एक चुटकी में गिरा दिया ।
अग्रसेन के, दुष्ट पुत्र को, भवसागर से उठा लिया ।।

55. छत्रपति राजे शिवाजी का जन्म, 1630 AD

अंतरा–3

योगेश्वर ने, कुरुक्षेत्र पर, धर्म–कर्म का ज्ञान दिया ।
भगत पार्थ को, योग सिखा कर, दुर्योधन को मिटा दिया ।।

ॐ श्लोक

(अवतारस्य उद्देश:)

धर्मं हत्वा दृढोऽधर्मो भवेद्विघ्नो यदा यदा ।
सम्भवामि नरो भूत्वा स्वयं भूमौ तदा तदा ।।
रक्षणाय च भद्राणां संहाराय दुरात्मनाम् ।
उत्थापनाय धर्मस्य सम्भवामि युगे युगे ।।

दोहा॰ नश कर धर्म, अधर्म का, होता जब अधिकार ।
रक्षण करने धर्म का, लेता मैं अवतार ।। 635
रक्षण करने भद्र का, असुरों का संहार ।
आता समुचित काल में, लेकर मैं अवतार ।। 636

(ज्येष्ठ–आषाढ, जिजाऊची गर्भधारणा)

दोहा॰ जैसा अंबा ने कहा, और दिया वरदान ।
ब्रह्मा के आशीष से, उचित हुआ परिणाम ।। 637
जिजा गर्भिणी होगयी, नारद के उपकार ।
मनुज रूप में आगया, शिवजी का अवतार ।। 638

(श्रावण–भद्रपद, सावन)

दोहा॰ सावन शुभ ॠतु आगई, पुलकित सबके अंग ।
सुखदायी वर्षा गिरी, हरित धरा का रंग ।। 639
नदी–ताल जल से भरे, तरु–बेली पर फूल ।
गाते पंछी पेड़ पर, पड़ती मन को भूल ।। 640
शिवनेरी पर मोद था, कवि जन गाते गीत ।

141
रत्नाकर रचित श्री शिवाजी चरित्र दोहावली

55. छत्रपति राजे शिवाजी का जन्म, 1630 AD

स्मरण दिलाते अमर वो, राधा-मोहन प्रीत ।। 641

श्री शिवाजी चरित्र दोहावली राग-छंद माला, पुष्प 67

कजरी[22] : कहरवा ताल 8 मात्रा

(सावन की कजरी)

स्थायी

कैसी ये सुहानी सावन की कजरिया,
शीतल रिमझिम झरियाँ ।
शीतल रिमझिम झरियाँ,
शीतल रिमझिम झरियाँ ।। शीतल॰ ।।

♫ म-म- मप पनिनि-निध पधध ध पम म-म-प-म-,
ग-सा-सा- ग-म-पधपध- म-गम- - - - - ।
सां-सां-सां- सां-सां-सांरेंसांरें- नि-धप- - - - -,
ग-गसासा- ग-म-पधपध- म-गम- - - ।।

अंतरा-1

गरजत बिजुरिया, बरसत बदरिया ।
गरजत बिजुरिया, बरसत बदरिया ।
कान्हा रे छलकत, मोरी गगरिया । शीतल॰ ।।

♫ म-म-मपप- नि-नि-सां-सां-, सां-सां-सां-सांनि निरेंसांरेंनि-ध- ।
म-म-मपप- नि-नि-सां-सां-, सां-सांरेंरेंमंमंगं गंरेंरेंसांसांनिध- ।
म-म- मप- - निनिनिनि ध- - - प- म-म-प-म-, ग-गसासा- ।।

अंतरा-2

---

[22] **कजरी** : हा एक श्रावण ऋतु समयी गाईला जाणारा फार पुरातन गीत प्रकार आहे ।

55. छत्रपति राजे शिवाजी का जन्म, 1630 AD

दूर मोरी नगरिया, छोड़ मोरी डगरिया ।
कान्हा रे भीग गयी, मोरी चुनरिया ।। शीतल॰ ।।

अंतरा-3

आज तोरी साँवरिया, लूँगी मैं खबरिया ।
ना कर बरजोरी, मोरे कनाईया ।। शीतल॰ ।।

 श्री शिवाजी चरित्र दोहावली राग-छंद माला, पुष्प 68

ठुमरी : कहरवा ताल 8 मात्रा

(सावन के बादर)

स्थायी

घिर आए सावन के, बादर कारे ।
आजा री सजनीया, पपीहा पुकारे ।।

♪ गम पसांनिसां–नि पपग–म– ग–सा-नि– –, निसागरे गम– – –म– – – – – – ।
मपग– म पधपनि–धप– – –, पधपमग रे गमपप–प– ।।

अंतरा-1

मतवारी मोरनीया, नाच दिखावे ।
धुन टेर मोरवा की, मनवा रिझावे ।।

♪ – – –पपनि–नि सां–सां–सांसांसां– – – –, नि–सां– सांनिसांनिरेंसां–नि–प– – – ।
पसां सां–रें नि–नि–धप प– – – –, गमगरे गमप– –प– ।।

अंतरा-2

मेहा रे झरी तोरी, नेहा लगावे ।
शीतल रीम झीम, मोती पसारे ।।

 श्री शिवाजी चरित्र दोहावली राग-छंद माला, पुष्प 69

55. छत्रपति राजे शिवाजी का जन्म, 1630 AD

राग : गौड़ मल्हार, तीन ताल 16 मात्रा
(सावन की बादरिया)

स्थायी

कारी बादरिया भीनी चादरिया, चादरिया मोरी भीनी साँवरीया ।

♪ –गरे मगरेसा– गरेग मपगपमग, –गरेपपप– पप धनि सांध पगपमग ।

अंतरा–1

पल छिन तड़पत मोरा मनवा, गरजत बरसत कारो बदरवा ।
अधीर भई मैं बाँवरिया, अधीर भई मैं बाँवरिया ।।

♪ –पग पप निधनिनि सां–सां– निरेंसां–, –निनिनिनि निनिनिनि धनिसांनि सांध निधप ।
–मरेप पपध प– धनिसांध पगपमग, –मरेप पपध प– धनिसांरेंसांनिधप गपमग ।।

अंतरा–2

कड़कत चमकत बैरी बिजुरिया, आजा बलमवा मोरी डगरिया ।
हार गई मैं साँवरिया, हार गई मैं साँवरिया ।।

 **श्री शिवाजी चरित्र दोहावली राग–छंद माला, पुष्प 70**

गीत : राग भीमपलासी, कहरवा ताल 8 मात्रा
(सावन आयो)

स्थायी

गरजत बरसत सावन आयो, प्यासन दुखियन के मन भायो ।

♪ मपनिसां निधपमप ग–गम गरेसा–, पनिसाग रेरेसासा प– गम गरेसा– ।

अंतरा–1

सब के मन में जोश जगायो, वन में पपीहा बहु हरषायो ।
मोर कोयलिया नाच नचायो ।।

♪ पप प– निमप गम पनिसां सांगंरेंसां–, निनि सांमं गंरेंसां– पनि सांसांनिधप– ।

55. छत्रपति राजे शिवाजी का जन्म, 1630 AD

प–गं गंरेंरेंसां– नि–नि निध–प– ।।

अंतरा–2
तरु बेली पर फूल खिलायो, हरी हरियाली अनूप बिछायो ।
दुखी नैनन की आस बुझायो ।।

श्री शिवाजी चरित्र दोहावली राग–छंद माला, पुष्प 71

(ऋतु सावन)

स्थायी
ऋतु सावन की, मोद बढ़ावे, मन का मोर नचावे ।
हरा गलीचा तले बिछावे, तरु पर रंग रचावे ।।

♪ सारे म–पप प–, प–म सांध–प–, मम प– ध–प मगरेसा– ।
मप– पप–प– धनि– धप–म–, धध धध प–म गरे–सा– ।।

अंतरा–1
सुंदर सौरभ फूल फूल पर, तितली भ्रमर भुलावे ।
मंजुल झोंका मंद पवन का, पादप बेली डुलावे ।।

♪ सा–रेरे म–मम प–ध निध पम, पपध– निनिसां रेंनि–सां– ।
रें–सांनि ध–प– नि–ध पमम प–, म–पप ध–प मगरेसा– ।।

अंतरा–2
चह चह चिड़ियाँ पपीहे मैना, मनहर गान सुनावे ।
आम्र वृक्ष पर काली कोयल, कूहू कूहू गावे ।।

अंतरा–3
सात रंग ये इन्द्र धनुष के, क्षितिज को हार पिन्हावे ।
पल में वर्षा पल में सूरज, बादर खेल खिलावे ।।

अंतरा–4
मधुर फलों के गुच्छ पेड़ पर, सबका मन ललचावे ।

55. छत्रपति राजे शिवाजी का जन्म, 1630 AD

बाल बालिका वृंद वृंद में, सावन हर्ष मनावे ।।
अंतरा–5
चाँद सितारे नील गगन के, चाँदनी रात सुहावे ।
अनूप नजारा सावन का ये, इन्द्र भी देख लजावे ।।

(आश्विन–कार्तिक)

 दोहा॰ विजयादशमी आगई, सब विध ह्लाद अनंत ।
जब गुजरी दीपावली, तब आया हेमंत ।। 642

 श्री शिवाजी चरित्र दोहावली राग–छंद माला, पुष्प 72

(दिवाली भजन)

स्थायी

घर–घर दीप जलाओ सखी री, आज दीवाली ।
घर–घर दीप जलाओ सखी री, आज दीवाली ।
आतशबाज़ी जलाओ रे भैया, आज दीवाली ।।

♪ पप पप पनि ध पम–म मम प, मग म–प–ध– – – ।
सांसां सांसां सां–सां निध–ध धध ध, धम –मधनिरेंसांध–पम ।
प–पप पनिध पम–म म मप, मग म–प–ध–पम ।।

अंतरा–1

लछमी पूजा करो रे भैया, लछमी पूजा करो रे भैया ।
मिर्दंग ढोल बजाओ, सखी री आज दीवाली ।।

♪ –ग–ग– गमम– मध धप पमम–, –सां–धनि सां–सांध –धनि रेंसां ध–पम ।
–पपपप पनिध पम–म, मम प मग म–प–ध– – – ।।

अंतरा–2

धन देवी की आरती मंगल, कीर्तन गान सुनाओ, सखी री ।

55. छत्रपति राजे शिवाजी का जन्म, 1630 AD

अंतरा–3

आज घर आयो दशरथ नंदन, अवध में आनंद छायो, सखी री ।

अंतरा–4

बाल बालिका वनिता सुंदर, रंग रंगोली सजायो, सखी री ।

(मार्गशीर्ष–पौष, हेमंत)

✍दोहा॰ ऋतु शीतल हेमंत की, दीन्हा मन को हर्ष ।
गर्भवती को सुख दिया, सर्द हवा का स्पर्श ।। 643

(माघ–फाल्गुन, शिशिर)

✍दोहा॰ होली का व्रत जब हुआ, हुए सफल संकल्प ।
समय प्रसव का आ रहा, वक्त बचा था अल्प ।। 644

✍दोहा॰ संत महाजन आगए, देने आशीर्वाद ।
मंगलतम पल आ रहा, कई युगों के बाद ।। 645
शिव की मूरत कक्ष में, कर दी विराजमान ।
वैद्य पुरोहित दाइयाँ, लाए सब सामान ।। 646
मंगल पल जब आगया, करने वर साकार ।
जन्म शिवाजी का हुआ, सुंदर शिव अवतार ।। 647
सुन कर प्रसुति–कक्ष से, रोने की आवाज ।
बजी तालियाँ मोद से, बजे सुमंगल साज ।। 648
विद्युत गति से मोद वो, बिखरा चारों ओर ।
शिवनेरी पर भर गया, जय! जय! शिव! का शोर ।। 649
ब्रह्म–विष्णु–शिव आगए, देने को वरदान ।
संत समागम गा उठा, वेद मंत्र का गान ।। 650
शिवनेरी पर मावले, बजाने लगे ढोल ।

55. छत्रपति राजे शिवाजी का जन्म, 1630 AD

बच्चे नर नारी सभी, नाचे हिरदय खोल ।। 651

(और)

बालक का कर देख कर, ज्योतिष बोले बोल ।
बालक होगा विक्रमी, अर्जुन के समतोल ।। 652

✍दोहा॰ ऐसे भी शुभ काल में, अवश शहाजी आप ।
शिवनेरी से दूर थे, भुगत रहे थे शाप ।। 653
आदिलशाही दास थे, सेवा रत दिन-रात ।
आ न सके घर देखने, पुत्र जन्म साक्षात ।। 654
युद्ध जीत कर आगए, जभी शहाजी धाम ।
धूमधाम से फिर हुआ, नामकरण का काम ।। 655
नाम शिवाजी शुभ दिया, सुत का उचित यथार्थ ।
शिव का जो अवतार है, वही उसे है सार्थ ।। 656

(1 मार्च 1630)

✍दोहा॰ नामकरण कर पुत्र का, देकर आशीर्वाद ।
अवश शहाजी चल पड़े, अल्प दिनों के बाद ।। 657
सुलतानों की दास्यता, होकर भी यह पाप ।
बेबस सेवक थे बने, होगा पश्चाताप ।। 658

56. महाराष्ट्र पर मुगलों का संकट, 1631 AD

YEAR 1631

56. बाल शिवाजी-1 :

56. महाराष्ट्र पर मुगलों का संकट, 1631 AD

बाल शिवाजी, एक साल का

दोहा॰ प्रिय जन आते देखने, नन्हा शिव अवतार ।
चंद्र वदन आभा भरा, जैसा कृष्ण कुमार ।। 659
काली आँखें हिरन सी, घूँघर वाले बाल ।
विशाल सुंदर भाल है, गोल गुलाबी गाल ।। 660
काजल काला नैन में, माथे चंदन लाल ।
पग में नूपुर रजत के, दुष्ट जनों का काल ।। 661
आआ–ऊऊ बोल कर, सबको देता प्यार ।
मुख अँगूठा पाँव का, लगता कृष्ण कुमार ।। 662
चंद्रकला सम बढ़ रहा; प्रति दिन नूतन काम ।
लगा बैठने रेंगने, दिखता सब अभिराम ।। 663
कदम कदम चलने लगा, माँ की उँगली थाम ।
गिरता उठता भागता, गति को नहीं लगाम ।। 664
शिवबा सबका लाड़ला, सुंदर राज कुमार ।
तारा नैनन का शिवा, माता का मनहार ।। 665

56. महाराष्ट्र पर मुगलों का संकट, 1631 AD

दोहा॰ घातक निकला साल ये, सोलह-सौ-इकतीस ।
मुगलों के उत्पात ने, रखा देश को पीस ।। 666
हिंदू जनता लूट कर, किया देश को नष्ट ।
परधर्मी को कूट कर, नर-नारी की भ्रष्ट ।। 667
रक्तपात सब ओर था, देश हुआ बेहाल ।
खेती-बाड़ी ध्वस्त थीं, भीषण पड़ा अकाल ।। 668
सज्जन सूली पर चढ़े, लाशों के थे ढेर ।
कोई ना कुछ कर सके, देख रहे अंधेर ।। 669
किसान सब बरबाद थे, भूखमरी थी घोर ।
मारकाट विध्वंस था, मुगली चारों ओर ।। 670

श्री शिवाजी चरित्र दोहावली राग-छंद माला, पुष्प 73

(हे प्रभो!)

स्थायी

प्रभु बताओ दुखी जहाँ का, अजीब खेला क्यों है रचाया ।
ये शोर दुखियों की आतमा का, कहो प्रभु जी क्यों है मचाया ।।

♫ साप- पपधमप पधनिसां निध- प-, गम-ध पमगसा सानिध- निसारेगग- ।
सा प-प पधमप प धनिसांनिध- प-, गम- धपमगसा सानिध- निसा-सा- ।।

अंतरा-1

यहाँ न कोई किसी का भाई, न दोसती में कहीं सचाई ।
ये हाल जीने का इस जहाँ में, बताओ प्रभु जी क्यों है बनाया ।।

♫ गम- म ध-नि- सांसां- सां निरेसां-, नि नि-निसां- सां- निसांरें सांध-प- ।
प प-प पधमप प धनिसां निध- प-, गम-ध पमगसा सानि ध- निसारेगग- ।।

अंतरा-2

56. महाराष्ट्र पर मुगलों का संकट, 1631 AD

कहीं लड़ाई या बेवफाई, मगर भलाई न दे दिखाई ।
बेहाल आँसू पीना जहाँ में, बतादो प्रभु जी क्यों है सनाया ।।

अंतरा-3

कहीं बुराई कहीं दुहाई, कहीं जुदाई कहीं रुलाई ।
ये साज रोने का इस जहाँ में, न जाने प्रभु जी क्यों है बजाया ।।

(पुणे नगर)

दोहा॰ पुणे पुरातन था पुरा, मुठा नदी के तीर ।
आबादी काफी बड़ी, जहाँ-तहाँ मंदिर ।। 671
बड़े-बड़े प्रासाद थे, सुंदर थे उद्यान ।
श्रेष्ठ केंद्र थे नगर में, संस्कृत संस्कृति ज्ञान ।। 672
आदिल ने सब था किया, जला-गिरा कर नष्ट ।
मंदिर-मूरत तोड़ कर, स्थान किए थे भ्रष्ट ।। 673
कतलें भीषणतम करी, नगर किया शमशान ।
अंधा था वह धरम का, बिजापुरी सुलतान ।। 674

श्री शिवाजी चरित्र दोहावली राग-छंद माला, पुष्प 74

(हे औरंगजेब!)

स्थायी

मंदिर-मूरत तोड़े तुमने, बहुत कमाया पाप है ।
अभी होश में आजा, वरना, तुम्हें मिलेगा, शाप रे! ।।
♫ सां-धप गरेसारे ग-प- गरेसा-, सासासा रेग-प- ध-सां ध- ।
सांध- ध-प ध- प-ग-, रेरेसा, रे-ग- पग-प-, ग-रे सा-! ।।

अंतरा-1

शब्द वेद के सुन ले प्यारे, तेरे मन को भाएँगे ।

56. महाराष्ट्र पर मुगलों का संकट, 1631 AD

आँखें तेरी खुल जाएँगी, फिर पछतावे आप, रे! ।।

♫ सा–रे ग–ग ग– पपप– ध–ध–, सां–रें सांनिध– सांनिध– ।

ध–ध प–प– धध प–म–ग– पप ममग–म– ग–रे सा–! ।।

अंतरा–2

आसमाँ से इस धरा तक, सब शिवा का राज है ।
शरण उसकी आ चरण में, वो दयालु मात है ।।

अंतरा–3

त्याग सारा ये झमेला, छोड़ जाना विवश है ।
हाथ उसका थाम ले रे, तू अकेला, तात! है ।।

(निसर्ग का कोप)

✍दोहा॰ **अभाव वर्षा का हुआ, भूमि गई थी सूख ।**
नर पशु खग सब जीव को, सता रही थी भूख ।। 675
भूखे नंगे भटकते, निर्धन जन असहाय ।
जीव धड़ाधड़ मर रहे, कुछ भी किया न जाय ।। 676

✍दोहा॰ **ऐसे भी दुष्काल में, जहाँ समस्या घोर ।**
घर–घर छापे मारते, मुगल लुटेरे चोर ।। 677
हाथ पड़ा सो छीन कर, नारी का अपहार ।
अगर किया प्रतिकार तो, नर को डाले मार ।। 678
लोग सभी विध त्रस्त थे, डरे हुए लाचार ।
धर्मांतर पर जोर था, जनता बनी शिकार ।। 679
हानि हुई थी धर्म की, अधर्म थी सरकार ।
कौन बचाएगा इन्हें, कहाँ गया अवतार ।। 680
जनता दुख में मर रही, न उनको इसमें गम ।
सुलतानी सत्ता बढ़े, यही ध्येय हरदम ।। 681

57. स्वराज्य आंदोलन, 1632 AD

YEAR 1632

57. बाल शिवाजी–2 :

57. स्वराज्य आंदोलन, 1632 AD

बाल शिवाजी दो वर्ष का

✍दोहा॰ सुलतानों का काम था, करना पापाचार ।
भ्रष्ट–दुष्टता में है भला, उन्हें यही थी भ्राँत ।। 682
शिवबा है दो साल का, शिवजी का अवतार ।
सभी उसे जी जान से, करते प्रेम दुलार ।। 683
माता सुत को बोलती, प्रभु के नाना नाम ।
भारत माता की छवि, दिखलाती दिन–शाम ।। 684
माता सुत को बोलती, करो देश से प्यार ।
माता से भी प्रिय बने, भारत–माँ गलहार ।। 685

✍दोहा॰ ज्यों ही सावन आगया, बरखा झरियाँ पात ।
धरती गीली हो गई, सजी रंग से सात ।। 686
अकाल में जो बच गए, उनमें आई जान ।
सभी लोग आनंद में, छू रहे आसमान ।। 687
खेती वाले लग गए, ग्वाले ओर किसान ।
जितना संभव हो सके, फसल भरे खलिहान ।। 688

57. स्वराज्य आंदोलन, 1632 AD

श्री शिवाजी चरित्र दोहावली राग-छंद माला, पुष्प 75

खयाल : राग भूपाली तीन ताल 16 मात्रा

(सावन ऋतु)

स्थायी

सावन ऋतु आयो, सुख लायो, सावन ऋतु आयो, सुख लायो ।

बरखा झरी रिम झिम बरसायो ।

♫ सां-धप गरे सारेध़- सारे गरेग-, गपधसांधप गरे सारेध़- सारे गरेग- ।

गगगरे गप धसां धसां धपगरेग- ।।

अंतरा-1

धरती पहने सुंदर गहने, रंगीन वाले हरित सुहाने ।

♫ पपग- पपसांध सां-सांसां सांरेसां-, सां-गंरें ध-सां- सांसांध पगरेग- ।

अंतरा-2

बादल शीतल करत फुहारे, कोयल मंजुल कूहु पुकारे ।

(आश्विन-कार्तिक)

(अब)

दोहा॰ जनता में अब आगया, संघटना का होश ।
स्पष्ट नजर अब आगए, सुलतानों के दोष ।। 689
उन्हें समझ में आ रहे, रामदास-उपदेश ।
शुर-ढीठ होना पड़े, स्वयं बचाने देश ।। 690
पंडित-संतों ने किया, जन जागृति का काम ।
किया गुप्त अभियान था, स्वतंत्रता के नाम ।। 691
संतों के आशीष से, जन गण मन के बीच ।
जिजा मातु ने बो दिए, आंदोलन के बीज ।। 692

57. स्वराज्य आंदोलन, 1632 AD

दोहा॰ जिजा मातु के पुत्र दो, दोनों वीर महान ।
अग्रज संभाजी बड़े, अनुज शिवाजी नाम ।। 693
धैर्यशालिनी नार थी, अखंड था विश्वास ।
प्रोत्साहित उनको करे, जो थे हुए उदास ।। 694
परिस्थिति-प्रतिकूल को, मान लिया अनुकूल ।
सुलतानों के राज्य का, उखाड़ देने मूल ।। 695
उसको चिंता देश की, खड़ा किया विद्रोह ।
उसको आस्था धर्म की, और न कोई मोह ।। 696
उसने जोड़े मावले, एक बना कर सूत्र ।
साथ-साथ उसने किया, सूधीर अपना पुत्र ।। 697
उसको अब ना भय रहा, ध्रुव उसका विश्वास ।
वह गृहिणी वीरांगना, जिसे शस्त्र अभ्यास ।। 698
भोली ऊपर से लगे, भीतर से फौलाद ।
तीक्ष्ण बुद्धि की नार वो, दिव्य जिसे औलाद ।। 690
ऐसी देवी मातु को, भारतीय प्रत्येक ।
करे वंदना हृदय से, शत-शत, मस्तक टेक ।। 700

दोहा॰ ऐसे संकट काल में, जब मुगलों का जोर ।
दक्षिण में था बढ़ गया, हाय! हाय! का शोर ।। 701
खड़ी हुई वह वीर स्त्री, देने स्वराज्य मंत्र ।
समझाती वह पुत्र को, स्वतंत्रता का तंत्र ।। 702
आंदोलन उसने किया, विप्लव का आरंभ ।
देशभक्ति के स्फूर्ति का, प्रचार भी प्रारंभ ।। 703
परिस्थिति प्रतिकूल भी, उसने की अनुकूल ।
मुगलों के साम्राज्य को, करने नष्ट समूल ।। 704

57. स्वराज्य आंदोलन, 1632 AD

उसने जागृत कर दिये, महाराष्ट्र के पुत्र ।
उनके मन में भर दिये, स्वतंत्रता के सूत्र ।। 705
सीधी भोली वह लगे, मगर शेरनी रूप ।
युद्ध कला में निपुण थी, दुर्गावती स्वरूप ।। 706
माता वह आदर्श थी, शिवमाता सुखधाम ।
मातु वह महाराष्ट्र की, देवी सिया समान ।। 707
माता दैवी पुत्र की, शिवबा जिसका नाम ।
शंकर का अवतार वो, जय जय सीताराम! ।। 708
मातु शिवाजी की "जिजा," दूरदर्शी महान ।
दीन्हा उसने पुत्र को, महाराष्ट्र अभिमान ।। 709
प्रताप ना होता अगर, भारत की संतान ।
मुगलों का होता सभी, उत्तर हिंदुस्थान ।। 710
शिवजी ना लेते अगर, शिवबा-जन्म महान ।
दक्षिण हिंदुस्थान सब, होता मुगलिस्तान ।। 711

श्री शिवाजी चरित्र दोहावली राग-छंद माला, पुष्प 76

गीत : कहरवा ताल 8 मात्रा

(शिवलीलामृत)

स्थायी

सुना रहा हूँ गायन सुंदर, शिवलीला का कहानी समुंदर ।

♫ पधनि सांनिपमं मं- -मंध निध म-गग, -गमधपरेरे सा- साध- धनिधपपप ।

अंतरा-1

जन्म शिवा का शिव अवतारा, मातु-जिजा का सु-मंत्र न्यारा ।
स्वतंत्रता का अद्भुत नारा, महाराष्ट्र में पहिला नंबर ।।

♫ -गंगंगंरें गं-गं-, -गं-गंमं गंरेंरें-, -निसांनिध निरेंरें- -निरेंगंरें निरेंसां- ।

58. निजामशाही का अंत, 1633 AD

-प-सांनि पम॑म॑म॑म॑ -म॑म॑धनिध म-गग, -गमधपरेरे सा - साध-ध निधपपप ।।

अंतरा-2

श्रीगणेश है विजय-तोरणा, जीते और रचे गढ़ नाना ।
अमर-कहानी जय-कोंढाणा, हर्ष से खिले धरती-अंबर ।।

अंतरा-3

ढेर किये अरि जाने-माने, दिल्लीपति को चकमे दीन्हे ।
सुलतानों के मुश्किल जीने, कूटनीति से कीन्हे संगर ।।

अंतरा-4

पर-नारी को माँ का आदर, भूप शिवाजी सद्गुण आगर ।
सुन कर अमर काथा का सागर, आनंदित हैं भवानी-शंकर ।।

YEAR 1633

58. बाल शिवाजी-3 :

58. निजामशाही का अंत, 1633 AD

✍दोहा॰ **खेल कूद आनंद में, गुजरता गया काल ।**
सबका प्रिय शिवबा हुआ, तीन वर्ष का बाल ।। 712
बालक कुशाग्र बुद्धिका, हुआ वर्ष का तीन ।
शिवा दुलारा मातु का, नित आज्ञा में लीन ।। 713
बाल मित्र उसके घने, वीरों के आधार ।

58. निजामशाही का अंत, 1633 AD

महाराष्ट्र-स्वातंत्र्य का, बने स्वप्न साकार ।। 714

✍दोहा॰ मुगलों ने लूटे सभी, छोटे बड़े किसान ।
निर्घृण अत्याचार से, किया बहुत नुकसान ।। 715
भूखमरी सब देश में, भीषण पड़ा अकाल ।
जन जीवन मुश्किल हुआ, मुगल बन गए काल ।। 716
करके सारे देश में, बरबादी के काम ।
मुगलों ने की योजना, करने खतम निजाम ।। 717
इसी ताक में था सदा, दिल्ली का सुलतान ।
करने दक्षिण देश में, मुगलाई अभियान ।। 718
मुगलों का सुलतान था, तब वह शहाजहान ।
उसने भेजी फौज जो, कर दे काम तमाम ।। 719
सेना का सरदार था, क्रूर महाबतखान ।
जिसका दल तूफान था, लड़ने में घमसान ।। 720
किला दौलताबाद का, लिया मुगल ने घेर ।
शरण निजामत आगई, लड़ कर थोड़ी देर ।। 721
खतम निजामत होगई, गया दौलताबाद ।
मुगलों का फिर राज था, इस अरसे के बाद ।। 722

59. परिंडा की लड़ाई, 1634 AD

YEAR 1634

59. बाल शिवाजी–4 :

59. परिंडा की लड़ाई, 1634 AD

✍दोहा॰ चार वर्ष का होगया, जिजा मातु का लाल ।
माता को विश्वास था, होगा यह भूपाल ।। 723
शिवबा बालक तेज था, खेल कूद में चुस्त ।
भूल कर किसी काम में, कभी नहीं था सुस्त ।। 724
युक्ति–हुनर भंडार था, शिवबा सद्गुण युक्त ।
तरकीबों से थे सभी, संगी उसके पृक्त ।। 725
आँगन में सब खेलते, मित्र युद्ध के खेल ।
जिनमें होता था सदा, राष्ट्रभक्ति का मेल ।। 726
भाग दौड़ में कुछ लगे, कोई गाते गीत ।
अश्व सवारी से सदा, होती सबको प्रीत ।। 727
खेल कूद कर जब थके, लगती सबको भूख ।
जिजा मातु के चरण में, मिलता सबको सुख ।। 728
खान–पान करके सभी, लेकर शिव का नाम ।
माता से सुनने कहानी, संत जनों के काम ।। 729
पौराणिक इतिहास भी, और कीर्ति के गान ।
धर्म–नीति आदर्श जो, राम कृष्ण हनुमान ।। 730

(एक दिन)

59. परिंडा की लड़ाई, 1634 AD

दोहा॰ इक दिन शिवबा, अजिर में, बैठा था खुशहाल ।
एक–अकेला सोचता, बिता रहा था काल ॥ 731
इधर–उधर के दृश्य पर, नजर रहा था फेंक ।
माता कुतुहल बहुत से, उसे रही थी देख ॥ 732
उठ कर शिवबा ने तभी, विचार कर कुछ काल ।
छोटा मिट्टी का डला, मुख में दीन्हा डाल ॥ 733

(जिजामाता)

दोहा॰ माता ने उसको कहा, शिवबा! क्या है बात ।
मिट्टी खाना है बुरा, तुम्हें पता है तात ॥ 734
फिर क्यों तुमने यों भला, खाई मिट्टी आज ।
बोलो क्या कारण, सखे! क्या है इसमें राज ॥ 735

(बाल शिवाजी)

दोहा॰ भोले शिवबा ने कही, बाल कृष्ण की बात ।
माता से जो थी सुनी, पौराणिक कल रात ॥ 736
हम आये हैं भूमि से, धरती हमरी मात ।
हम जाएँगे भूमि में, मिट्टी हमरे गात ॥ 737

 श्री शिवाजी चरित्र दोहावली राग–छंद माला, पुष्प 77

(कान्हा माटी खायो)

स्थायी

नंद जी! आज कान्हा माटी खायो ।
मोहे, मुख में विश्व दिखायो ।
नंद जी! आज कान्हा माटी खायो ॥

♪ सा-रे ग-! रेग- म-ग- म-पध प-म- ।
मप, धप म- प-म गरे-सा- ।

59. परिंडा की लड़ाई, 1634 AD

सा-रे ग-! मम- प-म रे-ग- गरेसा- ।।

अंतरा-1

मैं बोली, अपने घर लटके, दूध दधि-माखन के मटके ।
फिर क्यों माटी चखायो ।
नंद जी! आज कान्हा माटी खायो ।।

♪ ग- म-प- गमप-, निध धपध-, नि-नि निनि- सां-निध निध पपम- ।
रेग म- प-म गरे-सा- ।
सा-रे ग-! मम- प-म रे-ग- गरेसा- ।।

अंतरा-2

बोला, माटी से ही सब आवे, माटी में ही सब मिल जावे ।
मोहे, कान्हा ज्ञान सिखायो ।
नंद जी! आज कान्हा माटी खायो ।।

अंतरा-3

देखा मैंने उसके मुख में, विश्व समाया सब है सुख में ।
मोहे, कान्हा नेहा लगायो ।
नंद जी! आज कान्हा माटी खायो ।।

अंतरा-4

कान्हा मोरा विश्वरूप है, शिशु गोपन का बाल भूप है ।
मोहे, दैवी दरस लखायो ।
नंद जी! आज कान्हा माटी खायो ।।

परिंडा की लड़ाई

दोहा॰ सोलह-सौ चौंतीस में, मरा हुसेन निजाम ।
मुगलों ने सोचा तभी, करिये काम तमाम ।। 738
निजामशाही का किला, ख्यात परिंडा नाम ।

60. स्वातंत्र्य का मंत्र, 1635 AD

लेने की लालच करे, दिल्ली का सुलतान ।। 739
सेना शहाजहान ने, खड़ी करी तूफान ।
शाह शुजा के साथ में, निकला खानजमान ।। 740
वीर शहाजी थे तभी, निजाम के सरदार ।
मुगलों के आगे खड़े, करने को प्रतिकार ।। 741
हुआ युद्ध घमसान था, भीषण घोर प्रहार ।
मुगल न आगे बढ़ सके, मान गए वे हार ।। 742

YEAR 1635

60. बाल शिवाजी–5 :

60. स्वातंत्र्य का मंत्र, 1635 AD

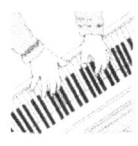

श्री शिवाजी चरित्र दोहावली राग–छंद माला, पुष्प 78

(शिवाजी चे मराठे)

स्थायी

वीर ये भी है, वीर वो भी हैं, वीर से मिलता सो वीर है ।

♫ रे-रे रेग रे सा–, रेगरे गम ग रे-, सा-सा सा रेरेग- प म-ग रे- ।

अंतरा–1

वीर शिवाजी, वीर मराठे, दोनों मिल कर स्वराज्य है ।

♫ सां–नि ध–निध–, सां–नि ध–पम–, ध–ध- पपमम धप–म ग- ।

अंतरा–2

60. स्वातंत्र्य का मंत्र, 1635 AD

वीर है राणा, वीर शिवाजी, सेना हिंदवी का राज है ।
अंतरा–3
वीरों ने जो, तजे प्राण हैं, अमर वे मर कर भी आज हैं ।
अंतरा–4
जीते हारे, ढेर होगये, हमें सभी पर ही नाज़ है ।
अंतरा–5.
जो न वीर थे, धर्म तज गये, हमको उन पर ही लाज है ।

बालक शिवाजी पाच वर्ष का

दोहा॰ पाँच वर्ष का हो गया, बाल शिवाजी आज ।
वीर पुत्र को देख कर, मातु-पिता को नाज ।। 743
निजामशाही में पिता, सुभेदार थे श्रेष्ठ ।
माता ने दी सीख थी, स्वतंत्रता की ज्येष्ठ ।। 744
सुन कर वीरों का महा, उज्ज्वलतम इतिहास ।
शिवबा के मन में जगी, स्वतंत्रता की प्यास ।। 745
शिवजी उसके थे पिता, और भवानी मात ।
प्रताप, राणा संग से, पुलकित उसके गात ।। 746
अंगद-अर्जुन-भीम के, धैर्य-शौर्य के काम ।
दीन्ही उसको प्रेरणा, बल-साहस हनुमान ।। 747
बचनन संत-महंत के, कवीश्वरों के गीत ।
ऋषि-मुनियों से तप मिला, जिजामातु से प्रीत ।। 748
माता उसकी शक्ति थी, माता उसके प्राण ।
माता उसकी थी गुरु, करत नित्य कल्याण ।। 749

दोहा॰ बाल शिवाजी खेलता, मित्र वृंद में खेल ।
तीर-ढाल-तलवार के, प्रहार लेता झेल ।। 750

60. स्वातंत्र्य का मंत्र, 1635 AD

मिल कर गाते मित्र वे, देशभक्ति के गीत ।
निश-दिन सपने देखते, सुलतानों को जीत ।। 751
स्वतंत्र करना देश को, उन्हें एक थी प्यास ।
सेना करनी है खड़ी, उन्हें यही थी आस ।। 752
टीलों पर चढ़ कर सभी, भगवा ध्वज फहराय ।
करते भविष्य योजना, शपथ देश की खाय ।। 753
कैसा हमरा सैन्य हो, कैसे हमरे शस्त्र ।
कैसे हमरे वीर हों, शिरस्त्राण, हय,[23] वस्त्र ।। 754
कैसे करना सामना, या पीछे से वार ।
मार काट कर भागना, जीत मिले या हार ।। 755
रामराज्य कैसा बने, हमरा भारत देश ।
कैसा हमरा भूप हो, क्या उसका संदेश ।। 756
राजा की क्या नीति हो, सदाचार से व्याप्त ।
कैसे उसकी हो प्रजा, सुख संपद् को प्राप्त ।। 757
जिजामातु को आस थी, स्वप्न बने साकार ।
शिवबा देगा एक दिन, स्वराज्य को आकार ।। 758

---

[23] **हय** = अश्व.

61. शहाजी राजे बंगलुरू में, 1636 AD

YEAR 1636

61. बाल शिवाजी-6 :

61. शहाजी राजे बंगलुरू में, 1636 AD

 श्री शिवाजी चरित्र दोहावली राग-छंद माला, पुष्प 79

राग : भैरवी, कहरवा ताल

(भज ले शिव के नाम)

स्थायी

भज ले प्यारे शिव का नाम, हो जावेंगे तेरे काम ।

🎵 रेरे रे रेगरेसा रे-रे ग म-म, ध- प-म-ग- प-मग रे-रे ।

अंतरा-1

जब-जब संकट घिर कर आवे, बीते दिनों की याद सतावे ।
मन में जपियो शिव का नाम, मिट जावेंगे दुःख तमाम ।।

🎵 मम मम ग-रेरे गग मम प-प-, ध-प मग- प- ध-प मग-म- ।
सासा सा रेरेग- प-म ग रे-रे, ध- प-म-ग- प-म गरे-रे ।।

अंतरा-2

भक्त प्रलादा बालक ज्ञानी, माया हरि की उसने जानी ।
आपत में थे उसके प्राण, नरसिंह बचायो उसकी जान ।।

अंतरा-3

द्रौपदी को हरि चीर बढ़ायो, उस अबला की लाज बचायो ।

61. शहाजी राजे बंगलुरू में, 1636 AD

जब मुश्किल में हो इन्सान, एक सहारा शिव भगवान ।।

माहुली की लड़ाई

(माहुली का युद्ध)

दोहा॰ सोलह-सौ छत्तीस में, बदल गया इतिहास ।
मुगलों ने आक्रम किया, करन निजाम खलास ।। 759
निजामाशाही का किला, ख्यात माहुली नाम ।
लगे शहाजी थे वहाँ, किलाधीश के काम ।। 760
किला माहुली का बड़ा, दुर्गम अति मजबूत ।
घने विपिन में था बसा, निसर्ग रम्य बहुत ।। 761
अतः शिवाजी ने किया, इस गढ़ पर विश्वास ।
और सहित परिवार के, किया यहाँ पर वास ।। 762
मुदित शिवाजी थे यहाँ, और जिजाऊ मात ।
उनको बहुत पसंद थी, इस गढ़ की हर बात ।। 763
ठीक चल रहा था यहाँ, उनका कारोबार ।
पुत्र शिवाजी था सुखी, पत्नी का संसार ।। 764

(एक दिन)

सुखमय इस परिवार को, करन तोड़ कर भंग ।
एक दिवस प्रारब्ध ने, बदला अपना रंग ।। 765
दिल्ली के सुलतान ने, करने खतम निजाम ।
अलग शहाजी को करें, निजाम से, ली ठान ।। 766
किला-दौलताबाद से, निकला शहाजहान ।
उसको आदिलशाह ने, दिया सैन्य-सामान ।। 767
दोनों फौजें चल पड़ी, छुपाय आपस बैर ।
घेर लिया गढ़ माहुली, अब न किसी की खैर ।। 768

61. शहाजी राजे बंगलुरू में, 1636 AD

मुगलों ने ली माहुली, चारों तरफा घेर ।
घामासान अब युद्ध को, कुछ न बची थी देर ।। 769

(तब)

दोहा॰ करके दो-दो हाथ अब, होगा नर-संहार ।
डर कर आदिलशाह ने, कीन्हा सोच विचार ।। 770
उसे शहाजी चाहिए, और मराठा फौज ।
निजाम से करके जुदा, उसकी होगी मौज ।। 771
उसने हमला रोक कर, भेज दिया प्रस्ताव ।
बोला, करते याचना, हमसे तुम मिल जाव ।। 772
लड़ कर होगा युद्ध का, भीषण दुष्परिणाम ।
समझौते में है भला, और सुखद है काम ।। 773
दक्षिण आदिल को मिली, उत्तर शहाजहान ।
पुणे शिवाजी को मिला, निजाम का नुकसान ।। 774

शहाजी बंगलुरू में

दोहा॰ शहाजी को बँगलूर की, मिली भव्य जागीर ।
आदिल के अब दास थे, हुए मराठा वीर ।। 775
पुणे शिवाजी आगए, जिजामातु के साथ ।
पिता गए बँगलूर को, आदिल उनका नाथ ।। 776

बाल शिवाजी 6 वर्ष का

दोहा॰ बाल शिवा छह वर्ष का, नूतन जागिरदार ।
पुणे राज्य उसको मिला, स्वतंत्र कारोबार ।। 777
यहीं किया स्वातंत्र्य का, शिवबा ने आरंभ ।

62. शिवाजी जागीरदार, 1637 AD

गुरुवर दादोजी बने, करने शुभ प्रारंभ ।। 778
माता का आशीष था, मित्र वृंद का साथ ।
अंबा का वरदान था, शिवजी किरपानाथ ।। 779

YEAR 1637

62. बाल शिवाजी-7 :

शिवाजी जागीरदार

62. शिवाजी जागीरदार, 1637 AD

पुणे 1637, बाल शिवाजी सात वर्ष का

दोहा॰ सात वर्ष का बाल था, शिवबा शिव-अवतार ।
गुरु थे उसको दो मिले, करने नौका पार ।। 780
माता ने स्वातंत्र्य का, दिया उसे था ध्यान ।
दादोजी ने शस्त्र का, और शास्त्र का ज्ञान ।। 781
राजनीति के नियम का, रीति पूर्ण अभ्यास ।
अर्थ-व्यवस्था, न्याय की, दीन्ही उसको प्यास ।। 782

(मुगलों द्वारा शोषण)

दोहा॰ पुणे किया बरबाद था, मुगलों ने सब प्रांत ।
खेती-बाड़ी नष्ट की, शोषण से आक्रांत ।। 783
धर्मस्थान सब तोड़ कर, किए हुए नापाक ।

62. शिवाजी जागीरदार, 1637 AD

शिक्षागृह, बाजार भी, किए जला कर राख ।। 784
बाग-बगीचे सूख कर, किए हुए बीरान ।
बड़ी-बड़ी सब कोठियाँ, और ध्वस्त उद्यान ।। 785
लोकतंत्र सब भ्रष्ट था, प्रजा जनों को कष्ट ।
पुनरुत्थापन के लिए, समय आगया इष्ट ।। 786

(पुणे पुनरुत्थापन)

दोहा॰ करना काम महान था, राज्य-व्यवस्था नाम ।
प्रजा जनों को कष्ट से, देना था आराम ।। 787
खेती-बाड़ी को पुनः, देकर जीवन दान ।
गाय, भैंस, अज, अश्व सब, होंगे सुखी किसान ।। 788
करने थे नूतन खड़े, मंदिर और मकान ।
नए सजाने थे सभी, सुंदर हाट दुकान ।। 789
किसको यह अधिकार दें, करवाने सब काम ।
दादोजी ही एक था, सबके मन में नाम ।। 790
अनुभव उनका दीर्घ था, नर थे स्वामीभक्त ।
वृद्ध सिद्ध निरपेक्ष थे, सेवा रत हर वक्त ।। 791
जिजामातु ने सोच कर, किए ठीक अनुमान ।
दादोजी को दे दिया, कार्यवाह का काम ।। 792

लाल महल

दोहा॰ गणेश का पूजन किए, करके वास्तु निदान ।
जमीन समतल पर किया, निश्चित पावन स्थान ।। 793
महल बनाया भव्य सा, सुंदर आलीशान ।
माता ने उसको दिया, "लाल-महल" शुभ नाम ।। 794
शिवबा का वह धाम था, बनवाया अभिराम ।

63. स्वातंत्र्य प्रेम, 1638 AD

सुख सुविधाएँ थी सभी, शासन का सामान ।। 795
सभी व्यवस्था थी वहाँ, खान-पान भरपूर ।
सेवक-सैनिक अश्व भी, जो भी चीज जरूर ।। 796

(पुणे नगर)

✍दोहा॰ नगरी को सुंदर किया, नए किए उद्यान ।
शालाएँ संगीत की, मंदिर नए दुकान ।। 797
हरी-भरी खेती हुई, प्रमुदित हुए किसान ।
दूध अन्न धन धान्य से, संचित हुए मकान ।। 798

YEAR 1638

63. बाल शिवाजी-8 :

63. स्वातंत्र्य प्रेम, 1638 AD

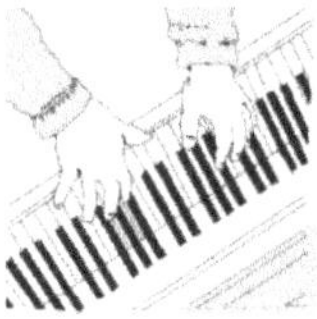

♫ संगीतश्रीकृष्णरामायण छन्दमाला, मोती 170

(प्रभु तेरी माया)

स्थायी

शिखरिणी छन्द

। ऽ ऽ, ऽ ऽ ऽ, ।।।, ।। ऽ, ऽ।।, । ऽ

♫ सारे-! सानि़सा- रेगरे-, रेरेरे गपमग रेग रेगरे सा-

(माया)

रत्नाकर रचित श्री शिवाजी चरित्र दोहावली

63. स्वातंत्र्य प्रेम, 1638 AD

प्रभो! तेरी माया, ग्रहण करने में गहन है।
मगर सच्चे मन से, स्मरण करके वो सुगम है ।।

अंतरा-1

पृथ्वी छन्द + शिखरिणी छन्द

। ऽ।, ।। ऽ, । ऽ।, ।। ऽ, । ऽ ऽ, । ऽ
। ऽ।, ।। ऽ, । ऽ।, ।। ऽ, । ऽ ऽ, । ऽ
। ऽ ऽ, ऽ ऽ ऽ, ।।।, ।। ऽ, ऽ।।, । ऽ
। ऽ ऽ, ऽ ऽ ऽ, ।।।, ।। ऽ, ऽ।।, । ऽ

♪ मप- <u>ध</u>पम <u>ग</u>-, <u>ग</u>म- पम<u>ग</u> रे-, सारे- म<u>ग</u>रेसा-

कोई नमन से, कोई भजन से, तुझे पूजता।
कोई धन तथा, कोई सुख सदा, तुझे माँगता ।।
प्रभो! तेरी लीला, कथन करने में कठिन है।
मगर पक्के मन से, मनन करना ही यजन है ।।

अंतरा-2

सदा चरण में, रहो शरण तो हरि साथ है।
सभी जगत का, अनाथ जन का, वही नाथ है ।।
हरे! तेरी सेवा, सतत करना ही धरम है।
सतत सच्चे मन से, करम करना उद्धरण है ।।

पुणें 1638, बालक शिवाजी आठ वर्ष का

✍दोहा॰ **आठ वर्ष का होगया, वीर शिवाजी बाल ।**

63. स्वातंत्र्य प्रेम, 1638 AD

स्वतंत्रता के ध्येय पर, चलता वह सब काल ।। 799
माता उसको बोलती, कैसे करना राज ।
नीति नियम हम कौनसे, कैसे पालें आज ।। 800
मातृभूमि के प्रेम की, कहती उसको बात ।
राष्ट्रभक्ति की प्रेरणा, देती वह दिन-रात ।। 801
मित्र शिवा की मंडली, लाल महल में रोज ।
आते उससे खेलने, पाते प्रीती भोज ।। 802
खेल युद्ध के खेलते, नाना विविध प्रकार ।
माता उसको नीति का, बतलाती व्यवहार ।। 803
खेल कूद में सीखते, प्रहार अरु प्रतिकार ।
वर्जिश भी करके सभी, पात्र क्षात्र तैयार ।। 804
अश्वारोहण की कला, योगशास्त्र अभ्यास ।
करते सिद्धि प्राप्त वे, लुका-छुपी की खास ।। 805
विविध विधा से जानते, ढाल-तीर-तलवार ।
व्यूह तरीके सैन्य के, फौजी सोच विचार ।।806
कैसे हम स्थापित करें, स्वतंत्र निज सरकार ।
आजादी के वासते, क्या-क्या है दरकार ।। 807

64. करो या मरो, 1639 AD

YEAR 1639

64. बाल शिवाजी-9 :

64. करो या मरो, 1639 AD

कर्नाटक 1638, ललित महल

✍दोहा॰ शिवबा अब नौ वर्ष का, सुदृढ़ राजकुमार ।
जिजामातु की छाँव में, करत स्वप्न साकार ।। 808
पिता शहाजी व्यस्त थे, कर्नाटक में दूर ।
आदिलशाही था जहाँ, भव्य नगर बँगलूर ।। 809
वहाँ मराठा छावनी, सजी बड़ी अभिराम ।
रहते थे राजे वहाँ, सरदारी के नाम ।। 810
पत्नी तुकाबाई वहाँ, रहती उनके साथ ।
संभाजी भी था वहाँ, शिवबा का बड़ भ्रात ।। 811
राजे शंभु सुधीर थे, यथा शिवाजी वीर ।
शिवबा पुणे शहर में, जहाँ उन्हें जागीर ।। 812
कर्नाटक के राज्य की, राजधानि मैसूर ।
राजा वोड़ीयार थे, हिंदू कुल मशहूर ।। 813
नूतन राजा आगया, काँतीरव वड़ियार ।
जिने शहाजी का किया, बहुत मान सत्कार ।। 814
कांतीरव नृप ने दिया, राजे को सम्मान ।

64. करो या मरो, 1639 AD

कहा आप बँगलूर में, भव्य सजाओ धाम ।। 815
रचा शहाजी ने बड़ा, दिव्य महल अभिराम ।
केन्द्र मराठों का बना, करने शासन काम ।। 816
पुणे शहर में था यथा, महल बनाया लाल ।
वैसा ही बँगलूर में, निवास "ललित" विशाल ।। 817
राजमहल वह दिव्य था, सुंदर शिल्पीकाम ।
रंग विविध ढंग के, चित्रकला गुणवान ।। 818

(इधर)

नौ–साल का लाड़ला, हुआ शिवाजी बाल ।
हँसमुख माधव वह लगे, कोमल उसके गाल ।। 819
मुख पर उसके तेज था, चमकत सदा उलास ।
शिवबा बालक दिव्य था, दृढ़ उसका विश्वास ।। 820
आकर्षक उसकी छवी, प्रभावशाली रूप ।
बाल्यकाल से ही सजा, महाराष्ट्र का भूप ।। 821
जिजामातु की आस था, शिवबा बालक वीर ।
इक दिन निश्चित देश की, बदलेगा तकदीर ।। 822
मुख वाणी स्वातंत्र्य की, कर उसके तलवार ।
पुणे प्रांत का था शिवा, स्वतंत्र जागिरदार ।। 823
शिवबा के दरबार में, आते सज्जन लोग ।
स्वतंत्रता के काम में, देने को सहयोग ।। 824
आते प्रिय उसके सभी, बाल मित्र बलवीर ।
साधु–संत विद्वान भी, पंडित कवि शाहीर ।। 825
पुणे नगर उध्वस्त था, तोड़–फोड़ बरबाद ।
मुगलों ने सब लूट कर, दिखलाया उन्माद ।। 826

✍दोहा॰ शिवबा "राजे" बन गया, उमर करे न लिहाज ।

65. सईबाई भोसले, 1640 AD

भले हि वह नौ–साल का, बड़ा होगया आज ।। 827
गृहस्थ बन कर कल करे, बड़े–बड़े वह काम ।
स्वतंत्रता का ध्वज लिए, जगदंबा के नाम ।। 828
लेकर भगवा हाथ में, होता अश्वसवार ।
एक हाथ में ढाल औ, दूजे में तलवार ।। 829
बाल वीर उसके सखा, हर दिन उसके साथ ।
मिट्टी मल कर भाल पर, गाते मिलाय हाथ ।। 830
यश का पर्बत लाँघने, देकर अपने प्राण ।
प्रौढ़ बन गए आज सब, बालक वीर महान ।। 831
“प्राप्त यश करो, या मरो!” देता वह पैगाम ।
“यही मंत्र है सिद्धि का, करिए सब मिल काम” ।। 832
भगवा झंडा गेरुआ, नेता अपना मान ।
वीर मराठे आगए, जिहें देश–अभिमान ।। 833

YEAR 1640

65. किशोर शिवाजी–10 :

65. सईबाई भोसले, 1640 AD

पुणे, किशोर शिवाजी दस वर्ष का

✍दोहा॰ शिवबा है दस साल का, आज होगया प्रौढ़ ।
आते उसकी फौज में, वीर दूर से दौड़ ।। 834

65. सईबाई भोसले, 1640 AD

मातु भवानी ने उसे, दीन्हा है वरदान ।
बालक होकर भी शिवा, नर वीर था महान ।। 835
मान प्रतिष्ठा उच्च थी, जग में उसको प्राप्त ।
समाज में वह श्रेष्ठ था, बालक वयस् समाप्त ।। 836
रिश्ते आने लग गए, विवाह के प्रस्ताव ।
बड़े-बड़े परिवार से, जिन्हें भाव की चाव ।। 837
उनमें इक परिवार था, प्रतिष्ठित बेशुमार ।
फलटन के निंबालकर, पुष्कल इज्जतदार ।। 838
उनकी कन्या थी सई, रेणूबाई मात ।
पिता मुधोजी राव थे, पवार कुल विख्यात ।। 839

दोहा॰ आया फलटन से जभी, परिणय का प्रस्ताव ।
जिजामातु को हो गया, उस परी से लगाव ।। 840
सुंदर कन्या भा गई, जिजामातु को खूब ।
गोरी बाला लाड़ली, मोहक जिसका रूप ।। 841
शस्त्र-शास्त्र वह जानती, उसे कला का ज्ञान ।
शिवबा को वह सज गई, पत्नी अति गुणवान ।। 842
दोनों तरफा होगया, स्वीकृत वह प्रस्ताव ।
मंगल सब सुविचार से, तनिक बगैर दबाव ।। 843

(समारंभ)

दोहा॰ विवाह मंगल के लिए, आया शुभ संजोग ।
तयारियों में लग गए, दोनों कुल के लोग ।। 844
नींद सभी की उड़ गई, करने थे बहु काम ।
कोई भी ना चाहता, पल भर भी आराम ।। 845
लाल महल पर लग गए, तोरण भगवा रंग ।

66. विजयनगर का पुनरस्मरण, 1641 AD

महल सजाया सब तरफ, कला-सजावट संग ।। 846
शिवबा को हल्दी लगी, बजे नगाड़े-ढोल ।
नाचे घुंघरू बाँध कर, गाए दिल को खोल ।। 847
दूल्हे राजा सज गए, सुंदर राजकुमार ।
बरात निकली शान से, शिवबा अश्वसवार ।। 848
फेरे-वरमाला हुई, आशीर्वाद अभंग ।
बरसे फूल गुलाब के, तालीयों के संग ।। 849
दूल्हा-दूल्हन थे सजे, मंडप था अभिराम ।
पावन रस्में हो रहीं, प्रसन्न थे महमान ।। 850
कुटुंब दोनों मिल गए, राजकीय संबंध ।
प्रचलित था उस काल में, यह भी एक प्रबंध ।। 851
राजनीति से शादियाँ, प्रभुत्व करने प्राप्त ।
बहुपत्निक संबंध भी, होते थे उस वक्त ।। 852
बधाइयाँ सब ओर से, मंगल आशीर्वाद ।
सई-शिवाजी युगल को, दीन्हा कृपा प्रसाद ।। 853

YEAR 1641

66. किशोर शिवाजी-11 :

66. विजयनगर का पुनरस्मरण, 1641 AD

66. विजयनगर का पुनरस्मरण, 1641 AD

बंगलुरु, 1641, किशोर शिवाजी ग्यारह वर्ष का

✍दोहा॰ विवाह उत्सव होगया, बड़ी शान के साथ ।
जिजामातु को रंज था, शरीक ना थे नाथ ।। 954
आदिल-सेवक शाहजी, हमला पर थे व्यस्त ।
दक्षिण प्रदेश जीतने, बद्ध कार्य में हस्त ।। 855
राजे घर ना आ सके, करने पुत्र विवाह ।
उत्सव में सब पाहुने, तकत रह गए राह ।। 856
आदिल को अपनी पड़ी, राज्य करन विस्तार ।
घर जाने अनुमति न दी, उसे न जिससे प्यार ।। 857
उत्सव होगा आपका, कर न सको तकरार ।
आपमतलबी चाकरी, रूखा सब व्यवहार ।। 858

✍दोहा॰ मुहिम सफल कर आगए, वापस जब वे लौट ।
राजे बोले खेद में, इससे अच्छी मौत ।। 859
विवाह शुभ हम पुत्र का, देख सके ना आप ।
इससे बढ़ कर क्या भला, हो सकता है पाप ।। 860
विवाह फिर से पुत्र का, रचें यहाँ पर दिव्य ।
लाकर शिवबा को यहाँ, समारोह में भव्य ।। 861
भेज शहाजी ने दिया, पत्नी को संदेश ।
आओ शिवबा को लिए, लखने को यह देश ।। 862
देखो आकर तुम यहाँ, दक्षिण राज्य प्रदेश ।
कर्नाटक अति रम्य है, सुंदर सब परिवेश ।। 863
भेजे पथ दर्शक पटु, संरक्षक दल साथ ।
लाने उनको प्रेम से, देकर उनको हाथ ।। 864

✍दोहा॰ पाकर शुभ संदेश वो, जिजामातु को हर्ष ।

66. विजयनगर का पुनरस्मरण, 1641 AD

बोली शिवबा को, चलो! करने दक्षिण-दर्श ।। 865
जिजामातु थी चाहती, देखे शिवबा आप ।
पूज्य पिता का कार्य औ, सुलतानों के पाप ।। 866
प्रात्यक्षिक अनुभव उसे, देना है दरकार ।
देखे वह निज नैन से, आदिल का दरबार ।। 867
करी तयारी जोश में, जाने दक्षिण देश ।
लेकर सब कुछ साथ में, साधन वस्तु विशेष ।। 868
पुणे नगर से हर्ष में, जाना है बँगलूर ।
बैलगाड़ियों को लिए, राह बहुत है दूर ।। 869
खाना-पीना, तंबू-बिस्तर, रक्षक-चौकीदार ।
लदा बहुत सामान है, जाने को तैयार ।। 870

इतिहास-पुनर्स्मरण, विजयनगर १५६५

✍दोहा॰ यात्रा लंबी बहुत थी, समय प्रचुर था पास ।
शिवबा आतुर जानने, कर्नाटक इतिहास ।। 871
सुने बहुत से नाम थे, जो थे वीर महान ।
वैभवशाली राज्य का, गौरव स्वर्ग समान ।। 872
माँ बतलाती थी उसे, जितना उसको ज्ञात ।
पथ दर्शक बतलायगे, आज सविस्तर बात ।। 873
सुनो शिवाजी! दुखद वो, पूर्ण कहानी आज ।
सुलतानों ने था किया, शर्मनाक जो काज ।। 874

(इतिहास)

भारत के इतिहास में, कभी न ऐसा नीच ।
धर्मांधों ने था रचा, कपट पाँच के बीच ।। 875
पन्द्रह-सौ-पैंसठ जभी, निकला खूसट साल ।

66. विजयनगर का पुनरस्मरण, 1641 AD

हिंदू राजा एक के, पाँच बन गए काल ।। 876
आया कोई हिंदु ना, देने उसको साथ ।
सभी पड़ोसी रह गए, धरे हाथ पर हाथ ।। 877
पाँच पड़ोसी मत्सरी, सुलतानों ने दुष्ट ।
षड्यंत्र बना कर किया, विजयनगर को नष्ट ।। 878
यद्यपि दुष्मन आपसी, जुड़े धर्म के नाम ।
उज्ज्वल हिंदू राष्ट्र का, करने काम तमाम ।। 879
उज्ज्वलतम सब विश्व में, जाना था जो राज ।
कसाइयों के हाथ से, कतल होगया आज ।। 880
तोड़-फोड़ सब लूट कर, राष्ट्र कर दिया नष्ट ।
अराजकों के हाथ से, नर-नारी सब भ्रष्ट ।। 881

दोहा॰ हुई एक दिन मंत्रणा, सुलतानों के बीच ।
परदेसी उन पाँच में, करने कुकर्म नीच ।। 882
विजयनगर साम्राज्य को, करके समूल ध्वस्त ।
हिंदुराष्ट्र सम्पन्न का, करने जग से अस्त ।। 883
शिवबा! तुमने एक दिन, करना है यह काम ।
वापस उस साम्राज्य को, देना है सम्मान ।। 884
सुनो छहत्तर वर्ष की, करुण पुरानी बात ।
राजे! जिसको जान कर, कंपित होंगे गात ।। 885

(कहानी)

पाँच अराजक कौन थे, क्या थे उनके नाम ।
क्या उनका षड्यंत्र था, कीन्हे क्या थे काम ।। 886
आदिलशाह बिजापुरी, अहमदनगर-निजाम ।
बारीदशाह था अली, बीदर का सुलतान ।। 887
अहमदशाह अचलपुरी, और पाँचवाँ नाम ।

66. विजयनगर का पुनरस्मरण, 1641 AD

गोवलकुंडा का कुली, कुतुबशाह कुनाम ।। 888
पाचों बैरी आपसी, बने पाप में मित्र ।
हिंदू-नरसंहार का, जिनके मन में सूत्र ।। 889
विजयनगर का वीर वो, रामराय विख्यात ।
हिंदू राजा सद्गुणी, अखिल जगत प्रख्यात ।। 890
हुआ अचानक आक्रमण, एक रात, खूँखार ।
पाँच ओर से घिर गया, कर न सका प्रतिकार ।। 891
साथ किसी ने ना दिया, करते हरि! हरि! जाप ।
अपनों को मरने दिया, करने पश्चाताप ।। 892
प्रजा जनों का टालने, भीषण नर संहार ।
करी याचना शाँति की, विवश मान कर हार ।। 893

(मगर)

बैरी प्यासे खून के, पाँचों थे सुलतान ।
ठुकरा कर प्रस्ताव वो, दिखला दिया गुमान ।। 894
किया आक्रमण जोर से, टूट पड़े सुलतान ।
रण था तालीकोट का, युद्ध हुआ घमसान ।। 895
खूब लड़ा रण वीर वो, एक अकेला आप ।
पड़ोस के सब रह गए, करते हरि! हरि! जाप ।। 896
पाँचों फौजें एक पर, करत रही थी वार ।
फिर भी हिंदू वीर की, रुकी नहीं तलवार ।। 897

(फिर)

लड़ते-लड़ते वीर को, लगा अचानक बाण ।
गिरा धरा पर धाँय से, मगर न निकले प्राण ।। 898
कैद होगया वीर वो, सुलतानों के हाथ ।
काटे उसके अंग सब, कुत्सितता के साथ ।। 899

66. विजयनगर का पुनरस्मरण, 1641 AD

उड़ा दिया सिर वीर का, जैसी उनकी रीत ।
काटी हिंदू फौज भी, जाहिर करने जीत ।। 900
विजयनगर में फिर हुआ, भीषण कत्लेआम ।
जला आग में राज्य वो, घर घर था शमशान ।। 901

दोहा॰ बिजापुरी सुलतान ने, लूट लिया धन–माल ।
गौरवशाली राज्य वो, बना दिया कंगाल ।। 902
माँ–बहिनें सब भ्रष्ट की, सुलतानों ने पाँच ।
फौजी उनके हवस में, नग्न रहे थे नाच ।। 903
सुवर्ण नगरी लूट कर, गया बिजापुर माल ।
थोड़ा देके चार कों, रण से दिया निकाल ।। 904
भरे खजाने स्वर्ण से, हीरे मोती वस्त्र ।
वैभव आदिल को मिला, हाथी घोड़े शस्त्र ।। 905

(बिजापुर)

दोहा॰ आदिलशाही राज्य का, बदल गया अब रूप ।
चोरी के भंडार से, स्वर्ग समान स्वरूप ।। 906
बलशाली अब होगया, करने को विस्तार ।
हिंदू नृप जो मौन थे, सभी पड़ोसी मार ।। 907
परदेसी सुलतान का, देखोगे दरबार ।
जहाँ पनपते पाप हैं, उगता भ्रष्टाचार ।। 908
दामी सिंहासन बना, गद्दी आलीशान ।
आदिलशाही शान में, बैठे वह सुलतान ।। 909
भव्य भवन दरबार है, सजा बहुत अभिराम ।
राज महल सुंदर बना, कलित कला का काम ।। 910
किला बहुत मजबूत है, प्रवेश द्वार विशाल ।

66. विजयनगर का पुनरस्मरण, 1641 AD

परकोटा भरकम बना, गरगज करत कमाल ।। 911
बड़ी-बड़ी तोपें लगीं, जिनसे किला अभेद्य ।
बंदुकधारी सैन्य है, रक्षा करत अछेद्य ।। 912
हाथी स्वागत के लिए, खड़े बनाय कतार ।
लश्कर के पोशाक में, रक्षक अश्वसवार ।। 913

(मराठे)

दोहा॰ सुनकर वह वैभव कहानी, मिर्च-मसाले साथ ।
शिवबा ने कल्पित किया, आदिलशाही ठाठ ।। 914
परदेसी सुलतान का, इतना सैन्य विशाल ।
कैसे आदिल बन सका, हिंदुनृपों का काल ।। 915
परदेसी तो अल्प हैं, बने हुए सरकार ।
सेना में देसी भरे, बने हुए मक्कार ।। 916
हिंदू उनकी फौज में, मूर्ख मराठा लोग ।
गुलाम बन कर कर रहे, पारतंत्र्य उपभोग ।। 917
छोड़ किसी ने लाज दी, तजा किसी ने धर्म ।
स्वाभिमान को त्याग कर, करत पातकी कर्म ।। 918
सुलतानों के हुक्म पर, लड़ते हिंदू लोग ।
अपनों को ही मारते, बिना किसी भी सोग ।। 919
हिंदुभूमि को लूट कर, करते दुर्व्यवहार ।
सत्ता सुलतानी बढ़े, हिंदू नृप को मार ।। 920
टुकाड़ों पर वे पल रहे, जिन्हें क्लैब्य का रोग ।
सुलतानों के सामने, झुकते हिंदू लोग ।। 921
सुलतानों के सामने, जो ना झुकते लोग ।
स्वाभिमान जिनमें भरा, उन्हें मृत्यु का भोग ।। 922
तोपों से वे उड़ गए, या सिर दीन्हे काट ।

67. शहाजी का ललित महल, 1642 AD

सूली पर वे चढ़ गए, उतर मौत के घाट ।। 923
जिनके घर में एक भी, रखे देश से प्यार ।
उजड़ गए परिवार वे, सबको डाला मार ।। 924
माँ-बहिनें उस वीर की, बिकती बीच बजार ।
ऐसे कितने अनगिनत, नष्ट हुए परिवार ।। 925

(अत:)

शिबवा! अब दरकार है, प्रताप जैसा वीर ।
स्वतंत्रता के काम में, हिंदू जो रणधीर ।। 926
सुनते-सुनते वह कहानी, रोमांचक इतिहास ।
पहुँची शिवबा मँडली, बँगलूर के पास ।। 927

YEAR 1642

67. किशोर शिवाजी-12 :

67. शहाजी का ललित महल, 1642 AD

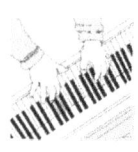

श्री शिवाजी चरित्र दोहावली राग-छंद माला, पुष्प 80

राग बिलावल, कहरवा ताल 8 मात्रा

(शंकर भोले!)

स्थायी

आज चलो हम सब मिल गाएँ, शिव के मंगल नाम सुनाएँ ।

67. शहाजी का ललित महल, 1642 AD

♫ सां–ध पमग मरे गम पग मरेसा–, साग मरे गपनिनि सां–रें सांनिधप– ।

अंतरा–1

भालचंद्र हैं भाते सबको, शंकर–तांडव मन भरमाए ।

♫ प–पध–ध नि– सां–सां सांरेंसां–, सांगंमंगं रेंसांधप गम पगमरेसा– ।

अंतरा–2

एकलिंग जब आते मुख में, दरशन करने मन ललचाए ।

अंतरा–3

गंगाधर शिवशंभु दिगंबर, भोले! हमको नेह लगाए ।

कर्नाटक, 1642, किशोर शिवाजी बारह वर्ष का

✍दोहा॰ **पहुँचे जब बँगलूर में, जिजाऊ माँ के साथ ।**
छू कर पितु के पाँव को, शिवबाने जोड़े हाथ ।। 928
स्वागत शिवबा का हुआ, बँगलूर में भव्य ।
सबने सम्मानित किया, राजपुत्र को दिव्य ।। 929
बहुत शहाजी चाहते, बिजापुरी सरकार ।
करें शिवाजी को बड़ा, सुलतानी सरदार ।। 930

(मगर)

मगर शहाजी को अभी, करना है इक काम ।
शिवबा का है देखना, शुभ विवाह अभिराम ।। 931
कोकण से रिश्ता नया, आया विवाह–काम ।
कन्या नाजुक सी परी, सगुणाबाई नाम ।। 932
शिर्के कुल की लाड़ली, बहुत ख्यात परिवार ।
तुरत शहाजी ने किया, नाता वह स्वीकार ।। 933
जिजामातु ने देख कर, कन्या गोरा रंग ।
रिश्ते को हाँ कह दिया, कछु भी बिना अडंग ।। 934

67. शहाजी का ललित महल, 1642 AD

मंगल मुहूर्त देख कर, किया विवाह संपन्न ।
दोनों कुल के होगए, माता-पिता प्रसन्न ।। 935

दोहा॰ ललित महल बँगलूर का, पत्थर जिसके लाल ।
बिजापुरी सुलतान की, रहमत करी कमाल ।। 936

जो सेवा सुलतान की, करता है चिरकाल ।
वह पाता सम्मान है, उसको मिलता माल ।। 937

पारतंत्र्य में जो सुखी, उसको मिलती खीर ।
जो अपनों का मारता, वह कहलाता वीर ।। 938

कर्नाटक अब होगया, आदिलशाही देश ।
हिंदू यहाँ गुलाम हैं, विजयनगर अवशेष ।। 939

ललित महल में भी यही, बना हुआ है हाल ।
आदिल है ईश्वर यहाँ, महाराष्ट्र का काल ।। 940

दोहा॰ ऐसे इस माहौल में, जहाँ खुशी थी आज ।
शिवबा का मन ना लगा, जहाँ गुलामी राज ।। 941

उसे प्यार स्वातंत्र्य से, वह न बनेगा दास ।
पथ दर्शक उसकी सदा, माता उसके पास ।। 942

शिवबा को बँगलूर में, मिला बहुत सत्कार ।
वेश सुंदर में सजा, उमदा राजकुमार ।। 943

सिर पर तुर्रेदार था, जिरे टोप शिरस्त्राण ।
अँगरखे पर था कढ़ा, कलाबतू का काम ।। 944

(शहाजी)

दोहा॰ काम होगया एक, अब, दूजा कारोबार ।
दिखलाना है पुत्र को, बिजापुरी दरबार ।। 945

चकाचौंध को देख कर, होगा वह आगाह ।

67. शहाजी का ललित महल, 1642 AD

मिल कर वह सुलतान से, पाएगा उत्साह ।। 946
शिवबा जब दरबार में, नम्र झुकाए शीश ।
पाएगा सुलतान से, शुभ मंगल आशीष ।। 947
करे बहुत सुलतान फिर, शिवबा का सत्कार ।
सुभेदार का पद उसे, देगा खुश दरबार ।। 948
उतरे सिर से पुत्र के, स्वतंत्रता का भूत ।
होगा फिर सुलतान का, सेवक वह मजबूत ।। 949
बड़े-बड़े हम वीर भी, जहाँ होगए नास ।
हार मान कर बन गए, बादशाह के दास ।। 950
वहाँ भला कैसे करे, बालक यह प्रतिकार ।
स्वतंत्रता का स्वप्न ये, उसका है बेकार ।। 951
कितने आए औ गए, स्वतंत्रता के वीर ।
लड़ कर थोड़ी देर में, फिर जाती तकदीर ।। 952
मिली हुई जागीर है, जिस मालिक से आज ।
उसकी सेवा यह करे, यही सही अंदाज ।। 953
सेवा सुलतानी किए, होगा नामी वीर ।
कर देंगे इक दिन इसे, सुलतान का वजीर ।। 954
दोहा॰ इस भाँति सब सोच कर, कही पुत्र को बात ।
सुनो पुत्र! आराम से, कहता हूँ जो बात ।। 955

68. आदिलशहा मुँह के बल, बिजापुर, 1643 AD

YEAR 1643

68. किशोर शिवाजी-13 :

68. आदिलशहा मुँह के बल, बिजापुर, 1643 AD

(कर्नाटक, 1643)

दोहा॰ कहै शहाजी एक दिन, सुत को मन की बात ।
शिवबा! तुम तो आज कल, गुमसुम हो दिन-रात ।। 956
तुम्हें यहाँ बँगलूर में, नहीं भा रहा खास ।
चलो बिजापुर की करें, सैर, सहित उल्लास ।। 957
दूर-दूर के नृप कई, आते उस दरबार ।
मिल कर आदिलशाह से, पाते हैं उपकार ।। 958
बड़े-बड़े वे तोहफे, लाते हैं अनमोल ।
खुश करने सुलतान को, खपते हैं दिल खोल ।। 959
आ न सके दरबार में, ऐरे-गैरे लोग ।
मिले इजाजत बस उसे, जिसे राज्य उपभोग ।। 960
हम सेनापति हैं बड़े, विश्रुत सूबेदार ।
सेवक स्वामीनिष्ठ हम, हमें प्राप्त अधिकार ।। 961
जब मर्जी हम जा सकें, बादशाह के पास ।
जिसकी आज्ञा में सदा, तत्पर हैं हम दास ।। 962
आदर देगी पुत्र को, बिजापुरी सरकार ।
स्वागत होवेगा वहाँ, डाल गले में हार ।। 963
सोच शहाजी थे रहे, मन में यह सुविचार ।

68. आदिलशहा मुँह के बल, बिजापुर, 1643 AD

मगर उन्हें था क्या पता, होगा वहाँ प्रकार ।। 964
कौन झुके दरबार में, कौन करे प्रतिरोध ।
ऐन समय पर कौन वा, किसका करे विरोध ।। 965
किसी को न यह था पता, लोग सभी अनजान ।
किसे पथा था, गिर सके, मुँह के बल सुलतान ।। 966

विजापुर, 1643, किशोर शिवाजी तेरह वर्ष का

दोहा॰ शाही सभा तयार थी, करने को सत्कार ।
शिवबा राजे आ रहे, उत्सुक थी सरकार ।। 967
बैठे थे आसन लिए, बड़े-बड़े सरदार ।
सजा धजा था शान से, बिजापुरी दरबार ।। 968
सेना के नेता सभी, जिन्हें शुभ समाचार ।
बैठे निर्णित स्थान पर, यथा जिसे अधिकार ।। 969
शिवबा राजे चल पड़े, बँगलूर से आज ।
देख रहे थे राह में, आदिलशाही राज ।। 970
विजयनगर के माल से, वैभव पाया देश ।
बड़ेबड़े प्रासाद थे, सुंदर वह परिवेश ।। 971
हाथी घोड़े ऊँट थे, पक्का किला विशाल ।
जिन्हें देख कर देश के, भोले लोग निहाल ।। 972
किले निकट जब आगए, शिवबा पितु के साथ ।
स्वागत करने हो गई, तोपों की बरसात ।। 973
खबर गई दरबार में, विद्युत गति के साथ ।
भेजे आदिलशाह ने, लाने सेवक सात ।। 974
जय! जय! के नारे हुए, बरसे सुमन सुरंग ।
वृष्टि तालियों की हुई, वर्षा इत्र सुगंध ।। 975

68. आदिलशहा मुँह के बल, बिजापुर, 1643 AD

✍दोहा॰ बिजापुरी सुलतान ने, यथा दिया आदेश ।
प्रथम शहाजी ने किया, दरबार में प्रवेश ।। 976
बादशाह के सामने, खड़े शहाजी नम्र ।
कुर्निसात करते हुए, खूब झुका कर कम्र ।। 977
आदर पाया शाह ने, उठाय दक्षिण हाथ ।
दीन्हा आसन मान का, अति गौरव के साथ ।। 978

(फिर)

✍दोहा॰ एक इशारा फिर किए, दिया नया आदेश ।
शाही इस दरबार में, शिवबा करे प्रवेश ।। 979
पा कर उस संदेश को, राजे हुए तयार ।
आए फिर दरबार में, बहुत धैर्य को धार ।। 980
सिंहासन पर बादशा, आदिल विराजमान ।
यथा सुनी दरबार की, दिखी तथा ही शान ।। 981
ज्यों ही शिवबा आगया, बीच भरे दरबार ।
उज्ज्वल बालक देख कर, विस्मित थी सरकार ।। 982
तेजस्वी उस मूर्ति को, लख कर आदिलशाह ।
बोले, हाथ उठाय कर, वा भइ! वाह रे! वाह! ।। 983
बिजापुरी दरबार था, सुंदर आलीशान ।
मगर उसी कारण हुआ, "विजयनगर" शमशान ।। 984
खड़ा सामने था शिवा, जोड़े दोनों हाथ ।
नमन करत सुलतान को, सदाचार के साथ ।। 985
बोला, हरगिज ना झुके, यहाँ हमारा शीश ।
आदर वह माता-पिता, पाते गुरु, जगदीश ।। 986
नृप के आगे सिर झुके, मेरा सुख के साथ ।

68. आदिलशहा मुँह के बल, बिजापुर, 1643 AD

मगर सत्य यह बात है, आप न मेरे नाथ ।। 987

आदिलशहा, 1643

दोहा॰ भरी सभा में होगया, आदिल का परिहास ।
शह देकर सुलतान को, लिखा नया इतिहास ।। 988
देखा कभी न था सुना, ऐसा अद्भुत काम ।
विश्व न भूलेगा कभी, अब शिवबा का नाम ।। 989
फैली वार्ता विश्व में, यथा प्रलय की आग ।
दूर, घोर अपमान से, आदिल सका न भाग ।। 990
सभा विसर्जित होगई, आदिल क्रोधित लाल ।
नाम अमर था कर गया, जिजामातु का लाल ।। 991

(शहाजी)

देख पुत्र का धैर्य वो, और देश से प्यार ।
कहत शहाजी गर्व से, उच्च तुझे संस्कार ।। 992
आया उनके ध्यान में, श्रेष्ठ पुत्र का ध्येय ।
बोले, तेरे सुयश का, माता को है श्रेय ।। 993
सुलतानों का ना बने, तू सुत! कभी गुलाम ।
सिद्ध करे स्वातंत्र्य तू, होगा तू कृतकाम ।। 994
जो न कर सके हम कभी, तू कर लेगा काम ।
शिव का तू अवतार है, शिवबा तेरा नाम ।। 995
वीर मराठे जोड़ कर, करना तू संग्राम ।
धर्म संस्थापना किए, करे अधर्म तमाम ।। 996
रच कर यह इतिहास का, सुवर्णमय अध्याय ।
पुणे शिवाजी आगए, दक्षिण को सुलगाय ।। 997

(पुणें)

68. आदिलशहा मुँह के बल, बिजापुर, 1643 AD

✍दोहा॰ सुन कर करनी पुत्र की, जिजामातु को हर्ष ।
गदगद माता होगई, बोली, तुम आदर्श ।। 998
फूँको अब स्वातंत्र्य का, शंख शुभ पाँचजन्य ।
शिवबा! मेरे लाड़ले!, धन्य धन्य हो धन्य! ।। 999
लाल महल में योजना, बने अब असामान्य ।
बाहर से तो शाँत ही, लगे सभी सामान्य ।। 1000
शिवबा करते रात-दिन, नरवीरों की खोज ।
वीर मराठे बाँकुरे, आकर मिलते रोज ।। 1001
प्राण हथेली पर धरे, स्वतंत्रता के नाम ।
जुड़ते रण संग्राम में, करने पावन काम ।। 1002
वीर मराठा मावले, सब शिवबा के संग ।
माता के उपदेश से, पाते नई उमँग ।। 1003
तान्हाजी जैसा सखा, विविध मराठा वीर ।
आए मिल कर काटने, पारतंत्र्य-जंजीर ।। 1004

(शिवाजीका मंत्री मंडलं)

✍दोहा॰ शिवबा ने सर्जन किया, मंत्री मंडल क्षेम ।
शूर चतुर पटु मावले, जिन्हें देश से प्रेम ।। 1005
वीर अनुभवी सूरमे, कुशाग्रबुद्धि सुजान ।
निश्चल सेनानी जिन्हें, राजनीति का ज्ञान ।। 1006
मंत्री मंडल में सजे, मंत्री अष्टप्रधान ।
दादोजी गुरु को मिला, राजगुरु का स्थान ।। 1007
अठपहलू सिक्के बने, राजमुद्रा सुवर्ण ।
भगवा झंडा राष्ट्रध्वज, उगता सूरज वर्ण ।। 1008
शिवबा राजा होगए, बन गया संविधान ।

68. आदिलशहा मुँह के बल, बिजापुर, 1643 AD

राजनीति सब तह हुई, विधि का यथा विधान ।। 1009
सदाचार को स्थान था, यथा हिंदुसंस्कार ।
अभी के लिए गुप्त थी, शिवबा की सरकार ।। 1010

रणनीति

✍दोहा॰ सह्याद्री पर्बत उन्हें, खेल-कूद का स्थान ।
उस गिरिवर की जानते, एक-एक चट्टान ।। 1011
घोड़े दौड़ाते वहाँ, जहाँ मिले मैदान ।
दरियाँ-कंदर लाँघना, लगे उन्हें आसान ।। 1012
मंदिर दर्शन की उन्हें, सदा बहुत थी चाह ।
विद्युत गति से दौड़ते, पथरीली भी राह ।। 1013
रायेश्वर-शिवजी कभी, कभी जेजुरी धाम ।
आलंदी का द्वार या, मोरगाव का ग्राम ।। 1014
✍दोहा॰ राजनीति निश्चित हुई, कब क्या करता कौन ।
कब लड़ना, कब भागना, या कब रहना मौन ।। 1015
कितना बल देना कहाँ, किस पर रखना ध्यान ।
गुप्त चरों से जानना, शत्रु पक्ष का ज्ञान ।। 1016
करना युद्ध पहाड़ में, सुलतानों के साथ ।
वीर मराठे हैं कहे, सह्याद्री के नाथ ।। 1017
ऊचे पर्बत लाँघना, लुकाछुपी के खेल ।
बात उन्हें थी रोज की, कठिनाई को झेल ।। 1018
सुलतानों को चाहिए, रण मैदान सपाट ।
पर्बत पर लड़ना नहीं, उनके बस की बात ।। 1019
पहाड़ियों में थे पले, शूर मावले लोग ।
खाने-पीने के लिए, निसर्ग का उपभोग ।। 1020

68. आदिलशहा मुँह के बल, बिजापुर, 1643 AD

राष्ट्रभक्ति एकाग्र से, उन्हें परम थी प्रीत ।
गाय-भैंस पशु खेत के, घोड़े उनके मीत ।। 1021
देशभक्त आते नए, सैनिक बन कर रोज ।
स्वराज्य के संग्राम में, बिना किए ही खोज ।। 1022
स्वतंत्रता के काम में, देते तन-धन दान ।
शिवबा उनको राज्य में, देते अति सम्मान ।। 1023
शिवबा के जासूस भी, करते अद्भुत कार्य ।
शत्रु पक्ष की खबर वे, बतलाते अनिवार्य ।। 1024

(सह्याद्री)

दोहा॰ सुलतानों के सैन्य में, भरे मराठे आम ।
देशद्रोह जिनमें भरा, जो हैं बने गुलाम ।। 1025
सुलतानों के सैन्य हैं, सशस्त्र बहुत विशाल ।
हाथी तोपें ऊँट से, सजे महा विकराल ।। 1026
ढलान पर्बत की उन्हें, चढ़ना दुख का काम ।
हाथी तोपें ऊँट सब, पर्बत पर बेकाम ।। 1027
छापेमारी से हमें, करने होंगे वार ।
चंचल गति के युद्ध में, करना घोर प्रहार ।। 1028
सह्याद्री गिरि में पले, मर्द मराठा वीर ।
चप्पा-चप्पा जानते, गुफा, नदी के तीर ।। 1029

ॐ श्लोक

गिरिवरेषु सह्याद्रिः स प्राचीनतमो मतः ।
एका च प्राङ्मुखी शाखा दक्षिणाभिमुखी परा ।।
ज्वालामुख्यास्तु संभूतो नदीनां स पिता महान् ।।
पवित्रा भारते सर्वाः-ताः पूर्वाभिमुखास्तथा ।।

68. आदिलशहा मुँह के बल, बिजापुर, 1643 AD

सह्याद्रिः पर्वतः श्रेष्ठः सर्वदक्षिणभारते ।
प्राक्तनाः पावनास्तमिन्–महानद्यो नु निःसृताः ।।
कन्यासु वैनगंगा च वर्धा गोदावरी तथा ।
मांजरा प्रवरा भीमा नीरा कृष्णा मुला तथा ।।
कोयना तुङ्गभद्रा च कावेरी वरदा तथा ।
घटप्रभा तथा ताद्री वैगाई च शरावती ।।
गोण्डा खोण्डाश्च मुण्डाश्च भिल्ला वैगाश्च कोरवाः ।
वारल्यः कातकर्यश्च सह्याद्रेरादिवासिनः ।।
मराठाजातयो नाना वसन्ति पश्चिमे गिरेः ।
अयुध्यत शिवाजीश्च तत्र स न्यवसद्यदा ।।

✍दोहा॰ सर्वसनातन शैल है, गिरि सह्याद्रि महान ।
ज्वालामुखी–उद्‌भुत गिरि, भारत माँ वरदान ।। 1030
विद्यमान दो शाख में, उत्तर–दक्षिण एक ।
पूरब पश्चिम दूसरी, जैसी लंबी रेख ।। 1031
पवित्र नदियों का पिता, गिरि सह्याद्रि विशाल ।
पावन सरिता हैं सभी, पूरब उनकी चाल ।। 1032
सह्याद्रि के हैं बड़े, ऊँचे शिखर अपार ।
चट्टानों की हैं लगीं, कतार पर हि कतार ।। 1033
हरी करौंदा झाडियाँ, ढकती सघन पहाड़ ।
शेर बबर हैं मारते, कर्कश घोर दहाड़ ।। 1034
सह्याद्रि की कोख में, पले मराठे वीर ।
रण पर जब होते खड़े, शूर रौद्र गंभीर ।। 1035
और जाति सह्याद्रि की, भिल्ल, कोरव, गोंड ।
मुंड, कातकर, वारली, वैग तथा ही खोंड ।। 1036

69. रामदास स्वामी, 1644 AD

सह्याद्रि का है उन्हें, चप्पा-चप्पा ज्ञात ।
स्वामी-सेवा में लगे, तन-मन से दिन-रात ।। 1037
अति विशाल सह्याद्रि है, गिरिवर पर्वत राज ।
उत्तर-दक्षिण में यही, करता देश विभाज ।। 1038
शिखर अनेकों तुंग हैं, बहुगुन दीर्घ कतार ।
अंत न दिखता शैल का, बिखरा अचल अपार ।। 1039
झंझा तेजी से चले, वर्षा भी जी तोड़ ।
आतप उष्मा तेज का, प्रपात भी बेजोड़ ।। 1040
महावृक्ष नभ चूमते, वन में पशु खूँखार ।
कृमि अलबेले विपिन में, डंक देत हैं मार ।। 1041

YEAR 1644

69. किशोर शिवाजी-14 :

69. रामदास स्वामी, 1644 AD

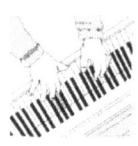

 श्री शिवाजी चरित्र दोहावली राग-छंद माला, पुष्प 81

राग भूपाली, कहरवा ताल 8 मात्रा

(नाम जप)

स्थायी

नाम जपन करले, तन मन से ।

69. रामदास स्वामी, 1644 AD

सुख-दुख घड़ी हर! हर! मन भज ले ।।

♫ सां-ध पगरे सारे प-, गरे गप ध-, गग गरे गप धसां धसां धप गरे सा- ।

अंतरा-1

मन में भर ले पूजन कर ले, अंदर शिव का सुमिरन धर ले ।

♫ गग ग- पप ध- सां-सांसां सांरे सां-, ध-धध सांसां रें- सांरेंगरें सांध प- ।

अंतरा-2

जिसके मुखमें राम बसा है, जीवन मानो वही भला है ।

अंतरा-3

जिसके मन में शिवजी भोले, दीपक जानो वहीं जला है ।

अंतरा-4

दुनिया में हैं लोग लुटेरे, शंकर है रखवारा ।

श्री शिवाजी, चौदह वर्ष का

✍दोहा॰ शिवबा राजा बन गए, महाराष्ट्र के ख्यात ।
फिर भी मन उनका दुखी, चिंता मय दिन रात ।। 1042
मंत्री मंडल बन गया, मिले विविध सरदार ।
फिर भी जन सामान्य को, मान्य नहीं सरकार ।। 1043
पिछले छह-सौ साल से, सुलतानों का राज ।
परदेसी राजा बने, सेवक हिंदुसमाज ।। 1044
जितने जन शिक्षित धनी, उतने निराभिमान ।
सुलतानों के दास्य में, झूठा उन्हें गुमान ।। 1045
सुलतानों के दास हैं, बड़े गर्व से आज ।
टुकड़ों पर हैं पल रहे, छोड़ शर्म अरु लाज ।। 1046
ख्यात मराठा वीर हैं, फौजी अरु सरदार ।

69. रामदास स्वामी, 1644 AD

सुलतानों की शरण में, अपनों को ही मार ।। 1047
पग के तलवे चाटते, पाने को अधिकार ।
अपने भाई-बंधु पर, करके अत्याचार ।। 1048
कई मराठा वीर हैं, तज कर अपना धर्म ।
परदेसी से मिल गए, करने ओछे कर्म ।। 1049
पारतंत्र्य में ना दिखे, उन्हें तनिक भी दोष ।
उनके जूते चूमते, गुलाम वे मदहोश ।। 1050
ऐसे अहमक जनन को, कैसे देना ज्ञान ।
कैसे आँखें खोल कर, करना उन्हें सुजान ।। 1051
कैसे उनमें डालना, देश प्रेम का भाव ।
स्वाभिमान की भावना, स्वातंत्र्य से लगाव ।। 1052
कैसे हो जन जागृति, जो हैं बने गुलाम ।
झुक कर करते रात-दिन, सुलतान को सलाम ।। 1053
ऐसे संकट काल में, आया ईश्वरदूत ।
देकर ज्ञान अबोध को, करने उन्हें सुपूत ।। 1054

रामदास स्वामी की कहानी

✍दोहा॰ जय! जय! जय! रघुवीर श्री, रामदास समर्थ ।
कर्मयोग के ज्ञान से, करते दूर अनर्थ ।। 1055
भक्तियोग उपदेश से, हरते जन अज्ञान ।
देते मधुतम वचन से, अज्ञानी को ज्ञान ।। 1056
सह्याद्री में मठ किया, लिए राम का नाम ।
आते भगतन दूर से, सुनने सुबहो-शाम ।। 1057
देशभक्ति के भाव से, जागृत होते लोग ।
करते उस शुभ ज्ञान का, जीवन में उपयोग ।। 1058

69. रामदास स्वामी, 1644 AD

ग्राम-ग्राम वे घूम कर, देते थे उपदेश ।
बंद खिड़कियाँ खोलते, स्वतंत्र करने देश ।। 1059
अंधन को दृष्टि मिले, अकल-मंद को धी ।
भूले-भ्रमित-निराश की, बुझी-आग में घी ।। 1060
आँखें जिनकी खुल गई, और बने निष्काम ।
राष्ट्रप्रेम उनमें जगा, स्वतंत्रता के नाम ।। 1061
पुश्तैनी जो रह चुके, सुलतानों के दास ।
वे भी जन आने लगे, रामदास के पास ।। 1062

(और)

ग्राम-ग्राम में खुल गए, रामदास के धाम ।
स्थान-स्थान मंदिर बने, हनूमान के नाम ।। 1063
शिवराया ने जब सुना, समर्थ का शुभ नाम ।
बोले, "यह गुरु कौन हैं, क्या है उनका नाम" ।। 1064
"जन जागृत हैं कर रहे, दे कर सद् उपदेश ।
देश प्रेम को बाँटना, उनका है उद्देश ।। 1065
"ऐसे संकट काल में, कौन राम का दास ।
महाराष्ट्र में आगया, कहाँ हैं उसका वास" ।। 1066
"जाएंगे हम आज ही, मिलने उनके पास ।
स्वतंत्रता का मंत्र वे, बतलाएँगे खास ।। 1067
"गुप्त वेश में है हमें, जाना उनके धाम ।
पता चला सुलतान को, लेगा उनके प्राण" ।। 1068
शिवबा सब कुछ जानते, कहाँ उचित है मौन ।
वह दुनिया पहिचानते, कितने जल में कौन ।। 1069

69. रामदास स्वामी, 1644 AD

(सदुपदेश)

✍दोहा॰ सच्चा सेवक जो वही, करता जन उद्धार ।
देकर शुभ संदेश वो, करता है उपकार ।। 1070
रामदास शुभ नाम है, स्वामी बहुत महान ।
ज्ञानी कविवर श्रेष्ठ है, दैवत उसका राम ।। 1071
जीएँ शत-शत वर्ष वे, अमर करेंगे नाम ।
रघुपति के आशीष से, करे सफल वे काम ।। 1072

✍दोहा॰ स्वामी देते जगत को, प्रात्यक्षिक उपदेश ।
लेकर रघुपति नाम को, करत वे श्रीगणेश ।। 1073
जन हित में जाते जहाँ, मन में करते वास ।
तेजस्वी आभा वहाँ, डाले ज्ञान प्रकास ।। 1074
हिरदय-परिवर्तन करे, ओजस उनकी भाष ।
जनगण को तत्काल ही, होजाता विश्वास ।। 1075
गल में माला रुद्र की, लँगोटी है वेश ।
हाथ कमँडलु ताम्र का, लंबे उनके केश ।। 1076
सुधरी उनकी सोच है, परे अँधविश्वास ।
श्लोक सुधारस धान का, शीघ्र बुलावे पास ।। 1077
स्वामी कहते जनन को, करना क्या है काम ।
और न करना क्या, कहाँ, भला-बुरा अंजाम ।। 1078
व्यवहारिक वे ज्ञान के, देते अचूक मंत्र ।
सदाचार समृद्ध के, फलदायक जो तंत्र ।। 1079

(और)

वे कहते, करणीय क्या, क्या यश का पैगाम ।
लापरवाही मत करो, न ही देर से काम ।। 1080
सदा शुद्ध आचार हो, सात्त्विक नम्र विचार ।

69. रामदास स्वामी, 1644 AD

न हो कभी मजबूर तुम, न ही कभी लाचार ।। 1081
ना कोसो तुम दैव को, रोओ मत बेकार ।
मन तुमरा संतुष्ट हो, हिरदय में हो प्यार ।। 1082
संकट का हो सामना, याद किए भगवान ।
जैसे को तैसा करो, यथोचित समाधान ।। 1083
लेना-देना चोख हो, नीति नियम के साथ ।
आत्म सदा विश्वास हो, तुम्हीं तुम्हारे नाथ ।। 1084

(और भी)

दुनिया को जो मान्य है, उसका हो सत्कार ।
दुनिया में जो निंद्य है, उसका हो दुत्कार ।। 1085
धीरज को ना छोड़िये, मुश्किल यदि हो काल ।
दुर्बल की रक्षा करो, उनकी बन कर ढाल ।। 1086
कठोर बचनन ना कहो, कभी किसी को आप ।
वाणी के आघात से, तुमको लगता पाप ।। 1087
तूँ-तूँ मैं-मैं मत करो, बिना अर्थ बकवाद ।
आत्मश्लाघ से भी परे, रहे नियम यह याद ।। 1088
निर्मल हो मन-देह भी, मंदिर सम हो गेह ।
स्वच्छ रहे परिवेश भी, सब जन के प्रति स्नेह ।। 1089
विमल वस्त्र परिधान हों, हरदम भद्र स्वभाव ।
कला-शास्त्र में हो रुची, शास्त्राभ्यास प्रभाव ।। 1090
मंगल गृह-संसार हो, पावन हों संस्कार ।
सदाचार के तत्त्व सब, तन में हो संचार ।। 1091
सज्जन की हो संगती, दुर्जन से हो दूर ।
बलशाली जो नम्र है, वही कहा है शूर ।। 1092
बोध वाक्य गुरुदेव के, दिखलाते सन्मार्ग ।

69. रामदास स्वामी, 1644 AD

जिन के पालन से बसे, धरती पर ही स्वर्ग ।। 1093

(तथा ही)

उस पर ना विश्वास हो, जो है धोखेबाज ।
दाँव शत्रु के जानना, सफल बनाता काज ।। 1084
तन मन में हो मारुती, मातु-पिता सम्मान ।
लक्ष्मी की सेवा करे, वह होता धनवान ।। 1095
मातृभूमि से प्रेम हो, तन मन धन को वार ।
देशद्रोह का छाल करे, पापी वह गद्दार ।। 1096
नरक गुलामी जानिये, कभी न बनना दास ।
राजा की सत्ता न दो, परदेसी के पास ।। 1097
लोगों में स्वातंत्र्य की, जगी सुमंगल ज्योत ।
लाखों सेवक बन गए, राष्ट्रप्रेम का स्त्रोत ।। 1098

संत तुकाराम महाराज की कहानी

दोहा॰ इसी समय पर दूसरे, भक्तिमार्ग के संत ।
तुकाराम शुभ नाम के, विट्ठल-भक्त महंत ।। 1099
गाते अभंग-छंद में, ईश्वर स्तति के गीत ।
उन गीतों में झलकती, उनकी विट्ठल-प्रीत ।। 1100
सुलतानों के देख कर, भीषण अत्याचार ।
जनता थी दहली हुई, करने को प्रतिकार ।। 1101
ऐसे मुश्किल काल में, देने को विश्वास ।
तुकाराम ने जनन को, दीन्हा ज्ञान प्रकाश ।। 1102

(तुकाराम)

देहू नामक ग्राम में, तुकारामजी संत ।
रच कर गान अभंग के, देते ज्ञान अनंत ।। 1103

70. स्वराज्य की शपथ, 1645 AD

पानी में जो ना गले, पावन गाथा ग्रंथ ।
भक्तिमार्ग से स्थापित किया, वारकरी का पंथ ।। 1104
सुन कर महती संत की, राष्ट्रप्रेम का काम ।
शिवबा मिलने आगए, तुकाराम के धाम ।। 1105
छू कर चरणन संत के, करके मधु संवाद ।
शिवबा ने उस संत के, लीन्हे आशीर्वाद ।। 1106

YEAR 1645

70. किशोर शिवाजी–15 :

70. स्वराज्य की शपथ, 1645 AD

श्रीशिवाजी पन्द्रह वर्ष के

दोहा॰ संतन के वरदान से, और मातु उपदेश ।
शिवबा राजे भद्र थे, सात्त्विक नृप धर्मेश ।। 1107
दीन दयाला श्रेष्ठ थे, दया क्षमा सुख धाम ।
न्याय नीति के कार्य में, यथा कर्म परिणाम ।। 1108
जग में ऐसा और ना, राजा हुआ सुजान ।
गो ब्राह्मण दुखभाग औ, स्त्री–रक्षक दरबान ।। 1109
राजा अनेक होगए, कामुक लंपट यार ।
चालचलन से तामसी, जग में बारंबार ।। 1110

70. स्वराज्य की शपथ, 1645 AD

सुलतानों ने थे किए, निर्घृण अत्याचार ।
भ्रष्ट-दुष्ट व्यवहार भी, नारी पर व्यभिचार ।। 1111

(और)

कलियुग में दुर्गम यदि, राजा राम-समान ।
आया शिव-अवतार में, राजा शिवबा नाम ।। 1112
जितना वह नृप शूर है, उतना ही है भद्र ।
कभी राम का रूप है, कभी अवतार रुद्र ।। 1113
करता स्त्री सम्मान वो, जाति-धर्म को छोड़ ।
पूजनीय है स्त्री सदा, दोनों कर को जोड़ ।। 1114
राजा हो या हो प्रजा, एक तुला पर न्याय ।
दंड उसे उस मान का, यथा किया अन्याय ।। 1115
नारी देवी है कही, बहिना कन्या मात ।
पत्नी गृह की लक्ष्मी, नियम सदा यह ज्ञात ।। 1116
सीता राधा द्रौपदी, लज्जित कीन्हीं नार ।
दुष्ट नृपों ने थे किए, जघन्य अत्याचार ।। 1117
रावण, बाली को मिली, मौत राम के हाथ ।
दुर्योधन चौपट हुआ, समग्र कुल के साथ ।। 1118

(और)

सकल मराठा देश में, स्त्री है देवी ज्ञात ।
दुर्गा लक्ष्मी पार्वती, रमा शारदा मात ।। 1119
गंगा यमुना नर्मदा, सिंधु आपगा आप ।
कावेरी गोदावरी, जो धोतीं हैं पाप ।। 1120
गीता जानी है वही, श्लोक छंद का स्त्रोत ।
वही वेद की है ऋचा, परम ज्ञान की ज्योत ।। 1121
नारी की माया कही, रामराज्य की नींव ।

70. स्वराज्य की शपथ, 1645 AD

श्रद्धा, प्रीती, सभ्यता, मानवता का जीव ।। 1122
तन मन धन सब वार कर, नारी को प्रणिपात ।
करिए शाश्वत राज्य में, स्त्री की शुभ सौगात ।। 1123
तानाशाही त्याज्य कर, सदाचार का धाम ।
उसी मराठा राज्य को, "शिव-भारत" हो नाम ।। 1124

रांझे पाटील की कहानी

(एक दिन)

✍दोहा॰ शिवबा वो नर आज है, नृप लाखों मे एक ।
महाराष्ट्र की भूमि पर, सद् आचारी नेक ।। 1125
रक्षण सज्जन का किए, दुर्जन को दे ताड़ ।
स्त्री-शोषण जो नर करे, करे न उसके लाड़ ।। 1126

✍दोहा॰ इक दिन शिवबा ने सुनी, बहुत सनसनी बात ।
रांझे नामक गाँव में, हुआ घोर उत्पात ।। 1127
वहाँ किसी ने है किया, स्त्री पर अत्याचार ।
सभी ग्राम के सामने, अबला का अपहार ।। 1128

(सेवक)

पुणे नगर से कोस दस, रांझे नामक गाँव ।
वहाँ एक मगरूर है, पटेल बाबाराव ।। 1129
घमंड में मदमस्त वो, करता ओछे काम ।
आदिलशाही दास है, अतः नहीं बदनाम ।। 1130
स्त्री पर अत्याचार वो, करता बारंबार ।
मगर न कोई कर सके, पटेल का प्रतिकार ।। 1131

70. स्वराज्य की शपथ, 1645 AD

मारपीट करता बड़ी, और करे तकरार ।
उससे डरते हैं सभी, उसका है अधिकार ।। 1132

(बाबाराव गुजर)

✍दोहा॰ सुनी बात जब सनसनी, शिवबा को अति रोष ।
बाले, शठ वह कौन है, करता ऐसे दोष ।। 1133
ले आओ उस अधम को, तुरंत हमरे पास ।
पटेल ऐसे हैं यहाँ, होत नहीं विश्वास ।। 1134
लाओ उसको बाँध कर, दोषी भाग न जाय ।
यथा दोष बदमाश को, देंगे उसको न्याय ।। 1135
आदिलशाही ना यहाँ, करत मराठे राज ।
देंगे उसको हम सजा, यथा नीति से आज ।। 1136
पाकर आज्ञा न्याय की, निकले अश्व सवार ।
लाने बाबाराव को, शिवबा के दरबार ।। 1137
लाकर बाबाराव को, किया पेश साक्षात् ।
शिवबा नृप के सामने, सुनने उसकी बात ।। 1138
कहा, बताओ क्यों किया, ऐसा ओछा काम ।
क्या तुम नाही जानते, इसका क्या अंजाम ।। 1139

(बाबाराव)

शिवबा से उसने कही, बेहूदा सब बात ।
बोला, मैं पाटील हूँ, राँझा का विख्यात ।। 1140
मुझे न कोई रोकता, दुनिया का कानून ।
जो चाहूँ वैसा करूँ, बलात्कार या खून ।। 1141
पहले मैंने हैं किए, बहुत घोर अपराध ।
मुझे किसी ने ना कहा, कुछ भी उनके बाद ।। 1142
बालक! तू ना जानता, मेरी पदवी खास ।

70. स्वराज्य की शपथ, 1645 AD

मुझे किसी से डर नहीं, आदिल का मैं दास ।। 1143
भला बुरा जो भी करूँ, मुझे सभी है माफ ।
मेरा तू राजा नहीं, मेरा रस्ता साफ ।। 1144
रांझे की सब औरतें, बेटी हो या मात ।
मेरी ही सौगात हैं, मेरे ही गुण गात ।। 1145
मैं राजा हूँ गाँव का, जाना हूँ प्रतिपाल ।
कन्या-माताएँ सभी, मेरा ही है माल ।। 1146
ऐसा मेरा कायदा, सब सुनते हैं मौन ।
आदिलशाही दास मैं, तू होता है कौन? ।। 1147

(दरबार)

✍दोहा॰ सुन बकवाद पटेल की, क्षुब्ध हुआ दरबार ।
शिवबा बोले, न्याय से, करिये कारोबार ।। 1148
जिन पैरों से यह चला, करने को व्यभिचार ।
काटो पग वे पातकी, हो जाएँ बेकार ।। 1149
जिन हाथों से यह करे, स्त्री पर अत्याचार ।
काटो कर वे दुष्ट के, फिर न करे अविचार ।। 1150
करे न कोई पाप यों, सेवक या सुलतान ।
स्त्री रक्षा कर्तव्य है, स्त्री का हो सम्मान ।। 1151
नृप दाहिर के काल से, खेलोजी तक आज ।
सुलतानों ने लूट ली, पत्नीयों की लाज ।। 1152
कलियुग के भी काल में, सदाचार का त्राण ।
करने आया दूत है, लेने-देने प्राण ।। 1153

रोहिडेश्वर की शपथ

✍दोहा॰ राँझे प्रकरण से हुआ, जनता को विश्वास ।

70. स्वराज्य की शपथ, 1645 AD

शिवबा वह प्रतिपाल है, जिसकी सबको आस ।। 1154
सुलतानों ने था किया, जनता को पथभ्रष्ट ।
अब जनता को मिल गया, राजा निर्मल स्पष्ट ।। 1155
जमा होगए एक दिन, शिवबा के सब मीत ।
रोहीडेश्वर धाम में, जिन्हें देश से प्रीत ।। 1156
करने प्रण स्वातंत्र्य का, अटल शपथ के साथ ।
हिंदुराष्ट्र स्थापन करें, अडिग मिला कर हाथ ।। 1157
उनको आकर फिर मिले, बूढ़े और जवान ।
जिनके मन में था जगा, स्वदेश का अभिमान ।। 1158
यहाँ हुआ स्वातंत्र्य का, सत्यकाम प्रारंभ ।
भारत के इतिहास में, चढ़ा केसरी रंग ।। 1159

🎵 श्री शिवाजी चरित्र दोहावली राग-छंद माला, पुष्प 82

स्वराज्य की शपथ

छंद : सरसी

राजा हमको कहते सारे, अगल-बगल के लोग ।
मगर हमें तो दुखा रहा है, भारत माँ का सोग ।। 1
भूमि हमारी, मालिक वे हैं, जिन्हें न हमसे प्यार ।
लूट-मार औ तोड़-फोड़ भी, बेशर्म बलात्कार ।। 2
लोग हमारे बने हैं कई, मुरख उनके दास ।
माता-बहनें भ्रष्ट हो रही, शर्म न जिनके पास ।। 3
मरे हुए अभिमान जिन्हों के, ठंढा उनका खून ।
पशुवत् जीवन बिता रहे हैं, गुलामी का जुनून ।। 4
चलो मावलों आज शपथ लें, सफल करें सवराज ।
बाजी दाजी तानाजी प्रभु, सब मिल करिए काज ।। 5

71. तोरणा विजय, 1646 AD

ध्येय शपथ के साथ हो, स्वतंत्र्य एकमेव ।
येलकोट मल्हार भवानी! हर हर महादेव! ।। 6

YEAR 1646

71. किशोर शिवाजी–16 :

71. तोरणा विजय, 1646 AD

श्रीशिवाजी सोलह वर्ष के

दोहा॰ शिवबा सोलह साल का, दढ़ियल–मुच्छड़ वीर ।
मंगलमय चारित्र्य का, आदरणीय सुधीर ।। 1160
प्रखर आत्मविश्वास का, अग्रदर्शी जवान ।
अचल आत्मसम्मान का, प्रकांड बुद्धिमान ।। 1161
हुई शपथ स्वातंत्र्य की, निश्चित हुआ विचार ।
मगर न कोई सैन्य था, करने को प्रतिकार ।। 1162
बैरी उसके चार थे, बलशाली सुलतान ।
मुगल–फिरंगी भी, सभी, सत्तारूढ़ महान ।। 1163

(पूर्व काल में)

दोहा॰ सुलतानों के पास हैं, हाथी घोड़े शस्त्र ।
दुर्ग छोटे–बड़े सभी, सेना भार अजस्त्र ।। 1164
अपने पास न सैन्य है, नाही शस्त्र न द्रव्य ।

71. तोरणा विजय, 1646 AD

ना ही कोई है किला, फहराने ध्वज दिव्य ।। 1165
रचने नींव स्वराज्य की, किला चाहिए पास ।
ध्वज जिस पर फहरा सके, देने को विश्वास ।। 1166

तोरणा विजय

दोहा॰ सोच विचार विमर्श से, हुआ एक निष्कर्ष ।
एक दुर्ग को जीत कर, हो आरंभ सहर्ष ।। 1167
कुछ गढ़ हैं ऐसे जहाँ, नहीं सुरक्षा नाम ।
इक उनमें से जीत कर, शुरू हो सके काम ।। 1168
उच्च पहाड़ी पर खड़ा, किला तोरणा नाम ।
बहुत पुराना ख्यात है, राष्ट्रकूट का धाम ।। 119
किला खंडहर होगया, वहाँ न पहरेदार ।
मियाँ रहीम अचेत है, बूढ़ा किलेदार ।। 1170

(तोरणगढ़)

दोहा॰ टीले पर स्थित है किला, घेरा बहुत विशाल ।
दुर्गम लंबी राह है, निर्जन साँझ-सकाल ।। 1171
कोट अधिकतर बंद ही, रहता है सब काल ।
उस पर छापा मार कर, करिये एक कमाल ।। 1172

दोहा॰ करके ऐसी योजना, निकले अश्वसवार ।
संगी शिवबा के सखा, लिए ढाल-तलवार ।। 1173
टूटे तट को लाँघ कर, भीतर आए वीर ।
यहाँ न कोई था कहीं, चमक गई तकदीर ।। 1174
किला हाथ में आगया, ध्वज रोपण का स्थान ।
बहुत बड़ा भंडार था, विपुल जंग सामान ।। 1175
मिली वहाँ धन-संपदा, संचित रखी अपार ।

71. तोरणा विजय, 1646 AD

लाई जो थी लूट कर, प्रजा जनों को मार ।। 1176

(फिर)

दोहा॰ गिन कर धन-द्रव्य वो, रखा देश के नाम ।
शस्त्र युद्ध-सामान सब, नए सैन्य के काम ।। 1177
किया किले पर जब खड़ा, भगवा ध्वज का स्तंभ ।
स्वराज्य का तब होगया, यथार्थ में आरंभ ।। 1178
खड़ी दुर्ग पर होगई, वीर मराठा फौज ।
स्वराज्य के आनंद में, मना रही थी मौज ।। 1179

(उधर)

दोहा॰ आदिलशाही व्यस्त थे, दक्षिण करने व्याप्त ।
इधर मराठों ने किया, किला तोरणा प्राप्त ।। 1180

(इधर)

दोहा॰ लख ध्वज भगवा रंग का, जनता को उल्लास ।
मर्द मावलों को हुआ, स्वराज्य पर विश्वास ।। 1181
हुए मराठा फौज में, शामिल कई जवान ।
सेना बलशाली हुई, ढीठ और तूफान ।। 1182

राजगढ़ किले की कहानी

दोहा॰ राजगढ़ किला दूसरा, हुआ ध्येय तैयार ।
दुर्गम जिसका स्थान है, मुरुंबदेव पहाड़ ।। 1183
दुर्ग शिखर पर है खड़ा, फैला बहुत विशाल ।
हाथ अगर वो आगया, बने राज्य की ढाल ।। 1184
यथा पुरातन तोरणा, तथा राजगढ़ जीर्ण ।
सतकर्णी युग में बना, कोट बहुत विस्तिर्ण ।। 1185

71. तोरणा विजय, 1646 AD

आक्रमणों से भग्न थे, कई किले के भाग ।
कला-कर्म का था कहीं, बचा नहीं बेदाग ।। 1186
आदिलशाही लूट से, संचित था भंडार ।
गफलत में था सो रहा, गढ़ का किलेदार ।। 1187
वीर मराठे हैं सभी, बने हमारे दास ।
अब न किसी से डर बचा, उनको था विश्वास ।। 1188
पिछले बारह साल से, निर्जन था यह स्थान ।
आया कोई ना यहाँ, न ही किसी का ध्यान ।। 1189
यह सब हालत जान कर, करने अपना काम ।
इक दिन शिवबा ने किया, आक्रम ढलती-शाम ।। 1190
दुर्ग हाथ में आगया, बिना तनिक प्रतिकार ।
फौज किले पर कर खड़ी, दिया उसे अधिकार ।। 1191
धन-संपद थी मिल गई, खुला दुर्ग का द्वार ।
काम शीघ्र गति होगया, करने जीर्णोद्धार ।। 1192

स्थायी
राम लिखो, नाम लिखो, राम लिखो, नाम रे ।

♪ ध-ध पम-, प-प मरे-, सा-सा साध-, प-म म- - ।

अंतरा-1

शिला तरे, सेतु बने, स्वेद बिंदु ढार रे ।
राम जपो, नाम रटो, तभी बने काम रे ।।

♪ म-म पध-, सां-सां सांसां-, ध-सां रें-सां धध प- - ।
ध-ध पम-, प-प मरे-, सासा- धध- प-म म- - ।।

अंतरा-2

71. तोरणा विजय, 1646 AD

जादू भरा, महा भला, राम राम-नाम रे।
काम करो, काम करो, राम को लो थाम रे।।

कुवारीगढ़ की कहानी

दोहा॰ किला तीसरा अब चुना, बड़े धैर्य के साथ।
नाम कुवारीगढ़ जिसे, लेने अपने हाथ।। 1193
दुर्ग पुरातन जीर्ण था, कई साल से बंद।
इक दिन छापा मार कर, लिया क्षणों में चंद।। 1194
तीन किलों पर चढ़ गए, भगवा रंग निशान।
शिवबा के साम्राज्य की, बढ़ी गगन तक शान।। 1195

रोहिडा विजय

दोहा॰ चार दुर्ग अब आ गए, शिवबा-नृप के हाथ।
काम दुरुस्ती का चला, बड़े जोर के साथ।। 1196
तभी खबर लाए नई, कुछ जासूस बुजुर्ग।
अकाल में है पड़ गया, रोहीड़ा का दुर्ग।। 1197
दाना-पानी ढो रहे, नगरी से मजदूर।
वहाँ न कोई जाँच है, हालत से मजबूर।। 1198
सिद्ध मराठे हो गए, तुरत बदल कर वेश।
शस्त्र छुपा कर हो गए, दास रूप में पेश।। 1199
वीर मराठे तीन-सौ, भीतर हुए तयार।
शत्रु जन सभी मार कर, किया राज्य विस्तार।। 1200

72. जावली प्रकरण, 1647 AD

YEAR 1647

72. किशोर शिवाजी-17 :

72. जावली प्रकरण, 1647 AD

श्रीशिवाजी सत्रह वर्ष के

दोहा॰ किला रोहिड़ा, तोरणा, पड़ा राजगढ़ हाथ ।
बढ़ा काम स्वातंत्र्य का, बड़े जोश के साथ ।। 1201

(दादोजी का स्वर्गारोहण)

दोहा॰ ऐसे मंगल काल में, घटी दुखद इक बात ।
दादोजी गुरुदेव पर, पड़ा मृत्यु आघात ।। 1202
देकर मंत्र स्वराज्य का, रच कर यश की नींव ।
कह कर शिवबा को विदा, चला स्वर्ग में जीव ।। 1203
दादोजी की याद में, गाएगी जनता गीत ।
नीर बहेगा नैन से, जिन्हें देश से प्रीत ।। 1204

श्री शिवाजी चरित्र दोहावली राग-छंद माला, पुष्प 83

वीर शिवाजी, रायगढ़

स्थायी

एक से दूजा दीप जलाओ, स्वतंत्रता की ज्योत जगाओ ।

अंतरा-1

72. जावली प्रकरण, 1647 AD

घन अँधियारा पारतंत्र्य का, सब मिलजुल कर, दूर हटाओ ।
अंतरा–3
मन में डर का शत्रु छिपा है, दास्य भाव को मार मिटाओ ।
अंतरा–4
आओ मिल कर फौज बनाएँ, स्वाभिमान का, शस्त्र उठाओ ।।

जावली प्रकरण

दोहा॰ घाटी जावली की घनी, बसी विपिन में घोर ।
बिखरी भूतल पर बड़ी, चट्टानें चारों ओर ।। 1205
निबिड विपिन में कोयना, बहती नदिया धार ।
छिपी जावली है वहाँ, सबकी दृग के पार ।। 1206
राजा उस संस्थान का, मोरे चंदर राव ।
वीर बहादुर था मगर, तुनक मिजाज स्वभाव ।। 1207
डगमग उसकी अकल थी, कर न सको विश्वास ।
शिवबा का वैरी बना, आदिलशाही दास ।। 1208
करे न कोई मावला, उसकी सीमा पार ।
सीमा पर उसने रखे, सशस्त्र चौकीदार ।। 1209
उसको चिड़ स्वातंत्र्य से, वह था निष्ठ गुलाम ।
सुलतानों की चाकरी, उसको पसंद काम ।। 1210
कहाँ भला है या बुरा, उसे न था वह ज्ञान ।
शिवबा की वो एक दिन, लेना चाहे जान ।। 1211
हार गया वह अंत में, कर न सका यह काम ।
उसे बुलावा आगया, जाने यम के धाम ।। 1212

(चंद्रराव–2)

दोहा॰ चंद्र राव था चल बसा, बिन छोड़े औलाद ।

72. जावली प्रकरण, 1647 AD

कौन करेगा राज अब, चंद्रराव के बाद ।। 1213
घोर समस्या थी खड़ी, करिये क्या अब काज ।
आदिल ने यदि सुन लिया, छीनेगा वह राज ।। 1214
दगाबाज सुलतान है, स्त्रीलंपट है ख्यात ।
भ्रष्टाचारी चोर है, अखिल जगत में ज्ञात ।। 1215
कपटी शठ सुलतान है, कर लेगा अपहार ।
जाते-जाते क्रूर वो, देगा हमको मार ।। 1216
चंद्र राव की दार थी, नारी बहुत सुजान ।
सुलतानों की नीति का, उसे पूर्ण था ज्ञान ।। 1217

(अब)

✍दोहा॰ उपाय अब था एक ही, करने को तत्काल ।
बिना मचाए शोरबा, दत्तक लेना बाल ।। 1218
अब विश्वासी एक ही, नीति परायण नाम ।
भद्र शिवाजी भोसले, कर सकता है काम ।। 1219

(अत:)

✍दोहा॰ उसने सब कुछ सोच कर, करके दृढ विश्वास ।
लाने शिवबा को वहाँ, भेजा अपना दास ।। 1220
बरसों से ही चाह थी, शिवबा को बेताब ।
स्वराज्य में हो जावली, देख रहे थे ख्वाब ।। 1221
आज सुअवसर आगया, चल कर अपने आप ।
पड़ी जावली हाथ में, बिन बाधा चुपचाप ।। 1222
गिनी चुनी सेना लिए, शिवबा ने तत्काल ।
स्वराज्य में ली जावली, बगैर दिए मलाल ।। 1223
दत्तक विधि पूरा किया, सर्व शाँति के साथ ।
दत्तक सुत के शीश पर, रख कर दक्षिण हाथ ।। 1224

73. खान की बहू - प्रकरण, 1648 AD

नामकरण फिर विधि हुआ, दूजा मंगल काम ।
मोरे कुल की ज्यों प्रथा, "चंद्रराव" शुभ नाम ।। 1225
मोरे बाई ने किया, शिवबा का सत्कार ।
उसकी सेवा के लिए, प्रकट किए आभार ।। 1226

YEAR 1648

CONTEMPORARY HISTORICAL STAGE
Kingdoms and the Kings.

Nayak of **Madura** : Tirumal Nayak (r.1623-1659); Nayak of **Ikkeri** : Shivappa (1645-1660); Nayak of **Tanjavur** : Vijaya Raghava (1635-1673); Raja of **Vennad, Kerla** : Ravi Varma-2 (1611-1663); Raja of **Kochin** : Vira Keral Varma-4 (1646-1650); Ali Raja of **Cannanore** : Ali Adil-2 (1647-1655); Aravidu Nayak of **Vijayanagar** : Ranga-3 (1642-1670), *Adil Shahi Sultan of **Bijapur** : Muh. Adil Shah (1627-1657); Qutb Shahi Sultan of **Golkonda** : Abdullah Qutb Shah (1626-1672); Wodiyar Raja of **Mysore** : Kantirav Naras Raja (1638-1659); Malla king of **Patan, Kathmandu, Nepal** : Pratap Malla (1641-1674); Chauhan king of **Bundi** : Chhatrasal (1631-1658); Chauhan of **Kotah** : Madhu Simha (1625-1656); Bhati Rawal of **Jaisalmer** : Kalyandas (1613-1650); Sisodiya Guhila Rana of **Mewad, Udaipur** : Jai Simha-1 (1622-1667); Rana of **Mewad, Jodhpur** : Jaswant Simha (1638-1680); Rathod Rana of **Marwad, Bikaner** : Karan Simha (1638-1669); Jhadeja Rao of **Kacchh** : Khengar-2 (1645-1654); *Mughal Sultan of **Delhi** : Shihab-ud-din Khurram, Shah Jahan-1 (1627-1658).

73. वीर शिवाजी-18 :

73. खान की बहू - प्रकरण, 1648 AD

श्रीशिवाजी अठरह वर्ष के

73. खान की बहू - प्रकरण, 1648 AD

दोहा॰ साल अठारह के हुए, शिवबा वीर जवान ।
हासिल करके जावली, प्राप्त किया सम्मान ।। 1227
बिजापुरी दरबार में, बोला मियाँ रहीम ।
गई जावली हाथ से, विजयी हुआ गनीम ।। 1228
शिवबा ने स्थापन किया, दूजा चंदर राव ।
अमल जावली पर किया, जीत गया वह दाँव ।। 1229
पाँच किले वह लेगया, किया राज्य विस्तार ।
उसका अगला आ रहा, कोंढाणा पर वार ।। 1230
सुन कर खबर रहीम से, चौंक पड़ा दरबार ।
सबने कहा, रहीम ही, हो अब किलेदार ।। 1231
देदो सेना और धन, करने को प्रतिकार ।
कोंढाणा रक्षित करे, मरहट्टों को मार ।। 1232
आदिल से सेना लिए, निकला हरामखोर ।
विजापूर से चल पड़ा, कोंढाणा की ओर ।। 1233

(इधर, कोंढाणा विजय)

दोहा॰ शिवबा को थी सब पता, रहीम की हर चाल ।
उससे आगे दो कदम, बिछा रे थे जाल ।। 1234
सिद्दी अंबर नाम का, कोंढाणा सरदार ।
रहीम से नाराज था, पर बहुत समझदार ।। 1235
विज्ञ दूत को भेज कर, शिवबा ने तत्काल ।
कूटनीति से बात कर, खतरा दिया निकाल ।। 1236
कोंढाणा पर लग गया, भगवा रंग निशान ।
रहीम आकर देखता, बिगढ़ा काम तमाम ।। 1237
भगवा ध्वज को देख कर, लौटा मियाँ रहीम ।

73. खान की बहू - प्रकरण, 1648 AD

आया शिरवल स्थान में, रचने नई मुहीम ।। 1238
उसके पीछे था लगा, चतुर मराठा सैन्य ।
भागा शिरवल छोड़ कर, हुई अवस्था दैन्य ।। 1239
सुभानमंगल दुर्ग पर, आया मियाँ रहीम ।
रह न सका वह दुर्ग पर, पीछे पड़ा गनीम ।। 1240
शिरवल शिवबा को मिला, कोंढाणा के बाद ।
सुभानमंगल का मिला, उसके बाद प्रसाद ।। 1241
मिली बहुत धन संपदा, और युद्ध सामान ।
हुआ राज्य विस्तार भी, और मिला सम्मान ।। 1242
दौड़ा रहीम आगया, पाकर तिगुनी हार ।
भरा हुआ था आदिली, बिजापुरी दरबार ।। 1243

(उधर, बिजापुर)

दोहा॰ सुन कर वार्ता हार की, और घोर नुकसान ।
आदिल बिगढ़ा क्रोध में, शिवबा पर घमसान ।। 1244
घबराया भी बहुत वो, सह न सका अपमान ।
मन ही मन फिर लग गया, रचने कारस्थान ।। 1245
मुगलों का भी डर उसे, अगर दिखा कमजोर ।
कुतुबशाह की फौज का, उसे पता था तौर ।। 1246
हंगामा कुछ ना किए, रचा कपट का दाँव ।
शिवबा को करने दुखी, देकर मन पर घाव ।। 1247
भेजा उसने मुस्तफा, देकर सेना साथ ।
मित्र शहाजी को करे, झूठ मिला कर हाथ ।। 1248

शहाजी राजे कैद में

दोहा॰ आया वह बँगलूर में, रची छावनी काँत ।

73. खान की बहू - प्रकरण, 1648 AD

मित्र शहाजी को किया, उपरी रह कर शाँत ।। 1249
भेजे नजराने कई, बहुत बढ़ाया स्नेह ।
बोला, हम दो हैं यदि, एक हमारा देह ।। 1250
हम दोनों ही श्रेष्ठ हैं, आदिलशाही दास ।
बिना हिचक के हम करें, आपस में विश्वास ।। 1251
धर्म सभी तो एक ही, सिखलाते हैं बात ।
कभी किसी का मत करो, आश्वासन पर घात ।। 1252
भोले मन से शाहजी, कर बैठे विश्वास ।
जाना ना सुलतान ने, रचा हुआ है फाँस ।। 1253
भाई-भाई सोच कर, कर ली आँखें बंद ।
जान न पाए दंभ वो, अकल होगई मंद ।। 1254
आसतीन के साँप को, कहा उन्हों ने नेक ।
प्रजा हमारी एक है, स्वामी हमरा एक ।। 1255
हुआ पूर्ण विश्वास जब, नाटक हुआ खलास ।
फिर सुलतानी ढंग से, मित्रघात प्रकास ।। 1256

(तब)

दोहा॰ इक दिन आधी रात में, होकर पूर्ण तयार ।
सेना लेकर मुस्तफा, निकला अश्व सवार ।। 1257
खबर शहाजी को मिली, पर न हुआ विश्वास ।
हथियारे हैं आ रहे, सुन कर आया हास ।। 1258
भाई मेरा मुस्तफा, करे न ऐसा काम ।
आदिलशाही दास है, शरीफ उसका नाम ।। 1259
अर्ध रात है होगई, मचाओ न कुहराम ।
गलत खबर तुमको मिली, करने दो आराम ।। 1260
पृथ्वीराज ने जो करी, ऐतिहासिक भूल ।

73. खान की बहू - प्रकरण, 1648 AD

वही शहाजी कर रहे, देगी सबको शूल ।। 1262
सुलतानों की रीत ये, देखी जाती खास ।
भाई-वाई कुछ नहीं, तोड़ेंगे विश्वास ।। 1263
भूलेगा इतिहास के, अहम सबक जो नाम ।
फिर पछता कर ना बने, बिगढ़ पड़े जो काम ।। 1264

(और)

खबर गलत वो थी नहीं, मिथ्या था विश्वास ।
निकल पड़ा था मुस्तफा, लेकर अपने दास ।। 1265
कीन्हा हमला जोर से, जब थी आधी रात ।
टूट पड़ा निद्रस्थ पर, बिना कहे कछु बात ।। 1266
मार-काट करने लगा, निद्रा वाले लोग ।
जागो! जागो! का हुआ, अँधेरे में सोग ।। 1267
सुन कर भारी शोर वो, पड़े शहाजी जाग ।
झट से अश्व सवार हो, तुरत रहे थे भाग ।। 1268
घिरी हुई थी छावनी, सैनिक चारों ओर ।
जखमी होकर गिर पड़े, संकट आया घोर ।। 1269
कैद शहाजी होगए, पड़े शत्रु के हाथ ।
बोला उनको मुस्तफा, कुत्सितता के साथ ।। 1270
सफल योजना होगई, शिवबा को देने सीख ।
प्राण बचाने बाप के, माँगेगा वो भीख ।। 1271

(फिर)

हाथ-पाँव में बेड़ियाँ, और गले में डाल ।
ठूँसा उनको कैद में, बुरे कर दिए हाल ।। 1272
भाई बन कर मुस्तफा, निकल बेईमान ।
भद्र शहाजी का किया, उसने अति अपमान ।। 1273

73. खान की बहू - प्रकरण, 1648 AD

डरे नहीं थे मौत से, वीर शहाजी आप ।
उनको चिंता पुत्र की, प्रण जिसका निष्पाप ।। 1274
शिवबा ने स्वातंत्र्य का, खड़ा किया संग्राम ।
जिसको आदिल चाहता, देना पूर्ण विराम ।। 1275
यथा शहाजी सोचते, हुआ वही फिर काम ।
आदिल ने आतंक का, भेज दिया फरमान ।। 1276

(विजापुरी धमकी)

दोहा॰ खबर सनसनी जान कर, बिजापुरी दरबार ।
बोला, सच है मुस्तफा, बड़ा वीर सरदार ।। 1277
सबने उसकी फतह का, किया बहुत सम्मान ।
कहा, शिवाजी रोकने, मिला हमें सामान ।। 1278
शिवबा पर है मातु का, पूर्णतया अधिकार ।
धमकी देकर मातु को, करे सिद्ध व्यवहार ।। 1279
जिजामातु को आगया, धमकी का फरमान ।
पति के प्रिय यदि प्राण हैं, सुत पर लगा विराम ।। 1280
स्वतंत्रता वह छोड़ कर, बने हमारा दास ।
प्राण पिता के माँगने, आए हमरे पास ।। 1281

(जिजाबाई)

नारी वह थी शेरनी, भारत माँ का रूप ।
वीर शिवाजी सुत जिसे, स्वतंत्रता का भूप ।। 1282
तन–मन अर्पण था किया, देश–प्रेम के नाम ।
कर्मयोग वह जानती, कर्म करे निष्काम ।। 1283
भूषण भारत की वही, नारी जग में एक ।
शरण न आयी शत्रु को, प्रण उसका था नेक ।। 1284
ठुकरा कर प्रस्ताव को, खड़ी हुई निर्भीक ।

पुरंदर की लड़ाई, 1648 AD

बोली, निर्मम त्याग का, यही कदम है ठीक ।। 1285
तेरा पति ना छुट सके, अगर न मानी बात ।
आदिल का आदेश है, तुम्हें मिली है मात ।। 1286

(आक्रमण)

दोहा॰ लौटा आया दास जब, लेकर अस्वीकार ।
उतरा बदले के लिए, बिजापुरी दरबार ।। 1287
सबक सिखाने शत्रु को, लड़ने हुए तयार ।
निर्दय फत्तेखान को, बना दिया सरदार ।। 1288
निकली सेना आदिली, नेता फत्तेखान ।
हाथी घोड़े ऊँट औ, तोपों की थी शान ।। 1289
लगी छावनी ठाठ से, बेलसर बड़ा स्थान ।
तंबू चारों ओर थे, मध्ये फत्तेखान ।। 1290

पुरंदर की लड़ाई, 1648 AD

दोहा॰ सुना मराठों ने जभी, आया फत्तेखान ।
मरना है, या मारना, लीन्हा सबने ठान ।। 1291
फौज खान की भव्य है, लाएगी तूफान ।
सौ-सौ होंगे मारने, तभी बनेगा काम ।। 1292
पूरब में है छावनी, बेलसर की छोर ।
शीघ्र पुरंदर आयगी, अब पश्चिम की ओर ।। 1293
हमें पुरंदर चाहिये, करने को प्रतिकार ।
शिरवल में हो सामना, देने उनको हार ।। 1294
कमर शिवाजी ने कसी, और किया निर्धार ।
सिद्ध मराठे होगए, लिए ढाल तलवार ।। 1295
किला पुरंदर था बड़ा, गिरि पर विराजमान ।

पुरंदर की लड़ाई, 1648 AD

बहुत बड़े भी शत्रु से, लड़ने को आसान ।। 1296

(पुरंदर)

किलेदार था मावला, महादजी[24] शुभ नाम ।
आदिलशाही दास था, मगर सयाना काम ।। 1297
महादजी सब प्रांत में, किलेदार विख्यात ।
मित्र शहाजी का घना, बहुत पुराना ज्ञात ।। 1298
फतहखान से थी घृणा, महादजी को खास ।
पता शिवाजी को चला, यथा रहा इतिहास ।। 1299
सोच शिवाजी ने यही, भेजा करने बात ।
वकील ज्ञानी अनुभवी, वाक्चतुर निष्णात ।। 1300
महादजी ने कर लिया, योगदान स्वीकार ।
किया शिवाजी के लिए, खुला दुर्ग का द्वार ।। 1301
भीतर आए मावले, हजार–डेढ़–हजार ।
और शिवाजी ने किया, बंद किले का द्वार ।। 1302
उच्च किले पर चढ़ गया, झंडा भगवा रंग ।
बजे नगाड़े–नौबतें, बहुत हर्ष के संग ।। 1303
सिद्ध शिवाजी होगए, करने को संग्राम ।
मार भगाने शत्रु को, लेकर शिव का नाम ।। 1304
"जय भवानी अंबिके! येलकोट मल्हार" ।
मर्द मराठे मावले, बोले जय जयकार ।। 1305

(शिरवल)

✍दोहा॰ किला पुरंदर आगया, अब तो हमरे हाथ ।
अब बढ़ सकते सामने, हम आस्था के साथ ।। 1306

---

[24] **महादजी :** महादजी निलकंठ सरनाईक.

पुरंदर की लड़ाई, 1648 AD

शिरवल अब अगला कदम, चलो बढ़ें तत्काल ।
सोया फत्तेखान है, गफलत में खुशहाल ।। 1307
वीर मराठा बाँकुरे, वायुवेग तूफान ।
हमला शिरवल पर किया, युद्ध हुआ घमसान ।। 1308
आदिलशाही सैन्य में, दास मराठा वीर ।
रोक सके ना आक्रमण, हार हुई गंभीर ।। 1309
जीत शिवाजी को मिली, शिरवल आया हाथ ।
सुभानमंगल भी मिला, शीघ्र वेग के साथ ।। 1310
भगावा ध्वज गढ़ पर चढ़ा, छूता जो आकाश ।
हर्ष मराठों में चढ़ा, करने शत्रु विनाश ।। 1311
अगला टप्पा बेलसर, जहाँ रुका था खान ।
घने विपिन की छोर पर, फत्तेखान पठान ।। 1312

बेलसर की लड़ाई, नवंबर १६४८

दोहा॰ छुपे मराठे विपिन में, घेरा चारों ओर ।
पता खान को ना चला, संकट छाया घोर ।। 1313
सोया था आराम से, आदिलशाही वीर ।
जगा नींद से, जब गिरे, शोलों वाले तीर ।। 1314
दिया शिवाजी ने जभी, आक्रम का संकेत ।
छापेमारी के लिए, सैनिक हुए सचेत ।। 1315
सेना फत्तेखान की, संख्या बहुत विशाल ।
अल्प मराठा सैन्य था, करने उन पर चाल ।। 1316
छोटे छापे मार कर, किया उन्हें बेहाल ।
मार काट कर भागते, इधर-उधर तत्काल ।। 1317
तंग आगया खान था, बहुत हुआ नुकसान ।

पुरंदर की लड़ाई, 1648 AD

सह न सका आघात वो, मुश्किल में थी जान ।। 1318
स्थान बेलसर छोड़ कर, मान गया फिर हार ।
करना चाहा खान ने, पुरंदर पर प्रहार ।। 1319
डर के मारे खान की, घबराई थी फौज ।
सैनिक सारे थे थके, कर न सके कुछ मौज ।। 1320

(पुरंदर)

उच्च पहाड़ी पर बसा, दुर्ग पुरंदर भव्य ।
मार्ग अगम था दुर्ग का, दुर्गम था कर्तव्य ।। 1321
दुर्ग सुरक्षा थी कड़ी, पहरा था मजबूत ।
शत्रु पक्ष को मारते, मावले यमदूत ।। 1322
पहुँच न पाया दुर्ग तक, वापस लौटा खान ।
गया बिजापुर हार कर, बहुत हुआ अपमान ।। 1323

शिवाजी महाराज छत्रपति

दोहा॰ प्रथम युद्ध स्वातंत्र्य का, लड़ कर रण घमसान ।
जीत शिवाजी को मिली, बहुत बढ़ा सम्मान ।। 1324
गौरव वीरों का हुआ, यश जिनका था काम ।
लिखे गए एतिहास में, सुवर्ण अक्षर नाम ।। 1325
छत्रपति घोषित हुए, वीर शिवाजी आज ।
शत्रु जीत कर कर दिया, सिद्ध मराठा राज ।। 1326
भारत में स्वातंत्र्य का, यही सत्य प्रारंभ ।
परदेसी हकूमत यहाँ, ढलने का आरंभ ।। 1327
हर्षभरा सब देश था, पुलकित सर्व समाज ।
स्वराज्य की घटना बनी, एक नया अंदाज ।। 1328
सदाचार सद्धर्म का, स्थापित हुआ स्वराज ।

खान की बहू

सिंहासन पर शुभग थे, शिवछत्रपति विराज ।। 1329
राजनीति अब तह हुई, निश्चित अष्टप्रधान ।
सबसे ऊपर पद बना, पेशवा सम्मान ।। 1330

खान की बहू

✍दोहा॰ उदय हुआ स्वातंत्र्य का, नए बने सब प्रांत ।
प्रांतों के शासक चुने, प्रजा रखी सुख-शाँत ।। 1331
नए किले थे बाँधने, जहाँ जहाँ दरकार ।
किले पुराने ठीक कर, करना जीर्णोद्धार ।। 1332
नया युद्ध सामान भी, नया अश्वदलभार ।
नए सैन्य, सेनापति, नूतन कारोबार ।। 1333
राज्य व्यवस्था सब नई, नए कई कानून ।
स्वराज्य सीमा भी नई, सब में नया जुनून ।। 1334
अर्थ व्यवस्था ज्यों बनी, जनता का शुभ-लाभ ।
शत्रुपक्ष को लूट कर, पूरा किया हिसाब ।। 1335
मुगलों का धन चाहिये, करके नए उपाय ।
शत्रु-लुटेरा दल बना, जनता को न अपाय ।। 1336

(बिजापुरी)

सालाना कर प्रांत से, बिजापुरी सरकार ।
वसूलती है भेज कर, रक्षक अश्वसवार ।। 1337
कर का धन किस मार्ग से, जाता है हर बार ।
कितनी वाहक गाड़ियाँ, कितने पहरेदार ।। 1338
बटमारों ने खबर ली, पूरी सह विस्तार ।
उसी खबर अनुसार ही, इक दिन हुआ प्रकार ।। 1339

(एक दिन)

खान की बहू

एक बार कल्याण से, बहुत बड़ा भंडार ।
कर का धन था जा रहा, बिजापुरी दरबार ।। 1340
धन था वाहन में भरा, रक्षक चौकीदार ।
एक यान में शोभना, बैठी थी इक नार ।। 1341
आबाजी बटमार ने, रोके उनके यान ।
पहरे वाले कैद कर, लूटा सब सामान ।। 1342
आबाजी को यान में, मिली सुंदरी नार ।
रूपवती को देख कर, मन में गलत विचार ।। 1343
नारी को उस अप्सरा, ले आया वह चोर ।
भेंट शिवाजी को करी, नजराने की तौर ।। 1344

(मगर)

✍दोहा॰ उस नारी को देख कर, शिवबा दुखी अपार ।
कहा, घोर यह पाप है, नारी का अपहार ।। 1345
माफी माँगी भूल की, उस वनिता से आप ।
बोले, हमरे दास से, घोर हुआ है पाप ।। 1346
पापी को हम दंड दें, यथा हमारा न्याय ।
नारीगौरव भंग का, दोष न बक्षा जाय ।। 1347
और शिवाजी ने कहा, धन समेत यह नार ।
लेजाओ सम्मान से, बिजापुरी दरबार ।। 1348
मुक्त करो सत्कार से, कैदी पहरेदार ।
जाने दो घर शाँति से, देकर धन उपहार ।। 1349
नारी लक्ष्मी रूप है, यहाँ न धर्म विचार ।
संस्कृति यह आदर्श है, सनातन सदाचार ।। 1350
यह सुलतानी राज ना, करने भ्रष्टाचार ।
उदाहरण इतिहास में, मिलते बारंबार ।। 1351

74. अफ़जलखान का आगमन, 1649 AD

शहाजहान

दोहा॰ मुगलों का तानाशहा, खुर्रम शहाजहान[25] ।
अडतालिसवाँ बादशा, बहुत ख्यात सुलतान ।। 1352
दिल्ली को है जा रहा, आगरा-सुलतान ।
वापस आकर आगरे, तजे कैद में प्राण ।। 1353
दिल्ली पांडव-राज्य था, फिर थे नृप चौहान ।
सुलतानों के हाथ फिर, आया हिंदुस्तान ।। 1354
खुर्रम का सुत तीसरा, जाना आलमगीर ।
महा क्रूर सुलतान है, परिस्थिति गंभीर ।। 1355

YEAR 1649

74. वीर शिवाजी-19 :

74. अफ़जलखान का आगमन, 1649 AD

दोहा॰ सुन कर फत्तेखान की, रण पर भीषण हार ।
हुआ मुस्तफा खान के, मन में कष्ट अपार ।। 1356

---

[25] **शहाजहान** : Ruled 1627-1658. He had four sons : 1. * Dara Shukoh (1615-1659), 2. * Shah Shuja (1617-1659), 3. Aurangzeb (1618-1707, r. 1658-1707), 4. Murad Baksh (1625-1661). * Murdered by Aurangzeb.

74. अफ़जलखान का आगमन, 1649 AD

हिरदय से अस्वस्थ था, और बहुत हैरान ।
पड़ा बहुत बीमार वो, निकल गए फिर प्राण ।। 1357
नेता अब बंगलूर में, आया अफजलखान ।
ऊँचा तगढ़ा साँड वो, ख्यात बड़ा तूफान ।। 1358
भेजा आदिलशाह ने, अफजल को संदेश ।
करो शहाजी को यहाँ, बिजापूर में पेश ।। 1359
लाओ उसको बाँध कर, छुट कर भाग न पाय ।
उन्हें शिवाजी मावला, छुड़ा कर न ले जाय ।। 1360
हाथ-पाँव में बेड़ियाँ, पिंजरे में हो बंद ।
पहरा उन पर ना घटे, कहीं निमिष भी चंद ।। 1361
देशद्रोह के जुर्म में, कहेंगे गुनहगार ।
और शहाजी को यहाँ, डालेंगे हम मार ।। 1362

वीर शिवाजी, उन्नीस वर्ष के

✍दोहा॰ उधर शहाजी कैद में, पड़े बहुत उदास ।
इधर शिवाजी सोचते, उपाय कोई खास ।। 1363
कैसे आदिलशाह को, करना है मजबूर ।
मुक्त शहाजी को करे, आदिलशाह जरूर ।। 1364
आयी युक्ति ध्यान में, शह देकर फिर मात ।
चाल शिवाजी ने चली, जिससे सुधरी बात ।। 1365
पता किसी को ना चला, चले शिवाजी चाल ।
संकट आदिलशाह पर, करने को बेहाल ।। 1366

(युक्ति)

✍दोहा॰ तुरत शिवाजी ने लिखा, पत्र एक अति खास ।
शहाजहाँ सुलतान को, करने को अरदास ।। 1367

74. अफ़जलखान का आगमन, 1649 AD

कहा, "हमें मंजूर है, दिल्ली की सरकार ।
सेवा अब हम आपकी, करते हैं स्वीकार ।। 1368
"शरण आ रहे आपकी, पिता शहाजी साथ ।
फौज मराठा राज्य की, सभी तिहारे हाथ ।। 1369
"आप हमारे जानते, यश के सब किरदार ।
हमसे आदिल शाह हैं, हारे बारंबार ।। 1370
"सेवा हमरी हो अगर, दिल्ली को स्वीकार ।
शरण आपकी आ सकें, बिजापुरी सरकार ।। 1371
"अडचन केवल एक है, करने सफल करार ।
कैद शहाजी हैं किये, बिजापुरी दरबार ।। 1372
"मुक्ति तिहारे दास की, करने का फरमान ।
जारी होगा शीघ्र तो, हो सके समाधान" ।। 1373
साम दाम या दंड से, करता जो है भेद ।
वीर वही है काम का, उसे मिले ना खेद ।। 1374

✍दोहा॰ पत्र शिवाजी ने लिखा, शहाजहाँ को खास ।
और शहाजी मावले, बने मुगल के दास ।। 1375
जानी आदिलशाह ने, जब इस खत की बात ।
कीन्हा आदिलशाह पर, बिजली का आघात ।। 1376
जान न पाए बात ये, सोची समझी चाल ।
चली शिवाजी ने स्वयं, बुन कर नकली जाल ।। 1377

(फिर)

✍दोहा॰ घबराए आदिलशहा, मुगलों से तत्काल ।
मुगल शिवाजी से मिले, बन सकते हैं काल ।। 1378
मुक्त शहाजी को किया, उसने रख कर शर्त ।

74. अफ़जलखान का आगमन, 1649 AD

कोंढाणा उसको मिले, बदले के प्रित्यर्थ ।। 1379
न था शहाजी को पता, आदिल था लाचार ।
मोचन के आनंद में, शर्त करी स्वीकार ।। 1380
भोलेपन में भूल कर, शर्त व्यर्थ ली मान ।
कोंढाणा फिर से गया, बहुत हुआ नुकसान ।। 1381

राज्य व्यवस्था, राजगढ़

दोहा॰ कोंढाणा देना पड़ा, रखने पितु सम्मान ।
सबसे प्रिय वह दुर्ग था, राजधानि के नाम ।। 1382
किला दूसरा रायगढ़, चुना राज्य का स्थान ।
सजा दिया सुंदर उसे, करके पुनरुत्थान ।। 1383
भारी तटबंदी रची, तीन किए तालाब ।
पानी कम ना हो कभी, अमन रहे आबाद ।। 1384
सिंहासन बढ़िया बना, अथक यतन के बाद ।
सुंदरता इस दुर्ग की, सदा रहेगी याद ।। 1385
राज्य व्यवस्था देश में, जन मन के अनुकूल ।
हटा दिए सब कायदे, जो थे जन-प्रतिकूल ।। 1386
मंदिर के उद्धार के, किए पुण्य सब काम ।
मुगलों के दुष्कर्म थे, जिस कारण बदनाम ।। 1387
कृषकों को राहत मिली, प्रमुदित हुए किसान ।
सुभग कर-व्यवस्था बनी, सुखद न्याय आसान ।। 1388
सुगम नीर उपलब्ध था, सुलभ प्रचुर धन-धान्य ।
सुफल सब व्यवहार थे, सुखमय सबको मान्य ।। 1389
किले ठीक सब कर दिए, शस्त्र अश्व युत सैन्य ।
किसी काम की थी नहीं, कहीं अवस्था दैन्य ।। 1390

74. अफ़जलखान का आगमन, 1649 AD

वृक्षारोपण योजना, गौरक्षण के काम ।
चोरी–डाके बंद थे, जीवन सौख्य तमाम ।। 1391
मुगलों के अन्याय से, दुखी हुए थे लोग ।
जनता को अब मिल रहा, रामराज्य का भोग ।। 1392

संत तुकाराम का स्वर्गारोहण[26]

(संत तुकाराम जी)

✍दोहा॰ तुकाराम जी संत ने, तज कर घर अरु दार ।
विराग धारण कर लिया, पहुँचे गुरु के द्वार ।। 1393
बाबाजी चैतन्य को, दे कर गुरु का स्थान ।
"राम–कृष्ण–हरि" मंत्र से, किया भक्ति का गान ।। 1394
"विठ्ठल–विठ्ठल" नाम का, किया निरंतर जाप ।
अभंग वाणी में लिखे, पावन वचन अमाप ।। 1495
सोमेश्वर जी भट्ट ने, तुकाराम के ग्रंथ ।
फेंक दिए नद नीर में, खुद को मान महंत ।। 1396
ना ही डूबे ग्रंथ वे, न ही गए वे भीग ।
पानी पर वे तैरते, आए तट नजदीक ।। 1397
रामेश्वर जी भट्ट ने, उठा लिए वे ग्रंथ ।
तुकाराम की शरण में, लीन्हा उनका पंथ ।। 1398
"वारकरी" उस पंथ में, आया संत समाज ।
गूँजी विठ्ठल नाम की, मंगल मय आवाज ।। 1399
मिले शिवाजी संत से, नम्र झुका कर शीश ।

---

[26] **संत तुकाराम** (1608-1649)

75. सोयराबाई भोसले, 1650 AD

छू कर चरणन संत के, लीन्हा शुभ आशीष ।। 1400
मर कर भी वह अमर हैं, महाराष्ट्र का संत ।
तुकाराम महाराज जी, जिनको नमन अनंत ।। 1401

YEAR 1650

75. वीर शिवाजी–20 :

75. सोयराबाई भोसले, 1650 AD

वीर शिवाजी बीस वर्ष के

✍दोहा॰ प्राण शहाजी के बचे, फिर भी सतत उदास ।
जिसने था धोखा दिया, रहे उसी के दास ।। 1402
वही शिवाजी की व्यथा, दोनों भग्न करार ।
ना आदिल, ना मुगल पर, कर सके एतबार ।। 1403
ना आदिल से लड़ सके, न मुगल से, कुछ देर ।
चार साल यों लग गए, पुनः बदलते फेर ।। 1404
बंद सभी अभियान थे, रण को मिला विराम ।
अवसर था यह, शाँति से, करने शासन काम ।। 1405
करने सामाजिक तथा, राजकीय संबंध ।
नए कुलों से जोड़ने, वैयक्तिक अनुबंध ।। 1406

76. सोयराबाई भोसले, 1651.

सोयराबाई भोसले

दोहा॰ हंबीर राव मोहिते, तलबीड के सुजान ।
वीर शिवाजी के लिए, कुटुंब उचित महान ।। 1407
सेनापति थे मोहिते, शूर पुरुष विख्यात ।
भगिनी उनकी सोयरा, सुस्वरूप थी ख्यात ।। 1408
तलबीड के कुटुंब से, दृढ़ करने संबंध ।
राजे शिवबा ने किया, सोयरा को पसंद ।। 1409
वधू तीसरी सोयरा, पीले कीन्हे हाथ ।
लगिन हुआ सम्पन्न था, बड़ी शान के साथ ।। 1410
अभिलाषी थी सोयरा, राजकारणी नार ।
राजपुत्र मेरा बने, मन में यही विचार ।। 1411

YEAR 1651

76. वीर शिवाजी–21 :

76. सोयराबाई भोसले, 1651.

दोहा॰ चंचलमति थी सोयरा, राजनीति का ज्ञान ।
अपने ही सुत के लिए, सिंहासन पर ध्यान ।। 1412
राज्य व्यवस्था में सदा, रानी लेती भाग ।
प्रिया शिवाजी की बनूँ, उसके दिल में आग ।। 1413

76. सोयराबाई भोसले, 1651.

बेटा जब भी हो मुझे, उसके मन में आस ।
गादी उसको ही मिले, उसे लगी थी प्यास ।। 1414
जिजामातु से प्रीत थी, और सभी से प्यार ।
आज्ञाकारी थी बड़ी, करती ना तकरार ।। 1415
उसे शहाजी पर गिरे, संकट की पहचान ।
अरु संभाजी जेठ का, उसको था सम्मान ।। 1416

(शहाजी राजे)

✍दोहा॰ शहाजी को बँगलूर में, रखा गया गृहबंद ।
उन्हें तड़पते देख कर, अफजल को आनंद ।। 1417
कैद पिताजी हैं वहाँ, जब तक उनके पास ।
विकल शिवाजी थे यहाँ, तब तक स्तब्ध उदास ।। 1418

गोवला की लड़ाई, 1651 AD

✍दोहा॰ जीता रण सावंत ने, गोवल का वह युद्ध ।
आदिलशाही पर हुआ, वह था जम कर कृद्ध ।। 1419
भागा सिद्दी भी डरा, तज कर पश्चिम तीर ।
कोकण तीर स्वराज्य में, लाया था यह वीर ।। 1420

77. औरंगज़ेब का आगमन, 1652 AD

YEAR 1652

77. वीर शिवाजी–22 :

77. औरंगज़ेब का आगमन, 1652 AD

(बंगलूरु)

दोहा॰ इधर शिवाजी थे लगे, राज्यव्यवस्था काम ।
उधर शहाजी को लिए, बैठा अफजलखान ।। 1421
उधर मुगल भी शाँत थे, कहीं न था उत्पात ।
आदिल से थे कर रहे, इधर शिवाजी बात ।। 1422
मुक्त शहाजी को किए, रहने दो बँगलूर ।
माँग शिवाजी कर रहे, आदिलशाह–हुजूर! ।। 1423
आदिल जब भी छोड़ दे, बंदी को इक बार ।
तभी शिवाजी कर सके, सुलतानों पर वार ।। 1424

औरंगजेब

दोहा॰ भेजा शहाजहान ने, पुनः औरंगजेब ।
दक्षिण का आसन दिए, शासन नाम फरेब ।। 1425
अंधा था वह धर्म का, सुन्नत का वह पीर ।
परधर्मी अधिकार को, डालेगा वह चीर ।। 1426
हिंदुधर्म से थी घृणा, शिया पंथ से बैर ।

78. पुतलाबाई भोसले, 1653 AD

दक्षिण के सुलतान थे, उस सुन्नी को गैर ।। 1427
उसे न आदिल बंधु था, न ही कुतुब था मीत ।
हिंदुधर्म से चिढ़ उसे, सुन्नत से ही प्रीत ।। 1428
शहाजादा जब आगया, हुआ शाँति का भंग ।
दक्षिण में आतंक से, काँपे सबके अंग ।। 1429
तोड़ेगा मंदिर कई, भ्रष्ट करेगा लोग ।
आगत संकट देख कर, जनता को था सोग ।। 1430

✍दोहा॰ च्युत अफगाणिस्तान में, होकर वह बदनाम ।
दक्षिण में भेजा गया, बऱ्हाणपुर है स्थान ।। 1431
यहाँ मराठा राज है, वैरी है बलवान ।
वीर शिवाजी का यहाँ, स्वतंत्रता अभियान ।। 1432

YEAR 1653

78. वीर शिवाजी–23 :

78. पुतलाबाई भोसले, 1653 AD

(गांधार)

✍दोहा॰ शहाजहाँ सुलतान के, राजपुत्र थे चार ।
चारों कहते आपको, सिंहासन हकदार ।। 1433
एक पुत्र सत्वान था, दो थे कर्तबगार ।
एक राजपद चाहता, अन्य तीन को मार ।। 1434

79. शहाजी राजे मुक्त, 1654 AD

इसी सिलसिले में लगा, मुगलों का अवधान ।
कंदहार के युद्ध में, हारा हिंदुस्तान ।।

✍दोहा॰ लगिन शिवाजी का हुआ, चतुर्थ शुभ संपन्न ।
पुतलाबाई पालकर, कन्या बहुत प्रसन्न ।। 1435
पालकर कुल कायस्थ था, प्रसिद्ध प्रतिभावान ।
कन्या सुंदर रूप थी, मौन मगर गुणवान ।। 1439

YEAR 1654

79. वीर शिवाजी–24 :

79. शहाजी राजे मुक्त, 1654 AD

वीर शिवाजी चौबीस बर्ष के

✍दोहा॰ चार साल के बाद में, हुए शहाजी मुक्त ।
वापस फिर बँगलूर में, पद पर हुए नियुक्त ।। 1437
मुक्त शहाजी जब हुए, अपने घर बँगलूर ।
मुक्त शिवाजी भी हुए, होकर चिंता दूर ।। 1438
अब आदिल से डर नहीं, ना मुगलों से त्रास ।
मुगल आपसी लड़ रहे, जिन्हें तख्त की प्यास ।। 1439

(पुरंदर, नेताजी पालकर)

✍दोहा॰ पुरंदर के महादजी, सरनाईक सुजान ।

79. शहाजी राजे मुक्त, 1654 AD

किलेदार सम्मान्य थे, सेवक निष्ठ महान ।। 1440
गए अचानक एक दिन, महादजी परलोक ।
हुए शिवाजी थे दुखी, स्वराज्य में था शोक ।। 1441
उनके बेटे चार थे, चारों गुंडाछाप ।
बापू के पद के लिए, झगढ़ा किया अमाप ।। 1442
पता शिवाजी को लगा, झगढ़ रहे हैं चार ।
वहाँ पुरंदर दुर्ग का, खुला छोड़ कर द्वार ।। 1443
भाई-भाई लड़ रहे, आपस में दिन-रात ।
कही शिवाजी की नहीं, सुनी उन्हों ने बात ।। 1444
उन्हें चाहिए नौकरी, आदिल के ही पास ।
उन्हें मराठों के नहीं, बन जाना है दास ।। 1445
उन चारों को चाहिए, आदिलशाही शान ।
उनको स्वामी चाहिए, बिजापुरी दीवान ।। 1446

(तब)

उन्हें शिवाजी ने किया, इक साथ गिरफ्तार ।
पड़े कैद में वे जभी, मान गए फिर हार ।। 1447
आए फिर वे होश में, पड़ा सखत जब दंड ।
बने दास स्वातंत्र्य के, सेवा करी अखंड ।। 1448
नया पुरंदर का बना, दमदार किलेदार ।
श्री नेताजी पालकर, शूर वीर सरदार ।। 1449

YEAR 1655

80. चंद्रराव मोरे, 1655 AD

80. वीर शिवाजी–25 :

80. चंद्रराव मोरे, 1655 AD

वीर शिवाजी पच्चीस वर्ष के

दोहा॰ चार साल से बंद थे, राज्यवृद्धि के काम ।
पिता पड़े थे कैद में, तब तक था विश्राम ।। 1450
अब थी बाधा टल गई, खुले होगए हाथ ।
अब कर सकते आक्रमण, बड़े जोर के साथ ।। 1451
पहिला टप्पा जावली, चंद्रराव पर वार ।
चंद्रराव बागी हुआ, स्वराज्य कर इनकार ।। 1452

(जावली)

दोहा॰ चार पहाड़ों में बसी, छुपी विपिन में घोर ।
चट्टानों की ओट में, नदी कोयना छोर ।। 1453
हिंस्त्र जानवर विपिन में, पथरीले पथ क्लिष्ट ।
बसी सुरक्षित जावली, हासिल करने इष्ट ।। 1454
आदिल के अधिकार में, ना हो ऐसा स्थान ।
स्वराज्य का यह भाग है, स्वराज्य के हैं प्राण ।। 1455

(चंद्रराव मोरे)

दोहा॰ चंद्रराव को जावली, दत्तक रूप प्रदान ।
करी शिवाजी ने स्वयं, पधार कर उस स्थान ।। 1456
गादी मिलते ही हुआ, चंद्रराव विपरीत ।
पक्ष छोड़ कर बन गया, सुलतानों का मीत ।। 1457
ना हो राज्य स्वराज्य में, जो आदिल का दास ।
चंद्रराव सेवा करे, स्वराज्य की, मुख हास ।। 1458

80. चंद्रराव मोरे, 1655 AD

(अत:)

पत्र शिवाजी ने लिखा, चंद्रराव को खास ।
भाषा उसमें भद्र थी, समझौते की आस ।। 1459
पढ़ कर उस अनुबंध का, चंद्रराव को क्षोभ ।
उसको आदिलशाह की, कृपा दृष्टि का लोभ ।। 1460

(चंद्रराव)

दोहा॰ चंद्रराव मगरूर था, और अकल से मंद ।
उसे लगा वह शूर है, धनवान अकलमंद ।। 1442
उसने उत्तर में लिखी, बहुत बेतुकी बात ।
मुझे नसीहत आप दें, ऐसी क्या औकात? ।। 1461
मुझे जरूरत आपकी, नहीं किसी भी बात ।
आदिलशाही दास मैं, वहीं हमारे तात ।। 1462
मेरे तुम राजा न हो, ना मैं तुमरा दास ।
पत्र आपका बाच कर, मुझको आता हास ।। 1463
राज्य हमारा जावली, हम उसके सरकार ।
किसी शिवाजी की हमें, तनिक नहीं दरकार ।। 1464
अगम हमारी जावली, रहना सीमा पार ।
आ न सकोगे तुम यहाँ, डालेंगे हम मार ।। 1465
जवाब चंदरराव का, घमंड का दीदार ।
किया शिवाजी पर बड़ा, आश्चर्य का प्रहार ।। 1466

(शिवाजी राजे)

दोहा॰ लिखा शिवाजी ने तभी, उत्तर उसको साफ ।
आगे गढ़बड़ आपकी, नहीं करेंगे माफ ।। 1467
आओ सीधे रासते, अभी आप चुपचाप ।

81. रायगढ़ विजय, 1656

वरना आकर जावली, देंगे तुमको ताप ।। 1468
चंद्रराव ने फिर कही, वही घमंडी बात ।
आना है तो आज ही, आओ पाने घात ।। 1469
भेजो ऐसे मर्द को, जिसकी आयी मौत ।
या तुम आओ आप ही, हो जाओगे फौत ।। 1470
सीमा हमरी अगम है, कर न स्कोगे पार ।
कदम यहाँ पर जो रखे, उस पर होगा वार ।। 1471
चाहे आकर देख लो, यहाँ आप इक बार ।
करके तुम स्वीकार ये, चेतावनी हमार ।। 1472

(शिवाजी)

भेजी अंतिम सूचना, चंद्रराव के पास ।
और शिवाजी ने कहा, करलो तुम विश्वास ।। 1473
आओ सब कुछ छोड़ कर, शरण हमारी आज ।
तभी सुरक्षित प्राण हैं, और तिहारा राज ।। 1474

YEAR 1656

81. वीर शिवाजी–26 :

81. रायगढ़ विजय, 1656

वीर शिवाजी छब्बीस वर्ष के

दोहा॰ राज्य शिवाजी का चले, नीति नियम के साथ ।

81. रायगढ़ विजय, 1656

राजा वह नरवीर है, और दया का नाथ ।। 1475

लक्ष्मीबाई भोसले

✍दोहा॰ शसक्त करने के लिए, राजकीय प्रबंध ।
नया शिवाजी ने किया, वैवाहिक संबंध ।। 1476
लक्ष्मीबाई नाम की, कन्या चारु सुशील ।
राजनीति विज्ञात थी, अरु संवेदनशील ।। 1477

(जावली काबीज, जानेवारी 1656)

✍दोहा॰ चंद्रराव ने जब दिया, झट से फिर दुतकार ।
तुरत शिवाजी ने किया, फौजी दल तैयार ।। 1478
बिना किसी आवाज के, टूट पड़े रणवीर ।
जो आया तब रोकने, डाला उसको चीर ।। 1479
चंद्रराव के वीर जब, कीन्हे स्वर्ग प्रयाण ।
भागा चंद्रराव भी, स्वयं बचाने प्राण ।। 1480
छोड़ कर फिर जावली, चंद्रराव ने आप ।
छुपा रायरी-दुर्ग में, आकरके चुपचाप ।। 1481
मिला शिवाजी को सभी, जावली का विभाग ।
चंद्रराव ना था वहाँ, कहाँ गया वह भाग? ।। 1482

रायगढ़ विजय

(मोरे)

(चंद्रराव मोरे)

✍दोहा॰ किला रायरी का बसा, उच्च शिखर पर दूर ।
अन्न-धान्य था दुर्ग में, भरा हुआ भरपूर ।। 1483

81. रायगढ़ विजय, 1656

लगी मराठा छावनी, गढ़ की चारों ओर ।
पुनः किले को छोड़ कर, भाग न पाया चोर ।। 1484
एक माह के बाद जब, खाना हुआ खलास ।
क्षमा माँग कर चंद्रराव, बना मराठा दास ।। 1485

(शिवाजी)

✍दोहा॰ माफ शिवाजी ने किया, देकर जीवन दान ।
आदर देकर दुष्ट का, किया बहुत सम्मान ।। 1486
दिया किले में घर उसे, और सभी सामान ।
खाना-पीना सब दिया, सच्चा सेवक जान ।। 1487
फिर भी उस बदमाश ने, करके तर्क-वितर्क ।
किसी बहाने से किया, आदिल से संपर्क ।। 1488
लिखे पत्र संकेत में, रचने को षडयंत्र ।
मगर पत्र पकड़े गए, असफल उसका तंत्र ।। 1489
पता शिवाजी को चला, जब उसका व्यवहार ।
मृत्यु दंड उसको दिया, और किया संहार ।। 1490

(रायगढ़)

✍दोहा॰ चंद्रराव मोरे मरा, छोड़ गया धनभार ।
दे गया रायरी किला, जावलि भी उपहार ।। 1491
मिला शिवाजी को यहाँ, संपद का भंडार ।
जिस धन से संभव हुआ, जीर्ण दुर्ग उद्धार ।। 1492
नया बनाया वह किला, करके दृढ़ विस्तार ।
नया नाम गढ़ के दिया, "रायगढ़" शानदार ।। 1493
विशाल ऊँचा रायगढ़, छूता है आकाश ।
स्वराज्य का यह मुकुटमणि, उज्ज्वल जिसे प्रकाश ।। 1494

81. रायगढ़ विजय, 1656

(उधर)

मुगल आपसी युद्ध में; आदिल था बीमार ।
संधि शिवाजी को मिली, करन राज्य विस्तार ।। 1495
किले अनेकों जीत कर, जीता कोकण देश ।
सागर तट तक कर दिया, स्वातंत्र्य का प्रदेश ।। 1496
आदिल ना कुछ कर सका, शय्या पर बीमार ।
जीत शिवाजी था रहा, संगर बारंबार ।। 1497

(आदिलशाह का मृत्यु)

✍दोहा॰ इक दिन आदिल मर गया, वारिस पुत्र किशोर ।
सिंहासन पर आगया, रीति नियम की तौर ।। 1498
राज बड़ी बेगम करे, किशोर सुत के नाम ।
जैसा वह थी चाहती, वैसे होते काम ।। 1499
नारी वह अति क्रूर थी, और बड़ी चालाक ।
षड्यंत्रों में निपुण थी, सबको उसकी धाक ।। 1500
खून शिवाजी का करें, उसको मन में आस ।
ऐसे काबिल वीर की, उसको सदा तलाश ।। 1501

(संभाजी राजे का मृत्यु)

✍दोहा॰ सेवक आदिलशाह का, संभाजी सरदार ।
आजीवन सेवा करी, कर्नाटक के पार ।। 1502
बंधु शिवाजी का बड़ा, संभाजी था वीर ।
इक दिन रण पर साथ था, अफजलखान वजीर ।। 1503
कनकगिरी में युद्ध था, मुकाबला घमसान ।
ऐन समय पर होगया, फितूर अफजलखान ।। 1504
संभाजी को घेर कर, मरवाने का काम ।

82. शिवाजी, 40 किले हस्तगत, 1657

कीन्हा अफजलखान ने, पाने बड़ा इनाम ।। 1505

संभाजी सरदार ने, खूब कमाया नाम ।

सेवा आदिलशाह की, करके कटु परिणाम ।। 1506

YEAR 1657

82. वीर शिवाजी–27 :

82. शिवाजी, 40 किले हस्तगत, 1657

श्री शिवाजी चरित्र दोहावली राग–छंद माला, पुष्प 85

चाल : बेथोवीन ची सिंफनी–9 प्रमाणे

शिवाजी ची अर्चना

स्थायी

दरशन दिज्यो देवी! मोहे सपनन में ।

♪ गगगम मग गरे! निनि रेगरेरे नि– ।

अंतरा–1

निश दिन अरपण चरण कमल में ।

♪ गगगम मगगरे निनिरे गगरे रे– ।

अंतरा–2

शुभ वर दिज्यो देवी! मोहे गरदिश में ।

अंतरा–3

82. शिवाजी, 40 किले हस्तगत, 1657

मोहे यश दीज्यो देवी! अब इस रण में ।

सकवारबाई, काशीबाई, गुणवंताबाई भोसले

दोहा॰ विस्तृत करने राष्ट्र में, राजकीय संबंध ।
तीन शिवाजी ने किए, वैवाहिक अनुबंध ।। 1507
तीन कुटुंब महान थे, जाधव गायकवाड ।
विदर्भ में शुभ नाम का, इंगले था परिवार ।। 1508
विदर्भ से नाता जुड़ा, खुला नया परिवेश ।
पूर्व दिशा में राज्य का, उभरा नया निवेश ।। 1509

(छापेमारी)

दोहा॰ करने चारों ओर से, स्वराज्य का विस्तार ।
धन का सोता चाहिए, बिना प्रजा पर भार ।। 1510
सुलतानों ने लूट जो, की दिन-रात अटूट ।
वही प्रजा का माल हम, लेंगे उनसे लूट ।। 1511
सुलतानों को लूटने, हुआ सैन्य तैयार ।
चंचल छापेमार जो, करे अचानक वार ।। 15125
हमला करके लूटते, और लगाते आग ।
असमंजस में डाल कर, तुरंत जाते भाग ।। 1513
यहाँ-वहाँ वे मारते, छापे दिन या रात ।
हाथ न आते वे कभी, ऐसे थे निष्णात ।। 1514

जुन्नर, चाकण, अहमदनगर

दोहा॰ थाना मुगलों का बड़ा, सुंदर, जुन्नर नाम ।
लूटा दौलत से भरा, राजेशाही धाम ।। 1515

82. शिवाजी, 40 किले हस्तगत, 1657

शस्त्रों का भंडार है, संगर का सामान ।
घोड़े अरबी पाँच सौ, सजे हुए दरबान ।। 1516
तटबंदी मजबूत है, कौन करेगा पार ।
खोया है इस ख्याल में, अचेत थानेदार ।। 1517

(एक दिन)

दोहा॰ इक दिन आधी रात में, आए छापेमार ।
जुन्नर-थाने में घुसे, फाँद बड़ी दीवार ।। 1518
पहरे सोए शांति से, जैसे सोते रोज ।
आज आगए मावले, उनकी करके खोज ।। 1519
सोए-सोए कट गए, अनेक पहरेदार ।
जो जागे सो डर गए, कर न सके प्रतिकार ।। 1520
रुपया गहने स्वर्ण के, हीरे-मोती थाल ।
अश्व शस्त्र सामान भी, लूटा सारा माल ।। 1521
मुख्य द्वार फिर खोल कर, भागे अश्वसवार ।
लेकर धन सब होगए, विद्युत वेग फरार ।। 1522
सुनी खबर जब लूट की, द्रव्य अश्व सामान ।
हक्काबक्का रह गया, दिल्ली का सुलतान ।। 1523

(अन्य लूट)

दोहा॰ मुगलों के थाने कई, लूटे उसके बाद ।
जो था मुगलों ने किया, वही दिलाया याद ।। 1524

संभाजी राजे[27] का जन्म

दोहा॰ चौबीस वर्ष की सई, माता बनी महान ।

---

[27] संभाजी राजे : 1657-1689.

82. शिवाजी, 40 किले हस्तगत, 1657

शूर शेर सम पुत्र की, संभाजी शुभ नाम ।। 1525
पिता समाना पुत्र जो, मर्द मराठा वीर ।
कीर्तिमान इतिहास में, अटल अडिग रणधीर ।। 1526

(औरंगजेब का प्रयत्न)

दोहा॰ लूट रहे थे राज्य को, इधर मराठे मस्त ।
मगर उधर कुल-कलह में, औरंगजेब था व्यस्त ।। 1527
दक्षिण को फिर छोड़ कर, दिल्ली को प्रस्थान ।
विरुद्ध तीनों बंधु के, रचने कारस्थान ।। 1528
दिल्ली में थे चल रहे, दाँव-पेंच के खेल ।
उधर मराठों के मजे, रोज रहा था झेल ।। 1529
निर्बल ने कुछ ना किया, हमलों का प्रतिकार ।
दिल्ली का आसन मिले, उसको यही विचार ।। 1530
पड़ा सखत बीमार जब, दिल्ली का सुलतान ।
उसने दारा को सही, वारस लीन्हा मान ।। 1531
शुजा सदर बंगाल में, कीन्हा था तैनात ।
दारा को पंजाब में, मुराद को गुजरात ।। 1532
चारों में रंजिश चढ़ी, वरचष्मे के नाम ।
चढ़ाचढ़ी में लग गए, करने ध्येय तमाम ।। 1533

दोहा॰ सबसे पहला था शुजा, जाहिर करने नाम ।
खुतबा पढ़ कर कर दिया, उसने पक्का काम ।। 1534
अपने सिक्के छाप कर, कीन्हा फिर ऐलान ।
मैं हूँ अगला आज से, दिल्ली का सुलतान ।। 1535
दारा शुकोह ने कहा, मेरा है यह मान ।
मुझे स्वयं हैं दे चुके, अब्बा शहाजहान ।। 1536

82. शिवाजी, 40 किले हस्तगत, 1657

मुराद ने भी कह दिया, मैं वह राजकुमार ।
जो अगला सुलतान हो, मैं ना मानूँ हार ।। 1537
औरंगजेब ने उधर, ठान लिया अरमान ।
दिल्ली का सुलतान मैं, सुना दिया फरमान ।। 1538

शिवाजी, 40 किले हस्तगत

✍दोहा० उधर मुगल उलझे हुए; आदिल भी कमजोर ।
इधर शिवाजी को मिला, क्षेत्र खुला इस ओर ।। 1539
जीत शिवाजी ने लिए, गढ़ लगभग चालीस ।
विना तनिक प्रतिकार के, कृतार्थ की बारिश ।। 1540

YEAR 1658

CONTEMPORARY HISTORICAL STAGE

Kingdoms and the Kings.

Nayak of **Madura** : Tirumal Nayak (1623-1659); Nayak of **Ikkeri** : Shivappa (1645-1660); Nayak of **Tanjavur** : Vijaya Raghava (1635-1673); Raja of **Vennad, Kerla** : Ravi Varma-2 (1611-1663); Rani of **Kochin** : Gangdhar Lakshmi (1656-1658), Raja Rama Varma (1658-1662); Ali Raja of **Cannanore** : Ali Adil-3 (1656-1691); Aravidu Nayak of **Vijayanagar** : Ranga-3 (1642-1670), *Adil Shahi Sultan of **Bijapur** : Ali Adil Shah-2 (1657-1672); Qutb Shahi Sultan of **Golkonda** : Abdullah Qutb Shah (1626-1672); Wodiyar Raja of **Mysore** : Kantirav Naras Raja (1638-1659); Malla king of **Patan, Kathmandu, Nepal** : Pratap Malla (1641-1674); Chauhan king of **Bundi** : Chhatrasal (1631-1658); Chauhan of **Kotah** : Jagat Simha (1657-1669); Bhati Rawal of **Jaisalmer** : Manohardas (1650-1659); Sisodiya Guhila

83. नौ सेना, 1658 AD

Rana of **Mewad, Udaipur** : Jai Simha-1 (1652-1667); Rana of **Mewad, Jodhpur** : Jaswant Simha (1638-1680); Rathod Rana of **Marwad, Bikaner** : Karan Simha (1638-1669); *Mughal Sultan of **Delhi :** Shihab-ud-din Khurram, Shah Jahan-1 (1627-1658).

83. वीर शिवाजी–28 :

83. नौ सेना, 1658 AD

श्री शिवाजी चरित्र दोहावली राग-छंद माला, पुष्प 86

चाल : बेथोवीन ची सिंफनी–9 समान

(शिवाजी ची प्रार्थना)

स्थायी

दरशन दिज्यो देवी! मोहे सपनन में ।

गगगम मग गरे! नि़नि़ रेगरेरे नि़– ।

अंतरा–1

निश दिन अरपण चरण कमल में ।

गगगम मगगरे नि़नि़रे गगरे रे– ।

अंतरा–2

शुभ वर दिज्यो देवी! मोहे गरदिश में ।

अंतरा–3

मोहे यश दीज्यो देवी! अब इस रण में ।

(नौ सेना)

दोहा॰ तीक्ष्ण शिवाजी बुद्धि का, अमीत धीरजवान ।
जवान अठ्ठाईस का, दूरदर्शी महान ।। 1541

83. नौ सेना, 1658 AD

पश्चिम तट पर की खड़ी, नौसेना विस्तीर्ण ।
चतुर शिवाजी ने बड़ी, युद्ध वस्तु संपूर्ण ।। 1542
नए-नए जलयान के, नूतन आविष्कार ।
सागर सेना ने किए, हमले बारंबार ।। 1543
भारतीय जल युद्ध की, देख मराठा फौज ।
जंजीरा सिद्दी डरा, सहमे पुर्तुगीज ।। 1544

(औरंगजेब)

दोहा॰ भाई तीनों मार कर, पिता कैद में डाल ।
चली औरंगजेब ने, अपनी तीखी चाल ।। 1545
सब काटों को नष्ट कर, साफ किया मैदान ।
बना मुगल साम्राज्य का, सार्वभौम सुलतान ।। 1546

(आदिलशाही, बड़ी बेगम)

दोहा॰ मुगल व्यस्त थे द्वंद्व में; बिजापूर कमजोर ।
समय शिवाजी को मिला, प्रहार करने घोर ।। 1547
करके हमले शत्रु पर, जीते किले महान ।
और शिवाजी ने किया, राज्य बहुत धनवान ।। 1548
सुन कर खबरें हार की, बिजापुरी सरकार ।
आग बबूली क्रोध में, बदले को तैयार ।। 1549
खून शिवाजी का करें, उनको एक विचार ।
उलझा था इस बात में, बिजापुरी दरबार ।। 1550
बैठे थे दरबार में, बड़े-बड़े सरदार ।
जिनमें अफजलखान था, महाकाय खूँखार ।। 1551
बोला, लाऊँ काट कर, बिना किसी भी सोग ।
शीश शिवाजी का यहाँ, देखोगे तुम लोग ।। 1552

83. नौ सेना, 1658 AD

सुन कर उस ऐलान को, सभा सभी में जोश ।
वांछित उस आनंद में, खोए सबने होश ।। 1553
बिजापुरी दरबार ने, दिया उसे अधिकार ।
चतुर मराठा-शत्रु का, करने को संहार ।। 1554

अफजलखान

✍दोहा॰ लेकर सेना साथ में, निकला अफजलखान ।
हाथी घोड़े तोपची, योद्धा दल बलवान ।। 1555
सब कुछ अफजलखान को, स्पष्ट हुआ था ज्ञात ।
हुनर शिवाजी का तथा, ज्ञापनीय हर बात ।। 1556
लड़ना उससे रूबरू, मुश्किल का है काम ।
अतः जाल में फाँस कर, देना था यमधाम ।। 1557

✍दोहा॰ जैसी तालीकोट में, की थी कतल महान ।
वैसी होगी अब यहाँ, मार काट घमसान ।। 1558
इसके आगे ना कभी, होगी हमरी हार ।
साथ शिवाजी के सभी, डालेंगे हम मार ।। 1559
जानूँ मैं वो शेर है, मगर मैं सवा शेर ।
फासूँगा मैं जाल में, रहे न उसकी खैर ।। 1560

(अत:)

✍दोहा॰ मैत्री का नटक किए, जभी बिछेगा जाल ।
फँसे शिवाजी पाश में, और मरे तत्काल ।। 1561

84. अफ़जलखान का वध, 1659 AD

YEAR 1659

84. वीर शिवाजी–29 :

84. अफ़जलखान का वध, 1659 AD

(सईबाई)

दोहा॰ स्वर्ग सई बाई गई, संभाजी की मात ।
हुआ मराठा राज्य पर, विलाप का आघात ।। 1562
दुखी शिवाजी थे हुए, दुखी हुआ परिवार ।
संभाजी थे ही दुखी, गया मातु का प्यार ।। 1563
ऐसे भीषण काल में, आया कुसमाचार ।
अफजलखाँ है आ रहा, बिजापुरी सरदार ।। 1564
नष्ट मराठा राज्य को, करने का अभियान ।
लेकर सेना साथ है, निकला अफजलखान ।। 1565
खबर शिवाजी को मिली, पापी की तत्काल ।
निकल पड़ा है आज ही, स्वतंत्रता का काल ।। 1566
सैनिक उसके साथ हैं, लगभग बीस हजार ।
हाथी पैदल तोफची, फौजी अश्वसवार ।। 1567
स्पष्ट शिवाजी जानते, क्या है अफजलखान ।
कितना धोखेबाज है, कैसा है तूफान ।। 1568
कितना छद्मी दुष्ट है, कितना बेईनाम ।
कितना पागल क्रूर है, कितना है शैतान ।। 1569

84. अफ़जलखान का वध, 1659 AD

(खान)

दोहा॰ निकला अफजलखान जब, सेना लेकर काग ।
मंदिर मूरत तोड़ता, ओर लगाता आग ।। 1570
सुना शिवाजी ने जभी, अफजल का अज्ञान ।
ग्रहण शिवाजी ने किया, प्रतापगढ़ पर स्थान ।। 1571
सिद्ध शिवाजी होगए, करने दो-दो हाथ ।
आएगा अफजल जभी, सेना लेकर साथ ।। 1572
पंढरपुर में आगया, करने मंदिर भंग ।
शाप दे दिया खान को, विठ्ठल पांडुरंग ।। 1573
आत्मघात तू कर रहा, करके ऐसा पाप ।
तू अब जीवित ना बचे, तुझको मेरा शाप ।। 1574
पकड़ूँगा अब मैं तुझे, नृसिंह का अवतार ।
पेट फाड़ कर हाथ से, डालूँगा मैं मार ।। 1575
शाप भवानी ने दिया, तेरा आया अंत ।
निमित्त होगा मारने, तुझे शिवाजी संत ।। 1576
घड़ा भरा है पाप का, तेरा अफजलखान! ।
बंद हो रही शीघ्र ही, तेरी पाप-दुकान ।। 1577
आत्मघात से तू मरे, करके ओछे काम ।
वीर शिवाजी अब करे, तेरा खेल तमाम ।। 1578
अभी समय है लौट जा, पापी अफजलखान! ।
कर्म पातकी छोड़ दे, बच जावेंगे प्राण ।। 1579

वीर शिवाजी उनतीस वर्ष के

दोहा॰ फौज बड़ी थी खान की, प्रायह बीस हजार ।
नहीं शिवाजी चाहते, रण पर हो प्रतिकार ।। 1580

84. अफ़जलखान का वध, 1659 AD

जहाँ शिवाजी चाहते, लड़ने शिखर-ढलान ।
वहाँ खान को चाहिए, लड़ने को मैदान ।। 1581
हाथी पहाड़ ना चढ़े, लड़ना मुश्किल काम ।
छुपा शिवाजी है जहाँ, गढ़ है उसका धाम ।। 1582
लगी छावनी खान की, जहाँ मिला मैदान ।
अगर शिवाजी आगया, लड़ने को आसान ।। 1583
सफल प्रतीक्षा ना हुई, राह तकत है खान ।
उसने फिर की योजना, करने की बलिदान ।। 1584
उसने भेजा दूत को, नजराने के साथ ।
दास शिवाजी को कहे, वचन जोड़ कर हाथ ।। 1585
मिलना चाहत खान है, करने सुख से बात ।
मैत्री का प्रस्ताव है, नहीं करेगा घात ।। 1586
शाँति युक्त है योजना, कृपया हो स्वीकार ।
कहाँ मिलें औ कब मिलें, कृपया करें विचार ।। 1587

(तर)
दोहा॰ बात शिवाजी ने करी, मंत्री गण के साथ ।
बिन टाले ना टल सके, धोखा यह दिन रात ।। 1588
अखिल जगत है जानता, अफजल का इतिहास ।
स्वयं मौत है माँगना, जाकर उसके पास ।। 1589
खान बहुत है घातकी, पापी शठ मक्कार ।
फिर भी उस प्रस्ताव को, किया गया स्वीकार ।। 1590
सोचा मिल कर देखते, बिला किए विश्वास ।
माँगेगा कुछ माल तो, दे दें, विना विनाश ।। 1591
धोखा यदि दे खान तो, करें पलट कर वार ।

84. अफ़जलखान का वध, 1659 AD

काबू में हम सब रखें, सदा धैर्य के साथ ।। 1592

(खान)

✍ दोहा॰ स्वीकृति लेकर आगया, दूत खान के पास ।
बोला, भोले मावले, बूझ न पाए फाँस ।। 1593
सुन कर बातें दूत की, अफजल को आनंद ।
बोला, सब कुछ हो रहा, जैसा हमें पसंद ।। 1594
मरा शिवाजी, सोच कर, बेहद खुश था खान ।
सोची-समझी चाल पर, उसको था अभिमान ।। 1595
अपनी बढ़िया चाल पर, उसको था विश्वास ।
सभी मराठा राज्य को, अब तो करूँ खलास ।। 1596
मित्र शिवाजी का बनूँ, करने उसका घात ।
देकर आलिंगन करूँ, छूरे से आघात ।। 1597
मारूँगा मैं पीठ पर, बहुत जोर से वार ।
जानेगा जग, खान है, कितना होशीयार ।। 1598
मृत्यु शिवाजी की सुने, आदिल प्रसन्न गात ।
देगा बक्षिस वो मुझे, बड़े प्रेम के साथ ।। 1599

(और)

कब है मिलना औ कहाँ, आरंभ हुआ आलाप ।
स्थल हो निर्जन स्थान में, एक अकेला आप ।। 1600
बिना शस्त्र के मेल हो, आलिंगन के साथ ।
मित्र भाव स्थापित करें, उभय मिला कर हाथ ।। 1601
फिर दोनों ने बैठ कर, करना है सत्कार ।
किसकी क्या क्या माँग है, होगा फिर सुविचार ।। 1602
"दस-दस मंत्री साथ हों, दोनों दल के संग ।

84. अफ़जलखान का वध, 1659 AD

सभी निहत्थे लोग हों, नियम नहीं हो भंग ।। 1603
"आसपास कोई न हो, केवल हो दरबान ।
सेना कोई निकट न हो," बोला अफजलखान ।। 1604

(फिर भी)

फिर भी कपटी खान ने, किया व्यूह तैयार ।
निकल शिवाजी ना सके, जिसमें से इस बार ।। 1605

(शिवाजी)

दोहा॰ स्पष्ट शिवाजी जानते, अफजल की औकात ।
मैत्री का दावा करे, मगर करेगा घात ।। 1606
अतः शिवाजी ने करी, पलट योजना ठीक ।
अगर कहीं धोखा दिखा, लेने बदला नीक ।। 1607
आया दिन जब खान से, मुलाखात का पास ।
सूज्ञ शिवाजी ने किया, उस पर ना विश्वास ।। 1608
ठीक उसी अंदाज से, रची खान ने चाल ।
सेना लैस खड़ी रखी, बिछाय छल का जाल ।। 1609
जभी यहाँ से बिगुल का, देंगे हम संकेत ।
सुनने उस संकेत को, रहना सभी सचेत ।। 1610
मिलते ही संकेत को, होजाना तैयार ।
तुरत मराठा राज्य पर, करना घोर प्रहार ।। 1611

(और)

खड़े होगए खान के, सैनिक काफी दूर ।
"मरा शिवाजी है" यही, सुनने को आतुर ।। 1612
चाकू छिपाय खान ने, रखा बगल में, तेज ।
मार शिवाजी को वहीं, देने अंतिम सेज ।। 1613
छोटी कद का युवक है, नन्ही सी है जान ।

84. अफ़ज़लखान का वध, 1659 AD

जकडूँ उसको बाँह में, निकाल दूँगा प्राण ।। 1614

(इधर)

इधर शिवाजी हो रहे, मिलने को तैयार ।
उन्हें पता है खान का, अंदर का अवतार ।। 1615
अफजल ऊँचा ताड़ सा, मोटा देह पहाड़ ।
जितना तगढ़ा साँड है, उतना ही मक्कार ।। 1616
नाप शिवाजी ने लिया, क्या सोचत है खान ।
खिचड़ी क्या है पक रही, लगा लिया अनुमान ।। 1617
कपट इरादा खान का, लिया उन्होंने भाँप ।
कहाँ डसेगा वह उन्हें, जहरी काला साँप ।। 1618
देगा आलिंगन वो मुझे, जतलाने को प्यार ।
जकड़ेगा सिर बगल में, देगा चाकू मार ।। 1619
सहनी होगी तब मुझे, उस चाकू की नोंक ।
मारेगा वो पीठ पर, इतना है डरपोक ।। 1620
तभी अचानक फूर्ति से, सारा जोर समेट ।
उस गफलत में खान का, फाडूँगा मैं पेट ।। 1621

(और भी)

इस दैवी अंदाज से, लेकर खतरा मोल ।
चतुर शिवाजी ने लिया, रूप बहुत अनमोल ।। 1622
ढीला कुर्ता अंग पर, भीतर कवच बचाव ।
ऊँगलियों पर बाघनख, सतर्कता न अभाव ।। 1623

(गमन)

दोहा॰ प्रहर दूसरा जब हुआ, तब तक चारों ओर ।
छुपे मराठे विपिन में, उस प्रांगन की छोर ।। 1624
छिपे आठ घंटे रहे, बिना खान या पान ।

84. अफ़जलखान का वध, 1659 AD

राह तकत संकेत की, "मरा हुआ है खान" ।। 1625

(शामियाने में)

दोहा० पहले आयी पालखी, बड़ी शान के साथ ।
अंदर अफजल खान था, भारी जिसका ठाठ ।। 1626
शामीयाना था सजा, भीतर बैठा खान ।
बाहर कमरे में रुके, उसके दस महमान ।। 1627
शस्त्र सभी के पास थे, छुपाए हुए साथ ।
दिखते भोले थे सभी, बिलकुल खाली हाथ ।। 1628
देख रहा था बगल का, चाकू बारंबार ।
सोच रहा था पीठ पर, कैसे करना वार ।। 1629
आज शिवाजी ना बचे, उसको था विश्वास ।
उतावला वो खान था, भारी था निःश्वास ।। 1630
देख रहा था राह वो, आतुर अफजलखान ।
जभी शिवाजी आयगा, लूँगा उसके प्राण ।। 1631

(शिवाजी)

दोहा० चरणन छू कर मातु के, लेकर आशीर्वाद ।
स्मरण भावानी का किए, मंगल उसके बाद ।। 1632
जिरेटोप सिर पर रखे, चला मराठा वीर ।
यथा ध्येय है, मारने, ठीक निशाने तीर ।। 1633
साथ शिवाजी के चले, चुने हुए दस लोग ।
सबने शस्त्र छुपा लिए, यथा समय उपयोग ।। 1634
प्रहर तीसरा जब हुआ, निकल पड़े सब साथ ।
यथा सभा की शर्त थी, दिखते खाली हाथ ।। 1635

(प्रवेश)

84. अफ़जलखान का वध, 1659 AD

✍दोहा॰ किया शिवाजी ने जभी, उस स्थान में प्रवेश ।
देख शिवाजी आगया, अफजल में आवेश ।। 1636
लोग शिवाजी के रुके, जहाँ खान के दास ।
बाहर का कमरा उन्हें, दिया गया था खास ।। 1637
यहाँ किसी पर था नहीं, किस को भी विश्वास ।
फिर भी बातें मित्र सी, और करत उपहास ।। 1638
अंदर बैठा खान था, एक अकेला आप ।
देख शिवाजी आ रहा, खड़ा होगया साँप ।। 1639
"आओ भाई!" बोल कर, बड़े प्रेम के साथ ।
आलिंगन के वासते, ताने दोनों हाथ ।। 1640
लगा शिवाजी को गले, दोनों बाँह लपेट ।
जकड़ी गर्दन बगल में, सारा जोर समेट ।। 1641
फँसा शिवाजी, जान कर, किया पीठ पर वार ।
छूरा तन में ना घुसा, कवच किया प्रतिकार ।। 1642

(शिवाजी)

✍दोहा॰ समझ शिवाजी अब गए, दगाबाज है खान ।
ढोंग रचा था मित्र का, लेने मेरी जान ।। 1643
कहा शिवाजी ने, प्रभो! मुझे बचा लो आज ।
सबक सिखा इस खान को, जो है धोखेबाज ।। 1644
बचा भवानी! तू मुझे, बिगढ़ गया है काज ।
मेरे अंतःकरण का, सही रहा अंदाज ।। 1645
कहा भवानी ने उसे, डर न शिवाजी, वत्स! ।
मार चुकी हूँ खान औ, उसके लोग बिभत्स ।। 1646
निमित्त बन जा, हे सखे! बिना किए कछु शोक ।

84. अफ़ज़लखान का वध, 1659 AD

पेट फाड़ दे, दुष्ट का, देने को परलोक ।। 1647

अफजलखान का वध

दोहा॰ तथास्तु कह कर वीर ने, बाघनखों के साथ ।
पेट खान का फाड़ कर, बोला, जय जगनाथ! ।। 1648
दगा! दगा! कहता हुआ, गिरा धरा पर खान ।
बचा सका ना फिर वहाँ, कोई उसके प्राण ।। 1649

श्री शिवाजी चरित्र दोहावली राग-छंद माला, पुष्प 87

राग : मालकंस, कहरवा ताल 8 मात्रा

(सिद्दी जौहर)

स्थायी

सुनो, अकल बड़ी या भैस बड़ी ।
जब मुश्किल हो कोई आन पड़ी ।।

मम-, गमग सानिसा धनि सामम मम- ।
मम गमगसा निसा धनि सा-म मम- ।

अंतरा-1

अफजल मोटा, ऊँचा तगढ़ा, दिमाग मंदा, मन का खोटा ।
वीर शिवाजी, चंचल बंदा, उसके आगे कद में छोटा ।
बोलो, अकल बड़ी या भैस बड़ी ।
जब मुश्किल हो कोई आन पड़ी ।।

गगमम ध-नि-, सां-सां- गंनिसां-, निनि-नि नि-निध, धनि सांनि धमम- ।
धनिसां गंगं-गंसां, सांमंगंसां नि-सां-, सांमंमंगं गंसांनिध धनि सांनिधम ।
मम-, गमग सानिसा धनि सामम मम- ।

263
रत्नाकर रचित श्री शिवाजी चरित्र दोहावली

84. अफ़जलखान का वध, 1659 AD

मम गमगसा निसा धनि सा–म मम– ।।

अंतरा–2

चला शिवाजी, शूर मराठा, मिलने निहत्था, जब अफजल से ।
शठ ने शिव को, जकड़ा भुज में, मारा पीठ में जब, चाकू रे! ।
सोचो, अकल बड़ी या भैस बड़ी ।
जब मुश्किल हो कोई आन पड़ी ।।

अंतरा–3

सिद्ध शिवाजी था देने को, जवाब ईंट का पत्थर से ।
शिव ने झट से बाघनखों से, पेट उधेड़ा राक्षस का ।
कहो, अकल बड़ी या भैस बड़ी ।
जब मुश्किल हो कोई आन पड़ी ।।

अंतरा–4

दगा! दगा! चिल्लाया पापी, गिरा धरा पर औंधा, रे! ।
निकल रहे थे प्राण अधम के, दे ना पाया धेखा, रे! ।
देखो, अकल बड़ी या भैस बड़ी ।
जब मुश्किल हो कोई आन पड़ी ।।

(और)

दोहा॰ अफजलखान मरा जभी, तुरत गया संदेश ।
छुपे मराठों को मिला, लड़ने का आदेश ।। 1650
उधर सिपाही खान के, गफलत में थे मस्त ।
उन्हें खबर ना मिल सकी, खान हुआ था ध्वस्त ।। 1651
टूट पड़े सब मावले, उन पर जब जी तोड़ ।
मरे कई, कुछ डर गए, भाग गए रण छोड़ ।। 1652
बाकी जो पकड़े गए, खड़े छोड़ कर शस्त्र ।

84. अफ़जलखान का वध, 1659 AD

उन कैदी डरपोक में, अफजल के थे पुत्र ।। 1653
शरण शिवाजी की सभी, आए कर को जोड़ ।
करुण शिवाजी ने तभी, दिया सभी को छोड़ ।। 1654

(नीति)

श्लोक

बन्दिस्थं शरणाधीनं न कोऽपि सैनिकस्तुदेत् ।
भग्नं स्यादायुधं यस्य योद्धव्यो न स सैनिकः ।।

न च पलायिनो हत्या न घातो रणत्यागिनः ।
मृतदेहतिरस्कारो विखण्डनं च पातकम् ।।

✎ दोहा॰ जिसका छूटा अस्त्र हो, या टूटी तलवार ।
जो बंदी या शरण हो, उस पर करो न वार ।। 1655
जो भागा हो युद्ध से, या नहिँ लगता ढीठ ।
उस पर भी ना वार हो, जो दिखलावे पीठ ।। 1656
शरणागत को मारना, या देना परिताप ।
शरणागत ताड़ना, होकर वह निष्पाप; ।। 1657
या परिवर्तन धर्म का, या व्यभिचार कलाप ।
हिंदुधर्म के शास्त्र में, कहे गए हैं पाप ।। 1658
यही फरक सुलतान में, दिखता है जो खास ।
बार बार रोकर हमें, बतलाया इतिहास ।। 1659

(इधर)

✎ दोहा॰ सुन कर मरना खान का, महाराष्ट्र में हर्ष ।
स्वतंत्रता की लहर थी, महानंद का स्पर्श ।। 1660
गली-गली में मोद था, विजय का एकमेव ।

84. अफ़जलखान का वध, 1659 AD

नाच रहे थे, गा रहे, हर हर महादेव! ।। 1661
मुर्दा अफजलखान को, सहित उचित सत्कार ।
सुधी शिवाजी ने दिया, योग्य अंत्यसंस्कार ।। 1662
यथा राम ने थी करी, रावण की अंत्येष्टि ।
तथा शिवाजी ने करी, पुष्प खान पर वृष्टि ।। 1663
युद्ध नीति कहती हमें, करो न मृत से बैर ।
मरने पर पातक सभी, जाते हैं भव तैर ।। 1664
जब तक अफजल दुष्ट था, तब तक उससे वैर ।
अब वह हमरा बंधु है, अब ना हमसे गैर ।। 1665

(अत:)

जग में ऐसा कौन है, दूजा धार्मिक भूप ।
एक शिवाजी होगया, होगा भी न अनूप ।। 1666
अत: शिवाजी है कहा, राजा एक सुजान ।
कहा उसे इतिहास में, नर सद्गुणी महान ।। 1667

(फिर)

दोहा॰ इधर देश में हो रहे, समारंभ थे आम ।
उधर शिवाजी कर रहे, स्वतंत्रता के काम ।। 1668
शुरू शिवजी ने किए, हमले चारों ओर ।
आदिलशाही राज्य पर, खूब लगा कर जोर ।। 1669
किले जीत कर आदिली, किए स्वतंत्र प्रदेश ।
आए शरण बड़े-बड़े, करने मुक्त स्वदेश ।। 1670

(बिजापुर)

दोहा॰ सजा बिजापुर था बड़ा, करने को स्म्मान ।
शीश शिवाजी का कटा, लाए अफजलखान ।। 1671

84. अफ़जलखान का वध, 1659 AD

अंत मराठा राज्य का, होगा अब आसान ।
भ्रम में खोया था इसी, बिजापुरी सुलतान ।। 1672

(उसी समय)

रण तज कर जो आगए, बिजापुरी दरबार ।
बोले, "अफजलखान को, उसने डाला मार ।। 1673
"कई वीर मारे गए, कुछ तो आए भाग ।
बाकी जो पकड़े गए, अनियत उनके भाग" ।। 1674
उधर मराठों ने लिया, सब कुछ अपना लूट ।
तोप खजीना बंदुकें, हाथी घोड़े ऊँट ।। 1675

(तब)

मुक्त शिवाजी ने किए, बंदी जो थे लोग ।
वापस वे भी आयगे, और बढ़ाने सोग ।। 1676
सुन कर मरना खान का, अशक्य था विश्वास ।
धरा का धरा रह गया, सपना हुआ खलास ।। 1677
कैसे संभव हो सका, ऐसा दुष्कर काम ।
महाकाय बलवान था, अफजल जिसका नाम ।। 1678
कैसे संभव हो सकी, अनहोनी सी बात ।
अजेय अफजल खान का, करे शिवाजी घात ।। 1679
चींटी से हाथी मरा, मरा मूष से शेर ।
खान शिवाजी से मरा, माया का है फेर ।। 1680
अगला बीरा कौन है, करने पूरण काम ।
मार शिवाजी को सके, सफल हो इन्तकाम ।। 1681
समारोह जो था रचा, विजापुरी दरबार ।
शोक सभा वह बन गया, किस्मत का लाचार ।। 1682

84. अफ़जलखान का वध, 1659 AD

दोहा॰ फैली वार्ता राज्य में, विद्युत प्रवाह रूप ।
दिल को झटका दे गई, आदिल जिनका भूप ।। 1683
बिखरा मातम शहर में, जहाँ भरा था मोद ।
सजावटें सब व्यर्थ थीं, खान मौत की गोद ।। 1684
बिजापुरी दरबार में, हुआ शोक प्रस्ताव ।
सभा विसर्जित हो गई, चलने अगला दाँव ।। 1685
सिद्दी, डच, अंग्रेज भी, सभी हुए हैरान ।
सुन कर मरना खान का, डरे सभी महमान ।। 1686
डरे शिवाजी से सभी, मगर करे न कबूल ।
कब किसको वो क्या करे, इसका कुछ न उसूल ।। 1687
सोच-सोच कर काँपता, बिजापुरी सुलतान ।
वध से अफजलखान के, बहुत हुआ अपमान ।। 1688

(बदला)

दोहा॰ दिल में जो है वेदना, कैसे उसे बुझाय ।
बदला लेने क्या करें, किसको भेजा जाय ।। 1689
भेजें ऐसा वीर जो, काम सफल कर पाय ।
मार शिवाजी को सके, खाली हाथ न आय ।। 1690
किसमें है यह वीरता, कौन माइ का लाल ।
शक्ति या फिर युक्ति से, बने शिवाजी-काल ।। 1691
जिसे भवानी ने दिया, पवित्र है वरदान ।
उसे मार कर आ सके, ऐसा को है खान ।। 1692
बिजापुरी दरबार में, सोच रहा सुलतान ।
उधर शिवाजी कर रहा, मनमाना नुकसान ।। 1693

(शिवाजी)

84. अफ़जलखान का वध, 1659 AD

✍दोहा॰ हुए मराठों के शुरू, हमले चारों ओर ।
आदिलशाही फौज से, युद्ध हुए घनघोर ।। 1694
पहले वाई पर हुआ, हमला धुँआधार ।
फिर हमले विजयी हुए, अठारह लगातार ।। 1695
तेरह दिन में यह हुआ, पहला झंझावात ।
फिर चौदह हमले किए, पाँच दिनों की बात ।। 1696
बिजली की गति बढ़ रहे, स्वतंत्रता के काम ।
जीते आदिल से किले, बिना किए आराम ।। 1697

बिजापुर

✍दोहा॰ जीता कोल्हापुर जभी, करके हमला घोर ।
अब अगला आघात है, बिजापूर की ओर ।। 1698
घबराया यह सोच कर, बिजापुरी दरबार ।
कौन शिवाजी को अभी, रोक सके सरदार ।। 1699
ऐसे दुःसह दुःख की, कम करने को दाह ।
उत्सुक फाजलखान ने, उन्हें दिया उत्साह ।। 1700
सुन कर फाजलखान का, लड़ने को स्वीकार ।
हर्ष भरा फिर होगया, सुलतानी दरबार ।। 1701
शत्रु शिवाजी ने जभी, मारा अफजलखान ।
शरणागत में था तभी, कैदी फाजलखान ।। 1702
छोड़ शिवाजी ने दिया, था यह फाजलखान ।
शरणागत पर की दया, देकर जीवनदान ।। 1703
आज सभा में था खड़ा, कृतघ्न फाजलखान ।
जिसने उस पर की दया, उसके लेने प्राण ।। 1704

(और)

84. अफ़जलखान का वध, 1659 AD

साथ उसीके दूसरा, उतावला जो खान ।
वह रुस्तुमेजमान भी, होने को कुरबान ।। 1705
दस हजार सैनिक लिए, निकला फाजलखान ।
हाथी घोड़े ऊँट भी, शस्त्र समर-सामान ।। 1706
ज्यों ही सेना चल पड़ी, आदिल की मनहूस ।
खबर शिवाजी के लिए, ले आए जासूस ।। 1707

(तभी)

पलट वार की योजना, नेताजी के साथ ।
तुरत शिवाजी ने करी, देने उसको मात ।। 1708
पन्हालगढ़ पर स्थित हुए, शिविर शिवाजी डार ।
नेताजी के साथ थे, सैनिक पाँच हजार ।। 1709
दो दुश्मन थे आ रहे, दो फौजों के साथ ।
दो सेनाएँ इधर से, करने दो-दो हाथ ।। 1710
रोक शिवाजी ने लिया, अकडू फाजलखान ।
नेताजी से डर गया, वह रुस्तुमेजमान ।। 1711
दो-दो फौजें जब मिलीं, युद्ध हुए घमसान ।
बिजापुरी अगणित मरे, बहुत हुआ नुकसान ।। 1712
बुजदिल रण को छोड़ कर, भागा फाजलखान ।
लौटा सब कुछ छोड़ कर, घर रुस्तुमेजमान ।। 1713
क्रोधित आदिलशाह ने, किया बहुत अपमान ।
मुँह काले कर रह गए, दोनों दंभी खान ।। 1714

अंग्रेजों से टक्कर

✍दोहा॰ देख शिवाजी का भला, गोरों के मन द्वेष ।
सतावे उन्हें भी वही, जो आदिल को क्लेश ।। 1715

84. अफ़जलखान का वध, 1659 AD

करके आदिलशाह से, सख्य भाव का स्वाँग ।
सागर के व्यापार की, गोरे करते माँग ।। 1716
आदिल भी थे चाहते, बदले में सम्मान ।
तोपें अरु बारूद भी, अंग्रेजी सामान ।। 1717
मार शिवाजी को सकें, मन में लेकर आस ।
आते मैत्रीभाव से, अंग्रेजों के पास ।। 1718
दास मराठी भी कई, छोड़ वतन से प्यार ।
चोर-चोर भाई बने, सब मतलब के यार ।। 1719
इन पर रोटी सेंकते, अंग्रेजी व्यापार ।
प्रसार करते धर्म का, लालाच के आधार ।। 1720
सर्व शिवाजी जानते, गोरों के किरदार ।
गोरख धंदे लूट के, छद्मी कारोबार ।। 1721

(राजापुर)

दोहा॰ राजापुर में था बसा, अंग्रेजी गोदाम ।
सूरत का बंदर दिया, दिल्ली का सुलतान ।। 1722
हेन्री रेविंग्टन यहाँ, साहेब था प्रधान ।
टोपी वालों में जिसे, बहुत बड़ा सम्मान ।। 1723
पश्चिम तट पर था बसा, एक शिवाजी-दास ।
दारोजी शुभ नाम का, दाभोल में निवास ।। 1724
उसने सहसा एक दिन, भारी छापा मार ।
अंग्रेजों का ले लिया, राजापुर भंडार ।। 1725
उसने उस गोदाम का, लूटा सारा माल ।

84. अफ़जलखान का वध, 1659 AD

गोरे सारे पकड़ कर, दिया कैद[28] में डाल ।। 1726
कैदी करने मुक्त सब, करने नावें मुक्त ।
पास शिवाजी के बड़ा, आया गोरा दूत ।। 1727
दिया वचन उस दूत ने, लिखित शपथ के साथ ।
मित्र शिवाजी आज से, और मिलाए हाथ ।। 1728
गोरों ने वादा किया, मैत्री का इजहार ।
सिद्दी हमरा शत्रु है, करते हैं इकरार ।। 1729
करके वादा इस तरह, कैदी कीन्हे मुक्त ।
गोरों का यह वचन था, घपलेबाजी युक्त ।। 1730

---

[28] **Prisoners** : Daroji marched with 600 soldiers and took following seven people in custody. 1. Henry Revington, the Governor for the factory at Surat (r. 1656-1662), 2. Randolph Taylor, 3. Richard Taylor, 4. Robert Ferrand, 5. Richard Napier, 6. William Mingham and 7. Philip Gifford. After negotiations six people were released and Gifford was imprisoned at the fort of Kharepathan. Gifford was released after Revington promised British help to Shivaji in taking the sea fort of Jangira from Siddi Jauhar.

85. पन्हाला से पलायन, 1660 AD

YEAR 1660

85. वीर शिवाजी–30 :

85. पन्हाला से पलायन, 1660 AD

Shivaji, thirty years old, 1660.

वीर शिवाजी तीस वर्ष के

दोहा॰ विघ्न घोर आते गए, बाद एक के एक ।
झेल शिवाजी थे रहे, धीरज से प्रत्येक ।। 1731
नए–नए दुश्मन खड़े, करते हैं हर रोज ।
देखें कल है कौनसा, लाते करके खोज ।। 1732

(बिजापुर)

दोहा॰ जिसे भवानी राखती, उसको मारे कौन ।
क्रूर शठ महाकाय भी, हार गए धर मौन ।। 1733
हारे सेनानी सभी, तब मन आया नाम ।
सिद्दी जौहर एक है, जो कर सकता है काम ।। 1734
सिद्दी सबको ज्ञात है, जितना है वह क्रूर ।
महाकाय रण बाँकुरा, उतना ही है शूर ।। 1735
ऊँचा तगढ़ा साँड है, जैसा अफजलखान ।
शत्रु शिवाजी का बड़ा, जंजीरा सुलतान ।। 1736

85. पन्हाला से पलायन, 1660 AD

दो सुलतानों ने बैठ कर, ध्येय कर लिया स्पष्ट ।
हाथ मिला कर तय हुआ, करें शिवाजी नष्ट ।। 1737
जासूसों ने खबर दी, कहाँ शिवाजी धाम ।
पन्हाला गढ़ घेर कर, हो सकता है काम ।। 1738

(तब)

सुन कर ताजा खबर वो, बिजापुरी तैयार ।
निकला फाजलखान भी, पुनः तीसरी बार ।। 1739
शरणागत को कर क्षमा, छोड़ दिया दो बार ।
आता फिर-फिर लौट कर, शर्महीन मक्कार ।। 1740
सेना एक बिजापुरी, दूजी हबशी फौज ।
अंगैजों की तीसरी, आयी करने मौज ।। 1741
मुँह माँगे ही दाम पर, बेच युद्ध सामान ।
गोरों ने दी फौज भी, यश करने आसान ।। 1742
गोरे वादा तोड़ कर, मिले शत्रु के साथ ।
विमुख शिवाजी से हुए, धोकर अपने हाथ ।। 1743
साथ मराठे मिल गए, आदिलशाही दास ।
जिन्हें हिंदवी राष्ट्र पर, तनिक न था विश्वास ।। 1744

(आक्रमण)

दोहा॰ सेना ऐसी चौतुकी, शत्रु चार की खास ।
आयी चारों ओर से, पन्हालगढ़ के पास ।। 1745
चारों मिल कर फौज थी, लगभग आधा लाख ।
नष्ट शिवाजी को किए, स्वराज्य करने खाख ।। 1746
पन्हालगढ़ को घेर कर, लगी छावनी चार ।
फँसे शिवाजी दुर्ग में, सोच रहे उपचार ।। 1747

85. पन्हाला से पलायन, 1660 AD

कोई बाहर जा सके, भीतर न ही प्रवेश ।
गोरों की तोपें चली, बिना खंड लवलेश ।। 1748
दुर्ग बहुत मजबूत था, गिरि पर विराजमान ।
तोपों से ना ढह सका, अविचल उसकी शान ।। 1749
ऊपर ध्वज फहरा रहा, भगवा रंग निशान ।
भीतर खाना विपुल था, जल का भी प्रवधान ।। 1750
जितना संभव हो सके, करने पक्का काम ।
चाहा आदिलशाह ने, दिल्ली से फरमान ।। 1751
पाकर अर्जी शाह की, दिल्ली का सुलतान ।
देने राजी होगया, मुगलों का वरदान ।। 1752
फिर शाहिस्तेखान को, भेजा दक्षिण देश ।
एक लाख की फौज का, उसको दिया निदेश ।। 1753
अस्सी हजार अश्व थे, पैदल तीस हजार ।
तोपें हाथी ऊँट भी, रुपया दिया अपार ।। 1754

(मगर)

✍दोहा॰ आया दक्षिण देश में, जब शाहिस्तेखान ।
ना वह आदिल से मिला, सिद्दी से न बखान ।। 1755
दक्षिण में जब आगया, सेना लेकर खान ।
मंदिर-मूरत तोड़ कर, मचा दिया तूफान ।। 1756
घोर पाप करता हुआ, मारकूट घनघोर ।
पुणे शहर में बस गया, लाल महल में चोर ।। 1757
करी योजना खान ने, पाने को सम्मान ।
स्वतंत्र अपने आप ही, करके सारा काम ।। 1758

(क्योंकि)

85. पन्हाला से पलायन, 1660 AD

उसे न आदिल लाड़ला, ना सिद्दी से प्यार ।
शत्रु उनको मानता, मुगलों के खूँखार ।। 1759
नष्ट शिवाजी को किए, स्वातंत्र्य हो तमाम ।
सारे हिंदुस्तान में, मुगलों का हो नाम ।। 1760
दक्षिण के सुलतान भी, करने हैं बरबाद ।
जंजीरा भी है हमें, लेना उसके बाद ।। 1761
मदद करूँ ना मैं उन्हें, करना जिन्हें खलास ।
दिल्ली के सुलतान का, मुगलनिष्ठ मैं दास ।। 1762
लाल महल में स्थित हुआ, अब शाहिस्तेखान ।
बनी भयंकर योजना, सहित बड़े अरमान ।। 1763
महल शिवाजी के लिए, बनवाया था खास ।
जिजामातु ने शौक से, बहुत लगा कर आस ।। 1764
मुठा नदी के तीर पर, लाल महल के पास ।
लगी छावनी फौज की, फौजी लाख निवास ।। 1765
सजा चक्र है व्यूह का, करने पूर्ण विनाश ।
अब न शिवाजी बच सके, उसको था विश्वास ।। 1766

✍ दोहा॰ मगर उसे था डर लगा, वध अफजल का जान ।
धूर्त शिवाजी एक दिन, ले ना उसके प्राण ।। 1767
पुणे प्रांत उसने किया, तोड़-फोड़ कर नष्ट ।
एक अकेला था बचा, चाकण किला अनष्ट ।। 1768
लेकर चाकण का किला, करें पुणे बरबाद ।
रहे शिवाजी का यहाँ, जोर न उसके बाद ।। 1769

चाकण की लड़ाई, June-August 1660

85. पन्हाला से पलायन, 1660 AD

✍दोहा॰ किया आक्रमण एक दिन, चाकण पर घमसान ।
घेरा चारों ओर से, दे बैठा वह खान ।। 1770
किला बहुत मजबूत था, बूर्ज खड़े सब ओर ।
रखा सुरक्षित खूब था, सब विध अच्छी तौर ।। 1771
भगवा ध्वज था दुर्ग पर, स्वातंत्र्य का प्रतीक ।
फहराता अभिमान से, अंबर के नजदीक ।। 1772
मर्द मराठे चार सौ, गढ़ पर खड़े जवान ।
मुगल निकट ना आ सके, बमबारी घमसान ।। 1773
आतिशबाजी कर रहे, गढ़ के तट से वीर ।
गोले बरसे तोप के, बरस रहे थे तीर ।। 1774
सेना पीछे हट गई, खान हुआ नाकाम ।
नाराज हुआ खान पर, दिल्ली का सुलतान ।। 1775

(जयसिंह)

नेता उसने दूसरा, भेजा करने काम ।
जो करने में खान का, उपाय था बेकाम ।। 1776
नेता वह जयसिंह था, बहुत तजुर्बेकार ।
जिस पर करत यकीन थी, दिल्ली की सरकार ।। 1777

✍दोहा॰ शिवाजी नहीं जानते, चाकण के हालात ।
मुगलों का घेरा पड़ा, करने को आघात ।। 1778
उधर शिवाजी थे फँसे, सिद्दी का था घेर ।
छुटकारा कैसे मिले, बहुत होगई देर ।। 1779
बहुत सोच कर रात-दिन, निकला एक उपाय ।
जिससे मोचन हो सके, संकट सकल हटाय ।। 1780
उपाय सोचा था यथा, तथा बिछाने जाल ।

85. पन्हाला से पलायन, 1660 AD

गुप्त चरों से बात की, चलने अगली चाल ।। 1781
कहा शिवाजी ने उन्हें, ढूँढो एक सुराग ।
जिसमें से हम रात में, दूर सकेंगे भाग ।। 1782
यथा चरों को मिल गया, कारज का आदेश ।
उसी रात में चल पड़े करने को अन्वेश ।। 1783
एक स्थान में, दुर्ग की, टूटी थी दीवार ।
जिसमें से बाहर गए, चुपके से चर चार ।। 1784
बाहर पतली बाट थी, ढकी विपिन में खूब ।
घनी झाड़ियों में छुपी, जहाँ सघन थी दूब ।। 1785
अगम्य खाई थी यहाँ, धरती बहुत ढलान ।
यहाँ न पहरा था कहीं, न ही किसी का ध्यान ।। 1786
जहाँ भवानी की कृपा, शिव का आशिर्वाद ।
वहाँ सफल सब होत है, विघ्न न उसके बाद ।। 1787

(युक्ति)

दोहा॰ इधर शिवाजी ने लिखा, खत सिद्दी के नाम ।
जिसमें अनुनय नम्र था, करके विनत प्रणाम ।। 1788
लिखा शिवाजी ने उसे, तुम हो दया निधान ।
क्षमा करो अपराध सब, दे दो जीवनदान ।। 1789
शरण आपकी आ रहे, करके बहु सम्मान ।
किले, राज्य, धन आपको, कर देंगे सब दान ।। 1790
दाना-पानी खतम है, भूखे हैं हम लोग ।
ले कर टक्कर आपसे, हमें हो रहा सोग ।। 1791
मिलना हैं हम चाहते, आकर कल की रात ।
बैठेंगे हम रूबरू, करने को सब बात ।। 1792

85. पन्हाला से पलायन, 1660 AD

सिद्दी जौहर

✍दोहा॰ पाकर चिठ्ठी दूत से, सिद्दी था हैरान ।
हर्ष बहुत था हो रहा, काम हुआ आसान ।। 1793
आदिल जो ना कर सका, ना ही अफजलखान ।
आज वही है हो रहा, संभव मुझको काम ।। 1794
फिर जौहर को डर लगा, धोखा हो ना जाय ।
चतुर शिवाजी बहुत है, मुझे करे न अपाय ।। 1795
आवेगा जब वो यहाँ, बैठेगा वह दूर ।
पास न आने दूँ उसे, फाड़े ना मम उर ।। 1796
आते ही, उसको यहाँ, कर दूँगा मैं कैद ।
वापस वह ना जा सके, मै कपटी मुस्तैद ।। 1797
आएगा निःशस्त्र वो, डरने की क्या बात ।
रक्षक मेरे साथ हैं, कर न सकेगा घात ।। 1798
फँसा हुआ लाचार वो, पिंजड़े में है शेर ।
सेना मेरी है खड़ी, किला रखा है घेर ।। 1799
गर वो ना आवे यहाँ, वादा करके झूठ ।
भूखा है वो मर रहा, धैर्य रहा है छूट ।। 1800
मुझे सुअवसर है मिला, होने मालामाल ।
ले लूँ उसकी संपदा, सज्य और सब माल ।। 1801

(यों)

✍दोहा॰ सिद्दी लालच में पड़ा, कर बैठा अविचार ।
भ्रम में उस प्रस्ताव को, कर बैठा स्वीकार ।। 1802
हर्ष भरी थी छावनी, सबके मन उल्लास ।
खतम शिवाजी होगया, सबको था विश्वास ।। 1803

85. पन्हाला से पलायन, 1660 AD

राह शिवाजी की सभी, देखने लगे मूढ़ ।
मतलब उस प्रस्ताव का, जान न पाए मूढ़ ।। 1804

(उधर गढ़ प)

✍दोहा॰ सिद्दी था जब कर रहा, प्रस्ताव पर विचार ।
इधर शिवाजी हो रहे, भगने को तैयार ।। 1805
छह हाजार थे मावले, पन्हालगढ़ पर वीर ।
छह सौ भट हैं जा रहे, संग शिवाजी धीर ।। 1806
जाएँगे सब रात में, बिना किसी आवाज ।
दरार से दीवार की, निकल पड़ेंगे आज ।। 1807
चूक न हो जाए कहीं, धोखे का है काम ।
एक भूल से हो सके, बहुत बुरा परिणाम ।। 1808
पन्हालगढ़ से निकल कर, मर्द मराठे शूर ।
विशालगढ़ पर जा रहे, बीस कोस हैं दूर ।। 1809
बीस कोस का रासता, पथरीली है राह ।
बहुत धैर्य से गुजरना, मन में है उत्साह ।। 1810
गरज रहे बादल घने, अँधियारी है रात ।
भारी वर्षा हो रही, रुक न रही बरसात ।। 1811
शिवजी तांडव कर रहे, बाकी सब कुछ शाँत ।
सैनिक सारे सो रहे, ठंढी सी है घात ।। 1812

पलायन

✍दोहा॰ सिद्दी के सेवक सभी, बैठे लापरवाह ।
जौहर की करते हुए, वाह! वाह! जी वाह! ।। 1813
देख शिवाजी की रहे, आने की सब राह ।

85. पन्हाला से पलायन, 1660 AD

सिद्दी उसको मार दे, यही सभी को चाह ।। 1814
स्वीकृति लेकर आगया, चतुर शिवाजी-दूत ।
सिद्दी का सिक्का लिए, सही-सहित सबूत ।। 1815
सिद्दी से प्रस्ताव पर, पाते ही स्वीकार ।
सिद्ध होगए मावले, करन स्वप्न साकार ।। 1816
छाए बादल गगन में, बरस रहा था नीर ।
मौसम उस अनुकूल में, निकल पड़े सब वीर ।। 1817
साथ ले चले पालकी, वीर चल रहे मौन ।
खाली डोली क्यों भला, उसमें बैठे कौन? ।। 1818
आगे चल कर देखते, क्या है उसका काम ।
दूरदृष्टि की कुशलता, क्लृप्ति जिसका नाम ।। 1819

(शिवा नाई, गढ़ पर)

दोहा॰ शिवा नाम का एक था, नाई बहुत सुजान ।
दिखे शिवाजी की तरह, रंग-रूप समान ।। 1820
उसने पहने वस्त्र थे, सर्व शिवाजी रूप ।
फर्जी लीन्हा स्वाँग था, यथा मराठा भूप ।। 1821
वेश शिवाजी ने लिया, यथा मावला वीर ।
यथा बनी थी योजना, वैसा रूप सुधीर ।। 1822
निकल पड़े सब मावले, बिना किए आवाज ।
ओझल वन में होगए, मुक्त होगए आज ।। 1823
तेज वेग से चल रहे, जाना है बहु दूर ।
कोई उन्हें न देख ले, कर दे सपना चूर ।। 1824
बादल गर्जन तेज थी, वर्षा का भी शोर ।
शीघ्र चाल से जा रहे, विशालगढ़ की ओर ।। 1825

85. पन्हाला से पलायन, 1660 AD

(उधर)

✍दोहा॰ उसी समय पर विपिन में, सिद्दी के दो दास ।
घूम रहे थे अश्व पर, पहरा देने खास ।। 1826
उन दासों ने दूर से, जान लिया ये कौन ।
भाग रहे हैं मावले, इस बारिश में मौन ।। 1827
सशस्त्र इतने मावले, स्वराज्य वाले लोग ।
पन्हालगढ़ से दूर ये, कौन रहे हैं भाग ।। 1828
कहीं शिवाजी तो नहीं, निकल गया गढ़ छोड़ ।
विशालगढ़ की ओर ये, भाग रहा जी तोड़ ।। 1829
जाकर उनको रोकने, होंगे हमीं शिकार ।
पकड़ेंगे उल्टा हमें, डालेंगे वे मार ।। 1830
लगाय यह अनुमान वे, निकल पड़े दो दास ।
पहुँचाने को खबर वो, झट सिद्दी के पास ।। 1831
देख शिवाजी ने लिए, मुगलों के वे दास ।
सेना लाने हैं गए, उनको था विश्वास ।। 1832

(अत:)

यथा योजना थी बनी, यही सोच कर बात ।
डोली में बैठा शिवा, जिसे चाल थी ज्ञात ।। 1833
लगभग दो-सौ मावले, बढ़े शिवा के साथ ।
आगे चलने लग गए, सभी जोड़ कर हाथ ।। 1834
मुड़ कर बाकी मावले, चले शिवाजी संग ।
घोडखिंड के रासते, जिधर राह थी तंग ।। 1835

(सिद्दी जौहर)

✍दोहा॰ सिद्दी जौहर ने सुनी, जभी सनसनी बात ।

85. पन्हाला से पलायन, 1660 AD

"भाग शिवाजी है गया," उसे हुआ आघात ।। 1836
"हमने देखी पलकी, विशालगढ़ की ओर ।
भाग रहे थे मावले, बिना किसी भी शोर" ।। 1837
सुन कर, सिद्दी, बात वो, कर न सका विश्वास ।
समझ न पाया बात क्या, बोल रहे हैं दास ।। 1838
"कैसे यह संभव हुआ, किला रखा है घेर ।
पहारा चारों ओर है, फिर कैसा अंधेर ।। 1839
"निकला वह किस मार्ग से, कहीं नहीं था भंग ।
लेकर इतने मावले, और पालकी संग ।। 1840
"कैसे अदृश होगया, बिना किसी अटकाव ।
बात अभी था कर रहा, भेज हमें प्रस्ताव ।। 1849
"मेरे सैनिक हैं खड़े, पूरे तीस हजार ।
गोरी तोपें कर रही, गोलों की बौछार ।। 1850
"इतना भारी यत्न है, किया महीने चार ।
उस पर पानी फिर गया, सभी हुआ बेकार ।। 1851
"जाओ जल्दी दौड़ कर, वज्राघात समान ।
सेना लेजाओ बड़ी, नेता मसूद खान ।। 1852
"लाओ उसको कैद कर, उस डोली के साथ ।
अगर न आए प्रेम से, बाँधो उसके हाथ ।। 1853
"जानें वह कैसे गया, पन्हालगढ़ से भाग ।
जब की अपनी फौज के, सभी रहे थे जाग" ।। 1854

(मसूद खान सिद्दी)

सेना तीन हजार की, लेकर मसूद खान ।
निकला विद्युत वेग से, जैसे हो तूफान ।। 1855

85. पन्हाला से पलायन, 1660 AD

विशालगढ़ के रासते, फौज रही थी भाग ।
कैद शिवाजी को करूँ, उसके दिल में आग ।। 1856
काफी अंतर दौड़ कर, दिखा उन्हें उस ओर ।
डोली वाले जा रहे, बरातियों की तौर ।। 1857
मसूद की उस फौज ने, दौड़ कर कुछ देर ।
आकर चारों ओर से, लियी पालकी घेर ।। 1858
डोली में उसको दिखा, शख्स शिवाजी छाप ।
डरा हुआ, कर जोड़ कर, बैठा है चुपचाप ।। 1859
उसे शिवाजी जान कर, हर्षित हुआ मसूद ।
बोला, अब ना बच सके, भुगतेगा सह सूद ।। 1860
डोली वालों को लिए, निकला उल्टे पाँव ।
कहा मसूद खान ने, जीत गया मैं दाँव ।। 1861
डोली वाहक मावले, चलते धीमी चाल ।
ताकि शिवाजी को मिले, अधिक, पहुँचने काल ।। 1862

(छावनी में)

✍दोहा॰ जभी छावनी आगई, सिद्दी के दरबार ।
बोल उठा सब हर्ष से, मसूद की जयकार ।। 1863
छोटे तथा बड़े सभी, अधिकारी सरदार ।
आगे आए देखने, शिवाजी का किरदार ।। 1864
सभी शिवाजी देखने, बढ़े खान की ओर ।
"हमें शिवाजी मिल गया," सबने कीन्हा शोर ।। 1865
सिद्दी ने भी खान की, करी बहुत वाह! वाह! ।
"डोली को नीचे रखो," कहा सहित उत्साह ।। 1966
डोली जब नीचे रखी, देख शिवा का देह ।

बाजी प्रभु देशपांडे, 1660 AD

कौन भला ये स्वाँग है, उन्हें हुआ संदेह ।। 1867
सिद्दी ने पूछा उसे, "क्या है तेरा नाम ।
शिवाजी बना, कौन तू, क्यों यह कीन्हा काम" ।। 1868
शिवा हमारा नाम है, पेशे से हज्जाम ।
नाथ शिवाजी, बाप भी, सखा तथा भगवान ।। 1869
सिद्दी को बोला शिवा, पुणे हमारा धाम ।
वीर शिवाजी के लिए, दे सकता हूँ प्राण ।। 1870
सुन कर नाई का कहा, सभी हुए हैरान ।
सिद्दी क्रोधित लाल था, गरम होगए कान ।। 1871
सिद्दी ने फिर खूब दी, मसूद को फटकार ।
बोला, जाने को पुनः, सेना करो तयार ।। 1872

बाजी प्रभु देशपांडे, 1660 AD
घोडखिंड का युद्ध

(उधर)

दोहा॰ बढ़े जा रहे मावले, विशालगढ़ की ओर ।
पीछा मसूद कर रहा, खूब लगा कर जोर ।। 1873
उन्हें शिवाजी कह रहे, ध्येय पर करें गौर ।
पाँच कोस का फासला, अभी बचा है और ।। 1874
छह घंटों की बात है, बाकी आखिरकार ।
"घोड़खिंड" है सामने, चलो करें हम पार ।। 1875
घाटी यह है सँकरी, जिसका मुख है तंग ।
बाजी प्रभु ठहरे यहाँ, दो सौ साथी संग ।। 1876
करके बाजी को खड़ा, घाटी का मुख रोक ।

बाजी प्रभु देशपांडे, 1660 AD

बढ़े शिवाजी सामने, विशालगढ़ बिन-धोक ।। 1877
देखा उन्हें मसूद ने, बनाय एक कतार ।
घाटी में हैं घुस रहे, जाने को उस पार ।। 1879
बोला मसूद फौज को, चलो तेज रफतार ।
पकड़ो या मारो उन्हें, भागे ना इस बार ।। 1880
जब तक मसूद आगया, उस घाटी के पास ।
निकल शिवाजी थे चुके, खड़ा वहाँ था दास ।। 1881
बाजी प्रभु को देख कर, ठहरा मसूद खान ।
घाटी में घुस ना सका, युद्ध हुआ घमसान ।। 1882

(तब)

दोनों हाथों से लड़ा, बाजी बुलंद वीर ।
काटता गया शत्रु को, तलवारों से चीर ।। 1883
लड़े मराठे शौर्य से, जैसे भूत सवार ।
काट रही थी शत्रु को, तलवारों की धार ।। 1884
शत्रु पक्ष में थे भरे, हिंदू भी दाद्दार ।
गुलाम जो थे बन गए, छोड़ वतन से प्यार ।। 1885
दो-सौ जिद्दी मावले, सिद्दी तीन हजार ।
छह घंटे थे लड़ रहे, बिना मान कर हार ।। 1886
बाजी जखमी था बड़ा, हुआ रुधिर से सिक्त ।
फिर भी मंदा ना हुआ, ना निष्ठा से रिक्त ।। 1887
जैसा अभिमन्यु था लड़ा, पूर्ण छिड़क कर जान ।
बाजी वैसा लड़ रहा, अर्पण करके प्राण ।। 1888
धन्य! धन्य! वो भूमि है, धन्य हुआ वह नाथ ।
बाजी जैसा पुत्र है, श्रद्धा जिसके साथ ।। 1889

(शिवाजी)

बाजी प्रभु देशपांडे, 1660 AD

✍दोहा॰ जभी शिवाजी आगए, विशालगढ़ के पास ।
आया उनको मारने, आदिलशाही दास ।। 1890
आदिलशाही दास का, सूर्याजी था नाम ।
छिपा हुआ था वो कहीं, देने को अंजाम ।। 1891
वैर शिवाजी से करे, दुष्ट मराठा वीर ।
जिस कारण उसको मिले, आदिलशाही खीर ।। 1892
थके शिवाजी थे बड़े, मगर न था पर्याय ।
छिड़ी लड़ाई घोर थी, लड़ना था अनिवार्य ।। 1893
सूर्याजी का ना चला, शिवराया पर जोर ।
डटे शिवाजी शत्रु पर, हमला डाला तोड़ ।। 1894

(फिर)

निकल शिवाजी थे गए, पीछे शत्रु छोड़ ।
विशालगढ़ पर आगए, विजयश्री को जोड़ ।। 1895
बाजी प्रभु की थी उन्हें, चिंता लगी महान ।
तोपों के संकेत का, कीन्हा पहला काम ।। 1896

(बाजीप्रभु)

✍दोहा॰ विशालगढ़ पर बज उठी, तोपों की बरसात ।
बाजी को संकेत वो, दीन्हा हर्षाघात ।। 1897
कृतकृत्य वह होगया, स्वतंत्रता का शेर ।
खड़ा होगया छोड़ कर, दोनों ही शमशेर ।। 1898
मार निहत्थे को दिया, मसूद ने बिन लाज ।
जैसी नीति में पला, ठीक वही अंदाज ।। 1899
गिरा धरा पर वीर वो, लेकर शिव का नाम ।
प्रसन्नता मुख पर लिए, हुआ पूर्ण कृतकाम ।। 1900

बाजी प्रभु देशपांडे, 1660 AD

ऐसा योद्धा ना हुआ, ना होगा दो बार ।
जैसा बाजी होगया, सच्चा साझेदार ।। 2005
स्वामी का रक्षण करे, देकर अपने प्राण ।
सौ-सौ से जो लड़ सके, एक-अकेली जान ।। 1901
वैसा स्वामी धन्य है, जिसका ऐसा दास ।
जिस पर स्वामी कर सके, आँख मूँद विश्वास ।। 1902
वंदन ऐसे वीर को, सहर्ष घुटने टेक ।
स्तवन हुतात्मा का करे, देशभक्त प्रत्येक ।। 1903

शिवाजी की चाल

दोहा॰ बाजी प्रभु को मार कर, हार गया शैतान ।
निकल शिवाजी थे गए, लौटा मसूद खान ।। 19014
शीश झुका कर आगया, मसूद अपने स्थान ।
जौहर ने उसका किया बहुत घोर अपमान ।। 1905
हाथ से शिवाजी गया, हमें भूल में डार ।
चार महीने रात-दिन, यत्न गए बेकार ।। 1906
न ही पन्हाला गढ़ मिला, बोला मसूद खान ।
शिवाजी न जिंदा मिला, न ही मिला बेजान ।। 1907
शिवाजी गया सोच कर, जौहर को था रंज ।
आदिल से अब क्या कहूँ, तिक्त कसेगा तंज ।। 1908
इतनी भारी फौज थी, अंग्रजी बारूद ।
पानी जैसा पैसा गया, माँगेगा सह-सूद ।। 1909
माफ करेगा ना मुझे, दिखलाएगा रंग ।
लेगा बदला खूब वो, जस सुलतानी ढंग ।। 1910
जिन्हें न कोई मित्र है, ना भाई, ना बाप ।

सिद्दी जौहर का खून, 1660 AD

हत्या करने को कभी, ये न समझते पाप ।। 1911

सिद्दी जौहर का खून, 1660 AD

दोहा॰ सिद्दी ने फिर गढ़ लिए, दिए मराठे छोड़ ।
पत्र शिवाजी ने लिखा, आदिल को जी तोड़ ।। 1912
लेकर सिद्दी ने किला, दीन्हा मुझको छोड़ ।
बिना आपकी अनुमति, हमसे नाता जोड़ ।। 1913

(अत:)

दोहा॰ पढ़ कर भीषण पत्र वो, आदिल को संताप ।
बोला, सिद्दी ने किया, बहुत घोर है पाप ।। 1914
हमें शिवाजी ना मिला, न ही किले का लाभ ।
सिद्दी ने धोखा दिया, तोड़ा हमरा ख्वाब ।। 1915
हमने उसको फौज दी, और किया सत्कार ।
मगर मिला वह शत्रु से, निकला वह गद्दार ।। 1916
सिद्दी ने है छल किया, नजर आ रहा साफ ।
बदला लेंगे हम सही, नहीं करेंगे माफ ।। 1917

(और)

सिद्दी को न्यौता मिला, आने को दरबार ।
परामर्श है चाहती, बिजापुरी सरकार ।। 1918
न्यौता पाकर डर गया, सिद्दी मतलब जान ।
गया नहीं दरबार में, खतरे को पहिचान ।। 1919
आदिल ने फिर फौज को, हुक्म दिया उद्दंड ।
सुलतानों के ढंग से, सिद्दी को दो दंड ।। 1920

(सिद्दी जौहर)

दोहा॰ सुन कर आना फौज का, सिद्दी के मन आग ।

सिद्दी जौहर का खून, 1660 AD

डर कर वह कोकण गया, पन्हालगढ़ से भाग ।। 1921
भेजा अदिलशाह ने, गुंडा, देकर घूस ।
ढूँढ कर उसे मारने, गुप्त वेश जासूस ।। 1922
ढूँढ लिया जासूस ने, छिपने का वह स्थान ।
सिद्दी जौहर था जहाँ, झुठला कर पहिचान ।। 1923
इक दिन उस जासूस ने, बनाय उसको यार ।
जहर पिला कर रात में, डाला सिद्दी मार ।। 1924

(तब)

✍दोहा॰ चाल शिवाजी की यथा, तथा फँसा सुलतान ।
जिसने सेवा परम की, उसकी ले ली जान ।। 1925
काँटे से काँटा हटा, बना बिगढ़ता खेल ।
आदिल के ही हाथ से, पड़ा आग में तेल ।। 1926
आदिल को ठंढक मिली, बदला लेकर नेक ।
लाभ शिवाजी का हुआ, शत्रु घट गया एक ।। 19274
ज्यों ही सिद्दी मर गया, आदिल के उपकार ।
चतुर शिवाजी ने किया, पन्हालगढ़ पर वार ।। 1928
पन्हालगढ़ के युद्ध में, गए आदिली हार ।
पड़ी कुल्हाड़ी पाँव पर, सच्चा सेवक मार ।। 1929

(चाकण की लड़ाई, अब ...)[29]

✍दोहा॰ तीन मास से चल रहा, चाकण का वह युद्ध ।
गढ़ की रक्षा कर रहे, वीर मराठे शुद्ध ।। 1930
एक निमिष भी ना रुके, करने में प्रतिकार ।

---

[29] June-August 1660.

सिद्दी जौहर का खून, 1660 AD

मुगल न आगे बढ़ सके, यत्न सभी बेकार ।। 1931
ना तोपों का असर था, हमलों का न प्रभाव ।
डटे मराठे थे खड़े, झेल रहे थे घाव ।। 1932
हार कर जयसिंह ने, निर्घृण मुगल प्रयोग ।
समूह हत्या का किया, गुप्त रीति उपयोग ।। 1933
गढ़ के नीचे खोद कर, लंबा एक सुरंग ।
भरा उसे बारूद से, निर्दयता के संग ।। 1934
जान न पाए आपदा, गढ़ पर जो थे वीर ।
मुगल उड़ाने जा रहे, उन सब की तकदीर ।। 1935
बत्ती को सुलगा दिया, इक दिन आधी रात ।
स्फोट भयंकर होगया, बड़े धमाके साथ ।। 1936
अंबर तक लाशें उड़ी, गिरी कोस तक दूर ।
एक बुरुज उस दुर्ग का, पूरा चकनाचूर ।। 1937

(फिर)

फिर भी दृढ़ थे मावले, बचे खुचे सब वीर ।
लड़ने को तैयार थे, खड़े चलाने तीर ।। 1938
बढ़े मुगल जब सामने, रुके देख कर तीर ।
छोड़ अगर दें, निमिष में, माँगेंगे ना नीर ।। 1939
पीछे मुड़ कर, आगए, बंदूकधर हजार ।
धाँय! धाँय! चलने लगी, गोली की बौछार ।। 1940
गिरे तीर-तलवारधर, कर न सके प्रतिकार ।
चाकण मुगलों को मिला, कुछ दिन का अधिकार ।। 1941

खंडोजी खापोडे की कहानी

✍दोहा॰ जभी जावली में हुआ, मोरे नमकहराम ।

सिद्दी जौहर का खून, 1660 AD

तभी वहाँ पर एक था, शठ खंडोजी नाम ।। 1942
स्वराज्य से उसको घृणा, आदिल का था दास ।
उसकी निष्ठा थी नहीं, मगर किसी के पास ।। 1943
वैर शिवाजी से करे, यदपि मराठा आप ।
सेवक अफजलखान का, माने उसको बाप ।। 1944
शिवराया को मारने, आया था वह नाग ।
अफजल का जब वध हुआ, निकल गया था भाग ।। 1945

(तब)

उसकी निष्ठाहीनता, नजर आगयी साफ ।
आदिलशाही ने उसे, नहीं किया था माफ ।। 1946
डर कर आदिलशाह से, छिपा बचाने प्राण ।
अगर पकड़ में आगया, मारेगा सुलतान ।। 1947
उसे सहारा ना कहीं, ना कोई था यार ।
ना ही कोई प्यार का, उसको रिश्तेदार ।। 1948
वेश बदल कर भटकता, और बचाता जान ।
राज्य शिवाजी का उसे, लगा सुरक्षित स्थान ।। 1949
रहता था उस गाँव में, उसका इक दामाद ।
खंडोजी उससे मिला, बहुत दिनों के बाद ।। 1950

(दामाद)

बोला वह दामाद से, करो एक तुम काम ।
सखे! शिवाजी से कहो, मेरा नम्र प्रणाम ।। 1951
बोलो, मुझको शरण दें, क्षमा करें भगवान! ।
चाहे जो दंड दें, मत लें मेरी जान ।। 1952
देश द्रोह मैंने किया, बहुत किए हैं दोष ।
मिल कर अफजलखान से, खो बैठा मैं होश ।। 1953

सिद्दी जौहर का खून, 1660 AD

आया था मैं मारने, धारण कर तलवार ।
फिर भी मुझको माफ कर, दया करो, सरकार ।। 1954
दयावान नृप आप हैं, नीति-नियम के नाथ ।
शरणागत को बक्ष दो, सदय हृदय के साथ ।। 1955
सुन कर उस दामाद से, उस पापी के बोल ।
कहा शिवजी ने उसे, अपने मन को खोल ।। 1956
खंडोजी लाओ यहाँ, फिर करते हैं न्याय ।
उसका कहना मैं सुनूँ, ना होगा अन्याय ।। 1957
आकर खंडोजी पड़ा, महाराज के पाँव ।
बोला, मुझको बक्ष कर, दो किरपा की छाँव ।। 1958
माना, मैंने हैं किए, बहुत घृणित अपराध ।
मगर आप किरपाल हैं, राजा दयाअगाध ।। 1959

(शिवाजी

दोहा॰ कहा शिवाजी ने उसे, सुनो हमारी बात ।
होगा निर्णय न्याय से, नहीं करेंगे घात ।। 1960
तुमरा यह दामाद है, अहम हमरा दास ।
सेना में सरदार है, सेवक हमरा खास ।। 1961
उसके कहने पर तुम्हें, माफ मृत्यु का दंड ।
मगर नीति से हो सजा, यथा कृत्य उद्दंड ।। 1962
देशद्रोह, फितुरी तथा, नारी पर व्यभिचार ।
तीन पाप अक्षम्य हैं, सद्धर्म सदाचार ।। 1963
इन पापों पर ना मिला, दंड अगर अति घोर ।
सच्चे सेवक राज्य में, बन जाएँगे चोर ।। 1964

शलोक

सिद्दी जौहर का खून, 1660 AD

चेन्न कुर्यामहं कर्म लोके जायेत सङ्करः ।
भ्रंसेत च प्रजा तस्माद्-भवेयं हानिकारणम् ।।
दोहा
अगर करूँ ना कार्य मैं, और करूँ ना कष्ट ।
संकर होगा विश्व में, प्रजा बनेगी भ्रष्ट ।।

(अतः)

दोहा॰ देशद्रोह यदि क्षम्य हो, देशभक्ति किस काम ।
नारी पीड़न सहन कर, हम होंगे बदनाम ।। 1965
रांझे पाटील को मिला, इसी दंड का माप ।
उसको वैसा दंड था, जैसा उसका पाप ।। 1966
खंडोजी तुमको मिले, उसी नाप से दंड ।
देश द्रोह का पाप है, कीन्हा तुमने चंड ।। 1967
जिन पैरों से आगए, करने मुझ पर घाव ।
तुमरे वे दोनों अघी, काटेंगे हम पाँव ।। 1968
जिन हाथों में असि लिए, आए करने वार ।
काटेंगे हम हाथ वे, लेकर वह तलवार ।। 1969

(आनंद)

दोहा॰ अफजल आया मारने, मगर चल बसा खान ।
मार न शिवबा को सका, जौहर भी गत प्राण ।। 1970
स्वराज्य में आनंद था, माता हर्षित गात ।
सभा भरी उल्लास में, फूलन की बरसात ।। 1971
निहाल मन थे मावले, बहुत मिली थी जीत ।
उत्सव में प्रस्तुत हुए, गीत तथा संगीत ।। 1972
खड़े अज्ञानदास जी, देश-ख्यात साहीर ।

86. कोकण विजय, 1661 AD

पोवाड़े की पेशगी, करने को जाहीर ।। 1973
बुलंद उस आवाज ने, भरा सभा में रंग ।
बाज रहे पखवाज थे, झाँझ, ढोल, मिरदंग ।। 1974
दिए शिवाजी ने उन्हें, मंगल आशीर्वाद ।
दूजा यह अभिषेक था, विजयोत्सव के बाद ।। 1975

YEAR 1661

86. वीर शिवाजी–31 :

86. कोकण विजय, 1661 AD

वीर शिवाजी इकतीस वषइ के

✍दोहा॰ लड़ कर भी सत् नीति से, कभी मिली ना हार ।
शिवाजी वही वीर है, जिसका सत् आचार ।। 1976
कवि पोवाडे गा रहे, डफली का है साज ।
सेना के रणधीर भी, वीर रहे हैं नाच ।। 1977
इधर मराठे गा रहे, विजयोत्सव के गान ।
उधर कुचक्कर रच रहा, मुगल कर्तलबखान ।। 1978

उंबरखिंड की लड़ाई

✍दोहा॰ लाल महल में थी सभा, रचने को अभियान ।

86. कोकण विजय, 1661 AD

बना रहा है योजना, मुगल कर्तलबखान ।। 1979
दिल्ली के सुलतान ने, भेजा उसको खास ।
"युद्ध शिवाजी हार कर, हो मुगलों का दास" ।। 1980
नौ सेना उसकी बड़ी, रक्षण करती तीर ।
पश्चिम तट पर जो खड़े, चंड मावला वीर ।। 1981
कैसे काबिज कर सकें, कोकण क्षेत्र कगार ।
जहाँ शिवाजी ने किया, नौसेना विस्तार ।। 1982
लेना होगा लोहगढ़, किला बहुत मजबूत ।
तभी शिवाजी का हटे, सवार जो है भूत ।। 1983

(अत:)

✍दोहा॰ सेना मुगलों की चली, अधिप कर्तलबखान ।
कहाँ चली और क्यों चली, किसी को न था ज्ञान ।। 1984
दिल्ली का सुलतान ही, रखता था सब ध्यान ।
मुगलों की इस फौज का, उसको सब था ज्ञान ।। 1985
मुगलों की वह फौज थी, केवल कहने नाम ।
मगर मराठे अधिक थे, उसमें भरे गुलाम ।। 1986
भाड़े के टट्टू सभी, जिन्हें न कोई लाज ।
देशद्रोह जिनके लिए, मामूली अंदाज ।। 1987
हाथी, घोड़े, बंदुकें, लिए ढाल-तलवार ।
पुणे शहर से चल पड़े, करने किस पर वार? ।। 1988

(इधर)

गुप्तचरों ने खबर वो, पहुँचाई तत्काल ।
पाते ही संकेत वो, बने मराठे काल ।। 1989
तुरत शिवाजी ने करी, सेना गुप्त तयार ।

86. कोकण विजय, 1661 AD

बीच राह में झपट कर, करने को प्रतिकार ।। 1990
सह्याद्री में आगया, मुगल कर्तलबखान ।
वन की राहें निविड थी, चढ़ने कठिन महान ।। 1991
ऊँचे कहीं चढ़ाव थे, गहरी कहीं ढलान ।
पतली राह महीन थी, तंग कहीं चट्टान ।। 1992
आयी उंबरखिंड में, जब मुगलों की फौज ।
भारी तोपों का हुआ, फौज पर बड़ा बोझ ।। 1993
छुपे मराठे वीर थे, पेड़ों पर तैनात ।
दूर शिवाजी थे खड़े, नेताजी के साथ ।। 1994

(फिर)

✍दोहा॰ घाटी में जब आगए, फौजी मुगल तमाम ।
कूद सभी उन पर पड़े, मचा दिया कुहराम ।। 1995
घाटी में जो फँस गए, उनका अब क्या होय ।
कटे मुगल भीषण वहाँ, भाग न पाया कोय ।। 1996
भाड़े के टट्टू वहाँ, छोड़ गए मैदान ।
विना शर्त के अगया, शरण कर्तलबखान ।। 1997
मिले मराठों को वहाँ, मुगलों के सब शस्त्र ।
हाथी, घोड़े, बंदुकें, मिले जरी के वस्त्र ।। 1998
दिया शिवाजी ने उसे, फिर से जीवन दान ।
वापस लौटा आगया, पुणे कर्तलबखान ।। 1999
सुना औरंगजेब ने, हारा कर्तलबखान ।
तब शाहिस्तेखान का, किया बहुत अपमान ।। 2000

पाली, शृंगारपुर, चिपलुण, संगमेश्वर विजय

✍दोहा॰ उंबर घाटी जीत कर, बढ़े मराठा वीर ।

86. कोकण विजय, 1661 AD

तलकोकण में आगए, पश्चिम सागर तीर ।। 2001
पाली टप्पा प्रथम था, पठान था सरदार ।
जभी मावले आगए, कर न सका प्रतिकार ।। 2002
चित्रदुर्ग गढ़ जीत कर, बढ़ा राज्य का काम ।
दिया शिवाजी ने उसे, मंगलगढ़ था नाम ।। 2004

(राजापुर का विध्वंस)

दोहा॰ अंग्रेजों ने था किया, वचन भंग अति घोर ।
पन्हालगढ़ के युद्ध में, लड़े शत्रु की तौर ।। 2005
तोपों का मारा किया, अंग्रजों ने खूब ।
लालच में पागल हुए, बेशरमी में डूब ।। 2006
बदला लेने का अभी, समय आगया ठीक ।
चित्रदुर्ग से बहुत था, राजापुर नजदीक ।। 2007
अंग्रजों का था यहाँ, एक अहम भंडार ।
जहाँ तोप-बारूद का, बहुत बड़ा व्यापार ।। 2008

(अत:)

चले शिवाजी मारने, राजापुर पर वार ।
साथ बहादुर मावले, लेकर चार हजार ।। 2009
राजापुर पर आगया, हमला वह खूँखार ।
घेर मराठों ने लिया, अंग्रेजी भंडार ।। 2010
विघ्न अचानक आ पड़ा, कर न सके प्रतिकार ।
टोपीवाले मौन से, मान गए फिर हार ।। 2011
सब गोरों को पकड़ कर, कैद में दिया डाल ।
लूट मराठों ने लिया, अंग्रेजों का माल ।। 2012

(फिर)

तलकोकण को जीत कर, लेकर सब सामान ।

87. नेताजी पालकर, 1662 AD

वापस घर वे आगए, बने बहुत धनवान ।। 2013
हर्ष राजगढ़ पर बड़ा, विजयों का आनंद ।
गायन-पूजन हो रहे, भक्तिभाव स्वच्छंद ।। 2014

YEAR 1662

87. वीर शिवाजी–32 :

87. नेताजी पालकर, 1662 AD

वीर शिवाजी बत्तीस वर्ष के

✍ दोहा॰ अब तक जिनके पास थे, अहम किले छत्तीस ।
आज शिवाजी वीर की, उमर हुई बत्तीस ।। 2015
मुगलों के साम्राज्य पर, मौका मिलते वार ।
सेवक अब स्वातंत्र्य के, करने लगे प्रहार ।। 2016

(नेताजी पालकर के छापे)

✍ दोहा॰ कोकण के रण जीत कर, घर आने के बाद ।
बहुत शिवाजी ने किया, मुगलों को बरबाद ।। 2017
तब शाहिस्तेखान ने, बदला लेने काम ।
नई बनाई योजना, करने इन्तेजाम ।। 2018
एक लाख की फौज को, दिया खुला आदेश ।
करने नष्ट स्वराज्य का, सारा पुणे प्रदेश ।। 2019

87. नेताजी पालकर, 1662 AD

लूटी जनता देश की, मार-कूट सब ओर ।
खेती खड़ी जला दियी, वडवानल की तौर ।। 2020
दाना खाने ना मिले, जल का पड़ा अकाल ।
गाय-बैल मरने लगे, स्वराज्य में दुष्काल ।। 2021
मार मराठे थे रहे, मुगलों के जो दास ।
मरने वाले भी वही, दुगुना सत्यानास ।। 2022
मुगली सेना में भरे, अधिक मराठे लोग ।
मार-पीट जो कर रहे, विना किसी भी सोग ।। 2023
पहरा डाला सब तरफ, मुगली फौज प्रचंड ।
पुणे शहर में मावले, आना-जाना बंद ।। 2024
लाल महल का द्वार था, भीतर-बाहर बंद ।
बंद महल में खान को, सब विध था आनंद ।। 2025
अब न शिवाजी आ सके, करने कोई कांड ।
ना वह धोखा दे सके, जो है चतुर प्रकांड ।। 2026
खान सुरक्षित होगया, जो था चिंतातुर ।
सभी शिथिल अब होगए, होकर चिंता दूर ।। 2027

(तब)

✍दोहा॰ जनता दुखिया होगई, सह ना सकी अपाय ।
तभी शिवाजी को कहा, कुछ तो करो उपाय ।। 2028

मिऱ्या डोंगर की लड़ाई

✍दोहा॰ दफा कर्तलबखान को, कर देने के बाद ।
नामदार को कह दिया, करे मुल्क बरबाद ।। 2029
खान निहायत शूर था, जैसा था वह क्रूर ।
मुगलों में वह एक था, विख्यात बहादूर ।। 2030

88. शाहिस्तेखान का पराभव, 1663 AD

जैसा उसको था मिला, करने का आदेश ।
जला दिया उस खान ने, कल्याण का प्रदेश ।। 2031
लोग शिवाजी से मिले, करने को फरियाद ।
बोले, उसके पाप से, आयी नानी याद ।। 2032
सबक सिखाने खान को, करके उसे खलास ।
सैन्य मराठों का चला, जन मत जिनके पास ।। 2033
सुन कर आना सैन्य का, खान हुआ तैयार ।
गिरि पर भीषण युद्ध में, हुई खान की हार ।। 2034
मुगल पहाड़ी छोड़ कर, भागे बचाय प्राण ।
बच कर निकला खान भी, छोड़ गया कल्याण ।। 2035
जनता को राहत मिली, फिर से करने काम ।
सबने मुख में ले लिया, स्वतंत्रता का नाम ।। 2036

YEAR 1663

88. वीर शिवाजी–33 :

88. शाहिस्तेखान का पराभव, 1663 AD

वीर शिवाजी तैंतीस वर्ष के

दोहा॰ नामदार का होगया जभी बहुत अपमान ।
मुख्य मुगल अब जो बचा, वह शाहिस्तेखान ।। 2037

88. शाहिस्तेखान का पराभव, 1663 AD

हरने को इस खान के, असह्य अत्याचार ।
रचा शिवाजी ने नया, हिम्मतवर उपचार ।। 2038
पुणे, मावलों के लिए, यदि था मना प्रवेश ।
जाएँगे हम महल में, सभी बदल कर वेश ।। 2039
खतरनाक यह काम है, फिर भी यही इलाज ।
आ सकता है काम में, करने अपना काज ।। 2040
बिना किसी गढ़बड़ किए, करना है यह काम ।
खतरा इसमें है बड़ा, जा सकते हैं प्राण ।। 2041

(योजना)

✍दोहा॰ गुप्त बनी फिर योजना, करें खान का घात ।
जाकर मुख से शेर के, चलो चुराएँ दाँत ।। 2042
जासूसों ने महल का, किया पूर्ण अन्वेश ।
कौन, कहाँ, कब, क्या करे, दिया हाल निःशेष ।। 2043
उसके फिर अनुसार ही, बाँट लिया दायित्व ।
किसने करना क्या कहाँ, सभी जान कर तत्त्व ।। 2044
मार डाल कर खान को, कैसे भागा जाय ।
किसी मावले को वहाँ, कोई पकड़ न पाय ।। 2045

(फिर)

✍दोहा॰ सिद्ध शिवाजी होगए, नेताजी के साथ ।
लिए मावले आठ सौ, करने को आघात ।। 2046
आए आधी रात में, करके सीमा पार ।
पहुँचे तीन गिरोह में, लाल महल के द्वार ।। 2047
बोले, दुआर खोलिए, रुकना है इस रात ।
सुबह सवेरे खान से, कहनी है कुछ बात ।। 2048

88. शाहिस्तेखान का पराभव, 1663 AD

कर्नाटक को जीत कर, लौट रहे हम आज ।
निकल पड़ेंगे कल पुनः, नया लिए अंदाज ।। 2049
मुगली सारी फौज में, भरे मराठे ढेर ।
कौन सभी को जानता, सब कुछ था अँधेर ।। 2050
द्वारपाल को ना हुआ, बिलकुल भी संदेह ।
कीन्हा दरवाजा खुला, आने को, सह नेह ।। 2051
भीतर आकर कर दिया, दरवाजा फिर बंद ।
अंदर जो दरबान थे, मार दिए वे चंद ।। 2052
बिखर गए सब मावले, इधर-उधर चुपचाप ।
जैसा जिको काम था, वैसी लेकर छाप ।। 2053

(हमला)

✍दोहा॰ शाँत होगया महल में, जब माहौल अचेत ।
तभी शिवाजी ने दिया, वीरों को संकेत ।। 2054
सुना जभी संकेत वो, जैसा था अभियान ।
दौड़ पड़े सब मावले, जाग पड़ा तब खान ।। 2055
सोये पर वह ना करे, कभी शिवाजी वार ।
करी, जगा कर खान को, लड़ने की ललकार ।। 2056
उठा खान जब नींद से, हाथ लिए तलवार ।
दिखा शिवाजी सामने, खड़ा मृत्यु अवतार ।। 2057
एक निमिष में छोड़ कर, लड़ने का कुविचार ।
डर कर भागा खान वो, बिना किए प्रतिकार ।। 2058
कूदा नीचे खान वो, कठड़े पर रख कर हाथ ।
प्राण बचाने के लिए, विद्युत गति के साथ ।। 2059
किया शिवाजी ने तभी, उस बुजदिल पर वार ।

88. शाहिस्तेखान का पराभव, 1663 AD

चार ऊँगलियाँ कट गई, बही खून की धार ।। 2060
"नाक कटी" तो क्या हुआ, बचे खान के प्राण ।
सुत उसका मारा गया, मगर छुप गया खान ।। 2061
टूट पड़े फिर मावले, किया युद्ध घनघोर ।
मारे रक्षक पुरुष जो, जनानियों को छोड़ ।। 2062

श्री शिवाजी चरित्र दोहावली राग-छंद माला, पुष्प 88

छंद : चौपाई

शाहिस्ते खानाचा पराभव

स्थायी
जान बच गई, लाखों पाए, कटी उँगलियाँ भागे आए ।
अंतरा-1
औरंगजेब के मामाजी, एक लाख थे जिनके फौजी ।
अंतरा-2
पुणे प्रांत पर धाक जमाया, किला एक भी जीत न पाया ।
अंतरा-3
मुल्क सभी था नष्ट कर दिया, जन जीवन भी क्लिष्ट था किया ।
अंतरा-4
फिर भी रैयत साथ शिवा के, वीर मावले सैनिक बाँके ।
अंतरा-5
आए इक दिन लाल महल में, साथ शिवाजी के थे सूरमे ।
अंतरा-6
देख शिवाजी को थर्राया, शाहिस्तेखाँ था बर्राया ।
अंतरा-7

88. शाहिस्तेखान का पराभव, 1663 AD

दुम दबा कर बुजदिल भागा, प्रहार शिवबा का था लागा ।

अंतरा–8

चार उँगलियाँ कटी हाथ की, मगर पाँचवीं बची साथ की ।

अंतरा–9

शीश ना कटा, इंशा अल्ला! शुकर मनावे दुखिया मुल्ला ।

(फिर)

✍दोहा॰ सुन कर भीतर हो रहा, जनानियों का शोर ।
मुगली सेना आगई, मुख्य द्वार की ओर ।। 2063
अंदर से जो बंद था, कर ना सके प्रवेश ।
पता चला ना, क्या हुआ, किसको दें आदेश ।। 2064
निकल गए सब मावले, गिराय कर दीवार ।
पिछले रस्ते चल पड़े, बिना किसी प्रतिकार ।। 2065
जनानियों ने दौड़ कर, खोला मुख्य दुआर ।
मुगली सेना दंग थी, सेवक मरे निहार ।। 2066
मिला न कोई मावला, ढूँढा चारों ओर ।
खान अपाहिज होगया, अवमानित भी घोर ।। 2067
पुणे छोड़ जाना पड़ा, मान हुआ कंगाल ।
दिल्ली के सुलतान ने, भेज दिया बंगाल ।। 2068
पुणे मुअज्जम आगया, दख्खनी सुभेदार ।
पुत्र औरंगजेब का, मुगली राजकुमार ।। 2069

89. सूरत की पहली लूट, 1664 AD

YEAR 1664

89. वीर शिवाजी–34 :

89. सूरत की पहली लूट, 1664 AD

(मावले)

दोहा॰ मुगलों का भय ना रहा, हुए मावले धृष्ट ।
अगला प्रतिपक्षी बचा, गोरों में जो दुष्ट ।। 2070
अंग्रेजों ने था किया, दिए वचन का भंग ।
लड़े शत्रु की ओर से, मिल कर उसके संग ।। 2071

(सूरत की लूट)

दोहा॰ मुगलों ने सब देश को, किया हुआ था नष्ट ।
लूट–मार–व्यभिचार से, जनता की थी भ्रष्ट ।। 2072
जैसा मुगलों ने दिया, महाराष्ट्र को कष्ट ।
वैसा गोरों ने किया, स्वराज्य को था रुष्ट ।। 2073
उस शाहिस्तेखान की, एक लाख की फौज ।
ध्वस्त किए सब देश को, उड़ा रही थी मौज ।। 2074
कैसे जनता को करें, इस अकाल से मुक्त ।
उपाय इस पर क्या करें, होकर धन से युक्त ।। 2075
दुरुस्त करने हैं किले, राज्य सय्यक्षा नाम ।
नौ सेना करनी खड़ी, कैसे हों सब काम ।। 2076

89. सूरत की पहली लूट, 1664 AD

(अत:)

मुगलों का धन है कहाँ, कहाँ है धन भँडार ।
अंग्रेजों के शस्त्र का, कहाँ चले व्यापार ।। 2077
पता लगाने के लिए, निकल पड़ा जासूस ।
पता लगाया दूत ने, देकर ढेरों घूस ।। 2173
सूरत है वह एक ही, धनवानों का स्थान ।
मुगलों को मिलती जहाँ, अपार कर भुगतान ।। 2078
सोना चाँदी रत्न के, जहाँ-तहाँ भँडार ।
हीरों के आभरण का, बहुत बड़ा व्यापार ।। 2079
अंग्रेजी, डच, फ्रांसिसी, मुगलों के धनपाल ।
अरब, इरानी, पारसी, यहूदियों का माल ।। 2080
कहाँ बना मुगली किला, है कौन किलेदार ।
कैसी तटबंदी वहाँ, फौजी एक हजार ।। 2081
खबरी ने सब खबर दी, सविस्तार नि:शेष ।
वहाँ पहुँचने रासता, सूरत का परिवेश ।। 2082

वीर शिवाजी चौंतीस वर्ष के

दोहा॰ सुन कर वर्णन दास से, सूरत का ऐश्वर्य ।
बहुत शिवाजी को हुआ, नगरी का आश्चर्य ।। 2083
विजयनगर को लूट कर, आदिल थे धनवान ।
परदेसी धन से करें, स्वदेश को बलवान ।। 2084
करके पूरी योजना, होकर आप तयार ।
चले शिवाजी, संग में, घोड़े आठ हजार ।। 2085
निकले जंगल मार्ग से, लेकर शस्त्र जरूर ।

89. सूरत की पहली लूट, 1664 AD

जाने कोई ना, कहाँ, जाना कितनी दूर ।। 2086
रुकते दिन के काल में, बढ़ते सारी रात ।
सूरत सीमा आगई, बाद दिनों के सात ।। 2087
समझाया सबको वहाँ, क्या है करना काम ।
उसे न कोई कष्ट हो, जो दे देगा दाम ।। 2088
जनता को हानि न हो, न दीनन का नुकसान ।
महिला सब अस्पृष्ट हों, भग्न न हो सामान ।। 2089
पहरा सीमा पर न था, गायब पहरेदार ।
बिना किसी अटकाव के, पहुँच गए बाजार ।। 2090

(सूरत में)

दूत शिवाजी का गया, किलेदार के पास ।
बोला, दे दो खंडणी, होगा नहीं विनाश ।। 2091
मगर न माना बात वो, धृष्ट इनायतखान ।
टाल सका ना लूट को, सूरत की घमसान ।। 2092
उत्तर पाकर खान का, अकड़ू अशिष्ट कूट ।
हुक्म शिवाजी ने दिया, करने पुर की लूट ।। 2093
आज्ञा पाकर मावले, पहुँच गए बाजार ।
कुछ व्यापारी भाग कर, गए किले के द्वार ।। 2094
वहाँ इनायतखान ने, लेकर धन उपहार ।
उनको भीतर ले लिया, बंद कर दिया द्वार ।। 2095

(लूट)

गहनों के बाजार में, बड़े-बड़े दूकान ।
अरब, यहूदी, पारसी, कोटि-कोटि सामान ।। 2096

89. सूरत की पहली लूट, 1664 AD

सबने सब कुछ दे दिया, बिना किए प्रतिरोध ।
जिसने धन था दे दिया, नहीं हुआ प्रतिशोध ।। 2097
भागे जो थे बोहरे, करके दुकान बंद ।
वही दुकानें फोड़ कर, लूटा यथा पसंद ।। 2098
जेवर के भँडार भी, अमीर के घर-द्वार ।
तोड़-फोड़ कर ध्वस्त थे, आग लगी खूँखार ।। 2099
मुगल सुरक्षक नगर के, छुपे किले में बंद ।
वही सुरक्षित रह गए, मना रहे आनंद ।। 2100
पाँच दिवस चलता रहा, लूटपाट का काम ।
कोटि-कोटि का धन लिया, सब स्वराज्य के नाम ।। 2101
घोड़ों पर सब लाद कर, लौटे बिन प्रतिकार ।
मुगल कुछ नहीं कर सके, जिनकी थी सरकार ।। 2102

अन्य संग्राम

दोहा॰ सूरत की उस हार पर, दिल्ली का सुलतान ।
भेजा घियासुद्दीन को, किलेदार के नाम ।। 2103
मुगलों ने हमला किया, रुक कर फिर कुछ देर ।
मुगली सेना छा गई, कोंढाणा गढ़ घेर ।। 2104
नेता जसवंतसिंह[30] था, राजपूत राठौड़ ।
गढ़ लेने को आगया, यत्न किए जी तोड़ ।। 2105
मगर मराठे होगए, अब तो थे धनवान ।
नया जोर औ जोश था, वीर बने बलवान ।। 2106

---

[30] **जसवंत सिंह :** महाराजा जसवंत सिंह राठोड, मुगल सरदार.

89. सूरत की पहली लूट, 1664 AD

पीछे से हमला किया, भीषण छापे मार ।
फँसे बीच में मुगल थे, मान गए जो हार ।। 2107

(और)

कोंढाणा रण जीत कर, बढ़े मराठा वीर ।
मुगलों के थाने कई, लूटे स्थान अमीर ।। 2108
मुगल न कोई अब लड़े, डरे हुए सरदार ।
शरण आगए थे सभी, बिना किए तकरार ।। 2109

शहाजी राजे का स्वर्गारोहण

दोहा॰ ऐसे उन्नति काल में, मिला बुरा उसंदेश ।
गए शहाजी स्वर्ग में, तज कर्नाटक देश ।। 2110
घोड़े पर से गिर पड़े, पत्थर पर टकराय ।
फटा सिर महाराज का, कुछ ना चला उपाय ।। 2111
छोटा बेटा पास था, एकोजी शुभ नाम ।
प्रयत्न करके बहुत भी, बचा सका ना प्राण ।। 2112
दुखी जिजाबाई हुई, सुन पति का देहांत ।
दुखी शिवाजी भी हुए, सुन कर पितु का अंत ।। 2113
फिर भी कार्य स्वराज्य के, करने थे अविराम ।
रोना-धोना छोड़ कर, करने थे सब काम ।। 2114

90. पुरंदर की संधि, 1665 AD

YEAR 1665

90. वीर शिवाजी–35 :

90. पुरंदर की संधि, 1665 AD

वीर शिवाजी पैंतीस वर्ष के

✍दोहा॰ मुगलों की भीषण हार से, लूट भी लगातर ।
दिल्ली के सुलतान ने, चुना नया सरदार ।। 2115
अनुभव जिसको बहुत था, राजनीति का गूढ़ ।
रण जीते जिसने कई, दिमाग से न विमूढ़ ।। 2116
मुगलों मे वह एक था, राजपूत जयसिंग ।
सुलतानों का दास था, पूजे जो शिवलिंग ।। 2117

(जयसिंह)

बचपन से वह दास था, मुगलों का श्रुतवान ।
मुत्सद्दी वह वीर था, एकनिष्ठ दरबान ।। 2118
दक्षिण में वह आगया, बन कर चौकीदार ।
करने किसी प्रकार से, स्वराज्य का संहार ।। 2119
उसने हरेक चाल से, किया घोर आघात ।
तदपि शिवाजी अडिग थे, करने में प्रतिघात ।। 2120
अपूर्व घटनाएँ घटी, विपरीत लगातार ।
मगर शिवाजी ने किया, तारण था हर बार ।। 2121

सिंधुदुर्ग और नौ-सेना, 1665 AD

ध्वस्त मराठे होगए, लगभग हुआ विनाश ।
तदपि कर्म कौशल्य से, दीप्त किया इतिहास ।। 2122
आओ आगे देखते, अद्भुत उसके काम ।
दिया जिसे इतिहास ने, वीर शिवाजी नाम ।। 2123

सिंधुदुर्ग और नौ-सेना, 1665 AD

दोहा॰ कोकण के रण जीत कर, हृष्ट शिवाजी वीर ।
नौसेना करने खड़ी, आए सागर तीर ।। 2124
खड़े-खड़े उस तीर से, देख रहे थे नीर ।
उन्हें सिंधु में दिख पड़ी, एक अहम तस्वीर ।। 2125
उस टापू को देख कर, आया उन्हें विचार ।
जाकर देखें क्या वहाँ, प्रकृति का भंडार ।। 2126
बुला रहा है वह मुझे, करने को दीदार ।
चलो वहाँ पर नाव से, करने आविष्कार ।। 2127
चट्टानों का द्वीप था, बहुत बड़ा आकार ।
दुर्ग बनाने के लिए, सागर का आधार ।। 2128
नौ-सेना करने खड़ी, समुद्र का उपहार ।
कुदरत की यह देन है, लेने लाभ अपार ।। 2129
भूमि-पूजन कर लिया, वास्तु-शास्त्र अनुसार ।
नींव किले की डालने, लाए शिल्पीकार ।। 2130
दुर्ग समुंदर में बने, बड़ा नमूनेदार ।
हीरा स्वराज्य-मुकुट का, अंबा के उपकार ।। 2131

(मगर)

दोहा॰ दुर्ग बनाने के लिए, सरमाया दरकार ।
वसूल जो करनी पड़े, करके नए प्रहार ।। 2132

सिंधुदुर्ग और नौ-सेना, 1665 AD

जनता से थोड़ा मिला, जिसे न था इनकार ।
लोगों ने धन दे दिया, जिन्हें ध्येय स्वीकार ।। 2133
गोरे-आदिल-मुगल से, छीना छापे मार ।
डरे शिवाजी से सभी, करने में प्रतिकार ।। 2134
लोग शिवाजी का कहे, अनुपम है अवतार ।
कोई तरल कहे उसे, कोई कहे बयार ।। 2135
आज यहाँ तो कल वहाँ, अद्भुत है व्यवहार ।
अभी इधर था, फिर उधर, मायावी किरदार ।। 2135
कभी बने बलभीम वो, दुष्टों का संहार ।
सभी कहें सद्धर्म के, उस पर हैं संस्कार ।। 2136
"चूहा पर्बत का" उसे, कहते रचनाकार ।
हो जाता है हाथ से, चकमा दिए फरार ।। 2137
कहत उसे इतिहास है, नीति नियम का भूप ।
करत प्रशंसा जगत है, सदाचार का रूप ।। 2138
देश विदेशी भी सभी, कहते यही बखान ।
एक शिवाजी भूप है, निर्मल चरित्रवान ।। 2139

 श्री शिवाजी चरित्र दोहावली राग-छंद माला, पुष्प 89

छंद : चौपाई

सिंधुदुर्ग

स्थायी

स्वराज्य का जो है "जंजीरा," सिंधुदुर्ग यह श्रेष्ठ हमारा ।

अंतरा-1

सूरत से धन हमें मिला है, इसी काम में आवे न्यारा ।

अंतरा-2

सिंधुदुर्ग और नौ-सेना, 1665 AD

लाओ शिल्पक, दर्शन-ज्ञाता, जल-दल गुर जो जानें सारा ।
अंतरा–3
आशिष देती सागर धारा, धन्य धन्य! मालवण किनारा ।
अंतरा–4
द्वीप-अश्म मजबूत बड़ा है, दुर्ग खड़ा जिस पर ध्रुव तारा ।
अंतरा–5
शत्रु पास ना आने पावे, नौसेना का रहे पहारा ।।

(मगर, औरंगजेब)

दोहा॰ कीर्ति शिवाजी की यही, दिल्ली का सुलतान ।
सह न सका था तनिक भी, लगा उसे अपमान ।। 2140
करत शिवाजी है बड़ा, मुगलों का नुकसान ।
कैसे मैं काबू करूँ, हिंदुराष्ट्र अभियान ।। 2141
मुगलों का बस ना चले, विफल हुआ सब जाल ।
हिंदू से हिंदू मरे, यही चलूँ मैं चाल ।। 2142
मैं तो खुद जाकर वहाँ, मरने वाली बात ।
कोटेगा मेरा गला, आकर आधी रात ।। 2143
मारा अफजलखान था, गया कर्तलबखान ।।
नामदार चंपत हुआ, डरा इनायतखान ।। 2144
च्युत शाहिस्तेखान भी, गया पुणे को छोड़ ।
जो भी भेजा मारने, वह जाता है दौड़ ।। 2145

(मगर)

राजपूत जयसिंह है, हिंदू कर्तबगार ।
मरे शिवाजी से स्वयं, या दे उसको मार ।। 2146
बुद्धिमान वह वीर है, हमको है विश्वास ।

सिंधुदुर्ग और नौ-सेना, 1665 AD

हिंदू है बस नाम का, मुगलों का है दास ।। 2147

(हमला)

✍दोहा॰ जयसिंह पुणे आगया, करने अपना काम ।
कुशल बनाई योजना, मुगल-विजय के नाम ।। 2148
प्रथम किलों को जीत कर, फिर उसका सब देश ।
तभी मुगल-सुलतान का, सफल बने उद्देश ।। 2149
उसने पहला था चुना, किला पुरंदर नाम ।
गढ़ वह बहुत बुलंद था, सबमें बड़ा महान ।। 2150
व्यस्त शिवाजी है वहाँ, कोकण तट पर दूर ।
जल्दी से गढ़ सर करें, होगा वह मजबूर ।। 2151
आ न सकेगा शीघ्र वो, उसे लगेगी देर ।
मराठे अगर सेर हैं, मुगल सवा हैं सेर ।। 21521

(प्रथम)

✍दोहा॰ मुगली सेना चल पड़ी, करने को आघात ।
भीषण तोपें साथ थीं, रण में जो विख्यात ।। 2153
सेना वह जयसिंह की, दिखती बहुत विशाल ।
लड़ने वाले थे वही, हारे हुए निढाल ।। 2154
अगर शिवाजी आगया, बिगढ़ेगा सब काम ।
नष्ट करूँ उसकी सभी, राज्य व्यवस्था आम ।। 2155
जन की चिंता है उसे, जिनसे उसको प्यार ।
उनकी चिंता में लगा, करेगा न प्रतिकार ।। 2156
लेकर इस अंदाज को, मुगलों के उत्पात ।
गए चरम सीमांत पर, जनता पर आघात ।। 2157
करी अपहृत नारियाँ, करने को व्यभिचार ।
पुरुष कैद में डाल कर, किए क्रूर व्यवहार ।। 2158

सिंधुदुर्ग और नौ-सेना, 1665 AD

खेती-बाड़ी लूट कर, जला दिए खलिहान ।
गाय-बैल-अज मार कर, कीन्हे नष्ट किसान ।। 2159
एक लाख की फौज वो, मनमानी में मस्त ।
इधर लगे थे मावले, जन सेवा में व्यस्त ।। 2160
दुखी हुई जनता सभी, राज्य हुआ बरबाद ।
दिखा दिया जयसिंह ने, सुलतानी उन्माद ।। 2161

(पुरंदर)

दोहा॰ दिखलाया जयसिंह ने, मुगलाई क्या चीज ।
सुखमय जनता के लिए, आफत की है बीज ।। 2162
उधर शिवाजी दूर थे, जलसेना के काम ।
इधर मराठे दे रहे, जनता को आराम ।। 2163
सफल हुआ जयसिंह का, जब वह कपटी दाँव ।
छोड़ी सेना राक्षसी, देने भीषण घाव ।। 2164
मुगली सेना ने लिया, दुर्ग पुरंदर घेर ।
लगी छावनी भव्य थी, बारूदों थे ढेर ।। 2165
अंग्रेजी बारूद थी, मगर न थे अंग्रेज ।
उन्हें पता था, मावले, प्रतिशोध में तेज ।। 2166
तोपें खड़ीं प्रचंड थीं, तट को करने खंड ।
किला बहुत उत्तुंग था, होने खंड-विखंड ।। 2167

(पुरंदर)

मुख्य द्वार पर फड़कता, भगवा ध्वज स्वच्छंद ।
आसमान को छू रहा, देता मन आनंद ।। 2168
पुरंदर और वज्रगढ़, दो गढ़ साझेदार ।
भैरव घाटी पर खड़े, नद के इस-उस पार ।। 2169
खड़े आमने-सामने, दोनों मिलाय हाथ ।

सिंधुदुर्ग और नौ-सेना, 1665 AD

संरक्षण के काम में, आपस में थे साथ ।। 2170
दक्षिण तट पर था खड़ा, किला पुरंदर भव्य ।
उत्तर तट पर सामने, वज्रगढ़ किला दिव्य ।। 2171
दुर्ग पुरंदर पर खड़े, बारह–सौ थे वीर ।
वज्रगढ़ पर चार–सौ, लेकर बंदुक तीर ।। 2172
तोपें गढ़ पर थी लगीं, प्रत्येक बुर्ज पर एक ।
अन्य ठिकानों पर खड़ी, तोपें बड़ी अनेक ।। 2173
सोलह–सौ थे मावले, मुगल पक्ष में लाख ।
फिर भी बुलंद हौसले, उन्हें चटाने राख ।। 2174
किलेदार दो दुर्ग का, मुरार बाजी नाम ।
लोह पुरुष वह वीर था, शत–शत जिसे प्रणाम ।। 2175
मुगलों की तोपें चढ़ीं, टीलों पर, खूँखार ।
और चढ़ी बारूद भी, गोलों की बौछार ।। 2176
दुर्ग बुर्ज ढहने लगे, दृढ़ तदपि किलेदार ।
मुगल न आगे बढ़ सके, भीषण था प्रतिकार ।। 2177

(शिवाजी)

✍दोहा॰ खबर शिवाजी को मिली, राज्य हुआ बरबाद ।
मुगलों के जयसिंह ने, मचा दिया उत्पात ।। 2178
दुर्ग–पुरंदर पर पड़ा, घेरा है तूफान ।
युद्ध वहाँ है चल रहा, तोपों से घमसान ।। 2179
अंग्रेजी बारूद से, गोलों की बौछार ।
बुर्ज किलों के ढह रहे, जारी है प्रतिकार ।। 2180
जीत लिया है वज्रगढ़, मुगलों ने आखिर ।
कतल मराठे होगए, सभी चार–सौ वीर ।। 2181
फौजी मुगल असंख्य हैं, फिर भी धीरज धार ।

सिंधुदुर्ग और नौ-सेना, 1665 AD

मुरार बाजी लड़ रहा, नहीं मान कर हार ।। 2182
उन्हें मदद की गरज है, फँसे पड़े हैं वीर ।
खतम हुई बारूद है, चला रहे हैं तीर ।। 2183

(मगर)

दोहा॰ पा कर इस संदेश को, शिवबा ने तत्काल ।
भेजी कुमक मुरार को, बहुत गुप्त थी चाल ।। 2184
मुरार बाजी को मिला, लड़ने को सामान ।
हुए मराठे दृढ़ पुनः, लड़ने को घमसान ।। 2185
तुरत शिवाजी आगए, छोड़ कर सभी काम ।
पीछे से हमले किए, मुगलों पर तूफान ।। 2186
मुगल फँस गए बीच नें, कैंची में उनकी जान ।
बाजी ने यह देख कर, किया एल्गार महान ।। 2187

मुरारबाजी देशपांडे

लिए मावले पाँच-सौ, टूट पड़ा वह वीर ।
भाले-तलवारें लिए, मुगलों को डाला चीर ।। 2188
मुगल लगे फिर भागने, दूर छावनी छोड़ ।
भूत मराठों पर चढ़ा, उस रण में बेजोड़ ।। 2189
लड़ते-लड़ते लग गया, एक अचानक बाण ।
मुरार बाजी गिर पड़ा, गए वीर के प्राण ।। 2190
मुरार बाजी मर गया, मगर न हारे वीर ।
मुगलों पर डटते रहे, अल्प संख्य रणधीर ।। 2191

(जयसिंह)

युद्ध महीने दो चला, मुगल न पाए जीत ।
समझौते पर आगए, जिन्हें प्राण से प्रीत ।। 2192

सिंधुदुर्ग और नौ-सेना, 1665 AD

यही शिवाजी चाहते, बहुत हुआ नुकसान ।
वीर पुरंदर पर फँसे, उनको जीवनदान ।। 2193
उधर यही जयसिंह भी, सोच रहा दिन-रात ।
एक किला इतना कठिन, बाकी की क्या बात ।। 2194
इसका मतलब यह हुआ, ये ना मानें हार ।
देश नष्ट हमने किया, तदपि न ये लाचार ।। 2195
बिना शिवाजी भी अगर, इतना मुश्किल काम ।
अब तो है वह आगया, न लूँ युद्ध का नाम ।। 2196
फँसे हुए हैं आठ-सौ, उसके प्रियजन भ्रात ।
उन्हें बचाने के लिए, मानेगा वह बात ।। 2197

(इधर)

दोहा॰ इधर शिवाजी भी उसी, चिंता में आतुर ।
समझौते के वासते, विवश हुए मजबूर ।। 2198
किले अगर देने पड़े, फिर से लेंगे जीत ।
मेरे जन जो हैं फँसे, मुक्ति करूँ अर्जित ।। 2199
इसी सभ्य विचार से, करने युद्ध विराम ।
पत्र शिवाजी ने किया, जयसिंह को प्रदान ।। 2200
लिखी शिवाजी ने उसे, विनम्रता से बात ।
बोले, "आदिलशाह को, देंगे मिल कर मात" ।। 2201
आदिल दुश्मन आपका, और न हमरा मित्र ।
दोनों मिल कर विजय का, बन सकता है सूत्र ।। 2202
सेवा में ले लो आपकी, हमें गर्व के साथ ।
मैत्री करके आपसे, मिला सकेंगे हाथ ।। 2203

(जयसिंह)

दोहा॰ पाकर उस प्रस्ताव को, सुखी हुआ जयसिंग ।

सिंधुदुर्ग और नौ-सेना, 1665 AD

मगर दिखावे के लिए, मारने लगा डींग ।। 2024
बोला, जिसके दास हम, वो है अति बलवान ।
बादशाह सम्पन्न है, दिल्ली का सुलतान ।। 2205
हम तुमरे स्वातंत्र्य को, कर सकते हैं नष्ट ।
आओ हमरी शरण में, यही काम है इष्ट ।। 2206
और न कछु पर्याय है, दे दो अपना राज ।
मुगलों की सरकार में, होगा सुखी समाज ।। 2207
सेवा मुगलों की करो, बन कर निष्ठ गुलाम ।
तज कर हठ स्वातंत्र्य का, पाओगे तुम नाम ।। 2208
हम आजन्म गुलाम हैं, हमें बहुत सम्मान ।
वचन हमारा सर्वदा, मान्य करे सुलतान ।। 2209

(मगर)

यह था मत जयसिंह का, जो था सदा गुलाम ।
उसे स्वातंत्र्य क्या पता, क्या है उसका दाम ।। 2210
मातृभूमि का शत्रु जो, अंधा नमकहराम ।
कपूत भारतमातु का, देशद्रोह है काम ।। 2211
अपनों के जो प्राण ले, परदेसी का त्राण ।
निश-दिन गाए षंढ जो, सुलतानों के गान ।। 2212

(शिवाजी)

दोहा॰ डरे शिवाजी ना उसे, जिसका ये है दास ।
फिर भी संकट काल में, सहन किया उपहास ।। 2213
आज कहूँ मैं हाँ, मगर, कल है अपने हाथ ।
उसकी नीयत है यथा, तथा हि देंगे साथ ।। 2140
जिजा मातु का शिष्य वो, क्षण को लेता जान ।
समझौता वो कर स्के, भविष्य को पहिचान ।। 2215

सिंधुदुर्ग और नौ-सेना, 1665 AD

बुद्धिमान जयसिंह से, राजनीति का प्रश्न ।
चतुर शिवाजी शत्रु से, दूर दृष्टि का सूझ ।। 2216
कालचक्र अनुकूल हो, झुका सके जग आप ।
समय अगर प्रतिकूल हो, कहो गधे को बाप ।। 2217

(अत:)

श्लोक

अज्ञानं नाह्वयेज्ज्ञानी कामुकानां कुबुद्धिनाम् ।
प्रचोदयेत्स तान्मूढान्–योगयुक्तश्च पण्डितः ।।

दोहा

अज्ञानी जड़ मूढ़ का, छेड़ो मत अज्ञान ।
राह दिखाओ सत् उन्हें, और उन्हें दो ज्ञान ।।

✍दोहा॰ अत: शिवाजी ने कहा, ठीक आप की बात ।
जो कहते हैं मान्य है, आप हमारे तात ।। 2218
सेवक हम हैं आपके, बोलो निःसंकोच ।
शर्तों को बतलाइये, कोई बिना दबोच ।। 2219
हमें चाकरी दीजिये, चलो मिलाएँ हाथ ।
हमसे दो गढ़ लीजिये, करें शाँति से बात ।। 2220
आदिल को भी खत लिखा, करें रहस्यमय बात ।
दोनों मिल कर साथ में, मुगलों को दें मात ।। 2221
मुगलों के जासूस को, बतला भी दी बात ।
जो सुन कर जयसिंह के, काँप उठें थे गात ।। 2222
काम कर गई चाल ये, जैसा था अंदाज ।
घबड़ाए जयसिंह जी, सुन कर ऐसा राज ।। 2223
आदिल से वह ना मिले, मुगलों की थी चाह ।

सिंधुदुर्ग और नौ-सेना, 1665 AD

उन्हें शिवाजी चाहिए, लड़ने आदिलशाह ।। 2224
साथ शिवाजी का मिले, और न कोई राह ।
वरना खतरा बन सके, अब तो आदिलशाह ।। 2225
इसी बात को सोच कर, मुगलों के मन दाह ।
अतः शिवजी ने किया, मुगलों को गुमराह ।। 2226
झट से फिर जयसिंह ने, भेजा अपना दास ।
और शिवाजी को कहा, आओ हमरे पास ।। 2227
समझौता हो प्रेम से, मिल कर हम दो साथ ।
दोनों का करने भला, चलो मिलाते हाथ ।। 2228
भेजे भूषण तोहफे, राजवस्त्र सम्मान ।
कहा सुरक्षा आपकी, होगी, वचन प्रदान ।। 2229
धोखा हम देंगे नहीं, पूर्ण रखो विश्वास ।
लकीर है पाषाण पर, शब्द हमारे खास ।। 2230

(पुरंदर)

दोहा॰ उधर लड़ाई थी चली, दो पक्षों के बीच ।
दोनों अपने प्राण पर, भाग्य रहे थे खींच ।। 2231
फिक्र शिवाजी को बड़ी, संकट में हैं लोग ।
कैसे उनका त्राण हो, उन्हें बड़ा था सोग ।। 2232
नापसंद भी शर्त को, करना होगा मान्य ।
क्यों की आगे है खड़ी, परिस्थिति असामान्य ।। 2233
शहीद बाजी प्रभु हुआ, मेरा करते काज ।
मुरार बाजी भी गया, झुक जाऊँ मैं आज ।। 2234
जो भी अब देना पड़े, कीमत वह है स्वल्प ।
कल सब लूँगा जीत कर, करता हूँ संकल्प ।। 2235
भेजा दल जयसिंह ने, रक्षक अश्वसवार ।

पुरंदर की संधि, 1665 AD

मान शिवाजी को दिए, लाने सह सत्कार ।। 2236
पूर्ण शिवाजी को दिया, संरक्षण विश्वास ।
राजा के स्तर पर दिया, सुंदर उन्हें निवास ।। 2237

(संधि)

चली गुफ्तगू चार दिन, शाब्दिक खींचातान ।
अपनी-अपनी जिद रखी, मगर सहित सम्मान ।। 2238
दुर्ग पुरंदर से सभी, मुक्त करूँ मैं वीर ।
यही शिवाजी चाहते, विवाद के आखीर ।। 2239
मुगल मगर थे चाहते, बने शिवाजी दास ।
आदिल से वह ना मिले, आए हमरे पास ।। 2240
उभय पक्ष की माँग पर, करके बहुत विचार ।
पाँच दफाएँ संधि में, खाका हुआ तयार ।। 2241

पुरंदर की संधि, 1665 AD

(पाँच धाराएँ)

✍ दोहा॰ पहली धारा संधि की, सबसे अधिक प्रधान ।
(1) प्रथम शिवाजी को किए, बारह किले प्रदान ।। 2242
एक लाख कुल होन का, मिला उसे महसूल ।
हर साल शिवाजी करे, कर के रूप वसूल ।। 2243
और शिवाजी को मिला, साझे का अधिकार ।
बदले में सुलतान को, दे सेवा-सत्कार ।। 2244

(2)

द्वितीय धारा संधि की, किया दूसरा काम ।
दक्षिण में उसको दिया, दुय्यम स्तर का मान ।। 2245

(3)

पुरंदर की संधि, 1665 AD

दफा तीसरी संधि की, किया और इक काम ।
संभाजी को भी दिया, मंसब का सम्मान ।। 2246

(4)

धारा चौथी संधि की, कीन्हा चतुर्थ काम ।
दिए शिवाजी को सभी, कोकण तट के ग्राम ।। 22417
कोकण ना दूँगा कभी, ली थी उसने ठान ।
नौ–सेना को हाथ ना, लगा सके सुलतान ।। 2248

(5)

धारा पंचम संधि की, कीन्हा युद्ध विराम ।
मुक्त मराठे होगए, बना शिवाजी काम ।। 2249
मुगलों को इसके लिए, किले मिले तेईस ।
बहुत बड़ी सत्ता मिली, अव्वल बने रईस ।। 2250

(अत:)

संधि पुरंदर की यही, बदला है इतिहास ।
जिससे मुगलों को लगा, बना शिवाजी दास ।। 2251
मुक्त मावले होगए, मिला उन्हें उल्लास ।
अब इस अप्रिय संधि में, बचा न मतलब खास ।। 2252

जिजा माता

✍दोहा० प्रिय कोंढाणा दुर्ग था, जिजामातु का वास ।
सुन कर वर्णन संधि का, हुआ नहीं विश्वास ।। 2253
कोंढाणा तज कर मुझे, जाना होगा आज ।
पीड़ा से वे व्यथित थीं, कोई न था इलाज ।। 2254
करी प्रतिज्ञा मातु ने, लेंगे हम यह स्थान ।
आऊँगी मैं लौट कर, देखेगा सुलतान ।। 2255

91. आगरा से छुटकारा, 1666 AD

YEAR 1666

91. वीर शिवाजी–36 :

91. आगरा से छुटकारा, 1666 AD

✍दोहा॰ दारा, शुजा, मुराद औ, मारे रिश्तेदार ।
दिल्ली का सुलतान ये, बड़ा क्रूर मक्कार ।। 2256
बाप डाल कर कैद में, रखा किले में बंद ।
पड़ा रहा वह कोसता, जब तक होता अंत ।। 2257
खिड़की से जो देखता, बाहर जग का हाल ।
रोता पुत्र-विरह में, सड़ा वहाँ नौ साल ।। 2258
गुजरा शहाजहान जब, मुगलों का परिवार ।
दिल्ली तज कर आगरा, सुलतानी दरबार ।। 2259

✍दोहा॰ संधि पुरंदर की हुई, बना शिवाजी दास ।
उस पर अब जयसिंह का, हुआ पूर्ण विश्वास ।। 2260
दक्षिण में सुलतान का, होगा राज्य विकास ।
आदिल का अब अंत है, स्वातंत्र्य भी खलास ।। 2261
मिला अगर सुलतान का, इसको आशीर्वाद ।
करे शिवाजी ना कभी, विरोध उसके बाद ।। 2262

91. आगरा से छुटकारा, 1666 AD

बने मुगल सरदार वो, दक्षिण का दीवान ।
मुगलों का हो जायगा, सारा हिंदुस्तान ।। 2263
लगाय कर अनुमान ये, सब कुछ सोच विचार ।
छेड़ी फिर जयसिंह ने, बात धमाकेदार ।। 2264

(आगरा चलिए)

बोला, चलिये आगरा, मुगलों के दरबार ।
आदर देगा बादशा, और करे सत्कार ।। 2265
प्राण सुरक्षा पूर्ण है, लिख कर वचन हमार ।
धोखा देती ना कभी, मुगलों की सरकार ।। 2266
सुनो शिवाजी! आपका, होगा लाभ अपार ।
राजकीय, आर्थिक सभी, बोला बारंबार ।। 2267
आश्रय में सुलतान के, बढ़ता है अधिकार ।
और बनेगा आपकी, सत्ता का विस्तार ।। 2268
हम उसके नौकर बने, जीवन सफल तमाम ।
धन सत्ता सम्मान है, दुनिया में है नाम ।। 2269
ऐसे आश्वासन दिए, कह कर हित की बात ।
वादे पर वादे किए, नम्र शपथ के साथ ।। 2270
और कहा, संशय न हो, शुभ होगा अंजाम ।
जाओ तुम विश्वास से, होगे तुम कृतकाम ।। 2271
वचन हमारा मानता, दिल्ली का सुलतान ।
मुगलों के दरबार में, हमको है सम्मान ।। 2272

(मगर)

दोहा॰ पर न कहा जयसिंह ने, छद्मी है सुलतान ।
डरते हैं उससे सभी, कहत न सत्य बखान ।। 2273

91. आगरा से छुटकारा, 1666 AD

न था पता जयसिंह को, क्या सुलतानी जात ।
सुलतानों की नजर में, क्या उसकी औकात ।। 2274
कीमत उसके वचन की, कितनी उसके पास ।
कितना उसके वचन पर, हो सकता विश्वास ।। 2275

वीर शिवाजी शिवाजी छत्तीस वर्ष के

दोहा॰ यथा कहा जयसिंह ने, उस पर कर विश्वास ।
भला-बुरा सब सोच कर, करके शुभ की आस ।। 2275
वीर शिवाजी आगरा, जाने हुए तयार ।
मुगलों के दरबार का, करने को दीदार ।। 2276
यदपि शिवाजी जानते, कैसा है सुलतान ।
बिना किसी भी वजह से, बदले अपनी तान ।। 2277
उसे न कोई बंधु है, ना ही रिश्तेदार ।
कपटी छद्मी क्रूर है, दगाबाज मक्कार ।। 2278
हमें भवानी तारती, शिवजी हमरे नाथ ।
वचन दिया जयसिंह ने, सत्य शपथ के साथ ।। 2279

जाकर देखूँ, मुगल ये, कितने धोखेबाज ।
कितने पानी में खड़े, क्या उनके अंदाज ।। 2280
सुना न कोई आज तक, भद्र मुगल सुलतान ।
फिर भी मैं जयसिंह का, करूँ वचन सम्मान ।। 2281
राजपूत जयसिंह है, यद्यपि मुगल गुलाम ।
देखूँ उसके शब्द में, कितना है परिणाम ।। 2282

91. आगरा से छुटकारा, 1666 AD

प्रवास

✍दोहा॰ कब जाएँ हम आगरा, विचार कर बारीक ।
जन्म दिवस सुलतान का, जाने की तारीख ।। 2283
पचासवाँ है जनम दिन, बहुत बड़ा त्यौहार ।
बढ़िया शाही तौर के, ले जाएँ उपहार ।। 2284
संकट मोचन वस्तुएँ, बनवा कर सब खास ।
करने लगे तयारियाँ, करने दीर्घ प्रवास ।। 2285
संभाजी को ले चले, प्रज्ञ शिवाजी साथ ।
राजकीय अनुभव मिले, देख मुगल साक्षात् ।। 2286
बालक यह नौ साल का, शूर पिता-प्रतिरूप ।
भविष्य का जो छत्रपति, महाराष्ट्र का भूप ।। 2287
साथ मराठे चार-सौ, चुने हुए जो वीर ।
चले वीर सब आगरा, स्वामीभक्त सुधीर ।। 2288
दौड़ रहे थे मावले, योद्धा अश्व सवार ।
आठ दिनों में आगए, सातपुड़ा के पार ।। 2289
पोवाडे गाते चले, उच्च्च उठा कर सीस ।
दूर बहुत था आगरा, दिवस लगे बाईस ।। 2290

आगरा

पहुँचे जब वे आगरा, लगभग सीमा पास ।
सोचा स्वागत अब यहाँ, होगा शाही खास ।। 2291
मगर वहाँ कोई न था, मुगलों का सरदार ।
भिजवाया सुलतान ने, करने को सत्कार ।। 2292
आया एक मुनीम था, लेकर साथीदार ।

91. आगरा से छुटकारा, 1666 AD

लाया था जो पुष्प का, पहनाने को हार ।। 2293
समझ शिवाजी ना सके, कैसा यह व्यवहार ।
बूझ न पाए क्या हुआ, सुलतान को विकार ।। 2294
"स्वागत होगा आपका, करके जय जयकार" ।
दिया वचन जयसिंह ने, सब निकला बेकार ।। 2295
तदपि शिवाजी ने लिया, संयम से था काम ।
बोले, आगे देखते, चलिये निवास स्थान ।। 2296

✍दोहा॰ मुनीब ले आया उन्हें, दिखलाने को स्थान ।
मुगलों का पहरा लगा, टूटा हुआ मकान ।। 2297
देख शिवाजी दंग थे, सुलतानी बर्ताव ।
फिर भी आपे में रहे, दिखलाने सद्‌भाव ।। 2298
नौकर का यह दोष ना, यदपि हुआ अवमान ।
आज्ञा का पालन करे, यथा कहे सुलतान ।। 2299

(जन्म दिवस)

✍दोहा॰ अगले दिन त्यौहार था, जन्म दिवस के नाम ।
दूर-दूर से देखने, आए थे महमान ।। 2300
खाना-पीना शोर था, किसी को न था होश ।
किसी को किसी की न थी, नाटक में मदहोश ।। 2301
बैठे सब दरबार में, पूर्व नियंत्रित स्थान ।
आगे-आगे थे वही, जिन्हें जहाँ था मान ।। 2302
स्थान शिवाजी को दिया, करने को अपमान ।
अंतिम पंक्ति में जहाँ, बैठे थे दरबान ।। 2303
पहली शाही यह सभा, स्थान दीवाने-आम ।
जिसमें जन थे वे सभी, सेवा जिनका काम ।। 2304

91. आगरा से छुटकारा, 1666 AD

(फिर)

सभा दूसरी थी वहीं, चमचों को था मान ।
हारे थे जो युद्ध में, उनका था गुणगान ।। 2305
कायर जो रण छोड़ कर, गए बचाने जान ।
आगे-आगे थे किए, शठ वे विराजमान ।। 2306
पीछे दार्जा तीसरा, खड़े जहाँ दीवान ।
पुनः शिवाजी को दिया, हलकेपन का स्थान ।। 2307

(और फिर)

सभा तीसरी फिर हुई, करने को सम्मान ।
गुसलखाने में तनिक, चुने हुए महमान ।। 2308
बात यहाँ पर भी वही, आगे थे वे खान ।
दिया शिवाजी ने जिन्हें, रण पर जीवनदान ।। 2309
बँटीं खिल्लतें सामने, शाही रंग-स्वरूप ।
छोड़ा केवल एक ही, दिव्य मराठा भूप ।। 2310
काफी अब तक होगई, "राजे" की तौहीन ।
और सहन ना हो रही, मुगल शरारत हीन ।। 2311

(शिवाजी)

(तब)

✍दोहा॰ किया शिवाजी ने कड़ा, सलतनत पर प्रहार ।
"कहाँ हमारा खोगया, राजा का अधिकार ।। 2312
"मुझे न ऐसा चाहिये, जिल्लत का व्यवहार ।
रखो आपके पास ही, खिल्लत का उपहार ।। 2313
"चला यहाँ से मैं अभी, देखो मुझको रोक ।
मुझे किसी से डर नहीं, मुझसे डरते लोक" ।। 2314
निकल शिवाजी जा रहे, देख रहा सुलतान ।

91. आगरा से छुटकारा, 1666 AD

भरी सभा में हो रहा, सरे आम अपमान ।। 2315

(और)

और शिवाजी ने कहा, "चला सभा मैं छोड़ ।
पकड़ो या ताड़ो मुझे, डालो हड्डी तोड़" ।। 2316
कभी किसी का ना खुला, मुख, जहाँ सुलतान ।
धैर्य्य शिवाजी का लखे, सभी हुए हैरान ।। 2317
सभी सभा में सोचते, कौन भला ये वीर ।
ललकारे सुलतान को, यह है इतना धीर ।। 2318
कभी किसी की ना हुई, हिम्मत लाँघन रेख ।
या फिर उस सुलतान को, पलक उठा कर देख ।। 2319

(औरंगजेब)

खौल गया सुलतान अब, लेने को प्रतिशोध ।
सोच रहा अब क्या करें, उसे सिखाने बोध ।। 2310
सभा विसर्जित होगई, अब तो अपने-आप ।
दुम दबाकर पाहुने, निकल पड़े चुपचाप ।। 2311
बज़्म भरी सुलतान की, मंत्रीगण थे खास ।
कहो शिवाजी को करें, कैसे यहाँ खलास ।। 2312

आगरा की कैद में

✍दोहा॰ कैद शिवाजी होगए, कड़ी नजर में बंद ।
भाग शिवाजी ना सके, भीषण किया प्रबंध ।। 2313
रखो शिवाजी कैद में, कर ना सके अपाय ।
छुटे न अब वो कैद से, जिंदा बच ना पाय ।। 2314
मथुरा के उस कैद से, निकला था गोपाल ।
वैसे यदि यह छुट गया, होगा हमरा काल ।। 2315

91. आगरा से छुटकारा, 1666 AD

पहरा उस पर हो कड़ा, निश-दिन आठों याम ।
जब तक हम ना कर सकें, उसका काम तमाम ।। 2316

(यों)

इधर डरा सुलतान है, चोट जिगर पर खाय ।
उधर शिवाजी सोचते, कैसे भागा जाय ।। 2317
जान शिवाजी थे चुके, बड़ी हुई है भूल ।
वफा करी जयसिंह पर, गुलाम जिसका मूल ।। 2318
राजपूत बस नाम का, असली मात्र गुलाम ।
"मीर्झा" ओहदा है मिला, चले न उससे काम ।। 2319
राजपूत वे वीर थे, राणा संग समान ।
कठपुतली जयसिंह है, वजूद मात्र गुलाम ।। 2320
यहाँ न उसके शब्द को, कोई भी सम्मान ।
चाटूकारों पर यहाँ, निर्भर है सुलतान ।। 2321
मुगलों के जंजाल में, फँसे सभी हम आज ।
मरगरमच्छ की दाढ़ में, अटकी है अब जान ।। 2322
घर से इतनी दूर है, यहाँ न कोई यार ।
इतना पैसा कष्ट भी, समय गया बेकार ।। 2323
कपटी शठ सुलतान है, हत्यारा मशहूर ।
धर्मिक अंधा घातकी, आदत से मजबूर ।। 2324

(अंत में)

बहुत सोच कर आखरी, आया एक विचार ।
जिसमें धोखा है घना, मगर हुए लाचार ।। 2325
इस राक्षस की कैद से, स्वयं बचाने प्राण ।
साथ चार-सौ वीर हैं, उनका करना त्राण ।। 2326
संभाजी भी साथ है, नौ साल का बाल ।

91. आगरा से छुटकारा, 1666 AD

सबको लेकर भागना, कैसे करूँ कमाल ।। 2327
अपने से भी अधिक हैं, प्यारी उनकी जान ।
पहले उनको तार दूँ, फिर हो अपना काम ।। 2328

आगरा से पलायन

✍दोहा॰ यथा बनी थी योजना, नौटंकी का खेल ।
तथा मराठों ने किया, सब पात्रों का मेल ।। 2329
पात्र शिवाजी मुख्य थे, पीड़ित व्याधि अनाम ।
अन्य पात्र थे कर रहे, यथा मिला था काम ।। 2330
किया शिवाजी ने तभी, सबसे पहिला काम ।
भेज दिए घर मावले, सिवाय थोड़े नाम ।। 2331
पैसे उनको दे दिए, बोला, तुम घर जाव ।
सावधान रहना सभी, अपने प्राण बचाव ।। 2332
अलग-अलग सब चल पड़े, पता न चलने पाय ।
खिचड़ी क्या है पक रही, कैसे उसको खाय ।। 2333

(और फिर)

पड़े शिवाजी खाट पर, अब ना ऊठा जाय ।
स्वास्थ्य बिगढ़ता जा रहा, कीन्हे बहुत उपाय ।। 2334
फटा जा रहा शीश था, बढ़ी पेट में दर्द ।
जोड़ो में पीड़ा भरी, जिगर हो रहा सर्द ।। 2335
आए पंडित, वैद्य भी, दरबार से हकीम ।
नुक्से बतलाते सभी, दारू-दवा-अफीम ।। 2336
जिसको कुछ भी ना हुआ, उसको दवा न कोय ।
लग न रहा अनुमान था, व्याधि नाम क्या होय ।। 2337
हारे जब नुस्खे सभी, सबने दीन्ही राय ।

91. आगरा से छुटकारा, 1666 AD

प्राण शिवाजी के अभी, कोई बचा न पाय ।। 2338
दान-धर्म-तीरथ करो, अंतिम यही उपाय ।
दुआ दवा से है बड़ी, स्वर्ग प्राप्त होजाय ।। 2339

(तब, औरंगजेब)

काशी तीरथ धाम की, यात्रा का अरमान ।
डरे हुए सुलतान ने, नहीं दिया फरमान ।। 2340
जो करना हो, कैद से, करो दान या धर्म ।
स्वर्ग मिले या ना मिले, करलो अंतिम कर्म ।। 2341
मरो यहीं तुम कैद में, कर दो सब आसान ।
मरे साँप, मारे बिना, सोच रहा सुलतान ।। 2342

✍दोहा० अनुमति दी सुलतान ने, बिना किए संदेह ।
बर्फी-लड्डू बाँटने, मुगलों को सस्नेह ।। 2343
रोज मिठाँइ-पेटियाँ, आती भरसक कैद ।
जैसा पहरेदार को, बोले पंडित-बैद ।। 2344
बड़े पिटारे बेंत के, जिन्हें डोर के कान ।
जिनमें डंडा डाल कर, ढोना था आसान ।। 2345
बड़े पिटारे में भरी, छोटी-छोटी गोल ।
टोकरियाँ मिष्टान्न कीं, मोल जिन्हें अनमोल ।। 2346
बर्फी की तरतीब ये, बहुत महंगा काम ।
मुगलों को देकर किया, मुख माँगे भी दाम ।। 2347
देने को उपहार जो, लाए थे धन ढेर ।
उसी खजाने से हुआ, मिठाइयों का फेर ।। 2348
आतीं जब वे कैद में, होती उनकी जाँच ।
और शिवाजी स्पर्श कर, पढ़ते मंतर पाँच ।। 2349

91. आगरा से छुटकारा, 1666 AD

तुरत मिठाई गाँव में, घर–घर देते भेंट ।
पहले अधिकारी बड़े, फिर छोटे घर ठेठ ।। 2350

(मगर)

मिले मिठाई ना उन्हें, जो करते थे जाँच ।
अमीर खुश थे मुगल वे, जिन को मिलती लाँच ।। 2351
जिन्हें मिले ना टोकरी, उनको क्या आनंद ।
जिनको मिलता माल था, उनके मुख थे बंद ।। 2352
इसी धूर्तता से किया, गया छद्म यह काम ।
जितना मीठा, तल्ख है, वे ना पाए जान ।। 2353

दोहा॰ चला सिलसिल रोज ये, शिथिल पड़ गए दास ।
रोज पिटारे देखना, उन्हें लगे परिहास ।। 2354
जिसे न जिसमें लाभ हो, करके प्रति दिन काम ।
उसे भला क्या हो रुचि, करने में वह काम ।। 2355
बनी हुई थी योजना, इस खूबी से खास ।
सफल बनेगा दाँव ये, सबको था विश्वास ।। 2356
हुआ पूर्ण विश्वास जब, सफल बनेगी चाल ।
मोचन का दिन तय हुआ, जिस दिन था शुभ काल ।। 2357

(सफलता)

दोहा॰ शुभ दिन जब वह आगया, शुरू होगया काम ।
यथा योजना थी बनी, लेकर शिव का नाम ।। 2358
सभी पिटारे जाँच कर, पहुँच गए जब कैद ।
न्यास होगई योजना, मुगल न जाने भेद ।। 2359
एक शिवाजी का सखा, वीर हिरोजी नाम ।
सिद्ध, शिवाजी के लिए, देने अपने प्राण ।। 2360

91. आगरा से छुटकारा, 1666 AD

पास शिवाजी के खड़ा, आज हिरोजी वीर ।
खास शिवाजी ने उसे, कार्य दिया गंभीर ।। 2361

(ज्योंही)

उठे शिवाजी खाट से, झट से उनके स्थान ।
लेटा कंबल ओढ़ कर, माथे तक परिधान ।। 2362
स्वर्ण शिवाजी का कड़ा, कर में लीन्हा डाल ।
कंबल से कर काढ़ के, बाहर दिया निकाल ।। 2363
कड़ा देख कर स्वर्ण का, समझे पहरेदार ।
अभी शिवाजी सो रहे, भीषण जो बीमार ।। 2364
कराहता वो बीच में, करने अच्छा ढोंग ।
कभी हिलावे पाँव वो, दुखदायी है रोग ।। 2365

(और, फिर)

तुरत पिटारी एक में, गए शिवाजी बैठ ।
संभाजी भी अन्य में, बैठे अंग समेट ।। 2366
ऊपर टोकरियाँ रखीं, अच्छी भाँति सजाय ।
देखा भी यदि जाँच में, पता न चलने पाय ।। 2367
चले पिटारे शहर में, घर घर देने माल ।
पकड़े गए न जाँच में, सफल हो रही चाल ।। 2368
खास पिटारे दो वही, जिनमें थे महमान ।
उत्तर दिश में चल पड़े, जाने मथुरा स्थान ।। 2369
अन्य पिटारे बाँट कर, शीघ्र बदल कर वेश ।
दक्षिण दिश को मुड़ गए, जाने अपने देश ।। 2370
अलग-अलग रस्ता लिए, निकल पड़े थे लोग ।
पैसे सबके पास थे, खान-पान-उपभोग ।। 2371

(छुटकारा)

91. आगरा से छुटकारा, 1666 AD

दोहा॰ खास पिटारे दो जभी, आए सीमा पार ।
घोड़े, कपड़े, मार्ग का, दर्शक वहाँ तयार ॥ 2372
मथुरा काफी दूर है, चलो तेज गति चाल ।
जब पहुँचे मथुरा सभी, होने लगी सकाल ॥ 2373
घोड़े रख कर दूर ही, आए सकुशल स्थान ।
उनको मिलने आगए, कृष्ण त्रिमल सुजान ॥ 2374
संभाजी को छोड़ कर, कृष्णाजी के पास ।
तुरत शिवाजी चल पड़े, घर की ओर प्रवास ॥ 2375
बैरागी के वेश में, दिव्य मराठा वीर ।
आड़े-टेढ़े मार्ग से, घर को चला फकीर ॥ 2376
सबको चकमा दे रहा, जान न पाया कोय ।
अकल बड़ी की भैंस, रे! दूध दूध का होय ॥ 2377
जिसे भवानी की कृपा, करती निश-दिन त्राण ।
मारे कोई क्या उसे, साईं राखे प्राण ॥ 2378

(उधर)

दोहा॰ उधर मुगल अनजान हैं, रखवाल रहे जाग ।
भनक किसी को ना लगी, गए शिवाजी भाग ॥ 2379
मुगल मिठाई खा रहे, लुटा रहे आनंद ।
इधर खाट पर कैद में, लेटा है फरजंद ॥ 2380
बीच-बीच में झाँक कर, देखे पहरेदार ।
हाथ का कड़ा देख कर, निसंदेह हर बार ॥ 2381

(आधी रात में)

उठ कर आधी रात में, करन स्वप्न साकार ।
सिरहानों का खाट पर, बना लिया आकार ॥ 2382

91. आगरा से छुटकारा, 1666 AD

ऊपर कंबल डार कर, असीम धीरज धार ।
बोला पहरेदार को, भैया! खोलो द्वार ।। 2383
आज शिवाजी ग्रस्त हैं, बुखार से बीमार ।
औषध लेकर शहर से, आता हूँ तत्कार ।। 2384
अध सोए उस मुगल ने, खोल दिया वह द्वार ।
एक मात्र फर्जंद भी, गया कैद से पार ।। 2385
बचा न कोई कैद में, सारे हुए फरार ।
महाराष्ट्र की ओर सब, निकले अश्वसवार ।। 2386

(दूसरे दिन)

✍दोहा॰ हुआ शाँत सब कैद में, सोया पहरेदार ।
कटी रात आराम से, दिन निकला दुखकार ।। 2387
बहुत देर तक कैद में, आज लगा सब शाँत ।
अभी शिवाजी सो रहे, यही सभी को भ्राँत ।। 2388
बहुत समय जब होगया, उसने दी आवाज ।
ना कोई हलचल हुई, मिला न उत्तर आज ।। 2389
लगा शिवाजी मर गया, या होगा बेहोश ।
देखूँ क्या है माजरा, बोला लाकर जोश ।। 2390
भीतर आकर मुगल ने, फिर से दी आवाज ।
मगर शिवाजी थे कहाँ, सुनने को अल्फाज ।। 2391
आया फिर वह क्रोध में, मूरख पहरेदार ।
खेंचा कंबल जोर से, देकर गाली चार ।। 2392
चौंका वह आश्चर्य से, कर न सका विश्वास ।
अभी–अभी तो था यहाँ, गया कहाँ बदमाश ।। 2393
चीख पड़ा वो जोर से, कहाँ गया है चोर ।

91. आगरा से छुटकारा, 1666 AD

"पकड़ो! पकड़ो!" का मचा, तभी कैद में शोर ।। 2394

(आश्चर्य!)

कैसे गायब होगया, लेकर बच्चा संग ।
जमीन में है घुस गया! या है उड़ा विहंग ।। 2395
मायावी वह रूह है, सुनी हुई थी बात ।
हमने था देखा उसे, यहीं पड़ा कल रात ।। 2396
गया शिवाजी हाथ से, संभाजी भी गुप्त ।
सेवक छूमंतर हुए, पैसा-जेवर लुप्त ।। 2397
क्या बतलाऊँगा उसे, पूछे जब सुलतान ।
छोड़ेगा ना वो मुझे, लेगा मेरी जान ।। 2398

(औरंगजेब)

✍दोहा॰ पता चला सुलतान को, छुप न सकी यह बात ।
आग बबूला होगया, सह न सका आघात ।। 2399
रोना आवे ना हँसी, समझ न पाया मूढ़ ।
आगे अब वह क्या कर, खड़ी समस्या गूढ़ ।। 2400
छुप कर बैठा तो नहीं, यहीं कहीं शैतान ।
आकर आधी रात में, लेगा मेरी जान ।। 2401
ढूँढो उसको सब तरफ, दक्षिण भाग न जाय ।
पकड़ो उसको मार दो, जिंदा बच ना पाय ।। 2402
खिसकी जमीन पाँव से, हो न रहा विश्वास ।
दुनिया में अपमान भी, सुलतान था उदास ।। 2403

(शिवाजी)

✍दोहा॰ वायु वेग से दौड़ते, लुका-छुपी का खेल ।
मुगलों से बचते हुए, मुसीबतों को झेल ।। 2404

91. आगरा से छुटकारा, 1666 AD

सूरज तारे गगन के, दिखा रहे थे राह ।
निश-दिन उनको थी लगी, मातु-मिलन की चाह ।। 2405
पार किया विंध्या गिरि, नदी नर्मदा तोय ।
सातपुड़ा, तापी नदी, रोक सका ना कोय ।। 2406
भीमा सरिता पार कर, आए घर के पास ।
दुर्ग रायगढ़ पहुँच कर, लीन्ही सूख की साँस ।। 2407
किसी को न कछु खबर थी, लगभग सारा माह ।
ढूँढ रहा सुलतान था, माता देखत राह ।। 2408

राजगढ़ पर

✍दोहा॰ बैरागी है द्वार पर, आया अश्वसवार ।
बाबा! किससे काम है, बोला चौकीदार ।। 2409
आदर के सद्भाव से, आया जब वह पेश ।
लगा शिवाजी को तभी, यह है मेरा देश ।। 2410
यहाँ लोग सब भद्र हैं, सद् आचार-विचार ।
यहाँ किसी में ना मिले, सुलतानी व्यवहार ।। 2411
उसे शिवाजी ने कहा, नम्र जोड़ कर हाथ ।
मातोश्री दुख गात को, देनी है सुख बात ।। 2412
सुन कर ड्योढ़ीदार ने, कहा ठहरिए, तात! ।
आता हूँ मैं पूछ कर, माताजी से बात ।। 2413
जिजा मातु से पूछने, चला गया वह दास ।
खड़े शिवाजी द्वार पर, मातु मिलन की आस ।। 2414

(दरबार में)

जिजा मातु दरबार में, आसीन थी उदास ।

91. आगरा से छुटकारा, 1666 AD

तब उस पहरेदार ने, पहुँचाई अरदास ।। 2415
बोला, कोई साधु है, खड़ा द्वार पर मौन ।
मिलना चाहे आपसे, कहा नहीं, है कौन ।। 2416
लाया है कुछ काम की, खुश खबरी की बात ।
कहना चाहे आपको, उसे सत्य जो ज्ञात ।। 2417
माता ने कुछ सोच कर, किया भद्र अनुमान ।
ना जाने किस वेश में, आजाएँ भगवान ।। 2418
माता बोली भृत्य से, उठाय दक्षिण हाथ ।
भीतर लाओ संत को, परमादर के साथ ।। 2419
पूछूँगी मैं संत से, मन पर जो है चोट ।
कैसा मेरा पुत्र है, कब आए घर लौट ।। 2420

(शिवाजी)

दोहा॰ मातोश्री के सामने, पीत वस्त्र परिधान ।
पुत्र खड़ा, कर जोड़ कर, नहीं सकी पहिचान ।। 2421
बोली, बाबा! कौन हो, क्या कहनी है बात ।
हमें बताओ प्रेम से, जो है मन में, तात! ।। 2422
आँसू सुत के नैन में, पग पर रख कर शीश ।
बोला, "मैं तेरा शिवा! मुझको दे आशीष" ।। 2423

(माता)

"शिवा" शब्द सुन कर हुई, माता गदगद गात ।
उसके हिरदय पर हुआ, प्रेमल हर्षाघात ।। 2424
नीर भरे फिर नैन से, रोते बोली बोल ।
"ओरी मैया! ये मेरा, शिवबा सुत अनमोल" ।। 2425
पहले रोयी, फिर हँसी, फिर बोली मधु बैन ।

91. आगरा से छुटकारा, 1666 AD

स्वाँग साधु का बस करो, अब दो मन को चैन ।। 2426
कहो सविस्तर बात वो, सुनने आतुर कान ।
कैसे उस जल्लाद से, बचे तुम्हारे प्राण ।। 2427
बिना क्रोध, बिन दुःख भी, बतलाया सब हाल ।
मित्र जनों की मदद में, कैसे बीता काल ।। 2428
माता बोली पुत्र को, देश किया तू धन्य ।
तुझसा प्रेमी देश का, और न कोई अन्य ।। 2429
संभव जिसने कर दिया, बहुत असंभव काम ।
उत्सव हो सब देश में, स्वतंत्रता के नाम ।। 2430
सुन कर उस आदेश को, उत्सुक सारा देश ।
मुक्त शिवाजी होगए, सुख दीन्हा संदेश ।। 2431
आतिशबाजी गगन में, तोप-धमाके शोर ।
ढोल-नगाड़े-नौबतें, गान-बजाना जोर ।। 2432
लड्डू-पेढ़े बाँट कर, सब पाते आनंद ।
देकर शुभ आशीष भी, लेते परमानंद ।। 2433

स्वराज्य विस्तार, रांगणा विजय

दोहा॰ उधर शिवाजी कैद में, पड़े हुए जब आप ।
ऊधर मराठे, राज्य का, बढ़ा रहे थे व्याप ।। 2434
सोमनाथजी रावजी, कीन्हा बहुत प्रताप ।
आदिलशाही सैन्य को, दीन्हा निश-दिन ताप ।। 2435
हमले करके रात में, जीते नाना जंग ।
आदिलशाही फौज का, कीन्हा साहस भंग ।। 2436
किला रांगणा नाम का, बिना मचाए शोर ।

92. स्वराज्य विस्तार, 1667 AD

जीत लिया इस वीर ने, होने पहले भोर ।। 2437

YEAR 1667

92. वीर शिवाजी–37 :

92. स्वराज्य विस्तार, 1667 AD

शिवाजी सैंतीस वर्ष के

श्री शिवाजी चरित्र दोहावली राग–छंद माला, पुष्प 90

आदर्श शिवाजी

स्थायी

वीर शिवाजी, मंगल पावन, नीति परायण, नृपवर हैं – – – ।

दीनन बंधु, करुणा सिंधु, सद्गुण इंदु, सुधाकर हैं – – – ।।

♫ सारेसा साप–प–, पधनिसां पनिधप, ग–रे निसारेगम, रेगसारे सा – – – ।

सारेनिसा प–प–, पधनिसां पनिधप, गगरेनि सारेग, मरेगसारे सा – – – ।।

अंतरा–1

संकट त्राता, हैं सुख दाता, चंचल चतुर, सुधी नर हैं – – – ।

शूर शिवाजी, तान्हा बाजी, विघ्न विनाशक, शुभंकर हैं – – – ।।

♫ ग–मप ध–नि–, सां– सांसां निरेंसां–, नि–निनि सांसांसां, सांसांरे निसां ध प प प ।

म–प पप–प–, पधनिसां पधपम, गरेनि निसारेग, मरेगसारे सा – – – ।।

अंतरा–2

343
रत्नाकर रचित श्री शिवाजी चरित्र दोहावली

92. स्वराज्य विस्तार, 1667 AD

भारत गौरव, कीर्ति सौरभ, अबला रक्षक, नृपवर हैं ।
कर्म अनेक महान किए हैं, चरित्र मंगल सुंदर है ।।

अंतरा–3

पुत्र बहादुर, भारत माँ का, धर्म ध्वजा का पूजक है ।
राज्य हिंदवी, स्वराज्य स्थापक, शुचि अवतारी शंकर है ।।

दोहा॰ मथुरा से जब चल पड़ा, महाराष्ट्र का भूप ।
धारण करके गेरुआ, बैरागी का रूप ।। 2438
खाना-पीना नींद ना, मिला तनिक आराम ।
बहुत कष्ट का स्वास्थ्य पर, बुरा हुआ परिणाम ।। 2439
कुछ दिन वे बीमार थे, कर न सके कुछ काम ।
चिंता सब हमदर्द की, सता रही थी प्राण ।। 2440
हम तो बच कर कैद से, गुपचुप हुए फरार ।
मगर वहाँ सुलतान है, पकड़े लोग हमार ।। 2441
रखे हुए हैं कैद में, पड़ती उन पर मार ।
मगर एक दिन तो उन्हें, डालेगा वो मार ।। 2442
उन्हें बचाने के लिए, चलनी होगी चाल ।
शह देने सुलतान को, बुनना होगा जाल ।। 2443
आमिष ऐसा हो बली, मछली रुक ना पाय ।
फँसे मीन जब जाल में, निर्बल वह बन जाय ।। 2444

(अत:)

देना होगा शह मुझे, देकर लालच खूब ।
सराहना के ताल में, जावेगा वो डूब ।। 2445

(जाल)

दोहा॰ लिखे शिवाजी ने कई, सुलतान को उपाय ।

92. स्वराज्य विस्तार, 1667 AD

चलो मिलाते हाथ हैं, मत भेद को मिटाय ।। 2446
लिखी शिवाजी ने उसे, समझाने की बात ।
करने को सुलतान पर, जादू का आघात ।। 2447
भूल हमारी है हुई, आये उत्सव छोड़ ।
क्षमा चाहते आपसे, दोनों कर को जोड़ ।। 2448
शाही अनुमति के बिला, छोड़ दिया दरबार ।
छोड़ा हमने आगरा, बिन आदेश तिहार ।। 2449
आप दयामय नाथ हैं, क्षमा कीजिए, तात! ।
करते हैं फरियाद हम, समझौते की बात ।। 2450
आये थे हम आगरा, बनने तुमरे दास ।
मगर चूक हमरी हुई, अब हमको अहसास ।। 2451
सेवा में हमको लिए, हमको करो गुलाम ।
किले सभी इस राज्य के, ले लो राज्य तमाम ।। 2452
सकल हमारी फौज भी, सेवा करे तिहार ।
सुलतानी साम्राज्य से, मान गए हम हार ।। 2453
सेवा स्वीकृति आपकी, अगर हमें हो प्राप्त ।
आदिलशाही राज्य को, कर दें पूर्ण समाप्त ।। 2454

(तब, औरंगजेब)

पढ़ कर हित की बात वो, और स्तुति के गान ।
लालच में वो आगया, स्वार्थी शठ सुलतान ।। 2455
सुन कर आदिलशाह की, सत्ता का नुकसान ।
शिया शत्रु के नाश में, ललचाया सुलतान ।। 2456
दास शिवाजी मान कर, जान न पाया जाल ।
मुक्त मराठे कर दिए, कैदी सब तत्काल ।। 2457

92. स्वराज्य विस्तार, 1667 AD

उतावले सुलतान ने, निकाल कर फरमान ।
दिया शिवाजी को बड़ा, "राजा" का सम्मान ।। 2458
और मराठों के किए, अपराध सभी माफ ।
होने गुलाम मुगल के, कीन्हा रस्ता साफ ।। 2459

(जयसिंहा का मृत्यु)

दोहा॰ खेद हुआ जय सिंह को, और लगा अवमान ।
वचन और फरमान से, मुकर गया सुलतान ।। 2460
सुना शिवाजी का हुआ, घोर वहाँ अपमान ।
कैद शिवाजी को किया, धोखे में थे प्राण ।। 2461
वादे सब जयसिंह के, निकले बिलकुल झूठ ।
दुखी भयंकर होगया, और गया वह रूठ ।। 2462
पछताया वह घोर था, कर न सका विश्वास ।
कितने पानी में खड़ा, उसे हुआ अहसास ।। 2463
"दिया हुआ तो है मुझे, "राजा" का सम्मान ।
फिर भी मुगलों में मुझे, गुलाम का ही स्थान ।। 2464
"चलती मेरी एक ना, सुनत नहीं सुलतान ।
आजीवन मैं दास था, उसका यह परिणाम" ।। 2465
सदमें में था वीर वो, फोका था अधिकार ।
सोच-सोच उसको हुआ, गहरा हृदय विकार ।। 2466
राजपूत था जनम से, मुगलों का था दास ।
अपने कुल देश का, द्रोह किया विश्वास ।। 2567
निराश होकर थक गया, पड़ा बहुत बीमार ।
देशद्रोह में क्या मिला, मरण सहित-धिक्कार ।। 2568

स्वराज्य विस्तार

92. स्वराज्य विस्तार, 1667 AD

✎ दोहा॰ लड़े शिवाजी ने बड़े, चार युद्ध इस साल ।
महान जिनमें शत्रु दो, बन ना पाए ढाल ।। 2469
आदिलशाही प्रथम था, बिजापुरी सुलतान ।
पुर्तगीज थे दूसरे, कलह बीज शैतान ।। 2470
गुलबर्गा का वीर वो, असील सैयद खान ।
किलेदार मशहूर था, लड़ता था घमसान ।। 2471
हार गया जब युद्ध में, सुलह को आतुर ।
शरण शिवाजी ने दियी, बक्षा उसे कसूर ।। 2472
रांगणा का दूसरा, आदिलशाही दुर्ग ।
किलेदार उस दुर्ग का, बहलोल था बुजुर्ग ।। 2473
लड़ने को वह आगया, लेकर फौज महान ।
डरा शिवाजी देख कर, गया हार वह मान ।। 2474
कोलवल का उचापती, पुर्तगीज सरदार ।
हार गया जब युद्ध वो, सुलह को हुआ तयार ।। 2475
युद्ध हुआ बार्देश का, फिरंगी अमलदार ।
हारा वह भी युद्ध में, शरण का किया करार ।। 2476

YEAR 1668

Portuguese Governors/Viceroys of Goa
1. Alphonso de Albuquerque (r. 1509-1515), 2. Don Lope Soarez de Albergaria (1515-),

93. सिद्दी और पुर्तगीज, 1668 AD

3. Diogo Lopes de Sequeyra (1518-), 4. Duarte de Menezes (1521-), 5. Vasco da Gama (1524 died), 6. Dom Henrique de Menezes (1524-), 7. Lope Vaz de Sampayo (1527-), 8. Nuno da Cunha (1529-), 9. Dom Garcia de Noronha 1538-), 10. Dom Esterao da Gama (1540-), 11. Martin Affonso de Sousa (1542-), 12. Dom Joao de Castro (1545-), 13. Garcia de Sa (1548-), 14. Jorge Cabral (1549-), 15. Dom Affanso da Noroha (1550-), 16. Dom Pedro de Mascarenhas (1554-), 17. Francisco Baretto (1555-), 18. Dom Constantino de Braganza (1558-), 19. Dom Francisco de Coutinho Condo de Redondo (1561-), 20. Dom Antonio de Noroha (1564-), 21. Antonio de Noroha (1566), 22. Dom Luiz de Ataide Conde de Atouguia (1586-), 23. Dom Antonio de Noroha (1571-), 24. Dom Diego de Menezes (1576-), 25. Dom Luiz de Ataide (second term 1578-), 26. Farnao Telles (1581-), 27. Dom Francisco de Mascarenhas (1591-), 28. Dom Duarte de Menezes (1524-), 29. Manoel de Sousa Coutinho (1588-), 30. mathias de Albuquerque (1591-), 31. Dom Francisco de Gama (1597-), 32. Ayres de Saldanha (1600-), 33. Dom Martin affonso se Castro (1604-), 34. Dom Alexis de Menezes (1606-), 35. Andre Furtado de Mendoca (1609-), 36. Dom Hierome de Azeredo (1612-), 37. Dom Joao de Coutinho (1617-), 38. Rernao de Albuqueurue (1619-), 39. Dom Affonso de Noronhe (1621-), 40. Dom Dom Francisco da Gama (1622-), 41. Dom Francisco de Brito (1627-), 42. Pedro da Silva (1635-), 43. Antonio Telles de Menezes (1639-), 44. Joao da Silva (1640-), 45. Dom Philippe Mascarenhas (1645-), 46. Dom Franciaco de Martyres (1651), 47. Antonio da Sousa Coutinho (1651), 48. Francisco de Mello de Castro (1651), 49. Dom Vasco de Mascarenhas (1652-), 50. Braz de Castro (1653-), 51. Dom Rodrigo Sobho de Silveira (1655-), 52. Manuel Mascarenhas Homes (1656-), 53. Antonio de Mello de Castro (1662-), **54. Joao Nuno de Cunha (1666-1671)**, 55. Luiz de Mendoza Furtado de Albuqueuque (1671-), 56. Dom Pedro de Almeida (1677 died), 57. Francisco de Tavora (1678-1681), ..

93. वीर शिवाजी–38 :

93. सिद्दी और पुर्तगीज, 1668 AD

वीर शिवाजी अठत्तीस वर्ष के

93. सिद्दी और पुर्तगीज, 1668 AD

(सिद्दी)

दोहा॰ जंजीरा का नामवर, सिद्दी फत्तेखान ।
शूर वीर हबशी बड़ा, लड़ने में तूफान ।। 2477
सिद्दी हबशी सूरमे, सच थे वीर जरूर ।
जितने जाने शूर वे, उतने ही थे क्रूर ।। 2478
खून, डकैती, कूटना, हिंदू करना भ्रष्ट ।
स्त्रीयों के अपहार में, उन्हें तनिक ना कष्ट ।। 2479
दुखी शिवाजी थे हुए, इन दुष्टों से खूब ।
सह न सके यह क्रूरता, घृणा से गए ऊब ।। 2480

(पुर्तगीज)

ऐसे ही थे दूसरे, धर्म प्रचारक पीर ।
गोवा में पुर्तगीज थे, गोरा जिन्हें शरीर ।। 2481
युद्ध मराठों ने किए, उनसे विविध प्रकार ।
गोरे लड़ते रह गए, मगर न माने हार ।। 2482
पुर्तगाल से था उन्हें, सरकारी आधार ।
तोप शस्त्र बारूद से, करते थे प्रतिकार ।। 2483
सुलतानों से शस्त्र का, करते थे व्यापार ।
जिनसे इनको प्राप्त था, व्यवसायिक अधिकार ।। 2484
परदेसी वे थे बने, परदेसी के नाथ ।
करने मनमाना बुरा, देसीयों के साथ ।। 2485

श्री शिवाजी चरित्र दोहावली राग-छंद माला, पुष्प 91

शिवाजी राजे

राग : भैरव, कहरवा ताल, 8 मात्रा

94. जूनूनी औरंगज़ेब, 1669 AD

स्थायी

वीर शिवाजी, हैं सुख दाता, नीति परायण शासक हैं ।
दीनन बंधु, किरपा सिंधु, विपदा शत्रु विनाशक हैं ।।

♫ सारेसा साप–प–, पध निसां पनिधप, ग–रे निसारेगम रेगसारे सा – – – ।
सारेनिसा प–प पधनिसां पनिधप, गगरे– सारेग मरेगसारे सा – – – ।।

अंतरा–1

कर्म अनेक महान किये हैं, संकट विघ्न निवारक हैं ।
सत्य सहायक अनुपम सज्जन, योगी तापस साधक हैं ।।

♫ ग–म मध–नि निसां–सां निरें– सां–, नि–निनि सां–सां मांमांनिसां धपपप ।
ग–प पप–पप पधनिसां पधपम, गरेनि– सारेगम रेगसारे सा – – – ।।

अंतरा–2

पुत्र बहादुर भारत माँ का, धर्मध्वजा का पूजक है ।
राज्य हिंदवी स्वराज्य स्थापक, शिव अवतार शुभंकर है ।।

YEAR 1669

94. वीर शिवाजी–39 :

94. जूनूनी औरंगज़ेब, 1669 AD

वीर शिवाजी उनतालीस वर्ष के

94. जूनूनी औरंगज़ेब, 1669 AD

दोहा॰ सुन कर सिद्दी के बुरे, अत्याचारी काम ।
किया शिवाजी ने खड़ा, विरोध का अभियान ।। 2486
सिद्दी फत्तेखान को, सबक सिखाने घोर ।
समुद्र सेना चल पड़ी, जंजीरा की ओर ।। 2487

दोहा॰ जंजीरा पर जोर का, करने हमला घोर ।
नौ–सेना दल चल पड़ा, जभी होगई भोर ।। 2488
जीते बंदर राह में, घेरा चारों ओर ।
सिद्दी फत्तेखान का, चल न सका कछु जोर ।। 2489
सिद्दी ने फिर मान ली, अपने मन में हार ।
संधि करने के लिए, भेज दिया इजहार ।। 2490

(सिद्दी कासीम, संबूल, खैर्यत)

दोहा॰ पता चला कासीम को, वह ना माना बात ।
बिगढ़ गया संबूल भी, उसने मारी लात ।। 2491
सिद्दी खैर्यत भी नहीं, माना बिलकुल हार ।
उसने फत्तेखान का, किया कड़ा प्रतिकार ।। 2492
बगावती तीनों हुए, लड़ने को तैयार ।
पकड़ा फत्तेखान को, कैद में दिया मार ।। 2493
काम शिवाजी का हुआ, पूर्ण हुआ उद्देश ।
उधर मुगल सुलतान ने, त्रस्त किया था देश ।। 2494

बुतशिकन, कुफ्रशिकन, सनकी औरंगजेब

संगीतश्रीकृष्णरामायण गीतमाला, पुष्प 236

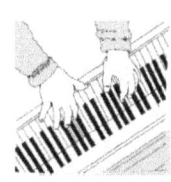

94. जूनूनी औरंगज़ेब, 1669 AD

(अज्ञानी दुर्योधन)

स्थायी

मैं ही एक सयाना, बाकी, दुनिया उल्लू की पट्ठी ।

♪ सा- रे- ग॒-ग मग॒-रे-, सा-सा-, रेरेरे- ग॒-ग॒- प- म-म- ।

अंतरा-1

मैं बलशाली, सबसे जाली । मैं हूँ ज्ञानी, बड़ा तूफानी ।
दुनिया वालों की सत्ती पर, होगी मेरी अट्ठी ॥

♪ सा- सासारे-रे-, ग॒मग॒- म-म-। प- ध॒- नि॒-ध॒-, नि॒ध॒- पम-प- ।
मग॒रे- सा-रे- ग॒- म-म- म-, रे-ग॒- म-प- म-म- ॥

अंतरा-2

मुझमें बुद्धि, मुझमें सिद्धि । होगी मेरी, निश-दिन वृद्धि ।
चोर फरेबों की है टोली, करली मैंने कट्ठी ॥

अंतरा-3

मैं हूँ धार्मिक, मन का मालिक । मुझको कुछ भी नहीं अनैतिक ।
कोई मेरा भेद न जाने, बंधी मेरी मुट्ठी ॥

अंतरा-4

दुष्ट बुद्धि ये क्यों हैं आते । भद्र जनों को जो तरसाते ।
या प्रभु! इसको दो सद्बुद्धि, या हो इनकी छुट्टी ॥

दोहा॰ सफल शिवाजी लौट कर, आए अपने धाम ।
इधर मुगल सुलतान ने, किए दुष्ट थे काम ॥ 2495

94. जूनूनी औरंगज़ेब, 1669 AD

गजनी-घोरी ने किए, जो थे पापी काम ।
ऐबक-बख्तियार भी, जिनसे थे बदनाम ।। 2496
खिलजी-तुकलघ ने किए, जैसे अत्याचार ।
दिल्ली के सुलतान में, भरे सभी कुविचार ।। 2497
करने हिंदू धर्म को, इस दुनिया से नष्ट ।
किए दुष्ट सुलतान ने, जन-मन-मंदिर भ्रष्ट ।। 2498
निकाल कर सुलतान ने, नए-नए फरमान ।
मंदिर-मूरत तोड़ कर, मचा दिया कुहराम ।। 2499
कतल किए हिंदू कई, दिए अमानुष कष्ट ।
डाले सहसों कैद में, जुलम किए निकृष्ट ।। 2500
मुगलों के इस पाप को, करने वाले हाथ ।
हिंदू ही वे दास हैं, जिन्हें मुगल हैं नाथ ।। 2501
आज्ञा देते मुगल हैं, हिंदू करते काम ।
सेना में जो हैं भरे, बिक कर बने गुलाम ।। 2502
मंदिर-मूरत तोड़ते, करते ओछे काम ।
हिंदू ही गद्दार हैं, मुगल नाम बदनाम ।। 2503
आज्ञा देता एक है, करने वाले लाख ।
हिंदू ही वे दास हैं, खुली न जिनकी आँख ।। 2504
गौरवशाली संस्कृति, भूल गए वे लोग ।
तजा आत्मसम्मान है, जिन्हें दास्यता रोग ।। 2505

 श्री शिवाजी चरित्र दोहावली राग-छंद माला, पुष्प 92

भजन
(हे दुष्ट औरंगजेब!)

94. जूनूनी औरंगज़ेब, 1669 AD

स्थायी

अगर शिव को तू अपना ले, तो अघ अपने चुका देगा ।
अहम अपना रुका दे तो, तु दुनिया को झुका देगा ।।
♫ सासासा रेरे ग- प मगरे- सा-, ध धध पमप- गम- प-ध- ।
सांसारें सांनिध- निध- पम ग-, सा सासारे- ग- पमग रेगसा- ।।

अंतरा-1

शांति में हि भलाई है, जो तुमने भुला दी है ।
करम गंदे तू तज देगा, तो नरक में धाम न पाएगा ।।
♫ सां-सां- रें- सां नि-ध-नि- सां-, ध- धनिप- निध- प-म- ।
गरेरे ग-म- रे गप मगरे-, सा रेरेग म- प-म ग मगरेगसा- ।।

अंतरा-2

जग माया का मेला है, तीन गुणों का खेला है ।
अगर मन को न रोक सका, तो भव सारा दुखा देगा ।।

अंतरा-3

शिव चरणों में सहारा ले, तो सुख में भव तर जाएगा ।
पाप अगर तू तज देगा, तो नाम अमर तेरा होगा ।।

अंतरा-4

मंदिर पावन तुने तोड़े, बुत भगवान के फोड़े हैं ।
अगर जुनून ये तज देगा, तो जनता का भला होगा ।।

(शिवाजी)

✍दोहा॰ ऐसे दुर्घट काल में, खड़ा एक था वीर ।
स्वतंत्रता का मारने, ठीक निशाने तीर ।। 2506
जिसको अपनी संस्कृति, और देश से प्रेम ।
भारत माँ के मुकुट का, सुपुत्र जो है हेम ।। 2507

94. जूनूनी औरंगज़ेब, 1669 AD

उसको चिंता थी लगी, निश-दिन एक विचार ।
जनता को जागृत किए, कैसे हो उद्धार ।। 2508
अकल बेच कर लोग जो, हिंदू हुए गुलाम ।
करने अपने देश का, आप स्वयं नुकसान ।। 2509
अपने ही जन मारते, बन कर जो हैवान ।
मंदिर-मूरत तोड़ते, खुश करने सुलतान ।। 2510
लागों को जागृत किए, कैसे बनें समर्थ ।
अब तक जो भी हो चुका, समय न अब हो व्यर्थ ।। 2511
गया हुआ सब जीतना, और अधिक भू-भाग ।
स्वतंत्रता के ध्येय पर, जनता जाए जाग ।। 2512
किले कौनसे जीतने, कहाँ करें हम लूट ।
करें तयारी पूर्ण हम, कुछ ना जाए छूट ।। 2513

श्री शिवाजी चरित्र दोहावली राग-छंद माला, पुष्प 93

(दुष्ट औरंगजेबं)

स्थायी

कहाँ से लोग आते हैं, जहाँ में दुष्ट ये सारे ।
करें तो क्या करें इनका, यहाँ के लोग बेचारे ।।

♪ मग- रे- म-ग- रे-सारे ग-, पम- ग- प-म ग- रे-सा- ।
रेग- म- नि- धप- ममप-, मग- रे- म-ग रे-गरेसा- ।।

अंतरा-1

सताने साधु जन गण को, सयाने लोग पावन को ।
ये जालिम कंस रावण से, असुर ये कुमति के मारे ।
जहाँ में क्यों कर आते हैं, ये पापी ह्रदय के कारे ।।

95. गढ़ आया मगर सिंह गया, 1670 AD

♬ सानि़सारे- म-ग रेसा रेग म-, पम-ग- म-ग रे-सासा रे- ।
सा रे-गग म-प ध-निध प-, सांनिध प- निधप म- प-ध- ।
पम- प- म- ग- रे-ग- म-, प म-ग- ममग रे- गरेसा- ।।

अंतरा-2

दीवाने धर्म के अंधे,
दीवाने धर्म के अंधे, दैत्य ये करम के गंदे ।
चलाने तुच्छतम धंदे, अधम ये पातकी बंदे ।
न जाने क्यों ये आते हैं, कलंकी कुल के ये सारे ।।

अंतरा-3

गिराने पूज्य मंदिर को, लुटाने जग तबाही से ।
फरेबी धूर्त ये आये, विदेशी नीति हैं लाये ।
बचा रे, ओ शिवा प्यारे! हमारे नैन के तारे! ।।

YEAR 1670

95. वीर शिवाजी-40 :

95. गढ़ आया मगर सिंह गया, 1670 AD

वीर शिवाजी चालीस वर्ष के

✍दोहा॰ सब कुछ सोच विचार से, निकला एक उपाय ।
सूरत के बाजार को, फिर से लूटा जाय ।। 2514

95. गढ़ आया मगर सिंह गया, 1670 AD

सोना चाँदी का बड़ा, परदेसी व्यापार ।
और मुगल सुलतान का, वही अहम बाजार ।। 2515
निर्णय पक्का कर लिया, बहुत सोच के बाद ।
गए शिवाजी मातु के, लेने आशीर्वाद ।। 2516
माता बोली पुत्र को, लेकर शिव का नाम ।
छापेमारी से बड़ा, और एक है काम ।। 2517
लखो यहाँ से दिख रहा, उस घाटी के पार ।
कोंढाणा गढ़ सामने, हमको रहा पुकार ।। 2518
"करो मुक्त सुलतान से, मुझको छापा मार ।
लो मुझको स्वातंत्र्य में, कर दो मम उद्धार" ।। 2519

(अत:)

स्वराज्य का ये मुकुट है, पहन रहा सुलतान ।
वापस लेकर दुर्ग वो, दो उसको सम्मान ।। 2520
सुन कर बचनन मातु के, हुए शिवाजी मौन ।
लगे सोचने, "काम ये, वीर करेगा कौन" ।। 2521

(पुरंदर का करार)

हुआ पुरंदर तय यदा, मुगल-मराठों बीच ।
स्थान शिवाजी का तदा, कोंढाणा था नीक ।। 2522
जिजा मातु को था बड़ा, कोंढाणा से प्यार ।
छोड़ा जब गढ़, तब हुआ, उनको क्लेश अपार ।। 2523
किया मातु ने प्रण तदा, भीष्म-प्रतिज्ञा साथ ।
लौटेंगे हम शीघ्र ही, गवाह भोलेनाथ ।। 2524

95. गढ़ आया मगर सिंह गया, 1670 AD

गढ़ आया मगर सिंह न आया
परम वीर तान्हाजी मालुसरे

(राजगढ़)

दोहा॰ कोंढाणा गढ़ जब तजा, करार के अनुसार ।
राजगढ़ पर तबादला, घाटी के उस पार ।। 2525
कोंढाणा से राजगढ़, अंतर था छह कोस ।
किले खड़े दो रूबरू, आपस में दो दोस ।। 2526
स्वराज्य के थे श्रेष्ठ दो, दुर्ग महा मजबूत ।
अभेद्य बहुत प्रचंड थे, ऊँचे अगम बहुत ।। 2527
राजगढ़ गढ़ से दिखे, कोंढाणा दिन-रात ।
चार वर्ष से देखती, मातु उसे दिन-सात ।। 2528
सबसे पहले लें इसे, हुई योजना ठीक ।
एक रात के काम को, गढ़ यह है नजदीक ।। 2529

(कोंढाणा)

दोहा॰ दुर्ग बहुत मजबूत था, बुर्ज खड़े सब ओर ।
चारों बाजू मोरचा, पहरा लगा अघोर ।। 2530
किला बहुत विशाल था, तटबंदी हर छोर ।
किलेदार रणशूर था, उदयभान राठौर ।। 2531
फौजी पन्द्रह सौ वहाँ, जिनका मुगली ठाठ ।
सब बूर्जों पर तोप थीं, लक्ष्य दिशाएँ आठ ।। 2532
ऊँचे टीले पर बसा, कोंढाणा का दुर्ग ।
ऊँचाई से देखता, जिस भाँति शतुर्मुर्ग ।। 2533
घने विपिन में था बसा, चारों ओर ढलान ।
एक तरफ सीधी खड़ी, ऊँची थी चट्टान ।। 2534

95. गढ़ आया मगर सिंह गया, 1670 AD

दुर्घट थी जो लाँघना, उधर न रक्षा खास ।
अगम्य यह पाषाण है, सबको था विश्वास ।। 2535
मगर उन्हें ना था पता, रहा शिवाजी देख ।
जिसे न कुछ दुर्गम्य है, लाँघे जो हर रेख ।। 2636

(तान्हाजी मालुसरे)

✍दोहा॰ वीर शिवाजी का सखा, तान्हाजी शुभ नाम ।
परम भक्त हनुमान का, गाँव उमरठे धाम ।। 2537
मोटी-मोटी मूँछ का, मुद्रा सिंह समान ।
युद्ध निपुण यह मावला, इतिहास में महान ।। 2538
साथ शिवाजी के सदा, बचपन से हर वक्त ।
हर संकट में साथ था, परम शिवाजी भक्त ।। 2539
सदा शिवाजी ने किया, उस पर था विश्वास ।
योद्धा जिम्मेदार था, मुश्किल क्षण में खास ।। 2540

(अत:)

इन बातों को सोच कर, तानाजी का नाम ।
लगा शिवाजी को सही, करने को यह काम ।। 2541
दूत शिवाजी का गया, तानाजी के पास ।
बोला, शिवा बुला रहे, काम बहुत है खास ।। 2542
सुन कर स्वामी नाम को, हुआ वीर तैयार ।
लगिन पुत्र का छोड़ कर, लिए ढाल-तलवार ।। 2543
घर में उत्सव हो रहा, आए थे महमान ।
बोला, उत्सव फिर करें, लौटूँगा जब धाम ।। 2544
साथ वीर भी चल पड़े, मामाजी शेलार ।
भाई सूर्याजी अनुज, होकर अश्वसवार ।। 2545

95. गढ़ आया मगर सिंह गया, 1670 AD

उन्हें खबर ना, क्या उन्हें, करना होगा काम ।
उतावले थे जानने, आतुर उनके कान ।। 2546
चरण शिवाजी के पड़े, बोले, क्या है काम ।
जितना जल्दी हो सके, आए हम, भगवान! ।। 2547

(शिवाजी)

दोहा॰ पता शिवाजी को न थी, तानाजी की बात ।
विवाह तज कर पुत्र का, आया हर्षित गात ।। 2548
अनजाने में कह गए, जो कहनी थी बात ।
हमें पूर्ण विश्वास है, तुम हो लायक, तात! ।। 2549
किले जीतने हैं हमें, दो-सौ-साठ महान ।
तभी हमारे राज्य का, होगा पक्का काम ।। 2550
कोंढाणा गढ़ एक है, हमरा प्रियतम प्राण ।
उसको पहले जीतना, होगा शुभ वरदान ।। 2551

(तान्हाजी)

दोहा॰ सुने शिवाजी के जभी, वचन भक्ति के साथ ।
बोला तानाजी तभी, नम्र जोड़ कर हाथ ।। 2552
लाता हूँ मैं ब्याह कर, कोंढाणा को आज ।
फिर ब्याहूँगा रायबा, सफल किए यह काज ।। 2553
लेता हूँ मैं आज ही, कोंढाणा गढ़ हाथ ।
फिर ब्याहूँगा पुत्र मैं, बड़े प्रेम के साथ ।। 2554
आऊँगा जब लौट कर, गढ़ लेने के बाद ।
देना मेरे पुत्र को, मंगल आशीर्वाद ।। 2555
इतना कह कर चल पड़ा, तान्हाजी रणवीर ।
साथ मावले पाँच सौ, लेकर वह रणधीर ।। 2556

95. गढ़ आया मगर सिंह गया, 1670 AD

तान्हाजी ने साथ ली, एक पालतु गोह ।
ताकि सारा चढ़ सके, चट्टान पर गिरोह ।। 2557
छिपते-छिपते आगए, गढ़ की पश्चिम छोर ।
जिधर न था पहरा लगा, न था ध्यान इस ओर ।। 2558
इधर तुंग चट्टान थी, बनी हुई दीवार ।
मुगलों को विश्वास था, हो न सके यह पार ।। 2559

(मगर)

उस अँधियारी रात में, तान्हाजी सरदार ।
निकला लेकर पाँच-सौ, साथी अश्वसवार ।। 2560
घाटी में जब आगए, अश्व वहीं पर छोड़ ।
चढ़ान वे चढ़ने लगे, बिना मचाए शोर ।। 2561
अतट खड़ी चट्टान वो, चढ़ जाना उस रात ।
बिना गोह की मदद से, लगी असंभव बात ।। 2562

(अत:)

डोर बाँध कर पूँछ को, चढ़ाने लगे गोह ।
फिसल गिरी दो बार वो, बिना किसी भी टोह ।। 2563
चढ़ी तीसरी बार वो, ऊपर तक चट्टान ।
डोर पकड कर चढ़ गया, एक वीर जवान ।। 2564
उसने सीढ़ी डोर की, बाँधी ऊपर नीक ।
जिससे दो-सौ मावले, चढ़े फटोफट ठीक ।। 2565
अन्य मावले छिप गए, मुख्य द्वार के पास ।
मुख्य द्वार जब खोल दे, एक मावला खास ।। 2566
मुगल किले पर सुप्त थे, खा कर उत्तम भोज ।
उन्हें न कुछ संदेह था, जैसे सोते रोज ।। 2567

(फिर)

95. गढ़ आया मगर सिंह गया, 1670 AD

दोहा॰ द्वारपाल को काट कर, खोला मुख्य दुआर ।
जाग पड़े कुछ मुगल जो, चीखे मार पुकार ॥ 2568
शुरू लड़ाई होगई, कटे अनेक अचेत ।
अध-सोये फौजी किये, नींदर में ही खेत ॥ 2569
जाग गया सुन शोर को, उदयभान राठौड़ ।
आगे आया वीर वो, लड़ने को जी तोड़ ॥ 2570
तानाजी भी आगया, लड़ने उसके साथ ।
वीर-वीर से भिड़ गए, करने दो-दो हाथ ॥ 2571
दोनों योद्धा शूर थे, युद्ध हुआ घनघोर ।
वार पर प्रतिवार से, तलवारों से शोर ॥ 2572
मुगल पक्ष से लड़ पड़ा, राजपूत गुलाम ।
इधर मराठा लड़ रहा, मातृभूमि के नाम ॥ 2573

(फिर)

एक दुखद आयी घड़ी, बन कर अशकुन काल ।
टूट गई लड़ते हुए, तानाजी की ढाल ॥ 2574
तभी वीर वह ना रुका, करने को प्रतिकार ।
लपेट साफा हाथ पर, लगा झेलने वार ॥ 2575
जखमों से तन भर गया, बहने लगा रुधिर ।
मृत्यु समय है आगए, जान गया वह वीर ॥ 2576
पूरी ताकत से किया, उसने अंतिम वार ।
वैरी ने भी जोर से, किया प्रचंड प्रहार ॥ 2577
दोनों कट कर गिर पड़े, धाँय! धरा पर वीर ।
अंतिम साँसें ले रहे, मरणासन्न शरीर ॥ 2578

(तब)

95. गढ़ आया मगर सिंह गया, 1670 AD

तानाजी–मृत देख कर, रुके मराठा लोग ।
हाय! हाय! के शोर से, मना रहे थे सोग ।। 2579
तभी सामने आगए, मामाजी शेलार ।
लड़ो! लाड़ो! कहने लगे, वीरों! धीरज धार ।। 2580
सूर्याजी भी आगए, लेकर नूतन जोश ।
सभी मराठों ने लिए, सँभाल अपने होश ।। 2581
जीत गए वे अंत में, गए मुगल फिर हार ।
भाग गए सो बच गए, बाकी डाले मार ।। 2582
किला हाथ में आगया, मुगल होगए नष्ट ।
भगवा ध्वज ऊपर चढ़ा, विजय दिखाने स्पष्ट ।। 2583
विजय होलिका जल पड़ी, दिखलाने संकेत ।
जिसे, शिवाजी, देख कर, जय से हुए सचेत ।। 2584
यही सफल आरंभ था, लेने दो–सौ–साठ ।
स्वतंत्रा संग्राम में, किले, साल में आठ ।। 2585

(शिवाजी)

दोहा॰ दुर्ग राजगढ़ पर खड़े, आतुर चातक तौर ।
देख शिवाजी थे रहे, कोंढाणा की ओर ।। 2586
कोंढाणा पर देख कर, विजयोत्सव की आग ।
जान शिवाजी थे गए, खुले मराठा–भाग ।। 2587
उतने में ही आगया, तानाजी का दूत ।
बतलाने को वृत्त सब, लेकर सही सबूत ।। 2588
सुन कर कोंढाणा विजय, जितनी थी सुखबात ।
मरना सुन कर मित्र का, उतना दुःखाघात ।। 2589
कहा शिवाजी ने तभी, "गढ़ तो आया हाथ ।

सूरत की दूसरी लूट, 1670 AD

मगर सिंह ना आ सका, विजय केतु के साथ" ।। 2590
कोंढाणा गढ़ को तभी, मिला "सिंहगढ़" नाम ।
अमर हुआ इतिहास में, सुंदर यह अभिधान ।। 2591
ऐसे वीर शहीद को, वंदन लाखों बार ।
दुर्मिल ऐसा केसरी, विश्वदिशा में चार ।। 2592

(राजे राजाराम[31] का जन्म)

दोहा॰ कोंढाणा के विजय से, जन मन में आनंद ।
ऐसे पावन नंद में, मंगल परमानंद ।। 2593
पुत्र सोयरा मातु को, हुआ सुमंगल प्राप्त ।
राजे "राजाराम" जो, हुआ नाम से ख्यात ।। 2594
बजे वाद्य संगीत के, गीत सुरों में सात ।
चरित्र सुत का सद्गुणी, इतिहास को ज्ञात ।। 2595
रानी का जो स्वप्न था, आज हुआ साकार ।
बहुत प्रतीक्षा थी करी, आज मिला आकार ।। 2596

(मराठ्यांच्या स्वाऱ्या)

दोहा॰ कोंढाणा के विजय से, हुआ पुण्य प्रारंभ ।
करने नष्ट बिजापुरी; मुगलों का भी दंभ ।। 2597
छह खानों को च्युत किया, थाने जीते बीस ।
छोटे-मोटे जोड़ कर, गढ़ भी जीते तीस ।। 2666

सूरत की दूसरी लूट, 1670 AD

---

[31] Raje Rajaram (r. Sept. 02, 1689 - March 02, 1700).

सूरत की दूसरी लूट, 1670 AD

🖋️दोहा॰ कोंढाणा के बाद में, जीते युद्ध पचास ।
कुछ छोटे, कुछ थे बड़े, कीन्हे शत्रु हताश ॥ 2598
अब हम लूटेंगे पुनः, सूरत नगर संपन्न ।
दिव्य हाट व्यापार का, सबको बहुत प्रसन्न ॥ 2599
यहाँ मुगल, अंग्रेज हैं, अरब, युनानी, फ्रेंच ।
हिंदू, डच, हैं फारसी, व्यापारी गण मंच ॥ 2600
सोना-चाँदी-रत्न के, अनमोल अलंकार ।
हीरे-मोती का यहाँ, बहुत भव्य व्यापार ॥ 2601
थोक माल बिकता यहाँ, बड़े-बड़े भँडार ।
वितरण भी बारूद का, होता इस बाजार ॥ 2602
व्यापारी धनवान हैं, लंका का अवतार ।
रावण नगरी है यही, मुगलों की सरकार ॥ 2603
इस नगरी को लूटने, होकर पूर्ण तयार ।
पन्द्रह हजार मावले, निकले अश्व सवार ॥ 2604

(सूरत)

🖋️दोहा॰ "पुनः शिवाजी आगया!" सुन कर सब धनवान ।
घबड़ा कर बोले, "अरे! अब होगा नुकसान!" ॥ 2605
जनता को तो डर न था, उनके रक्षित प्राण ।
बंद हुए बाजार के, बड़े-बड़े दूकान ॥ 2606
भागे सारे शहर के, मुगली पहरेदार ।
बंद चौकियाँ होगयी, फरार चौकीदार ॥ 2607
द्वार भले ही बंद थे, कीन्हे ताला मार ।
शहर मराठे आगए, फाँद कर दीवार ॥ 2608

(अंग्रेज)

सूरत की दूसरी लूट, 1670 AD

✍दोहा॰ अंग्रेजों का है जहाँ, बहुत बड़ा व्यापार ।
तोप-शस्त्र-बारूद का, विशाल है भंडार ।। 2609
दिल्ली के सुलतान का, यही खरेदी केन्द्र ।
इसी माल से वे बने, भारत में भूपेन्द्र ।। 2610
अंगैजी भंडार पर, तोपें पहरेदार ।
पास न कोई जा सके, दूर से डाले मार ।। 2611
अंग्रजों को भेज कर, नजराना उपहार ।
किया शिवाजी ने सही, समझौता इस बार ।। 2612
गोरों ने भी कर लिया, अक्लमंदी का काम ।
देकर थोड़ा धन उसे, किया ठीक सम्मान ।। 2613
छोड़ शिवाजी ने दियी, गोरों की दूकान ।
अंग्रेजों का ना हुआ, बिलकुल भी नुकसान ।। 2614

(मुगल)

✍दोहा॰ मुगल किले में छुप गए, बंद कर लिया द्वार ।
रुके रहे आराम से, सूरत के पहरेदार ।। 2615
उन्हें न चिंता नगर की, होकर भी सरकार ।
जनता अपना देख ले, करने को प्रतिकार ।। 2616

(हिंदू)

✍दोहा॰ गरीब हिंदू बच गए, कुछ ना जिनके पास ।
हमें न होगी यातना, उनको था विश्वास ।। 2617
व्यापारी धन देगए, आकर अपने आप ।
स्वराज्य के ही नाम पर, उन्हें हुआ ना ताप ।। 2618

(फ्रेंच)

✍दोहा॰ सभी फिरंगी एक से, नीयत से नापाक ।

कारंजा की लूट, 1670 AD

बाहर से लगते भले, अंदर से चालाक ।। 2619
लड़ना वे ना चाहते, होंगे वे बरबाद ।
नीति शिवाजी की भली, उनको सब थी याद ।। 2620
शरण शिवाजी की लिए, दिया ढेर सा दान ।
दिए शस्त्र-बारूद भी, और किया सम्मान ।। 2621

(तार्तर)

✍दोहा॰ काशनगर का तारतर, करोड़पति सुलतान ।
देकर दौलत बच गया, सुधि अबदुल्लाखान ।। 2622

(अन्य)

✍दोहा॰ गरीब जन, स्त्रीयाँ सभी, अरु परधर्मी लोग ।
या धार्मिक जो स्थान थे, उन्हें शाँति उपभोग ।। 2623
सुलतानों के ढंग से, अलग शिवाजी रीत ।
सदाचार हर काम में, हार मिले या जीत ।। 2624
कोटि-कोटि की लूट की, त्यागे नहीं उसूल ।
अधर्म से कौड़ी कभी, नहीं करी वसूल ।। 2625

कारंजा की लूट, 1670 AD

✍दोहा॰ छोटा ग्राम विदर्भ में, "कारंजा" था नाम ।
धनाड्य लोग बहुत यहाँ, करत ऐश आराम ।। 2626
सुलतानों के दास्य में, गुजरे उनके साल ।
खान-पान के मौज में, बीता उनका काल ।। 2627
सभी निठल्ले लोग थे, नाम जिन्हें था "लाड" ।
मुगलों के डर से सभी, धन रखते थे गाड़ ।। 2628
बड़े-बड़े थे घर यहाँ, फल-फूलों के झाड़ ।
काम करत मजदूर थे, फल खाते थे लाड ।। 2629

96. साल्हेर की लड़ाई, 1671 AD

इन लाडों के घर भरे, सब थे मालामाल ।
चाँदी-रूपयों से भरे, हर घर में थे थाल ।। 2630
वहाँ न पहरा है कहीं, न ही सुरक्षा नाम ।
मुगलों का कर ऐंठना, यही एक है काम ।। 2631
वसूल करते कर निधि, मुगलों के सरदार ।
मगर न जन रक्षा करे, कोई पहरेदार ।। 2632

(शिवाजी)

पता शिवाजी को लगा, कारंजा के लाड ।
बहुत धनी परिवार हैं, जनता रहे बिगाड़ ।। 2633
वहाँ देश से प्रेम ना, ना स्वराज्य का नाम ।
करते मुगलों के लिए, देशद्रोह का काम ।। 2634
जभी शिवाजी की पड़ी, कारंजा पर धाड़ ।
पूँजी लेकर आगए, शरण पड़े सब लाड ।। 2635
जिन लाडों ने ना दिया, छुपा रखा जो माल ।
उनके धन को छीन कर, बना दिया कंगाल ।। 2636

YEAR 1671

96. वीर शिवाजी–41 :

96. साल्हेर की लड़ाई, 1671 AD

वीर शिवाजी इकतालीस वषइ के

96. साल्हेर की लड़ाई, 1671 AD

(साल्हेर की लड़ाई)

दोहा॰ कारंजा को जीत कर, वहाँ मराठा राज ।
विदर्भ में है आगया, स्वतंत्रता रण आज ।। 2637
मुगलों के अब स्थान पर, हुआ शिवाजी नाम ।
विदर्भ में भी आगए, स्वराज्य के अब काम ।। 2638
चौथाई कर तय हुआ, विदर्भ में सब ग्राम ।
मुगलों के अब बंद हैं, लूट–मार के काम ।। 2639
एलिचपुर में मुगल थे, जमाए हुए स्थान ।
नागपुर था विदर्भ का, मुख्य मराठा धाम ।। 2640
सुना शिवाजी का जभी, विदर्भ पर आघात ।
दिल्ली के सुलतान का, शुरू हुआ प्रतिघात ।। 2641
विदर्भ में कोई न थे, मुगलों के सरदार ।
ना ही कोई फौज थी, करने को प्रतिकार ।। 2642
विदर्भ में सामर्थ्य वो, नहीं हो सका प्राप्त ।
दक्षिण में सब सैन्य था, करने शिया समाप्त ।। 2643
तीन खान अब आगए, करने को यह काम ।
दाऊद, बहादुर और था, जिन्हें महाबत नाम ।। 2644

(साल्हेर)

गढ़ सुंदर साल्हेर का, गिरि पर विराजमान ।
तीनों छापा मार कर, लेना चाहत खान ।। 2645
प्रथम महाबत चल पड़ा, खूब मचाता शोर ।
घेर लिया आहंतगढ़, उसने चारों ओर ।। 2646
लगी छावनी खान की, समय रहा था बीत ।
एक माह लड़ता रहा, मगर न पाया जीत ।। 2647

(अचलगढ़)

96. साल्हेर की लड़ाई, 1671 AD

उसने फिर दूजा किया, अचलगढ़ पर वार ।
वहाँ भी न उसकी चली, और गया वह हार ।। 2648

(मारकिंडा)

मारकिंडा का किला, उसने लीन्हा घेर ।
मुगल वहाँ भी हार कर, बहुत होगए ढेर ।। 2649

(रावलगढ़)

रावलगढ़ को घेर कर, बैठा फिर वह खान ।
पिट कर भागा मुगल वो, बहुत सहा नुकसान ।। 2650

(फिर)

तीन खान जब होगए, मुगलों में बदनाम ।
चौथा आया मुगल फिर, दिलेरखान पठान ।। 2651

(पुणे)

पुणे हाट को लूट कर, लेने कान्हेरगढ़ ।
विशाल सेना को लिए, आया गिरि पर चढ़ ।। 2652
उसे मिला फिर पाँचवाँ, मुगली इखलिसखान ।
खानों में जो ख्यात था, खान महा तूफान ।। 2653
सेना दोनों खान कीं, लिन्हा नासिक घेर ।
मुगली आधे लाख थे, सुंदर गढ़ साल्हेर ।। 2654

(इधर)

दोहा० सुन कर आना फौज का, चले पेशवे आप ।
लेकर सैन्य विशाल को, देने उनको शाप ।। 2655

97. साल्हेर विजय, 1672AD

YEAR 1672

97. वीर शिवाजी–42 :

97. साल्हेर विजय, 1672AD

वीर शिवाजी बयालीस वर्ष के

(साल्हेरची लड़ाई, आगे)

✍दोहा॰ स्वराज्य में अब आगए, किले एक–सौ–आठ ।
सुलतानों के हाथ में, बचे एक–सौ–साठ ।। 2655
आदिलशाही भग्न थी, मुगल हुए थे क्षीण ।
फिर भी उनकी दुष्टता, ज्यों की त्यों थी हीन ।। 2656
मुगलों ने घेरा हुआ, था वह गढ़ साल्हेर ।
एक महीना हो गया, मुगल हो रहे ढेर ।। 2657
गढ़ पर जो बलवीर थे, जीना करत हराम ।
छापे मारत मावले, बाहर से अविराम ।। 2658
सोलह दल के मावले, हुए युद्ध–तैयार ।
विशाल सेना चल पड़ी, करने अंतिम वार ।। 2659
मुगल धड़ाधड़ कट गिरे, जो न गए थे भाग ।
भाड़े के टट्टू जिन्हें, निगला रण की आग ।। 2660

97. साल्हेर विजय, 1672AD

(साल्हेर विजय)

दोहा॰ जीत मराठे थे गए, पड़ी हाथ में लूट ।
जंगी शस्त्र धन संपदा, हाथी घोड़े ऊँट ।। 2661
लगातार इस विजय से, हुए शिवाजी ख्यात ।
सारे भारतवर्ष में, शूर-वीर विख्यात ।। 2662

कुतुबशाह की मृत्यु

दोहा॰ धनी मराठे हो रहे, मुगलों का धन लूट ।
पुनरोत्थापन हो रहा, चारों ओर अटूट ।। 2663
स्वतंत्रता उत्कर्ष से, दिल्ली का सुलतान ।
मायूसी से देखता, बंद होत दूकान ।। 2664
किले हाथ से जा रहे, सत्ता हुई महीन ।
दास हमारे हो रहे, स्वराज्य के आधीन ।। 2665
चौथ शिवाजी ले रहा, कर की सब भुगतान ।
गुंडागर्दी बंद है, सभी प्रसन्न किसान ।। 2666
इतने में सुलतान को, मिली खबर गुलकंद ।
कुतुबशाह है मर गया, मुगलों को आनंद ।। 2667
जैसी सबको थी पता, सुलतानों की रीत ।
कुतुबशाह की मौत में, मुगल मनावे जीत ।। 2668
आया मुगलों का जभी, हमला धुँआधार ।
डरे कुतुबशाही सभी, कर न सके प्रतिकार ।। 2669
घेरा मुगलों ने किला, गोलकुंडा महान ।
रक्तपात होना ही था, और बहुत नुकसान ।। 2670
कुतुबशाह के बाद में, अब्दुल्ला सुलतान ।
सह न सका आघात यह, और घोर अपमान ।। 2671

97. साल्हेर विजय, 1672AD

शरण मुगल की माँग ली, बन कर मुगल–गुलाम ।
किला समर्पित कर दिया, तभी बन सका काम ।। 2672
अब्दुल्ला को होगया, गहारा हृदय विकार ।
कुछ ही दिन में मर गया, छोड़ गया संसार ।। 2673
बेटा उसका लाड़ला, ताना शाह उपनाम ।
अबुल हसन था आठवाँ, अंतिम कुतुब सुलतान ।। 2674

(मराठों की मुहीमें)

(जव्हार–रामनगर के कोली)

दोहा॰ मछियारों का अधिपति, सोमशाह अभिधान ।
मुगलों का मैं दास हूँ, उसको था अभिमान ।। 2675
दूजा था विक्रमशहा, मिल कर उसके साथ ।
वैर शिवाजी से करे, हिंदू होकर जात ।। 2676
जभी मराठों ने किये, आक्रमण लगातार ।
भागे दोनों छोड़ कर, अपना राज्य "जव्हार" ।। 2677

(आदिलशाही)

दोहा॰ प्यादा आदिलशाह का, कारवार सरदार ।
जभी शिवाजी से लड़ा, दिया गया वह मार ।। 2678

(मुगल)

दोहा॰ किले त्र्यंबकेश्वर तथा, हरिश्चंद्र, मुल्हेर ।
जीत मराठों ने लिये, मुगलों के सब घेर ।। 2679
चिढ़ कर दिलेरखान ने, भेजे अश्वसवार ।
बदला लेने के लिए, पुणे शहर को ताड़ ।। 2680
तोड़–फोड़ सब ओर की, नगर किया बरबाद ।
कतलें भीषण जो करी, रहे हमेशा याद ।। 2681

97. साल्हेर विजय, 1672AD

(सिद्दी)

दोहा॰ वाणी-डिंडोरा पति, सिद्दी नाम हिलाल ।
वैर शिवाजी से करे, बना मुगल-दलाल ॥ 2682
छीन मराठों ने लिया, उसका सारा माल ।
भगा भी दिया राज्य से, बना दिया कंगाल ॥ 2683

(आदिलशाह की मृत्यु)

दोहा॰ हार मिली हर युद्ध में, मिली सदा ही मात ।
तंग मराठों ने किया, रंज बहुत दिन-रात ॥ 2684
आदिल सोलह साल था, गादी पर सुलतान ।
बेचैनी से मर गया, असह्य था अपमान ॥ 2685
नाम सिकंद पुत्र का, पिता हुए निष्प्राण ।
चार साल का बाल वो, बना नया सुलतान ॥ 2686
नाबालिग सुलतान की, लेने दखल, अधीर ।
शत्रु शिवाजी का बना, खवासखान वजीर ॥ 2686
वजीर आदिलशाह का, जालिम खवासखान ।
द्वेष शिवाजी का करे, मन पर बिना लगाम ॥ 2687

YEAR 1673

98. वीर शिवाजी-43 :

98. पन्हालगढ़ विजय, 1673 AD

98. पन्हालगढ़ विजय, 1673 AD

वीर शिवाजी तिरतालीस वर्ष के

श्री शिवाजी चरित्र दोहावली राग-छंद माला, पुष्प 94

भजन : राग रत्नाकर, कहरवा ताल 8 मात्रा

स्थायी

शिव जी तुम किसमें रहते तुम, बताओ श्रवण प्यासे हम ।
प्रभोः भोः! कुत्र तिष्ठसि त्वं, वदतु मां, ज्ञातुमिच्छामि ।।

♫मग म रेरे! धपम गगम- प-, सांनिधप- मगरे ग-म- रे- ।
सानि़सा रे-! प-म ग-रेग म-, पमग रे-, प-मग-रे- सा- ।।

अंतरा-1

जहाँ पर नाद ब्रह्मा का, जहाँ पर राग सरगम का ।
वहाँ पर स्थान है मेरा, अरे! मैं, "तत्र तिष्ठामि" ।।

♫धप- मग- रे-ग म-ग- प-, मग- रेरे- ग-म पपमग रे- ।
सानि़ सासा- म-ग रे- ग-म-, निध-! प-, ग-ग म-रे-सा- ।।

अंतरा-2

जहाँ पर है दिलों में गम, जहाँ पर बेदिली है कम ।
वहाँ पर वास है मेरा, सुनो! मैं, "तत्र विष्ठामि" ।।

अंतरा-3

कहीं ना देश है ऐसा, कोई ना वेश है ऐसा ।
जहाँ ना अंश है मेरा, अरे! सर्वेषु निवसामि ।।

अंतरा-4

कहीं ना धाम है ऐसा, कोई ना नाम है ऐसा ।

98. पन्हालगढ़ विजय, 1673 AD

जहाँ ना वास है मेरा, सदा सर्वत्र गच्छामि ।।
अंतरा–5
जहाँ पर पाप का नहीं दम, जहाँ पर पुण्य है हरदम ।
वहाँ आधार है मेरा, सखे! मैं, "भद्ररक्षामि" ।।

(पन्हालगढ़ विजय)

दोहा॰ अगला किला पन्हालगढ़, बुलाने लगा रोज ।
"मुझे मुक्त करने, सखे! करो रासता खोज" ।। 2688
आदिलशाही दुष्ट यह, मेरा मालिक खान ।
मुझे न भाता तनिक भी, घटिया है इनसान ।। 2689
वीर शिवाजी ने सुनी, जब वह आर्त पुकार ।
बोले, तुझको मुक्त अब, करना ध्येय हमार ।। 2690
बनी फटोफट योजना, करने को यह काम ।
कहे अनाजी पंत मैं, देता हूँ अंजाम ।। 2691

(पन्हालगढ़)

ऊँचे पहाड़ पर खड़ा, किला विशाल महान ।
बना हुआ मजबूत है, कहता खवासखान ।। 2692
"यहाँ न कोई आ सके, ना हो सकता घात ।
यहाँ सुरक्षा कुदरती, चिंता की ना बात" ।। 2693
इसी भूल में थे सभी, खोए पहरेदार ।
सोते थे आराम से, करके बंद दुआर ।। 2694

(एक दिन)

दोहा॰ तलाश कर जासूस ने, ढूँढ लिया उपचार ।
गढ़ की पश्चिम तरफ है, चट्टान में दरार ।। 2695
अगम्य तट वह जान कर, उधर न पहरेदार ।

98. पन्हालगढ़ विजय, 1673 AD

तटबंदी टूटी पड़ी, हो सकती है पार ।। 2696
छह हफ्ते फिर सिद्धता, करके हुए तयार ।
गिने-चुने कुछ मावले, करके योग्य विचार ।। 2697

(मुहीम)

दोहा० आए आधी रात में, पन्हालगढ़ के पास ।
पश्चिम दिश पहरा नहीं, नहीं हुआ विश्वास ।। 2698
साठ मावले आगए, उस दरार के पास ।
सीधी ऊँची जो खड़ी, लगभग हाथ पचास ।। 2699
दरार काफी तँग थी, वही आगई काम ।
तरेर पतली दरक थी, भाग्य यही है नाम ।। 2700
हाथ पाँव टेकन किए, ऊपर चढ़े जवान ।
चढ़े मावले दुर्ग पर, ताकतवर बलवान ।। 2701

(उधर)

दोहा० आदिलशाही सो रहे, कहीं न कोई शोर ।
नजर किसी सरदार की, पड़ी न इनकी ओर ।। 2702
आदिलशाही आठ सौ, ऊँघ रहे थे वीर ।
साठ मावले तब उन्हें, डाल रहे थे चीर ।। 2703

(फत्ते)

दोहा० जागे डर कर जब सभी, मचाने लगे शोर ।
भाग गए सो बच गए, बाकी जग को छोड़ ।। 2704
केवल घंटे तीन में, युद्ध होगया शेष ।
संगर खवासखान था, हार गया निःशेष ।। 2705
भगवा ध्वज ऊपर चढ़ा, गढ़ पर विराजमान ।
महाराष्ट्र में फिर बढ़ी, स्वतंत्रता की शान ।। 2706

98. पन्हालगढ़ विजय, 1673 AD

(आनंद)

✍दोहा॰ पुलकित था आनंद से, सकल मराठा देश ।
रायगढ़ पर महान था, आनंदोत्सव पेश ।। 2707
पोवाडे संगीत का, जशन हो रहा खूब ।
खान-पान के मोद में, सभी रहे थे डूब ।। 2708

इतर हमले April-Dec. 1673

(April 1673)

✍दोहा॰ सातारा का भ्रष्ट वो, सर्जेखान पठान ।
आदिलशाही दास था, महा दुष्ट शैतान ।। 2709
सदा मराठे चाहते, उसको देनी हार ।
करें उसे बरबाद हम, या फिर डालें मार ।। 2710
सबक सिखाने खान को, करने हैं कुछ काम ।
सातारा को बाद में, दे देंगे अंजाम ।। 2711
पावनगढ़, नंदागिरी, परली, कोल्हापूर ।
जीत मराठे थे रहे, वीर मावले शूर ।। 2712
बिजापूर दरबार में, मचा दिया हड़कम्प ।
सभी शिवाजी के प्रति, जताने लगे कोप ।। 2713

(अत:)

बुला लिया दरबार में, बहलोलखान पठान ।
खून शिवाजी का करे, चाहे दे दे जान ।। 2714
खान बड़ा था शोहदा, शूर क्रूर तूफान ।
ऊँचा तगढ़ा साँड था, दूजा अफजलखान ।। 2715
सुन कर आदिल का कहा, और बड़ा ईनाम ।
बोला, खान उतावला, मैं करता यह काम ।। 2716

98. पन्हालगढ़ विजय, 1673 AD

आदिल बहुत प्रसन्न था, सुन कर वह स्वीकार ।
सेना दे दी खान को, बारह अश्व हजार ।। 2717

(इधर, शिवाजी)

✍दोहा॰ पता शिवाजी को चला, निकल चुका है खान ।
साथ तोप-बारूद है, दस हजार जवान ।। 2718
इधर शिवाजी का हुआ, लड़ने सैन्य तयार ।
पता खान को ना चला, होगा उस पर वार ।। 2719
घेरा उसकी फौज को, दो सैन्यों के बीच ।
इधर-उधर ना जा सका, घबराया वह नीच ।। 2720
आदिलशाही छावनी, कर न सकी प्रतिकार ।
हुआ अचानक आक्रमण, कटे हजार-हजार ।। 2721
लगे सिपाही भागने, वहीं खान को छोड़ ।
खिसक गया फिर खान भी, अपनी हिम्मत जोड़ ।। 2722
वहीं माल सब तज दिया, तोपें धन बारूद ।
माल मराठे लूट कर, रहे हर्ष से कूद ।। 2723

(July 1673)

✍दोहा॰ हार गया बहलोल था, छोड़ गया सब माल ।
आदिल अब ठंढा हुआ, चलने कोई चाल ।। 2724
अब सातारा होगया, बिलकुल अलग अनाथ ।
रहा न सर्जाखान अब, बिजापूर के साथ ।। 2725
सैन्य शिवाजी का चला, सातारा की ओर ।
जान गया तब खान वो, संकट छाया घोर ।। 2726
सातारा में जब घुसा, वीर मराठा सैन्य ।

99. छत्रपति श्री शिवाजी का राज्याभिषेक, 1674 AD

हालत सर्जेखान की, बहुत होगई दैन्य ।। 2727
भाग गया वह छोड़ कर, सर्जाखान पठान ।
मोचित सातारा हुआ, मिला ढेर सामान ।। 2728
मुक्त शिवाजी ने किया, फिर से हिंदू राज ।
सातारा का प्रांत अब, हुआ प्रसन्न समाज ।। 2729

(Oct. 1673)
✍दोहा॰ जहाँ–जहाँ वह भागता, बुजदिल सर्जाखान ।
पहुँच मराठा सैन्य ने, जीत लिया वह स्थान ।। 2730
धरती अब छोटी पड़ी, खान गया वह हार ।
पकड़ मराठा फौज ने, डाला उसको मार ।। 2731

YEAR 1674

99. वीर शिवाजी–44 :

99. छत्रपति श्री शिवाजी का राज्याभिषेक, 1674 AD

CONTEMPORARY HISTORICAL STAGE
Contemporary Kingdoms and the Kings.

*__Delhi__ Sultan : Aurangzeb (ruled 1658-1707); Khan of Kalat, **Sindh** Sardar Mir Ahmad Khan (1666-1695); Guhila Rana of **Mewad** : Raja Singh (1652-1680); Rathod Maharaja of **Jodhpur Marwad** : Ajit Singh (1638-1680); Rathod Maharaja of **Bikaner** : Anup Singh (1669-1698); Kachhwaha Maharaja oh **Ambar Jaipur** : Ram Singh-1 (1667-1685); Chauhan Maha Rao of **Bundi** : Bhao Singh (1658-1678); Chauhan Maha Rao of **Kota** : Kishor Singh (1669-1685);

99. छत्रपति श्री शिवाजी का राज्याभिषेक, 1674 AD

Bhatti Maharawal of **Jaisalmer** : Amar Singh (1661-1702); Maharaja of **Kacch** : Rai Dhan (1662-1697); Adilshahi Sultan of **Bijapur** : Sikandar Adilshah (1672-1686); Qutabshahi Sultan of **Golkunda** : Abul Hasan (1672-1687); Nayak of **Ikkeri** : Chennamma (1671-1696); Nayak of **Tanjavur** : Vyankoji Bhosle (1674-1686).

वीर शिवाजी चव्वालीस वर्ष के

(शिव छत्रपति)

दोहा॰ सन चैहत्तर ने किया, भारत माँ को हृष्ट ।
स्वर्णाक्षर इतिहास में, लिखा जा रहा पृष्ठ ।। 2732
मर्द हुए चौंतीस के, वीर शिवाजी आज ।
उन्नति पर स्वातंत्र्य के, दिव्य मराठा राज ।। 2733
आदिलशाही मर रही, अंतिम है सुलतान ।
मुगल शिकंजा कस रहे, धोखाधड़ी लगान ।। 2734

(उधर)

दोहा॰ बिजापुरी बहलोल वो, भागा था गत साल ।
आया फिर से मारने, जिजामातु का लाल ।। 2835
प्रचंड सेना साथ थी, करने फत्ते काम ।
मगर उसे क्या था पता, देख रहा शिवनाम ।। 2736
गुप्त योजना खान की, छुपी रही ना बात ।
पता शिवाजी को चला, करने को आघात ।। 2737
वीर मावले चल पड़े, करके दो दल खास ।
बड़ा आनंदराव का, स्वल्प गुजर के पास ।। 2738
छोटा दल आगे बढ़ा, करने को प्रतिकार ।
नेसरी के पहाड़ पर, किया खान पर वार ।। 2739

99. छत्रपति श्री शिवाजी का राज्याभिषेक, 1674 AD

दल में केवल साठ थे, करने को बलिदान ।
उन्हें सामने देख कर, उन पर झपटा खान ।। 2740
शेरों के वे शेर थे, युद्ध किया घमसान ।
हार न मानेंगे कभी, जब तक उनमें प्राण ।। 2741
वीरश्री आश्चर्य से, देख रहा था खान ।
काट रहे थे शत्रु वे, गा कर हर! हर! गान ।। 2742

(पीछे से)

पीछे से सेना लिए, आए आनंदराव ।
करने हमला खान पर, यथा रचा था दाँव ।। 2743
आगे पीछे दो तरफ, कटे खान के वीर ।
घबड़ाया अब खान वो, चकराया वह धीर ।। 2744
भाग गया रण छोड़ कर, त्याग दिया सामान ।
लूट मराठों को मिली, और मिला सम्मान ।। 2745

(मुगल)

✍दोहा॰ कुतुब, बहादुर, दिलेर भी, कोकण के थे खान ।
प्रसन्न जिन पर बहुत थे, मुगलों के सुलतान ।। 2746
उत्तर से सेना लिए, दुष्ट कर्म आधीन ।
आए दक्षिण में मुगल, पूर्व शतक से तीन ।। 2747
चोदहवीं शती में प्रथम, खिलजी था सुलतान ।
देवगिरी को लूट कर, जमा लिया था स्थान ।। 2748
उनके वंशज पाँच थे, दक्षिण के सुलतान ।
विजयनगर को लूट कर, कीन्हा कत्लेआम ।। 2749
सधन उसी से था हुआ, बिजापुरी सुलतान ।
हिंदू गुलाम होगए, जिन्हें न था अभिमान ।। 2750

99. छत्रपति श्री शिवाजी का राज्याभिषेक, 1674 AD

(और)

स्वाभिमान को बेच कर, बने मराठे दास ।
कहे गए काफीर वे, सहन करत परिहास ।। 2751
पथभ्रष्ट वे जी रहे, अपनों को ही मार ।
लाज-शर्म सब छोड़ कर, गुलाम बन लाचार ।। 2752
लगभग पौने-चार-सौ, रह कर साल गुलाम ।
भूल गए हिंदू गधे, स्वदेश का भी नाम ।। 2753
टूकड़ों पर थे पल रहे, कुत्ते बन कर वीर ।
दिमाग पर ताले लगे, पाँव पड़ी जंजीर ।। 2754
भ्रष्ट हुआ निज धर्म था, माँ-बहिनों की लाज ।
वीर षंढ थे होगए, बुजदिल बना समाज ।। 2755

✎दोहा॰ को काटे जंजीर को, और करे उद्धार ।
प्राण हथेली पर धरे, सदा देश से प्यार ।। 2756
आयी जब वह शुभ घड़ी, परिवर्तन की पास ।
एक मातु को होगया, स्वराज्य पर विश्वास ।। 2757
निद्रा से जागृत हुई, धैर्यशालिनी नार ।
वैभवशाली राज्य को, करने को साकार ।। 2758
उसने अपने पुत्र को, देश प्रेम का भाव ।
स्वार्थत्याग, बलिदान भी, सिखा दिया सद्भाव ।। 2759

(और)

उस सुपुत्र ने कर दिया, अचरज चकित कमाल ।
लाया गुलाम-देश में, स्वतंत्रता का काल ।। 2760
बाप्पा रावल ने किया, सुकर्म जो आरंभ ।
उसे शिवाजी ने दिया, प्रात्यक्षिक प्रारंभ ।। 2761

99. छत्रपति श्री शिवाजी का राज्याभिषेक, 1674 AD

विदेशियों की दास्यता, समझ घोर अपमान ।
ठुकारा दी जिसने, उसे, लोह-पुरुष अभिधान ।। 2762
उसने जागृत कर दिया, स्वतंत्रता अभियान ।
कुचल रहे थे सब जहाँ, परदेसी सुलतान ।। 2763
राजपूत सब थे हुए, मुगल राज्य में दास ।
दक्षिण की सत्ता गई, बहामनी के पास ।। 2764
बहामनी के पाँच फिर, अलग हुए सुलतान ।
सुलतानों के हाथ में, सारा हिंदुस्थान ।। 2765

(तब, शिवाजी ने)

वैरी जो स्वातंत्र्य के, कहलाते सरकार ।
उन सब को ललकार कर, किया राज्य विस्तार ।। 2766
किया पराजित मुगल को, आदिल माना हार ।
मान गए अंग्रेज भी, स्वराज्य का अधिकार ।। 2767
पाकर इतनी विजय भी, तजा नहीं सद्धर्म ।
सर्वधर्म जन, दीन से, सदय हृदय युत कर्म ।। 2768

(अत:)

✍दोहा॰ हुआ न होगा फिर कभी, इस भाँति असामान्य ।
उतना नृप सन्मान्य भी, हुआ न सबको मान्य ।। 2769
अपनों से करते घृणा, परदेसी से प्यार ।
गैरों का करते भला, अपनों को ही मार ।। 2770
पुर्तगीज हों, फ्रेंच हों, डच से नाता जोड़ ।
गोरों का करते भला, अपनों को ही छोड़ ।। 2771
आदिल हो या मुगल हो, या फिर हो अंग्रेज ।
हिंदू, सेवा में लगे, खिदमत में हैं तेज ।। 2772

99. छत्रपति श्री शिवाजी का राज्याभिषेक, 1674 AD

न हो द्रोह सुलतान से, नहीं करेगा माफ ।
घर दारा परिवार का, होगा सुपड़ा साफ ।। 2773
देशद्रोह में फायदा, कहीं नहीं नुकसान ।
मालिक से रोटी मिले, समाज में सम्मान ।। 2774
माता–बेटी भ्रष्ट हो, बहुत आम है बात ।
बैर न हो सुलतान से, मारेगा वो लात ।। 2775

(अत:)

ऐसी किंकर सूझ से, मूढ़ मराठे लोग ।
कर न सके बरदाश्त वे, दासता से वियोग ।। 2776
विमुख शिवाजी से हुए, लेने को प्रतिशोध ।
यथा शक्ति स्वातंत्र्य का, करते रहे विरोध ।। 2777
सभी चल रहा ठीक है, फिर क्यों लेना ताप ।
गुलाम ही हम हैं सुखी, उसमें क्या है पाप ।। 2778
तख्त पर सदा राजना, सुलतानों का कार्य ।
परदेसी राजा उन्हें, हिंदू से स्वीकार्य ।। 2779

(शिवाजी)

✍दोहा॰ होकर भी हालत यही, सोया हुआ समाज ।
वीर शिवाजी ने किया, परम धैर्य का काज ।। 2780
जोखिम अपने सिर लिए, खतरा बेअंदाज ।
किले, सैन्य, धन–संपदा, किया विशाल स्वराज ।। 2781
स्वराज्य को अब चाहिये, जनता का स्वीकार ।
धत्रपति का ओहदा, नरेश का अधिकार ।। 2782
जनता को था चाहिये, मंगल साक्षात्कार ।
देदीप्य समारोह में, अभिषेक सत्कार ।। 2783

99. छत्रपति श्री शिवाजी का राज्याभिषेक, 1674 AD

मंत्री मंडल स्थापना, उदो! उदो! जयकार! ।
शत्रु सभी सहमें रहें, कर न सकें प्रतिकार ।। 2784
संतों के आशीष हों, वेद-शास्त्र संस्कार ।
लिपिक लिखे इतिहास वो, देख सके संसार ।। 2785

(तयारी)

✍दोहा॰ निहित रायगढ़ को किया, स्वराज्य शासन केन्द्र ।
अभिषेचित होगा वहीं, मराठों का नरेन्द्र ।। 2786
तयारियाँ आरंभ थीं, बहुत जोश के साथ ।
नर नारी छोटे बड़े, बँटाने लगे हाथ ।। 2787
नाम अतिथियों के चुने, चुना गया सामान ।
कार्यकरम निश्चित हुआ, कर्मचारी सुजान ।। 2788
पहरे वाले तय हुए, पंडित जन विद्वान ।
कवि-साहिर नर्तक गुणी, संगीत उपादान ।। 2789
हल्दी, कुमकुम, अक्षता, पर्ण, पुष्प, फल, दूब ।
गुलाब, केसर, कस्तुरी, घृत, मधु, दधि, गौदूध ।। 2790
सात शुचितम सरित का, शीतल सागर नीर ।
लाया सुवर्ण कलश में, जाकर उनके तीर ।। 2791
आसन चंदन काष्ठ के, दरियाँ नीली लाल ।
इत्र-गुलेल सुगंध के, मिठाइयों के थाल ।। 2792
दान-धर्म सामान भी, स्वर्ण-रत्न उपहार ।
खान-पान पकवान सब, भोजन के भंडार ।। 2793

(और)

✍दोहा॰ खड़ा किया मंडप बड़ा, समतल भूमि देख ।
बनी सजावट सोहनी, जिसका चित्र सुरेख ।। 2794

99. छत्रपति श्री शिवाजी का राज्याभिषेक, 1674 AD

रंग सुरंगित सुमन के, मणि–मोती के हार ।
झूले–झूमर स्फटिक के, वस्त्र जरी के तार ।। 2795
चंदन के आसन रखे, नरम गलीचे और ।
सिंहासन हीरक मढ़ा, इन्द्रपुरी की तौर ।। 2796
लाए पटु संगीत के, मृदंग वीणा साज ।
सरस्वती का दर्श था, उस मंडप में आज ।। 2797
विधि–नियम से सब हुआ, यथा शास्त्र विधान ।
अपूर्ण कछु भी ना रहा, अथक किया सब काम ।। 2798
पूजा व्यंजन थे सभी, पुष्प पर्ण फल दूध ।
तुलसी दल घी दधि मधु, गंगाजल शुचि शुद्ध ।। 2799
कपूर चंदन कस्तुरी, कुमकुम केसर धूप ।
चारु अतिथि उपहार थे, सजे शिवाजी भूप ।। 2800

उत्सव

✍दोहा॰ हुआ न ऐसा था कभी, सदियों से शुभ काम ।
समारोह इस भाँति का, हिंदुराष्ट्र के नाम ।। 2801
परदेसी जब से यहाँ, स्थापित हैं सुलतान ।
नहीं मराठों को मिला, कभी कहीं सम्मान ।। 2802
इस उत्सव में ना कहीं, जात–पात का भेद ।
दूर रहे सुलतान सब, जिन्हें खा रहा खेद ।। 2803
गोरे परदेसी मगर, आए लेकर भेंट ।
मिला उन्हें आदर यहाँ, राजा के सम ठेठ ।। 2804
पायी रानी सोयरा, पटरानी का मान ।
संभाजी युवराज को, राजपुत्र सम्मान ।। 2805

99. छत्रपति श्री शिवाजी का राज्याभिषेक, 1674 AD

✍दोहा॰ उत्सव का विधि प्रथम था, यज्ञोपवित संस्कार ।
फिर हुआ विधि विवाह का, यथा वेद-संसार ।। 2806
सुवर्णतुला विधि फिर हुआ, देने अपार दान ।
छत्रपति के तोल में, सोलह सहस्त्र होन ।। 2807

(शुभ मुहूर्त)

✍दोहा॰ आयी जब वह शुभ घड़ी, चारों दिश में हर्ष ।
रायगढ़ पर आनंद से, हुआ स्वर्ग का स्पर्श ।। 2808
आए सहृद, पाहुने, पंडित, गुरु, सामंत ।
वीर, अधिकारी सभी, साधू, संत, महंत ।। 2809
आए सब थे प्रेम से, देने आशीर्वाद ।
मगर शिवाजी खिन्न थे, परम हर्ष के बाद ।। 2810
उत्सव में बाजी नहीं, ना तानाजी वीर ।
ना सूर्याजी काकडे, ना मुरार रणधीर ।। 2811

(अभिषेक)

✍दोहा॰ सप्त सरित के नीर औ, सात जलाशय अंभ ।
सात धाम के तीर्थ से, स्नान विधा आरंभ ।। 2812
सात स्वर्ण के कलश थे, सात ताम्र के कुंभ ।
अष्ट प्रधान तयार थे, करने विधि आरंभ ।। 2813
सिंहासन था स्वर्ण का, बत्तीस मन का भार ।
नव रत्नों से था मढ़ा, राजछात्र संभार ।। 2814
मंत्री मंडल सिद्ध था, आठ विभाग प्रधान ।
प्रधानमंत्री पेशवे, जो सबसे गुणवान ।। 2815

(क्षीर स्नानम्)

99. छत्रपति श्री शिवाजी का राज्याभिषेक, 1674 AD

✍दोहा॰ धेनु क्षीर का प्रथम था, रजत कलश से स्नान ।
माता सुरभी शुभ्र को, दिया अग्र सम्मान ।। 2816
क्षीर स्नान के बाद में, नदी नीर को स्थान ।
सप्त–सरित के बाद में, सरवर जल से स्नान ।। 2817
अष्ट दिशा में थे खड़े, मंत्री आठ प्रधान ।
आठ–आठ जल कलश के, देने विमल नहान ।। 2818

नीर स्नानम्

१. गंगा जल

✍दोहा॰ प्रथम नीर गंगा नदी, अग्र जिसे सम्मान ।
मंगल माता जो कही, गाएँ उसके गान ।। 2819
गंगे! तेरे नीर की, महीमा अगम महान ।
आज शिवाजी नृप बने, दीज्यो शुभ वरदान ।। 2820
शंभुजटाओं से चली, जन्हु सुपुत्री होय।
भगिरथ लाया भूमि पर, पावन अमृत तोय।। 2821
पावन शीतल पूज्य है, निर्मल गंगा नीर।
जीवन उसका सिद्ध जो, आवे गंगा तीर।। 2822
गंगा हिमकन्या कही, गिरिजा गौरी नाम।
गंगा सम बहु भाग्य की, और न नदी ललाम।। 2823
पुराण गाते कीर्ति के, गंगा के शुभ गान।
स्कंद भागवत शिव तथा, मार्कण्डेय पुराण।। 2824
धौलागिरि से चल पड़ी, निर्मल जल की धार।

99. छत्रपति श्री शिवाजी का राज्याभिषेक, 1674 AD

मुमुक्षु को दे मोक्ष जो, गंगा पवित्र नार ।। 2825

पलते जिसके नीर पर, पादप पशु खग जीव ।

जल में जिसके हैं खिले, रंग रंग राजीव ।। 2826

खेती जिसके तोय से, उपजे सोना सस्य ।

ऋषि-मुनि तट पर जप किए, पाते आत्म रहस्य ।। 2827

श्लोक

गङ्गा भागीरथी माता हिमकन्या च जाह्नवी ।
त्रिपथगा च वैकुंठी पावना परमेश्वरी ।।

पवित्रा धवला पूज्या निर्मला शीतला शुभा ।
पापघ्ना मोक्षदा वन्द्या पुण्या देवी सनातना ।।

गङ्गाऽग्रजा हिमाद्रेस्तु गौरी मताऽनुजा तथा ।
जटायां जायते शम्भोः-गङ्गा सा शाङ्करी मता ।।

पुराणं स्तौति गङ्गां तां स्कन्दं भागवतं शिवम् ।
देवीभागवतं लिङ्गं मार्कण्डेयं च वामनम् ।।

अग्नि मत्स्यं वराहं च नारदीयं च पद्म च ।
भविष्यं ब्रह्मवैवर्तं ब्रह्मण्डं विष्णु ब्रह्म च ।।

श्री शिवाजी चरित्र दोहावली राग-छंद माला, पुष्प 95

गंगा मैया

श्लोक

जाह्वी गोमती गंगा गायत्री गिरिजा च यः ।
भागिरथी नु यो ब्रूयात्-पापात्स मुच्यते नरः ।।

99. छत्रपति श्री शिवाजी का राज्याभिषेक, 1674 AD

♪ सा-सासा- सा-सासा- ग-रे-, रे-रे-रे- मपम- ग- रे- ।
रे-म-पध- नि ध- प-म-, ध-प-म- प-मग- रे‌सा- ।।

स्थायी

गंगा मैया! तू मंगल है माता, तेरा अँचल है कितना सुहाना ।
तेरी लहरों में है गुनगुनाता, मैया! संगीत सरगम सुहाना ।।

♪ -मग म-ध- ध- पधपम म- - ग- म- -प - - - - -,
-गग गसाग- - ग- म-प- ध-प- म- - म - - ।
-मग ममध- ध- पधप म-ग-म- -प - - - - -,
-गग गसाग-ग- म-प- ध-प- - म - - - - - ।।

अंतरा-1

निकली शंकर की काली जटा से, तुझको भगिरथ ने लाया धरा पे ।
तुझको जन्हू की कन्या है माना, तेरा इतिहास पावन पुराना ।।

♪ -सां-सां नि-रेंरें सां- निध नि- ध-प- - म - - - - -,
-सां-सां निनिरेंरें सां- निधनि- ध-प- - म - - - - ।
-म-ग म-ध- ध- पधपम-ग- म- - प - - - - -,
-गग गसाग-ग- म-पप ध-प- -म- - म - - ।।

अंतरा-2

तेरे जल में हिमालय की माया, तुझमें जमुना का पानी समाया ।
सरयु को भी गले से लगाया, तूने उनको भी दीन्ही गरिमा ।।

अंतरा-3

तेरा तीरथ है लीला जगाता, सारे पापों से मुक्ति दिलाता ।
है सनातन तेरा मेरा नाता, बड़ी पावन नदी तू मेरी माँ ।।

99. छत्रपति श्री शिवाजी का राज्याभिषेक, 1674 AD

२. यमुना रानी

दोहा॰ कालिंदी देवी तुझे, विनय करत हैं आज ।
करो सुरक्षित हर्ष से, छत्रपति शिवराज ॥ 2829
गंगा नद के मिलन से, पवित्र तेरा नीर ।
मायामय वह है, यथा, कामधेनु का क्षीर ॥ 2830
एक तीर पर मथुरा बसी, दूजे गोकुल धाम ।
मथरा से गोकुल गया, बालकृष्ण घनश्याम ॥ 2831
कान्हा पर इस जगत के, जन हैं सभी निहाल ।
कालिंदी पर मुग्ध हैं, राधावर गोपाल ॥ 2832
यमुना के तट पर बसे, व्रज के तीनों ग्राम ।
मथुरा वृंदावन तथा, मधुबनगोकुल धाम ॥ 2833
शिशु लेकर वसुदेव जी, आए जमुना तीर ।
हरि चरणन के स्पर्श से, घटा नदी का नीर ॥ 2834
मधुबन में हरि जात हैं, लेकर बछड़े गाय ।
जमुना तटपर बांसुरी, सुंदर कृष्ण बजाय ॥ 2835
पनघट पर जब गोपियाँ, आतीं भरने नीर ।
कृष्ण सुदामा फोड़ते, मटकी जमुना तीर ॥ 2836
किया कालिया नाग ने, जभी विषैला नीर ।
कान्हा कूदा नीर में, आकर जमुना तीर ॥ 2837
केशव कूदा नीर में, जहाँ छुपा था साँप ।
ताड़ा कालिय कृष्ण ने, दूर हटाने पाप ॥ 2838

99. छत्रपति श्री शिवाजी का राज्याभिषेक, 1674 AD

जमुना के तट है बसा, कुरुक्षेत्र का ग्राम।
उस भूमि को है मिला, "धर्मक्षेत्र" का नाम।। 2839

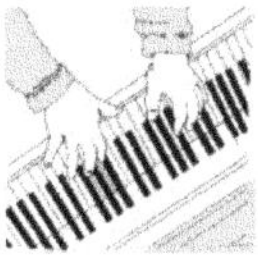

शोकहर छन्द

8, 8, 8, 4 + ऽ

(यमुना नदिया)

जमुनारानी पवित्रपानी राधाकृष्णविलासधरा।
पापहारिणी तापहारिणी व्रजवासीजनचित्तहरा[32] ।। 1

गिरिविहारिणी हृदयमोहिनी गोकुलभीतिविनाशकरा।
शुभसुहासिनी मधुरभाषिणी धेनुवत्समनमोदभरा।। 2

विमलवारिणी कमलधारिणी सीताराघववरग्रहिणी।
मंगलवदनी चंचलरमणी पूज्यनीरगङ्गाभगिनी।। 3

अघटनाशिनी अघनिषूदिनी स्वर्गसेउतरी सुरतटिनी।
गोपमोहिनी गोपिमोदिनी मधुबनदूबहरितकरिणी[33] ।। 4

सुंदरललना मंजुलबैना नरपशुतरुआह्लादखरा।
गहरापानी अनहदवाणी कर्णमधुरसुरनादभरा।। 5

३. नर्मदा देवी

✍दोहा॰ देवी! तेरे नीर से, करके पावन स्नान।

---

[32] इस पद्य में : **धरा** = धारण करने वाली, **हरा** = हरने वाली, **भरा** = भरने वाली, **करा** = करने वाली।

[33] दूब = दुर्वा, लंबी मुलायम घास।

99. छत्रपति श्री शिवाजी का राज्याभिषेक, 1674 AD

आज होत अभिषेक है, मंगल करना काम ।। 2840
तेरे वर से, नर्मदे! पुनीत है तिरलोक ।
तेरा वर जिसको मिले, उसे न कोई रोक ।। 2841
गंगा यमुना नर्मदा, नदियाँ तीन विशाल ।
वेद पुराणों ने कही, जिनकी कीर्ति त्रिकाल ।। 2842

तीनों सरित पवित्र हैं, तीनों पावन धाम ।
तीनों देवी-रूप हैं, तीनों मंगल नाम ।। 2843

बालानंद छन्द
8 + 6, 8 + 6, 8 + 6, 8 + 6, 8 + 6, 8 + 6, 8 + 8, 8 + 8, 8 + 6, 8 + 6
(नर्मदा देवी, हिंदी)

अमृत कहता जग सारा, नदी नर्मदा की धारा ।
विंध्या गिरिवर से निकली, सातपुड़ा से फिर उछली ।
नाम राम का तू कहती, पश्चिम दिश को है बहती ।
राम चरण से, नाम स्मरण से ।
पवित्र जल का फव्वारा, महान नदिया की धारा ।। 1

तीरथ तेरा है न्यारा, देव देवता का प्यारा ।
निर्मल ये नीला पानी, जिसका ना कोई सानी ।
तू नदिया शुभ है गहरी, स्वर्गगंग सी तू नहरी ।
राम चरण से, नाम स्मरण से ।

पावन कहता जग सारा, मंगल सरिता की धारा ।। 2

४. तापी देवी

✍दोहा॰ तापी के जल पूज्य से, सफल होत सब काम ।
पापी पाते मुक्ति हैं, संत स्वर्ग का धाम ।। 2844
आज तिहारे नीर से, करत शिवाजी स्नान ।
माते! उसके विघ्न सब, कर दे तू निष्काम ।। 2845

श्लोक

सूर्यपुत्री नदी तापी, सूर्यकन्या च नर्मदा ।
तापी देवी महापुण्या पावना खलु पापहा ।।

अनुजा पावना तापी भानुकन्या च सा तथा ।
तापहा दुःखहा माता, तापि देवि! नमोस्तु ते ।।

त्रयी छन्द

ऽ । ऽ, ऽ । ऽ, ऽ । ऽ, ऽ

(तापी देवी)

सूर्य कन्या कही जो नदी है ।
धर्म दाती कही है सदी से ।। 1
"नर्मदा की," कही "दक्षिणा" भी ।
संग तापी बही सर्वदा ही ।। 2

99. छत्रपति श्री शिवाजी का राज्याभिषेक, 1674 AD

राग बागेश्री, तीन ताल 16 मात्रा

(चंदा चकोरी)

स्थायी

चंदा चकोरी, चंदा चकोरी, रात चाँदनी,

आसमान में टिम-टिम तारे। चंदा चकोरी, रात चाँदनी ।।

♫ रेसानिध निसा–म– म–प धमगरेसा, रेसानिध निसा–म–, म–प धमगरेसा,

गमधधनिसांसां सां– गग गम गरेसा, रेसानिध निसा–म–, म–प धमगरेसारे ।।

अंतरा-1

नील गगन से मोतियन बिखरे, धरती पर बैकुंठ उतारे।

♫ गमध निसां सां सां**-** धनिसांगं रेंसांनिध**,** धनिसांमं गंरें सां–ग–ग मगरेसा।

अंतरा**-2**

सुंदर सृष्टि, भुवन सुखारे, कण-कण तन-मन मंगल सारे।

६. गोदावरी माता

श्लोक

गङ्गां च यमुनां तापीं गोदावरीं च नर्मदाम्।

प्रगे पञ्च नदीः स्मृत्वा सर्वं पापं विनश्यति ।।

♫ म-म- म- पपप- ध-प-, ध-ध-धनि- ध प-मप-।

मम- म-म मप- म-ग-, रे-ग- म-प- मग-रेग- ।।

सह्याद्रिः प्राक्तनो यावत्-तावद्गोदावरी नदी।

पुरातनतमौ द्वौ तौ गिरिनदीषु भारते ।।

99. छत्रपति श्री शिवाजी का राज्याभिषेक, 1674 AD

ज्येष्ठा नदी च प्राचीना गोदावरी महानदी ।
स्थूला नव बृहन्नद्य:-तस्या उपनदीषु च ।।

इन्द्रावती मुळा वर्धा धारणा प्रवरा तथा ।
शबरी वैनगंगा च प्राणहिता च कादवा ।।

गोदावर्यास्तटे सन्ति पुण्यस्थानानि काशिवत् ।
नाशिकं तीर्थक्षेत्रं च प्रतिस्थानं स्थितं तथा ।।

वटवृक्षास्थिता यत्र पञ्च गोदावरी तटे ।
तद्धि पञ्चवटी स्थानम्-आगतो यत्र राघवः ।।

दोहा॰ **पवित्र जल गोदावरी, देत शिवा को स्नान ।**
आज दिव्य अभिषेक है, सिद्ध बने अभियान ।। 2846
गंगा यमुना नर्मदा, तापी गोदा मात ।
सरिता पाँच पवित्र ये, पापघ्ना हैं ज्ञात ।। 2847
प्राक्तन सह्याद्रि यथा, गोदावरी पुराण ।
सर्वपुरातन है नदी, कहते लोग सुजान ।। 2848
इसके तट पर क्षेत्र हैं, पावन तीरथ धाम ।
नासिक त्र्यंबक हैं बसे, हरि-धाम, "प्रतिस्थान" ।। 2849
वृक्ष पाँच बरगद जहाँ, पंचवटी वह स्थान ।
गोदावरी के तीर पर, आगत हैं श्रीराम ।। 2850

(देवी गोदावरी, दक्षिणगंगा)

स्थायी

गीत शारद ने मंजुल है गाया, साज नारद मुनि ने बजाया ।

99. छत्रपति श्री शिवाजी का राज्याभिषेक, 1674 AD

रत्नाकर से है मंगल रचाया, रामायण को है सुंदर सजाया ।।

♫ म-ग म-म- म प-म- ग म-प-, रे-ग म-म- मध- प- मग-म- ।

रेगम-म म- म ध-प- गम-प-, रे-ग-म- म- म ध-प- मग-रे- ।।

अंतरा-1

नौ नदियों में मानी पुरानी, नद गोदावरी सबकी रानी ।

नीर इसका है तीरथ कहाया, मठ तट पर मुनि ने बनाया ।।

♫ सां- निनिरें- सां ध-नि- धप-म-, सांसां नि-रें-सांध- नि-ध प-म- ।

म-ग म-म- म प-मम गम-प-, रेग मम म- मध- प- मग-रे- ।।

अंतरा-2

विंध्या वन से मुनि अगस्त्य धाया, तट गोदावरी पर था आया ।

पाँच वट की जहाँ पर थी छाया, पंचवटी का वो तीरथ बसाया ।।

अंतरा-3

नीर इसका है अमृत की धारा, जिसका दैवी महा गुण है भारा ।

इसका तीरथ, चलाय कर माया, पूज्य "दक्षिण की गंगा" कहाया ।।

६. सिंधु नदी

✍दोहा॰ करके शिव को वंदना, उमा चरण को स्पर्श ।
निकल पड़ी कैलास से, सरिता सिंधु सहर्ष ।। 2851
संगम सरिता सात से, सुंदर सजा सलील ।
सुविसृता स्रोतस्विनी, शीतल सिंधु सुशील ।। 2852
शिवजी के आशीष से, सुदीर्घ जल की धार ।
शिव-धनु के प्रतिरूप सी, अर्धवर्तुलाकार ।। 2853

99. छत्रपति श्री शिवाजी का राज्याभिषेक, 1674 AD

आर्य सनातन सभ्यता, पली सिंधु के तीर ।
फल-फूले वंशज यहाँ, पीकर पावन नीर ।। 2854
संस्कृति कलुषित आज है, हिंदू हुए गुलाम ।
मुक्त शिवाजी कर रहा, आर्य सभ्यता धाम ।। 2855
देवी! तेरे नीर से, पाकर पावन स्नान ।
बने छत्रपति सफल वो, करने मंगल काम ।। 2856

श्री शिवाजी चरित्र दोहावली राग-छंद माला, पुष्प 96

सिंधु देवी

गीत, दादरा ताल

स्थायी

सात नदियों में रानी है सिंधु, सात नदियों में दीदी है सिंधु ।
सात नदियों में वायव्य सिंधु । सारी नदियों की सिंधु है इंदु ।।

♫ म-ग ममम- म प-म- ग म-प-, रे-ग ममम- म ध-प- म ग-म- ।
रेगम ममम- म ध-प-ग म-प-, रे-ग- ममम- म ध-प- म ग-रे- ।।

अंतरा-1

निकली कैलाश पर्बत शिखा से, शिव शंकर के चरणों को छू के ।
होके पावन तू आयी धरा पे, तू ही आर्यों का है मान बिंदु ।।

♫ सांसां निसांनि धधनि धप-म-, सांसां निसांसां नि धधनि ध प-म- ।
रे-ग म-मम म प-मग रेग-म-, सा- रे ग-म- प म- ग-म गरेसा- ।।

अंतरा-2

तुझको आकर वो सतलज मिली है, तुझको बियास रानी मिली है ।
तुझको चीनाब, झेलम मिलीं हैं, पाँच नदियों का तू नीरसिंधु ।।

अंतरा-3

99. छत्रपति श्री शिवाजी का राज्याभिषेक, 1674 AD

तेरे तीरथ की मंगल है माया, तेरे जल में जो देही समाया ।
उसने साक्षात है स्वर्ग पाया, तू है भारत के माथे का सिंदूर ।।
अंतरा–4
तेरे तट पर सिकंदर खड़ा था, उससे पोरस घमासाँ लड़ा था ।
हार कर शत्रु लौट पड़ा था, तेरी किरपा से जीते थे हिंदू ।।
अंतरा–5
तेरे जल की सुमंगल वो धारा, आज हमरा करेगी उद्धारा ।
आज शिवबा है राजा दुलारा, प्रिय भारत का जो भारतेंदु ।।

७. कावेरी नदी

✍दोहा॰ ब्रह्मकुंड से चल पड़ी, सह्याद्री के पार ।
मिलने पूर्व समुद्र से, कावेरी की धार ।। 2857
कवेर मुनि के योग से, मिला परम वरदान ।
स्नान नीर से जो करे, उसका हो कल्याण ।। 2858
आज छत्रपति को मिले, मंगल आशीर्वाद ।
सफल शिवाजी भूप हो, पा कर पुण्य प्रखाद ।। 2859

राज्याभिषेक

गंगा च यमुना चैव, सिंधुः तापी च नर्मदा ।
गोदावरी च कावेरी, दद्युर्भाग्यं च सागराः ।।

✍दोहा॰ सप्त सरित के स्नान से, सरवर जल से धौत ।
भूप शिवाजी हो रहा, जिजामातु का पूत ।। 2860
वेद ऋचा से हो रहा, अभिषेक अधिष्ठान ।
गागाभट हैं गा रहे, ब्रह्मसूत्र के गान ।। 2861
सिंहासन पर होगए, राजा विराजमान ।

99. छत्रपति श्री शिवाजी का राज्याभिषेक, 1674 AD

सिर पर जिनके छत्र है, छत्रपति अभिधान ।। 2862
वीर मराठा हो रहा, आज अधिकृत भूप ।
अंबे के आशीष से, शिवजी का प्रतिरूप ।। 2863
मंडप में अभिषेक है, दरबार है प्रचंड ।
वैदिक विधि है चल रही, मंत्रोच्चार अखंड ।। 2864

(और)

✍दोहा॰ सिद्ध होगई जब विधा, हुआ तालियाँ नाद ।
गदगद माता ने दिया, नृप को आशीर्वाद ।। 2865
ढोल-नगाड़े बज पड़े, और बजे सब साज ।
अष्ट-प्रधानों का सजा, मंत्री-मंडल आज ।। 2866
लफ्ज पुराने हट गए, फारसी जिन्हें मूल ।
संस्कृत वाणी में नए, बने शब्द के फूल ।। 2867
संस्कृत शब्दों का बना, राजव्यवहार कोश ।
स्वराज्य के सिक्के बने, जनता को संतोष ।। 2868

(सिद्धि)

सिद्ध शिवाजी का हुआ, अभिषेक अधिष्ठान ।
शोभा यात्रा हर्ष से, भव्य हुई प्रस्थान ।। 2869
हाथी पर आरूढ़ थे, वीर शिवाजी भूप ।
हौदे पर लहरा रहा, भगवा ध्वज था खूब ।। 2870
पीछे अश्वसवार थे, और चल रहे वीर ।
पथ के दोनों ओर थी, जनता खड़ी अधीर ।। 2871
उतावले थे देखने, सबके मन में प्यास ।
सब लोगों को थी बड़ी, शिव दर्शन की आस ।। 2872
जनता सब थी गा रही, राष्ट्रभक्ति के गीत ।

99. छत्रपति श्री शिवाजी का राज्याभिषेक, 1674 AD

राजा पर बरसा रही, शब्दसुमन की प्रीत ।। 2873
हाथ जोड़ कर कह रही, हे शिव–भोलेनाथ ।
स्वराज्य ध्वज ऊँचा रहे, परम गर्व के साथ ।। 2874

माताश्री जिजाबाई

दोहा॰ जिजामातु जननी उसे, भारत माँ का पूत ।
धरती माता अन्न दे, गौमाता दे दूध ।। 2875
माता का वह लाड़ला, वीर पुत्र गुणवान ।
माँ ने दी कीर्ति उसे, और विश्व सम्मन ।। 2876
माता देवी थी उसे, माता उसके प्राण ।
माता पथ दर्शक उसे, माता ही भगवान ।। 2877
माता उसकी थी गुरु, देत उसे वरदान ।
माता ने उसको दिया, सभी ज्ञान–विज्ञान ।। 2878

माता

श्लोक

माता या सर्वजीवानां बलदा च शुभप्रदा।
तां धेनुं शिरसा वन्दे पूज्याममृतदां सदा।। 184

♫ ध-ध- ध- नि-धप-ध-नि-, सांनिध- प- गम-पध- ।
नि- ध-प- गमप- म-ग-, ध-प-म-गमग- रेसा- ।।

स्थायी

हमें जनम जो देती वो माता है, अरु दूध पिलाती वो माता है।

♫ पप पधनि ध प-ग म रे-ग- म-, पप सां-नि धप-ध नि ध-प- म- ।

अंतरा-1

पेट में पाले, लोरी गा ले, प्यार उसी का भाता है।

99. छत्रपति श्री शिवाजी का राज्याभिषेक, 1674 AD

♫ सां-नि ध नि-सां-, नि-धप म- प-, प-म गरे- म- ग-रे- म- ।

अंतरा-2

गोद में ले ले, साथ में खेले, भार सहे भू माता है।

अंतरा-3

कामधेनु बन, मन की मुरादें, पूरी करे गौ माता है।

अंतरा-4

गौरी लछमी, सिया शारदा, जनम-जनम का नाता है।

अंतरा-5

जनम की भूमि, धेनु जननी, स्वर्ग से ऊँची माता है।

अंतरा-6

कर्मभूमि जो, धर्मभूमि वो, प्यारी भारत माता है।

(स्वर्गवास)

✍दोहा॰ धन्य हुई माँ आज वो, स्वप्न हुआ साकार ।
जीवन सार्थक होगया, सफल सभी व्यवहार ।। 2879
सुत मेरा राजा बना, दिव्य मिला अधिकार ।
कर्म यहाँ अब शेष है, चलूँ स्वर्ग के द्वार ।। 2880
नाम भवानी का लिया, और गई वह लेट ।
देह शिथिल पड़ता गया, व्यथा भरा था पेट ।। 2881
तन शीतल होने लगा, श्वास हो रही मंद ।
प्राण पखेरु उड़ रहे, नैन हो रहे बंद ।। 2882
माते! तूने देश को, दिया पुत्र गुणवान ।
धन्यवाद, वंदन तुझे, नृप जो बना महान ।। 2883

100. अभिनंदन, 1675 AD

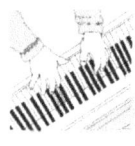 श्री शिवाजी चरित्र दोहावली राग-छंद माला, पुष्प 97

जिजाबाईंचा स्वर्गवास

छंद : चौपाई

स्थायी

हमें छोड़ ना जाओ, माता! ।
हिरदय हमरा है कलपाता ।।

अंतरा–1

छिना गया है छत्र पिता का, बिरहा हम से सहा न जाता ।

अंतरा–2

स्वराज्य का तुम सूत्र पिरोया, आगे यश दे, हमें विधाता ।

अंतरा–3

महाराष्ट्र में दुःख समाया, वियोग में मन सबका रोता ।

अंतरा–4

स्वप्न आप का पूर्ण करेंगे, हमें शक्ति दें, शिवजी दाता ।।

YEAR 1675

100. वीर शिवाजी–45 :

100. अभिनंदन, 1675 AD

(शिव छत्रपति)

100. अभिनंदन, 1675 AD

दोहा॰ छत्रपति शिवाजी बने, सबने देखा पर्व ।
आदिल देखत दूर से, मुगलों मे था गर्व ॥ 2884
जोश मराठों में नया, भरा अचानक आज ।
महाराष्ट्र में होगया, सिद्ध मराठा राज ॥ 2885
निर्बल जो थे, सबल हैं, डर सब हुए फरार ।
कल के शत्रु, मित्र बन, आकर मिले हजार ॥ 2886
वीर शूर सेनापति, बढ़े शेर की तौर ।
हमले रोज नए-नए, निकले चारों ओर ॥ 2887

पेडगांव की लड़ाई, April 1675

दोहा॰ दफा हुआ सरदार जब, दिलेरखान पठान ।
दख्खन में आया नया, मुगल बहादुर खान ॥ 2888
पेडगाव थी छावनी, सुभेदार था खान ।
बहादूरगढ़ दुर्ग का, किलेदार तूफान ॥ 2889
बना रहा था योजना, यथा उसे आदेश ।
पता शिवाजी को चला, गुप्त मिला संदेश ॥ 2890
चर से पाकर सूचना, हुए शिवाजी सिद्ध ।
दो दल उस पर भेज कर, करने उससे युद्ध ॥ 2891
छोटे दल में साठ थे, गिने हुए सब वीर ।
छोटा दल आगे चला, जिधर है खान शिविर ॥ 2892
दूजा दल जो है बड़ा, बढ़ा दिशा में चार ।
घूम कर वे आगए, पीछे करने वार ॥ 2893
छोटे दल को देख कर, खान में चढ़ा जोश ।
सेना लेकर लड़ पड़ा, खो कर अपने होश ॥ 2894

100. अभिनंदन, 1675 AD

वीर मराठे शूर थे, चुने हुए जो साठ ।
मुगल सैकड़ों काट कर, खूब लगा दी वाट ।। 2895
दूजी सेना आगई, पीछे से घमसान ।
रुके मुगल फिर देख कर, डरा बहादुर खान ।। 2896
जली छावनी आग में, भाग गया वह खान ।
अरु औरंगाबाद में, छुपा बचाने जान ।। 2897
लूट मराठों को मिली, अश्व, तोप, तलवार ।
वस्त्र, खजीना, शस्त्र सब, मुगली माल अपार ।। 2898

(औरंगाबाद, May 1675)

✍दोहा॰ पीछा करते आगए, लड़ने मोरोपंत ।
वीर मराठा ख्यात जो, नेता विचारवंत ।। 2899
डरा बहादुरखान फिर, कर न सका प्रतिकार ।
भाग गया लासूर को, छुपा दूसरी बार ।। 2900

(लासूर, May 1675)

✍दोहा॰ छुपा छावनी में वहाँ, वीर बहादुर खान ।
मगर मराठों ने लिया, पता मुगल का जान ।। 2901
हंबीरराव ने किया, उस पर घोर प्रहार ।
प्राण बचाने के लिए, मान गया वह हार ।। 2902
दिल्ली के सुलतान से, आया फिर फरमान ।
भीमा नद सीमा बनी, मुगल–मराठा स्थान ।। 2903
उत्तर में अब बन गया, भव्य मराठा राज ।
दक्षिण में सुलतान सब, आदिल–मुगल समाज ।। 2904
हुए शिवाजी को सभी, सत्रह किले प्रदान ।
जो थे हथियाए हुए, दिल्ली के सुलतान ।। 2905

100. अभिनंदन, 1675 AD

मुगलों की इस हार से, हुआ शत्रु वह शाँत ।
आदिल को अब ताड़ने, मिला समय उपराँत ।। 2906

दक्षिण में : अंकोला, शिवेश्वर, काद्रा, कोकण किनारा, May 1675

✍दोहा॰ जीत शिवाजी ने लिया, आदिल से कारवार ।
अंकोला का खान भी, सरवर डाला मार ।। 2907
बढ़ कर कोकण तीर पर, हबशी था सुलतान ।
बैर शिवाजी से करे, लड़ने में तूफान ।। 2908
लड़ा शिवाजी से मगर, हार गया वह खान ।
भाग गया गढ़ छोड़ कर, रिक्त कर दिया स्थान ।। 2909

(कोल्हापुर, फोंडा, पुनगिरी, सातारा, April 1675)

✍दोहा॰ सचिव अनाजी ने किए, हमले बिला विराम ।
आदिलशाही पर बड़े, बिना तनिक आराम ।। 2910
कोल्हापुर से मिट गया, आदिलशाही राज ।
फोंडा का गढ़ भी लिया, विस्तृत हुआ स्वराज ।। 2911
रोज नए गढ़ लेते रहे, वीर मराठा लोग ।
आदिलशाही खत्म है, मुगल बचा अब रोग ।। 2912

YEAR 1676

101. वीर शिवाजी–46 :

101. ज्ञानी शिवाजी राजा, दक्षिण की मुहीम, 1676 AD

101. ज्ञानी शिवाजी राजा, दक्षिण की मुहीम, 1676 AD

(एकोजी राजे)

✍दोहा॰ नायक तंजावूर का, आदिल का सरदार ।
एकोजी के सामने, मान गया था हार ।। 2913
आदिलशाही को हुआ, जिंजी तक था कष्ट ।
एकोजी तब नृप बने, अलग रूप से स्पष्ट ।। 2914
अनुज शिवाजी के भले, एकोजी शुभ नाम ।
तंजावुर के नृप बने, सह शाही सम्मान ।। 2915

(शिवाजीं क दक्षिण विजय)

(अथनी, बेलगाव, Aug 1676, दमण, परनेर, रामनगर, Aug 1676)

✍दोहा॰ बंकाजी फर्जंद ने, अथनी लीन्ही घेर ।
शरण गया सरदार वो, नहीं लगाई देर ।। 2916
बेलगाव का खान भी, मान गया फिर हार ।
राज्य शिवाजी का बढ़ा, कारवार के पार ।। 2917

(हेलगेंदल)

✍दोहा॰ प्रथम दमण को जीत कर, फिर जीता परनेर ।
रामनगर के बाद में, जंजीरा के शेर ।। 2918
पठान हेलगेंदल का, हारा हुसेन खान ।
हंबीरराव ने किया, स्वातंत्र्य को महान ।। 2919

102. जिंजी विजय, 1677 AD

YEAR 1677

102. वीर शिवाजी-47 :

102. जिंजी विजय, 1677 AD

दोहा॰ कर्नाटक में सब तरफ, जब आदिल हुए चित ।
बढ़े शिवाजी सामने, दक्षिण लेने जीत ।। 2994

हंबीरराव मोहीते

दोहा॰ खान मियाना गढ़ग का, लड़ने में मशहूर ।
हारा हंबीरराव से, भाग ना सका दूर ।। 2920
अरणी का सरदार भी, योद्धा था मशहूर ।
हारा हंबीरराव से, भाग गया वह दूर[34] ।। 2921
भागा बहुत यहाँ-वहाँ, मगर न पाया ठौर ।
जहाँ-जहाँ सत्ता उसे, भागा वह उस ओर ।। 2922
पीछा उसका हो रहा, भाग सका ना और ।
आखिर में पकड़ा गया, मरा अजा की तौर ।। 2923

(मोरोपंत त्रिंबक पिंगले)

---

[34] Oct. 1677.

102. जिंजी विजय, 1677 AD

卐**ओवी॰** उलनूरचा अजाण । किल्लेदार शेरखान । तूफान लोदी पठाण । भांबावला ।। 3333 ।। मोरोपंतांनी गाठले त्याला । मराठ्यांना बघोनी तो भ्याला । किल्ला सोडोनी धूम पलाला । दक्षिणेला ।। 3334 ।।

✍**दोहा॰** **शेरखान उलनूर का, लोदी वीर पठान ।**
आए जब हंबीरराव, घबड़ाया वह खान ।। 2924
भागा गढ़ को छोड़ कर, गया बहुत वह दूर ।
किला मराठों को मिला, दक्षिण का उलनूर ।। 2925

(दादोजी रघुनाथ)

卐**ओवी॰** आदिलशाही दास मराठा । यशप्रभु स्वाभिमानी मोठा ।। शिवाजी विरुद्ध त्याचा ताठा । सर्वश्रुत ।। 3335 ।। बेलवाडी हे त्याचे ठाणे । गुलामगिरीचे टिपुनी दाणे । आदिलशाहीचे गाई गाणे । विना लाज ।। 3336 ।। रघुनाथांची आली हमला । त्रेधा त्याची उडाली भारी । मिलाला न त्याला कैवारी । च्युत झाला ।। 3337 ।।

✍**दोहा॰** **यशप्रभु स्वामीनिष्ठ था, आदिलशाही दास ।**
शत्रु शिवाजी का बड़ा, बना हुआ था खास ।। 2926
हमला यशप्रभु पर किया, दादोजी रघुनाथ ।
घबड़ा कर वह आगया, शरण जोड़ कर हाथ ।। 2927

(शिवाजी के हमले)

✍**दोहा॰** **लेकर सेना साथ में, और बहादुर वीर ।**
चुने हुए सरदार सब, युद्ध नीति गंभीर ।। 2928
बढ़े शिवाजी सामने, कर्नाटक को जीत ।
जिंजी तक सब जीतने, सब प्रतिकार अतीत ।। 2929
पहले गढ़ वेल्लोर का, विशाल और बुलंद ।
सिद्दी अब्दुलखान का, पहरा वहाँ अखंड ।। 2930

102. जिंजी विजय, 1677 AD

घेर शिवाजी ने लिया, किला बहुत मजबूत ।
समझौते के वासते, भेजा अपना दूत ।। 2931
हबशी भी मगरूर था, सुनी न उसने बात ।
तोपों का मारा चला, गढ़ पर फिर दिन-रात ।। 2932

(वेल्लोर गढ़)

उँचाई पर गढ़ बसा, तटबंदी सब ओर ।
नीचे से बारूद का, चल न रहा था जोर ।। 2933
गढ़ वह लेने के लिए, अब क्या कीन्हा जाय ।
बहुत सोच कर अंत में, निकला मस्त उपाय ।। 2934
ऊँचे टीले थे खड़े, गढ़ की दोनों छोर ।
दोनों टीलों से दिखे, गढ़ आगे की ओर ।। 2935
दोनों टीलों पर नए, किले बनाए खास ।
चतुर शिवाजी ने किया, खड़ा तिकोना फाँस ।। 2936
एक किले को "साजरा," सुंदर था अभिधान ।
दूजे को फिर "गोजिरा," मिलता जुलता नाम[35] ।। 2937
दोनों पर तोपें चढ़ी, ग्यारह उग्र महान ।
हुआ धमाका फिर शुरू, हौलनाक अविराम ।। 2938
तीन माह चलती रही, बमबारी घमसान ।
जब तक इक दिन हार कर, माना अब्दुलखान ।। 2939

(फिर)

दोहा॰ भुवनगिरी में था छुपा, शेरखान पठान ।
भुवन शिवाजी ने लिया, शरण गया वह मान ।। 2940

---

[35] May, 1667.

103. संभाजी राजे प्रकरण, 1678 AD

जिंजी अंतिम ध्येय था, दक्षिण वाली छोर ।
बढ़ा शिवाजी का चमू, जिंजी गढ़ की ओर ।। 2941
गढ़ का नायक आदिली, नाम नासीरखान ।
लड़ा शिवाजी से नहीं, अधिपति उनको मान ।। 2942
किला मराठों को दिया, लेकर धन उपहार ।
होन पचास हजार का, बन कर जागिरदार ।। 2943
जिंजी पर अब चढ़ गया, भगवा केतु निशान ।
दक्षिण में स्वातंत्र्य की, पहुँची सच्ची शान ।। 2944

YEAR 1678

103. वीर शिवाजी–48 :

103. संभाजी राजे प्रकरण, 1678 AD

(फिर, रायगढ़)

दोहा॰ दक्षिण तक साम्राज्य को, करके विराजमान ।
लौट शिवाजी आगए, वापस अपने स्थान ।। 2945
रायगढ़ पर महान था, उत्सव जय जयकार ।
आदिलशाही खतम थी, बिजापूर के पार ।। 2946

(वेल्लोर)

दोहा॰ वेल्लोर किले पर चली, गोलों की बौछार ।
जब तक अब्दुलखान ना, माना अपनी हार ।। 2947

103. संभाजी राजे प्रकरण, 1678 AD

(बंकापुर)

✍दोहा॰ गर्व भरा जमशीद था, बंकापुर का खान ।
गाता आदिलशाह की, स्तुति के निश-दिन गान ।। 2948
किया शिवाजी ने जभी, उस पर घोर प्रहार ।
होश ठिकाने आगए, फिर माना वह हार ।। 2949

(शिवनेरी)

✍दोहा॰ मुगलों का सरदार था, अब्दुल अजीज खान ।
शिवनेरी गढ़ जीतने, लाया फौज महान ।। 2950
वीर मराठों ने किया, उसका दृढ़ प्रतिकार ।
लौट गया रण छोड़ कर, खान मान कर हार ।। 2951

संभाजी राजे प्रकरण

✍दोहा॰ दार शिवाजी की "सई," रानी प्रथम प्रधान ।
सुत संभाजी वीर था, अपने पिता समान ।। 2952
अनुभव बचपन से मिला, संभाजी को खूब ।
वीर पिता को देख कर, वह भी वीर बखूब ।। 2953
गया हुआ था आगरा, मुगलों के देखे हाल ।
छुट कर आया कैद से, दस वर्षों का बाल ।। 2954
जब था शिशु दो साल का, हुआ मातु देहांत ।
सौतेली माँ "सोयरा," रखती उसे अशांत ।। 2955
"संभाजी को ना मिले, राजकुँवर सम्मान ।
मेरा बेटा नृप बने," उसका था अभियान ।। 2956
संभाजी सुत ज्येष्ठ थे, छोटे राजाराम ।
करना चाहे सोयरा, कैकेयी का काम ।। 2957
विनाश पथ पर ले चली, उसको उसकी आस ।

103. संभाजी राजे प्रकरण, 1678 AD

डालेगी वह भूल से, पति के गल में फाँस ।। 2958

(पुत्र राजाराम)

दोहा॰ सुत उसका दस साल का, किशोर राजाराम[36] ।
स्वभाव जिसका सौम्य था, जैसा उसका नाम ।। 2959
लड़ना वह ना चाहता, बन कर रण पर वीर ।
ना लड़ता तलवार से, न ही चलाता तीर ।। 2960

(संभाजी, यशवंती)

भेद भाव से ऊब कर, संभाजी को रंज ।
बात-बात पर क्रोध में, वह थे कसते तंज ।। 2961
शूर-वीर संस्कृत पढ़े, होकर शास्त्र प्रकांड ।
पत्नी यशवंती उन्हें, कहती करने कांड ।। 2962
लड़ती थी वो सास से, लेकर छोटी बात ।
उकसाती पति को सदा, करने को उत्पात ।। 2963
बार-बार कहती, चलो! रहें कहीं हम दूर ।
अपने हठ को मानने, करती थी मजबूर ।। 2964

(यशवंती)

उसे देश की क्या पड़ी, करती थी अविचार ।
स्वतंत्रता संग्राम से, उसे नहीं था प्यार ।। 2965
मगर शिवाजी से डरे, कहने कोई बात ।
उनके आगे सहम कर, रहती थी दिन-रात ।। 2966

(एक दिन)

दोहा॰ गए शिवाजी दूर थे, कोई था अभियान ।
यशवंती ने सास से, किया कलह घमसान ।। 2967

---

[36] राजाराम (1670–1700) : Born Feb 24, 1670.

103. संभाजी राजे प्रकरण, 1678 AD

संभाजी भी लड़ पड़े, अपनी माँ के साथ ।
दोनों घर से चल पड़े, उन्हें जोड़ कर हाथ ।। 2968
यशवंती थी पेट से, फिर भी घर को छोड़ ।
उतावले होकर चले, माँ से नाता तोड़ ।। 2969
तीन माह थे वे वहाँ, रायगढ़ से दूर ।
छोटा सा वह गाँव था, नाम श्रृंगारपूर ।। 2970
यहाँ उन्हें कन्या हुई, रखा भवानी नाम ।
पता शिवाजी को चला, संभाजी का काम ।। 2971
लौट शिवाजी आगए, वापस अपने धाम ।
करने अपने पुत्र का, अच्छा इन्तेजाम ।। 2972

(सज्जनगढ़)

✍दोहा॰ संभाजी को भेज कर, रामदास के पास ।
सुंदर वातावरण में, सज्जनगढ़ पर वास ।। 2973
यहाँ काम सब नियम से, चलता था दिन रात ।
अरुणोदय पर जागना, सोना पड़ते-रात ।। 2974
प्रवचन कीर्तन भजन औ, करना पूजन पाठ ।
ब्रह्मचर्य की शपथ से, रहना प्रहरों आठ ।। 2975
यशवंती से ना हुआ, जीना यह बरदाश्त ।
इक दिन आश्रम छोड़ कर, निकल पड़े बिन बात ।। 2976
जाएँ तो जाएँ कहाँ, सज्जनगढ़ से भाग ।
दूर रायगढ़ से कहीं, जहाँ बुझे मन आग ।। 2977

(तब)

✍दोहा॰ सज्ज्नगढ़ से भाग कर, बिना किए, सुविचार ।
आए संभाजी चले, मुगल शत्रु के द्वार ।। 2978

103. संभाजी राजे प्रकरण, 1678 AD

संभाजी को देख कर, प्रमुदित दिलेर खान ।
खुश खबरी से तुष्ट था, दिल्ली का सुलतान ।। 2979
बकरा आया हाथ में, कर दो इसे गुलाम ।
परिवर्तन करके इसे, करो स्वराज्य तमाम ।। 2980
पुत्र शिवाजी का पड़ा, फिर से हाथ हमार ।
अब न कहीं वह जा सके, मुगल कैद से पार ।। 2981
अब अपनों से यह लड़े, जैसा हुकम हमार ।
आज्ञा हमरी ना सुनी, डालो उसको मार ।। 2982

(और)

"संभाजी राजे" कहो, और करो सम्मान ।
आया इस आदेश का, दिल्ली से फरमान ।। 2983
इसके पीछे अनगिनत, छोड़ेंगे निज धर्म ।
मुगलों का भाई बने, करे हमारा कर्म ।। 2984

(शिवाजी)

पता शिवाजी को चला, सुत का यह उत्पात ।
उनके हिरदय पर हुआ, भीषण वज्राघात ।। 2985
हक्के-बक्के लोग थे, कर न सके विश्वास ।
पुत्र शिवाजी का बने, मुगल शत्रु का दास ।। 2986

104. घोर आघात, 1679 AD

YEAR 1679

105. वीर शिवाजी-49 :
104. घोर आघात, 1679 AD

(रायगढ़)

दोहा॰ असह्य थी वह यातना, देख पुत्र का द्रोह ।
शूर मराठा शेर था, कर बैठा विद्रोह ।। 2987
सह न सके आघात वो, लगा गले में फाँस ।
काम शिवाजी छोड़ कर, भीषण हुए उदास ।। 2988
जिसे छुड़ा कर कैद से, ले आए इस पार ।
वही उन्हीं के कैद में, गया आप, इस बार ।। 2989

(भूपालगढ़, संभाजी राजे)

दोहा॰ दुर्ग मराठा राज्य का, भूपालगढ़ महान ।
सबल शिवाजी ने किया, सातारा की शान ।। 2990
किला शिवाजी ने रखा, जतन किए गंभीर ।
वीर किलेदार था, नरसाला रणधीर ।। 2991
मुगलों का बस ना चला, असफल थे हर बार ।
दुर्ग मराठों ने लड़ा, देकर उनको हार ।। 2992

(मगर)

संभाजी जब बन गए, मुगलों के सरदार ।
देश द्रोह करने हुए, खुले आम तैयार ।। 2993

104. घोर आघात, 1679 AD

संभाजी को साथ में, लेकर के इस बेर ।
दिलेर ने फिर से लिया, भूपालगढ़ को घेर ।। 2994
पन्द्रह दिन लड़ता रहा, हर विध दिलेरखान ।
मगर मुगल से ना डरा, किलेदार तूफान ।। 2995
कुछ न मुगल जब कर सका, मावलों को अपाय ।
आखिर दिलेरखान ने, कायर किया उपाय ।। 2996
दिलेर पीछे फौज में, छिपा बदल कर वेश ।
संभाजी आगे हुए, छत्रपति सम वेश ।। 2997
संभाजी आगे खड़े, छत्रपति सम रूप ।
बगल मराठा दल खड़े, और मराठा भूप ।। 2998
संभाजी ने जब दिया, अपने-मुख आदेश ।
"द्वार दुर्ग का खोल दो, देने हमें प्रवेश" ।। 2999
सुन कर उस आदेश को, किलेदार को भ्राँत ।
स्वामी का आदेश है, रहना होगा शाँत ।। 3000
संभाजी ने जब कहा, आश्वासन पर खास ।
किलेदार ने कर लिया, स्वामी पर विश्वास ।। 3001
वह दुविधा में था पड़ा, कर न सका सुविचार ।
स्वामी का आदर किए, खोल दिया गढ़ द्वार ।। 3002

(मराठे)

✍दोहा॰ गढ़ पर छह-सौ मावले, होकर सब निःशस्त्र ।
प्रणाम करके थे खड़े, लगभग अर्ध-सहस्त्र ।। 3003
खुला द्वार जब दुर्ग का, स्वागत करने भव्य ।
संभाजी आगम किए, छत्रपति सम दिव्य ।। 3004
उनके पीछे मुगल भी, आए भीतर चोर ।

104. घोर आघात, 1679 AD

यथा नीति सुलतान की, करने कुकर्म घोर ।। 3005
मुगलों ने सब मावले, कृतघ्नता के साथ ।
बंदी करके हर्ष से, काटे सब के हाथ ।। 3006
संभाजी के सामने, हुआ घोर यह काम ।
संभाजी चुप रह गए, मजबूरी के नाम ।। 3007

(मगर)

काँप उठे वे देख कर, सुलतानी व्यवहार ।
बदले में विश्वास के, निर्घृण अत्याचार ।। 3008
यह न मराठों को जचे, इसको कहते पाप ।
सोच-सोच कर आ रहा, उनको था संताप ।। 3009

(शिवाजी)

दोहा॰ सुन कर करनी पुत्र की, और सकल वृत्तांत ।
क्षुब्ध शिवाजी होगए, जागृत किया कृतांत ।। 3010
शीघ्र शिवाजी ने तभी, सरदारों के पेश ।
सभी किलों पर युद्ध का, भेज दिया अनुदेश ।। 3011

तिकोटा में दुष्कर्म

दोहा॰ मुफ्त मिला भूपालगढ़, दिलेर को बिन युद्ध ।
मुगलों के गुण देख कर, संभाजी थे क्रुद्ध ।। 3012
अगली मुहिम तिकोट पर, दिलेर था गुमराह ।
संभाजी थे साथ में, पापी के हमराह ।। 3013
तिकोट पावन क्षेत्र था, पवित्र यात्रा धाम ।
नाना आश्रम थे बने, मंदिर थे अभिराम ।। 3014
भगत जनन की भीड़ थी, कीर्तन पूजा पाठ ।

104. घोर आघात, 1679 AD

गायन मधु संगीत से, भरीं दिशाएँ आठ ।। 3015

(अचानक)

मुगल गाँव में घुस गए, अशस्त्र डाले मार ।
महिलाओं पर अनगिनत, कीन्हे अत्याचार ।। 3016
मंदिर सुंदर लूट कर, मूरत डालीं फोड़ ।
धर्म-परिवर्तन किए, बल से हाथ मरोड़ ।। 3017
करके भ्रष्ट समाज को, सबको किया गुलाम ।
संभाजी के सामने, कीन्हे पापी काम ।। 3018

(संभाजी राजे)

दोहा॰ कांड दुबारा देख कर, करके योग्य विचार ।
संभाजी पीड़ित हुए, सह न सके दुखभार ।। 3019
बोले, मुझसे होगई, बहुत बड़ी है भूल ।
सुलतानों की नीति का, जान न पाया मूल ।। 3020
पत्नी की जिद के लिए, घर से नाता तोड़ ।
दुष्टों से मैं आ मिला, अपनों से मुख मोड़ ।। 3021
मातु पिता को दुख दिया, नाम किया बरबाद ।
अब ना इनका साथ दूँ, अघ में इसके बाद ।। 3022
पूत्र मराठा भूप का, होकर मैं युवराज ।
गलत राह पर चल पड़ा, समझ गया मैं आज ।। 3023

(दिलेरखान)

दोहा॰ संभाजी के रोष को, समझ गया वह खान ।
संभाजी का ना रहा, उसको अब सम्मान ।। 3024
बदला लेने के लिए, उतावला वह खान ।
बनाने लगा योजना, लेने उसके प्राण ।। 3025

105. छत्रपति श्री शिवाजी महाराज का स्वर्गारोहण, 1680 AD

दिल्ली के सुलतान से, करके पत्र विचार ।
संभाजी को मारने, हुआ खान तैयार ।। 3026

(संभाजी)

करने वाला खान है, मुझे अचानक कैद ।
पता चला जासूस से, संभाजी को भेद ।। 3027
दिलेर को ना था पता, गुप्त रहा ना भेद ।
बनाता रहा योजना, लेने को प्रतिशोध ।। 3028
ठीक समय को देख कर, करके बहुत प्रयास ।
फरार संभाजी हुए, जाने पितु के पास ।। 3029
किए कर्म पर शर्म से, झींखे और हताश ।
पितु चरणन में आगए, पीड़ित और उदास ।। 3030

YEAR 1680

105. वीर शिवाजी–50 :

105. छत्रपति श्री शिवाजी महाराज का स्वर्गारोहण, 1680 AD

CONTEMPORARY HISTORICAL STAGE
Kingdoms and the Kings.

Delhi Sultan : Muhyi-ud-din Aurangzeb (ruled 1658-1707); Guhila Rana of **Mewad, Jaipur** : Raja Singh (1652-1680); Guhila Rana of **Mewad, Udaipur** : Raj Simha (1652-1680), Jai Simha (1680-1699); Rathod Maharaja of **Jodhpur Marwad** : Jaswant Simha (1638-1680), Ajit Singh (1680-1725); Rathod Maharaja of **Bikaner** : Anup Singh (1669-1698); Kachhwaha Maharaja oh **Ambar Jaipur** : Ram Singh (1667-1688); Chauhan Maha Rao of **Bundi** :

105. छत्रपति श्री शिवाजी महाराज का स्वर्गारोहण, 1680 AD

Anirudh Singh (1678-1706); Chauhan Maha Rao of **Kota** : Kishor Singh (1669-1685); Bhatti Maharawal of **Jaisalmer** : Sabal Simha (1661-1702); Maharaja of **Kacch** : Rai Dhan Tamachi-1 (1662-1697); Adilshahi Sultan of **Bijapur** : Sikandar Adilshah (1672-1686); Qutabshahi Sultan of **Golkunda** : Abul Hasan (1672-1687); Nayak of **Madura** : Chokkan Nath (1659-1682), Vyankoji Bhosle (1674-1686); Nayak of **Ikkeri** : Chennamma (1671-1696); Rani of **Venad Travankor** : Ummaya Amma (1677-1684); Nayak of **Tanjavur** : Vyankoji Bhosle (1674-1686), Haleri Raja of **Coorg** : Mudda Raja-1 (1633-1687); Raja of **Kochin** : Vira Kerala Varma-4 (1663-1687); Khan of **Kalat** : Mir Ahmad Khan (1666-1695); .

रायगढ़

दोहा॰ सोलह-सौ-अस्सी बड़ा, निकला अशकुन काल ।
महाराष्ट्र-इतिहास में, बना शिवाजी-काल ।। 3031

स्वतंत्रता संग्राम का, शेष एक अध्याय ।
नियति-नियम के सामने, और न था पर्याय ।। 3032

सोलह-सौ-चालीस में, बोया था जो बीज ।
किशोर ने दस साल के, मित्र वर्ग के बीच ।। 3033

प्रथम विजय था तोरणा, किला बहुत मजबूत ।
यहाँ हुआ स्वातंत्र्य का, सवार उन पर भूत ।। 3034

संकट नाना थे खड़े, सुलतानी उत्पात ।
शिवबा को स्वातंत्र्य की, माता कहती बात ।। 3035

उसने शिवबा को किया, स्वतंत्रता का वीर ।
घोर विपद भी आ पड़े, अडिग अचल रणधीर ।। 3036

परदेसी सुलतान को, कहते पिता "हुजूर" ।
शीश झुकाना पुत्र को, मगर न था मंजूर ।। 3037

वीर बहादुर नर मिले, लड़ने को संग्राम ।
यदपि गुलामी चाहती, हिंदू जनता आम ।। 3038

अद्भुत घटनाएँ घटी, किया सभी को पार ।

105. छत्रपति श्री शिवाजी महाराज का स्वर्गारोहण, 1680 AD

जिंजी तक बढ़ता गया, स्वराज्य का विस्तार ।। 3039
कभी बगल में शत्रु के, कभी किले में बंद ।
कभी कैद सुलतान की, सभी गले के फँद ।। 3040

(संभाजी, आज)

सदा शिवाजी ने किया, मुसीबतों से त्राण ।
मगर आज घटना घटी, सुखा रही है प्राण ।। 3041
अपना ही सुत जा मिला, सुलतानों के साथ ।
कटवा बैठा जो वहाँ, अपनों के ही हाथ ।। 3042
जाकर उनके साथ वो, कर बैठा है पाप ।
माँ-बहिनों को भ्रष्ट कर, पछताया फिर आप ।। 3043
पिता-चरण में आगया, कहने "कर दो माफ ।
मैंने अपने हृदय को, बना लिया है साफ" ।। 3044
आहत होकर अनमना, पड़े हुए हैं तात ।
बरसों के श्रम घोर से, थके हुए हैं गात ।। 3045
आना जाना अश्व पर, देह हुआ था क्लांत ।
खाना-पीना ठीक ना, कठिन कष्ट दिन-रात ।। 3046

(अत: शिवाजी)

रुग्ण शिवाजी होगए, और गए थे लेट ।
दवा-दारु का असर ना, दर्द भरा था पेट ।। 3047
तज्ञ वैद्य थे कर रहे, नाना विध उपचार ।
मगर न कोई हो रहा, प्रभाव था गुणकार ।। 3048
लगाय तरु स्वातंत्र्य का, करके वृक्ष विशाल ।
चला जा रहा वीर को, लेकर अंतिम काल ।। 3049
वीर मराठे रह गए, पीछे, हुए अनाथ ।
गए छत्रपति स्वर्ग में, वीरश्री के नाथ ।। 3050

105. छत्रपति श्री शिवाजी महाराज का स्वर्गारोहण, 1680 AD

राजा ऐसा ना हुआ, ना हो जिसके बाद ।
प्राप्त भवानी के जिसे, मंगल आशीर्वाद ।। 3051
यदा यदा ही धर्म की, होजाती है हार ।
आता पुनरुद्धार को, हरि-हर का अवतार ।। 3052

✍दोहा॰ रामदास का शिष्य वो, शिवजी का अवतार ।
नीति नियम के राज्य का, छत्रपति सुखकार ।। 3053
अनुरागी स्वातंत्र्य का, निर्भय वीर सुधीर ।
महा चतुर वह पुरुष था, पुरुषोत्तम बलबीर ।। 3054
न्याय नीति से निरखता, प्रजा जनों के काम ।
कर्म निपुण धर्मातमा, जैसे थे श्रीराम ।। 3055
राजा वह रणधीर था, योद्धा शूर महान ।
स्थिरमति संत सुशील था, सुबुद्धि सुजन सुजान ।। 3056
मूर्ति-भंजक को दिये, योग्य दंड भरपूर ।
जीवन जोखिम में किये, संकट करता दूर ।। 3057
साधु संतजन संग में, लेता वह आनंद ।
शुभ मधु सुंदर वचन से, देता परमानंद ।। 3058
पूज्य पुण्य आचार से, रति-मदिरा से दूर ।
क्रूर कुकर्मों से परे, जनहित में नित चूर ।। 3059
गो-ब्राह्मण प्रतिपाल था, सर्वधर्म सुखकार ।
शास्त्र-पठित विद्वान था, दयावान हितकार ।। 3060
त्राता हिंदूधर्म का, महाराष्ट्र का नाथ ।
ऐसे अद्भुत व्यक्ति को, वंदन मन के साथ ।। 3061
रक्षक हिंदु धर्म का, करके अरि-संहार ।
कभी शिवाजी को नहीं, भूलेगा संसार ।। 3062

शांति पाठ

शांति पाठ

श्री शिवाजी चरित्र दोहावली राग-छंद माला, पुष्प 98

स्थायी

देना प्रभो! शांति इस आतमा को ।
तुमको हमारी, यह वंदना है ।।

♫ सारेग- पम- रेसानि गग रे-सासा-सा- ।
पपप- पपनिधपमरे रेम ध-पग- रे-सा- ।।

अंतरा-1

आत्मा मिले ये परमातमा से ।
लेना चरण में, यह प्रार्थना है ।।

♫ पधनि- रेंसां- निधसांनिधनिध प- ।
सारेग- पमम रेसानि-, निग, ग-रेसा- सा- ।।

अंतरा-2

सारे जगत के, आनंद दाता ।
गोविंद! देना, सुख आतमा को ।।

अंतरा-3

हे कृष्ण! दामोदर! चक्रपाणि! ।
इसे मोक्ष देना, यह अर्चना है ।।

अंतरा-5

इसे पुण्य की तू, घनी छाँव देना ।
तुझसे भवानी! यही माँगना है ।।

अंतरा-6

नीति सदाचार का ये पुजारी ।
आजन्म इसकी, हृद् स्पंदना है ।।

APPENDIX

APPENDIX

परिशिष्ट

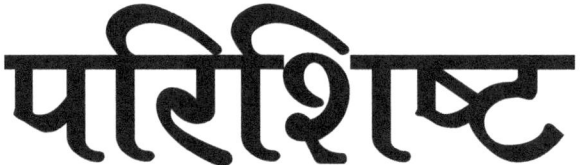

APPENDIX

दिल्लीचे सुलतानी वंश

Slaves
1. Qutb-ud-din Aybak (1206-1210). Slave of Muh. Ghori
2. Aram Shah (1210-1210). Son of Aybak. Killed by Altamash, son-in-law of Aybak.
3. Shams-ud-din Altamash (1210-1236). Son-in-law of Aybak
4. Rukn-ud-din Firuz Shah, Furuz Shah I (1236-1236). Son of Altamash
5. Raziya Sultana (1236-1240). Daughter of Altamash. Killed by Bahram Khan.
6. Muizz-ud-din Bahram Shah (Bahram Khan) (1240-1242). Son of Altamash. Killed by Nizam.
7. Ghiyas-ud-din Balban (1242-1242). Slave of Altmash. Father-in-law of Mahmud Shah
8. Ala-ud-din Masud Shah (1242-1246). Son of Firuz Shah I. Killed by Nasir-ud-din Mahmud.
9. Nasir-ud-din Mahmud Shah (1246-1266). Son of Altamash.
10. Ghiyas-ud-din Balban (1266-1287). Same as No. 7
11. Muizz-ud-din Kaikubad (1287-1290). Son of Bughra Khan, Sultan of Bengal. KIlled by Jalal-ud-din Khilji
12. Shams-ud-din Kaikumars (1290-1290). Son of Kaikumars. KIlled by Jalal-ud-din Khilji

Turks
13. Jalal-ud-din Khilji (Firuz Shah II) (1290-1296). Son of Qaim Khan of Qunduz. Killed by his nephew Ala-ud-din Khilji
14. Rukn-ud-din Khilji (Ibrahim Shah I) (1296-1296). Son of Firuz Shah II. Driven away by Ala-ud-din Khilji
15. Ala-ud-din Khilji (Muh. Shah I) (1296-1316). Nephew of Firuz Shah II
16. Shihab-ud-din Khilji (Umar Shah I) (1316-1316). Son of Firuz Shah II, Blinded by Qutb-ud-din Khilji
17. Qutb-ud-din Khilji (Mubarak Shah I) (1316-1320). Killed by Nasir-ud-din Khilji
18. Nasir-ud-din Khilji (Khusrav Shah) (1320-1320). Killed by Ghias-ud-din Tughluq.

APPENDIX

19 Ghiyas-ud-din Tughluq (Tughluq Shah I) (1320-1325). Slave of Balban. Killed by his own son, Fakhr-ud-din Jauna.
20 Muh. ibn. Tughluq I (the Crazy) (1325-1351). Son of Tughluq Shah I.
21 Mahmud Shah (Mahmud Shah I) (1351-1351). Son of Tughluq Shah I. Killed by his cousin Firuz Shah Tughluq.
22 Firuz Shah Tughluq (Firuz Shah III) (1351-1388). Cousin of Tughluq Shah.
23 Ghiyas-ud-din Tughluq (Tughluq Shah II) (1388-1389). Grandson of Tughluq Shah I. Killed by his wazir Rukn-ud-din Janda.
24 Abu Bakr Shah (1389-1390). Grandson of Tughluq Shah I. Imprisoned by Nasir-ud-din Tughluq, died in jail.
25 Nasir-ud-din Tughluq (Muh. Shah II). Wazir of Abu Bakr.
26 Ala-ud-din Sikandar (Sikandar Shah) (1394-1394). Son of Firuz Shah Muh. Shah II
27 Mahmud Tughluq (Mahmud Shah II) (1394-1395). Brother of Sikandar Shah
28 Nusrat Shah (1395-1399). Brother of Tughluq Shah II
   Timur Lane, Tartar Marauder I(1395).
29 Mahmud Tughluq (Mahmud Shah II). 1399-1412 Second term
30 Daulat Khan Lodi (1412-1414).
31 Khizr Khan Sayyid (1414-1421).
32 Muizz-ud-din Sayyid (Mubarak Shah II) (1421-1434). Son of Khizr Khan
33 Muh. Shah Sayyid (Muh. Shah IV) (1434-1445). Grandson of Khizr Khan
34 Ala-ud-din Sayyid (Alam Shah) (1445-1451). Son of Muh. Shah IV

Afghans
35 Bahlul Lodi (1451-1489).
36 Nizam Khan Lodi (Sikandar Shah II) (1489-1517). Son of Bahlol Lodi
37 Ibrahim Khan Lodi (Ibrahim Shah II) (1517-1524). Son of Sikandar Shah II.
38 Ala-ud-din Alam Khan Lodi (1524-1524). Ururper. Son of Daulat Khan Lodi of Lahor..
39 Ibrahim Lodi (1524-1526). Second Term (Panipat War I). Killed by Babar.

Mughals

APPENDIX

40 Zahir-ud-din Babar (1526-1530), Afghani of Kabul.
41 Nasir-ud-din Humayun (1530-1540). Son of Babar. Pushed by someone or fell to death.

Afghans
42 Farid-ud-din, Sher Shah Sur (1540-1545). Son of Hasan Khan. Killed in battle.
43 Salim Shah Sur (1545-1554). Son of Sher Shah.
44 Firuz Shah Sur (1554-1554). Son of Salim Shah. Killed by Mubariz Khan Sur.
45 Mubariz Khan Sur (Muzzaffar Adil Shah) (1554-1554). Nephew of Sher Shar.
    Killed by his cousin Ibrahim Khan Sur.
46 Ibrahim Khan Sur ((Ibrahim Shah III) (1554-1555). Cousin of Adil Shah.
    Killed by Sikandar Shah Sur.
47 Sikandar Shah Sur (Ahmad Shah) (1555-1656).

Mughals
48 Nasir-ud-din Humayun (1556-1556). Second term
49 Jalal-ud-din **Akbar** (1556-1605). Son of Humayun (Panipat War II)
    Killed Maharaja Vikramaditya.
50 Nur-ud-din Salim (Badshah Ghazi **Jahangir**). (1605-1627) Son of Akbar
51. Dawar Baksh (1627-1627). Grandson of Jahangir.
52 Shihab-ud-din Khurram (**Shahjahan** I) (1627-1658). Son of Jahajgir.
53 Muhi-ud-din Aurangzeb (Alamgir)(1658-1707). Son of Shahjahan.
    Killed his brothers 1. Dara Shukoh (1615-1659), 2. Shah Shuja (1617-1659),
    3. Murad Baksh (1625-1661) and
    inprisoned his father Shahjahan (1592-1658) till his death.

APPENDIX

शिवाजींचे मित्र आणि शत्रु

शिवाजींचे ऐतिहास्कि शुभचिंतक

आनंदराव
आवजी, बाबाजी
इंजले, कानोजी
उपाध्ये, मल्हारभट
कंक, कोंडाजी
कंक, येसाजी
करवर, संभाजी
काकडे, सूर्याजी
काटके, सूरजी
काशीद, शिवा
कृष्णाजी, पंत
कृष्णाजी, बाबाजी
कोंढालकर, संभाजी कावजी
कोरडे, रघुनाथपंत
खोपडे
गंगाधरपंत
गायकवाड, कृष्णाजी
गावजोशी
गिरिधरलाल
गुजर, प्रतापराब (कडतोजी)
गुप्ते, दादाजी
गुप्ते, नरसप्रभु
गुरव
गोपीनाथ, पंताजी
घोरपडे, संताजी
चोर, तुकोजी
जाधव, धनाजी
जेधे, कान्होजी
जेधे, नागोजी
जेधे, बाजी
जेधे, सर्जेराव
जोशी, जीवो
डबीर, त्र्यंबक सोनोपंत
डोहार
ढमढेरे, बाबाजी
ढमाले
तुकाराम महाराज
त्र्यंबकपंत
दत्ताजीपंत
दत्तो, अनाजी
दहातोंडे, माणकोजी
दादोजी कोंडदेव
देशपांडे, चिमणाजी
देशपांडे, नारोबा

APPENDIX

देशपांडे, फुलाजी
देशपांडे, बाजीप्रभु
देशपांडे, बाबाजी
देशपांडे, बालाजी
देशपांडे, मुरार बाजी
देशमुख, कोंडे
देशमुख, पायगुडे
दोरोजी
नरसाला, फिरंगोजी
नाईक, गोमाजी
नाईक, कान्होजी
नाईक, बहिर्जी जाधव
नाईक, बांदल
नाईक, सोनाजी
निंबालकर, निलकंठराव
निंबालकर, सिदोजी
निराजीपंत
नेवालकर, परमानंद
पांगेरा, रामजी
पाणसंबल, गोमाजी
पालकर, नेताजी
पासलकर, बाजी
पिंगले, मोरोपंत
पुरोहित, बलीराम
फर्जंद, कोंडाजी
फर्जंद, बंकाजी
फर्जंद, हिरोजी
बल्लाल, नरहर
भंडारी, मैनाक
भोसले, बाबाजी
मलकारे, अनाजी रघुनाथ
मल्हार, कावजी
महाबलेश्वरकर, गोपालभट
महला, जिवाजी
मारणे
मालुसरे, तान्हाजी
मालुसरे, सूर्याजी
मुजुमदार, नारोपंत
मुजुमदार, निलोजीपंत
मुद्गल, बापूजी
मुरुंबक, विसाजी
मूलचंद
मोरे, मानाजी
मोहिते, सोमाजी
मोहिते, हंबीरराव
मोहिते, हंसाजी
येसकर
रघुनाथपंत
रांझेकर, शामराव नीलकंठ
रामदास स्वामी

APPENDIX

लोहकरे, दादाजी कृष्ण
विश्वनाथ, सोनो
शामराजपंत
शितोले, विठोजी
शिलमकर, बालाजी
शिवा काशीद, न्हावी
शेलारमामा
श्रीकिशन
सर्जेराब, बाजी
सोनदेव, त्र्यंबक
हणमंते, बालकृष्ण
हरी, बालाजी

इतर

इब्रहीमखान
काझी हैदरदर्या सारंग
दावूदखान
दौलतखान
नूरखान बेग
मदारी मेहतर
याकूत बाबा
शामखान
सिद्दश्* मिस्त्री
सिद्दी वाहवाह
सुलतानखान
हुसेन मियानी
हैदर अली कोहरी

शिवाजींचे ऐतिहास्कि अशुभचिंतक, मराठे गुलाम

काकाडे, दिनकरराव
किरदत्त, गंगाजी विश्वासराव
कोकाटे, कमलोजीराव
कोकाटे, यशवंतराव
खंडागले, अंताजीराव
खंडागले, त्र्यंबकराव
खंडागले, दत्ताजीराव
खापोडे, खंडोजी
गाडे, कमलोजीराव
गायकवाड, सूरजी
गुजर, बाजीराव मुधोलकर
चव्हाण
चोरघे, रामाजी
जगदले, सुलतानजी
जाधव, दत्ताजी राजे
जाधव, रुस्तुमराव राजे
ढोणे
दलवी, यशवंतराव
दलवी, सूर्यराव
देशमुख, उदाराम

APPENDIX

देशमुख, जगजीवनराव
निंबालकर
पवार, रंभाजीराव
बांदल, कृष्णाजी
भोसले, त्र्यंबकजी राजर
भोसले, जिवाजी राजे
भोसले, परसोजी राजे
भोसले, बालाजी राजे
मसूरकर
माने
मोरे, कृष्णाजी
मोरे, चंद्रराव (दौलतराव)
मोरे, प्रतापराव
मोरे, बाजीराव
मोरे, चंद्रराव (यशवंतराव)
मोरे, हणमंतराव
रायबागन, सावित्रीबाई
सावंत, लखम
सावंत, सूर्यरावहोनप

शिवाजींचे ऐतिहास्कि अशुभचिंतक, राजपूत गुलाम

अनिरुद्ध
अमरसिंह चंद्रावत
उदयभान राठौड
राजा किशोरसिंह
गिरिधर
गोवर्धन
जयसिंह कछवाह, मीर्झा राजे
जसवंतसिंह राठौड
पुरुषोत्तम
प्रद्युम्न
बिरमदेव सिसोदिया
राजा भावसिंह
राजासिंह गौड
शामसिंह
रायसिंह सिसोदिया

APPENDIX

शिवाजी के किले

370 में से ऐतिहासिक प्रमुख 303

1. अंजनवेल
2. अंबोलगढ़
3. अकोले
4. अचलगिरीगड
5. अजमेरागड
6. अजिंक्यतारा
7. अनूरगड
8. अमरापूर
9. अवचितगड
10. अहमंदगढ़
11. आंबेनिराईगड
12. आखलूगड
13. आजोबा
14. आटनूर
15. आरकट
16. आरनाळा
17. आलूर
18. आवढा
19. आसागढ़
20. इंद्राई
21. उंदेरी
22. औसा
23. कंचणा
24. कंकराला
25. कठर
26. कडणार
27. कडवळ
28. कणकई
29. कनकादिगड
30. कमलगड
31. करोला
32. कर्नाळा
33. कर्मटगड
34. कर्हेगड
35. कलबर्गे
36. कलानिधीगड
37. कल्याणगढ़
38. कळपगड
39. कस्तूरीगड
40. कांगोरी
41. कांचनगड
42. कांतरा
43. कान्हेरा
44. काळा कोट
45. कावन्ही
46. काहूर
47. कुंभगड
48. कुंवारी
49. कुलंग
50. कुलाबा
51. कुसूर
52. कृष्णागिरी
53. केंजलगढ़
54. केळना
55. कैलासगड
56. कोटगरुड
57. कोटधर्मपुरी
58. कोडफोंडे
59. कोपलगड
60. कोरलै
61. कोरीगढ़
62. कोलबाळगड
63. कोल्हार
64. कोळधेर
65. खळगड
66. खांदेरी
67. खेळणा
68. गंधर्वगड
69. गगनगड
70. गजेंद्रगड
71. गडगडा
72. गणेशगड
73. गर्जनगड
74. गहनगड
75. गलणा
76. गोवलकोट
77. घरगढ़
78. घोसाळगड
79. चंजिवरा
80. चंदनगड
81. चंद्रमाल
82. चांदवड
83. चाकण
84. चावंड
85. चित्रदुर्ग
86. चेतपाव्हली
87. चेनगड
88. चौल्हेरगड
89. जंगली
90. जगदेवगड
91. जयदुर्ग
92. जवळागड
93. जवादीगड
94. जीवधन
95. टणकई
96. ठाकूरगड
97. डेरमाळ
98. ढाकेगड
99. तळगोंडा
100. तळागड
101. तळेगिरी
102. तांदुलवाडी
103. तांम्रगड
104. ताथवडा
105. तिकोना
106. तुंग
107. तोरणा
108. त्रिकोनदुर्ग

434
रत्नाकर रचित श्री शिवाजी चरित्र दोहावली

APPENDIX

109. त्रिपादपूरे
110. त्रिमल
111. त्रिवादी
112. त्र्यंबक
113. थळागड
114. दातेगड
115. दीर्घपलीगड
116. दुंधागड
117. दुटानेटी
118. दुभेगड
119. दौलतमंगळ
120. धोडप
121. नंदीगड
122. नंदीगड
123. नरगुंद
124. नलदुर्ग
125. नांदगिरी
126. नारायणगड
127. निवती
128. न्हावीगड
129. पटागड
130. पन्हाळा
131. पराक्रमगड
132. परेंडा
133. पळणापट्टण
134. पांडवगड
135. पालगड
136. पाली
137. पाळे
138. पावनगड
139. पिंपळा
140. पिसोळ
141. पुरंदर
142. पूर्णगढ़
143. प्रकाशगड
144. प्रचीतगड
145. प्रतापगड
146. प्रबळगड
147. प्रमोदगड
148. प्रल्हादगड
149. प्रसन्नगड
150. प्रसिद्धगढ़
151. प्राणगड
152. प्रेईवारगड
153. प्रेमगीरी
154. बकर
155. बल्लाळगड
156. बहिरवगड
157. बाळगड
158. बावडा
159. बाहदूरबिंडा
160. बाहुला
161. बिदनूरकोट
162. बिरवाडी
163. बिरुटकोट
164. बिष्टागड
165. बुधला
166. ब्रम्हगड
167. ब्रम्हनाळ
168. भरतगढ़
169. भवंतगढ़
170. भवानीदुर्ग
171. भास्करगड
172.भिलाईगड
173. भिवगड
174. भीमगड
175. भुदरगड
176. भूपाळगड
177. भूमंडलगड
178. भूषणगड
179. भैरवगड
180. भोरप
181. मंगरुळ
182. मंगळगड
183. मंचकगड
184. मंडणगड
185. मंडविडगड
186. मकरंदगड
187. मच्छिंद्रगड
188. मदनगड
189. मदोन्मत्तगड
190. मनरंजन
191. मनोहरगड
192. मनोहरगड
193. मलकोल्हार
194. मल्लिकार्जुनगड
195. मल्हारगड
196. महंतगड
197. महाराजगड
198. महिनदीगड
199. महिपतगड
200. महिमंडन
201. महिमंतगड
202. महिमानगड
203. महीधरगड
204. महीपाळगड
205. मांगीतुंगी
206. माणिकगड
207. माणिकपुंज
208. मानगड
209. मार्कंडेयगड
210. मार्तंडगड
211. मालवण
212. मासणागड
213. माहुली
214. मित्रगड
215. मिरागड
216. मुख्यगड
217. मुल्हेर
218. मृगगड
219. मृगमदगड
220. मेदगिरीचेनगड
221. मोरगिरी
222. मोरागड
223. यशवंतगड
224. रंजनगड
225. रणगड
226. रत्नागिरी
227. रमणगड
228. रसाळगड
229. रांगणा
230. राजकोट

APPENDIX

231. राजगड
232. राजधेर
233. राजपेहर
234. राजमाची
235. रामगड
236. रामसेज
237. रायगड
238. रुद्रमाळ
239. रेवदंडा
240. रोहिडा
241. लखनूर
242. ललींग
243. लिंगाणा
244. लोहगड
245. वंदनगड
246. वडन्नगड
247. वनगड
248. वर्धनगड
249. वसंतगड
250. वाघेरा
251. वारुणगड
252. वासोटा
253. विजयदुर्ग
254. विराडे
255. विशाळगड
256. विसापूर
257. वीरगड
258. वृंदावन
259. वैराटगड
260. व्यंकटगड
261. शामल
262. शिवनेरी
263. शिवेश्वर
264. श्रीगदनगड
265. श्रीमंतदुर्ग
266. श्रीवर्धनगड
267. संतोषगढ़
268. सबलगड
269. समानगड
270. सरसगड
271. सहनगड
272. सागरगड
273. साजरागड
274. सातारा
275. सामरगड
276. सारंगगड
277. सालोटा
278. साल्हेर
279. सिंदगड
280. सिंधुदुर्ग
281. सिंहगड(कोंढाणा)
282. सिकेरागड
283. सीताबर्डी
284. सिद्धगड
285. सुंदरगड
286. सुदर्शनगड
287. सुपेगड
288. सुभानगड
289. सुमारगड
290. सुरंगगड
291. सुवर्णदुर्ग
292. सेटगागड
293. सोमसेखरगड
294. हटगढ़
295. हडपसरगड
296. हडसर
297. हनुमानगड
298. हरगड
299. हरिहरगड
300. हरीष
301. हरींद्रगड
302. हर्षण
303. हातमंगळगड

www.ingramcontent.com/pod-product-compliance
Lightning Source LLC
Chambersburg PA
CBHW081342080526
44588CB00016B/2354
* 9 7 8 1 8 9 7 4 1 6 3 0 3 *